suhrkamp taschenbuch 2497

W0234130

Tankred Dorst
Herr Paul

Sieben Stücke

Mitarbeit Ursula Ehler

Suhrkamp

Umschlagabbildung: Szenenfoto der Uraufführung *Herr Paul*,
Deutsches Schauspielhaus Hamburg, 16. Februar 1994,
Peter Roggisch als Herr Paul, Ulrike Groth als Anita.
Foto: Matthias Horn

suhrkamp taschenbuch 2497
Erste Auflage 1995
© dieser Zusammenstellung Suhrkamp Verlag Frankfurt am Main 1995
Quellennachweise der einzelnen Stücke am Schluß des Bandes
Suhrkamp Taschenbuch Verlag
Satz: MZ-Verlagsdruckerei GmbH, Memmingen
Druck: Nomos Verlagsgesellschaft, Baden-Baden
Printed in Germany
Umschlag nach Entwürfen von
Willy Fleckhaus und Rolf Staudt

1 2 3 4 5 6 – 00 99 98 97 96 95

Inhalt

Eiszeit

Schauspiel
Zürcher Fassung 1990

DER ALTE, ein neunzigjähriger Schriftsteller
VERA, seine viel jüngere Frau
PAUL, sein Sohn
OSWALD, ein junger Student
KRISTIAN, ein alter Landstreicher

SONIA, ein junges Mädchen
DER GÄRTNER, Herr Garg
HAUSMÄDCHEN
DER LETTISCHE KOCH

HOLM, Pfarrer
REICH, Journalist
SPARKASSENDIREKTOR

DER BLINDE
DIE »LIBELLE«, seine Frau
HERR BEREND, Vater des Eisläufers
DER ALTE OBERST
OLE
DIE »KANALSCHWIMMERIN«
FRAU BERGSON
DER MANN, DER FOTOGRAFIERT
DER MANN MIT DER AFFENMASKE
DIE MAJORSWITWE
DIE »PIRATIN«
DAS »REH«
DIE FRAU IM ROLLSTUHL
PFLEGERIN

PSYCHIATER

Das Stück spielt in einem Altenasyl.
Zeit: Nach dem II. Weltkrieg.
Das Stück nimmt die Situation Hamsuns in seinen letzten Lebensjahren zum Anlaß für eine erfundene Handlung mit erfundenen Personen.

1
Partisan!

Garten eines Altenheimes. Der Alte sitzt auf der Bank. Neben sich hat er ein kleines Tischchen, darauf sind Schreibsachen. Weiter weg: Ein Hausmädchen hat einen Waschkorb mit Fahnentuch und Papierfähnchen gebracht und leert ihn auf dem Gartentisch aus. – Der Gärtner, ein dicker kurzsichtiger Mann, stapelt Stühle neben einem tischhohen Podest. Er geht weg, um neue zu holen.

DER ALTE *ruft zum Hausmädchen hinüber.* Ich sitze heute hier!

DAS HAUSMÄDCHEN *gibt keine Antwort.*

DER ALTE Ich sitze heute hier! Sie wundern sich sicher darüber – ich sitze hier auf der Lauer. *Lacht.* Ich möchte eine Bekanntschaft machen. – Um diese Zeit stehe ich gewöhnlich am Fenster und schleife mein Rasiermesser. Zwischen acht und halb neun. – Da habe ich einen jungen Mann bemerkt. – Man hat mir den – *Er sucht das Wort* – Streichriemen schon abnehmen wollen, aber ich habe mich durchgesetzt. – Jawohl! Ein frischer junger Mann. Er gefällt Ihnen doch sicher. Was macht er hier? – Ich sehe ihn immer zwischen den beiden Ulmen und dem Gärtnerhaus. – Das Auge sieht sonst nur alte Menschen an diesem Ort. – Wohnt er in dem Anbau mit dem zerbrochenen Fensterladen?

DAS HAUSMÄDCHEN *gibt keine Antwort.*

DER ALTE *böse.* Ich habe Sie etwas gefragt! – Diesen Fensterladen hat wohl die Anstaltsleitung übersehen. Ja, ja, sicher hat man das bisher übersehen.

Das Hausmädchen ist weggegangen. Der Alte bleibt unbeweglich sitzen. Nach einiger Zeit kommt der Gärtner mit Stühlen zurück. Er stellt sie ab, geht wieder. Nach einiger Zeit kommt er mit neuen Stühlen zurück.

DER ALTE Guten Morgen, Herr Garg! Darf ich Ihnen einen Rat geben? Die Gurken müssen jetzt im Herbst gedüngt und tief umgegraben werden, dann braucht man im Frühjahr nur mit der Harke drüberzugehen. Im Frühjahr gibt's immer so viel anderes zu tun, daß man gewöhnlich zu spät dran ist. – Und keine Küchengewächse gedeihen im fri-

9

schen Dung – die Karotten zum Beispiel wollen ihn einfach nicht haben! – Ich war gestern unten bei Ihren schönen Gewächshäusern.

Der Gärtner kümmert sich nicht um den Alten.

Sie wundern sich sicher, daß ich heute h i e r sitze! Es ist wegen diesem jungen Mann. Ich sehe ihn immer zwischen den beiden Ulmen und dem Gärtnerhaus. Ich habe den Eindruck gewonnen, daß er mich beobachtet. – Wissen Sie etwas über ihn?

Im Weggehen kommt der Gärtner an dem Alten vorbei. Er bleibt stehen und schreibt stumm etwas auf den Notizzettel, der auf dem Tisch liegt. Dann geht er, ohne auf den Alten zu achten, weiter, um neue Stühle zu holen.

DER ALTE Ich danke Ihnen! *Er nimmt den Zettel vom Tisch und liest ihn.* Sie haben mir auf diesen Notizblock geschrieben: Partisan! Mit einem Ausrufungszeichen! Was heißt das: Partisan? Was soll das bedeuten? – Vermutlich wollen Sie mich beleidigen. – Ich danke Ihnen! – Können Sie mir denn nicht eine einfache Frage beantworten? Partisan! Partisan! Wenn ich auch ein Gefangener bin, so haben Sie doch die Pflicht, höflich zu sein!

Inzwischen sind drei alte Damen gekommen. Der Alte bemerkt sie nicht oder will sie nicht bemerken. Sie gehen zu dem improvisierten Podium. Sie wollen das Gerüst mit dem Fahnentuch dekorieren.

DAS »REH« Ach, es ist ja alles schon so schön! Nur noch die Draperie muß an die Stange.

DIE »PIRATIN« Da nehmen wir ganz einfach den Stuhl und dann haben wir schon unsere Treppe! *Sie nimmt einen Stuhl und stellt ihn neben das Podium.*

DIE MAJORSWITWE Wer ist denn die Mutigste?

DAS »REH« Da werde ich jetzt einfach mal etwas klettern. *Sie nimmt das Tuch über den Arm und besteigt mutig den Stuhl. Oben bleibt sie unsicher stehen.* Da bin ich!

DIE MAJORSWITWE So! Und jetzt müssen Sie noch auf den Tisch steigen.

DAS »REH« Wie denn auf den Tisch steigen! Ich habe ja die Hände nicht frei!

DIE MAJORSWITWE Aber Sie müssen doch auf den Tisch steigen! Sonst können Sie doch nicht an die Draperie!

DAS »REH« Nicht an die Draperie? Die Draperie habe ich ja in der Hand!

DIE »PIRATIN« Aber die Draperie soll auf die Stange!

DIE MAJORSWITWE Und da müssen Sie doch auf den Tisch steigen!

DAS »REH« *in zunehmender Aufregung.* Auf den Tisch steigen! Ich habe doch die Hände nicht frei!

DIE MAJORSWITWE Dann geben Sie mir doch den Stoff und steigen Sie in aller Ruhe auf den Tisch!

DAS »REH« Was soll ich denn auf dem Tisch ohne die Draperie?

DIE MAJORSWITWE Die Draperie reichen wir Ihnen dann einfach hinauf.

DAS »REH« Wieso hinaufreichen! Da muß ich doch erst oben sein.

DIE MAJORSWITWE Ja, deshalb sollen Sie ja auf den Tisch steigen!

DAS »REH« Aber der Tisch ist zu hoch und zu weit weg!

DIE »PIRATIN« Dann rücken wir den Stuhl etwas näher!

DAS »REH« Aber ich stehe doch auf dem Stuhl!

DIE MAJORSWITWE Ja, aber der Stuhl ist zu weit weg, das hat gar nichts damit zu tun, ob Sie drauf stehen oder nicht!

DAS »REH« Ich kann doch keinen Hops machen!

DIE »PIRATIN« Steigen Sie lieber erst mal runter!

DAS »REH« Ich denke, ich soll hinaufsteigen!

DIE »PIRATIN« Steigen Sie erst mal herunter und dann steigen Sie wieder hinauf.

DAS »REH« Ach du lieber Gott! Herunter und hinauf! Wie soll ich denn das machen!

DIE »PIRATIN« Dann geben Sie mir erst mal die Draperie. *Sie nimmt ihr die Draperie ab.*

DAS »REH« Jetzt habe ich nicht mal die Draperie!

DIE MAJORSWITWE Sie brauchen doch die Draperie jetzt nicht.

DAS »REH« Wegen der Draperie bin ich doch heraufgestiegen.

DIE MAJORSWITWE Jetzt rücken wir erst mal den Stuhl näher.

DAS »REH« Aber ich s t e h e doch auf dem Stuhl! – Jetzt stehe ich auf dem Stuhl und kann nicht hinauf und kann nicht hinunter.

Oswald kommt. Die Majorswitwe und die »Piratin« sehen neugierig zu ihm hinüber.

11

DAS »REH« *jammert.* Ich stehe hier oben und keiner hilft mir. *Die Majorswitwe und die »Piratin« beachten sie nicht, weil sie gespannt beobachten, was sich zwischen Oswald und dem Alten abspielt. Das »Reh« sieht auch hin, versucht dann, vom Stuhl herunterzukommen. Es gelingt auf einmal mühelos, und sie setzt sich auf den Stuhl.*

DER ALTE *zu Oswald.* Guten Tag.

OSWALD *gibt keine Antwort.*

DER ALTE Ich habe den Eindruck, daß Sie mich beobachten, junger Mann. Sie halten mich wohl für Greta Garbo!

OSWALD *bleibt stehen, sieht den Alten an.*

DER ALTE Kennen Sie mich?

OSWALD *böse und abweisend.* Yes, Sir!

DER ALTE *verwirrt.* Jawohl!

OSWALD *wendet sich wieder zum Gehen.*

DER ALTE *zornig.* Gehen Sie! Gehen Sie weg! *Er fährt aufgeregt mit dem Arm über den Tisch, dabei fallen seine Bleistifte auf den Boden.* Durch Ihre Schuld ist mein Bleistift heruntergefallen! Gehen sie! Sie stören mich!

OSWALD *ist stehengeblieben. Er kommt ein paar Schritte zurück und stellt sich dicht vor den Alten hin.* Heil!

DER ALTE Ich habe einen Brief schreiben wollen, und Sie stören mich! Und jetzt habe ich auch meinen Bleistift verloren! *Der Alte bückt sich und sucht mit rotem Kopf auf dem Boden nach dem Bleistift. Oswald setzt sich provokativ auf die Bank.* Er muß hier zwischen diese Kieselsteine gefallen sein. Wenn die Spitze abgebrochen ist, kann ich ihn nicht mehr benutzen. Wie können Sie da sitzen und zusehen! – Ich habe mein Taschenmesser nicht bei mir, um ihn wieder zu spitzen. *Oswald hebt rasch den Bleistift auf und legt ihn auf den Tisch. Der Alte richtet sich mühsam auf – Oswald hilft ihm nicht dabei.* Ich bin froh, daß ich ihn habe. *Er schöpft Hoffnung.* Ich habe diesen Brief geschrieben – ich habe mir schon gedacht, Sie sind sicher ein Verwandter des Anstaltsleiters.

OSWALD Ich rede nicht mehr mit Ihnen.

DER ALTE *hat nicht verstanden.* Vielleicht der Neffe. Falls Sie sich privat hier aufhalten, dann können Sie mir gewiß diesen Brief mit in die Stadt nehmen. Er ist an meinen Verwalter gerichtet. – Kein Staatsgeheimnis. – Sie lassen mich nicht einmal zum Briefkasten gehen.

OSWALD Vor fünf Jahren habe ich Sie getötet.

DER ALTE Jawohl.

OSWALD Ich habe Sie getötet, Sir.

DER ALTE Das ist wohl eine Beleidigung, ich nehme an, Sie wollen mich beleidigen.

OSWALD Sie sind ein Gespenst, Sir.

DER ALTE So, Sie haben mich getötet. Aber ich lebe noch.

OSWALD *macht eine heftige Bewegung: Explosion.*

DER ALTE Ich lebe noch.

OSWALD *schreit.* Ja, Sie leben noch!

DER ALTE Vermutlich halten Sie mich für einen Verbrecher. Darüber wird erst das Reichsgericht beraten. Dann werde ich erfahren, ob ich ein Verbrecher bin.

OSWALD Sie sind ein Landesverräter.

DIE MAJORSWITWE *zum Gärtner.* Wie finden Sie denn unsere Dekoration, Herr Garg?

DER GÄRTNER Schön! Aber das Fest ist erst am Donnerstag.

DAS »REH« Wann kriegen wir denn die Masken?

DER GÄRTNER Am Festabend erst.

DIE »PIRATIN« Für mich eine Baby-Maske oder Affe!

DAS »REH« Und ich ein Schiff auf dem Kopf!

DER GÄRTNER Es gibt sogar Churchill mit Zigarre.

DIE MAJORSWITWE No smoking! No smoking!

DAS »REH« Manche haben ihre Masken schon abgeholt.

DER GÄRTNER Nein, bestimmt nicht.

DER ALTE *zu Oswald, zornig.* Warum bleiben Sie denn stehen, wenn ich ein Verbrecher bin!

OSWALD *geht weg.*

DER ALTE *ruft Oswald nach.* Ja, ja, ich bin ein Landesverräter! Ich bin ein alter tauber Landesverräter!

OSWALD *ist weggegangen.*

DER ALTE *bemerkt, daß die Damen die Szene beobachtet haben, ruft Oswald wütend nach.* Und von dem Brief ist nicht mehr die Rede!
Er sammelt seine Papiere auf und geht mit hoch erhobenem Kopf weg. Die Damen sehen ihm nach.

DIE MAJORSWITWE Wird e r denn auch teilnehmen?

DAS »REH« Er hat sich schon was aufgesetzt. Er hatte was auf dem Gesicht.

DIE MAJORSWITWE Da guck ich gar nicht hin.

DAS »REH« Ich schleiche ihm nach und husch-husch nehme ich ihm die Larve weg.

DER GÄRTNER Das machen Sie mal lieber nicht. *Er geht weg.*

DAS »REH« Ach, er beißt mich schon nicht.

DIE »PIRATIN« Mich hat ein Hund ins Knie gebissen, und der Arzt hat ausgesagt, die Zähne waren acht Zentimeter auseinander. Das kann nicht mein kleines Hündchen gewesen sein, das war ein ganz großes Vieh! *Sie weint.*

DIE MAJORSWITWE Ach, sie weint wieder, weil ihr Hündchen gestorben ist.

DAS »REH« Vor vierzig Jahren!

DIE MAJORSWITWE Ich höre den Gong! Nun aber zum Essen! *Sie laufen weg.*

2
Ich bin ganz bei Verstand

Eine Leinwand, auf die Fragen und Anweisungen projiziert werden. Der Psychiater. Eine Stoppuhr läuft.

TEXT AUF DER LEINWAND Sie haben eine halbe Minute Zeit, die folgenden Wörter auswendig zu lernen.
Biber – Sperling – Elefant – Schlange – Hund – Tapir.
Der Text verschwindet nach einer halben Minute.

DER ALTE Biber, Sperling, Elefant, Schlange, Tapir.

TEXT Finden Sie einen Oberbegriff für die folgenden Wörter. Antworten Sie so rasch wie möglich! Rose – Lilie – Tulpe – Herbstzeitlose.

DER ALTE Blumen.

TEXT Ehrlichkeit – Bescheidenheit – Fleiß.

DER ALTE Tugenden.

TEXT Was ist der Unterschied zwischen: Treppe – Leiter?

DER ALTE Sprossen und – *Er haut auf den Tisch, das Wort »Stufen« fällt ihm nicht ein.*

TEXT Dampf – Rauch.

DER ALTE Dampf, Wasserdampf ist Wasserdampf, Rauch ist Verbrennung.

TEXT Kind – Zwerg.

DER ALTE *nach einer Pause zögernd.* Das Alter.

TEXT Geiz – Sparsamkeit.

DER ALTE Sparsamkeit ist etwas Gutes. – Sie wollen feststellen, ob ich bestraft werden kann. Mein Verstand ist ganz in Ordnung! Mir fehlt nur manchmal ein Wort – kann manchmal ein Wort nicht finden – das ist die Aphasie. – Gut.

PSYCHIATER Sie hatten zweimal eine Gehirnblutung. Wann war das?

DER ALTE Ich habe zwei Gehirnblutungen gehabt, das erste Mal, glaube ich, vor drei bis vier Jahren, ich saß am Frühstückstisch und fiel um und zog Tassen und Geschirr mit mir zu Boden. Es wurde mir ganz dumm im Kopf. Das hat ja die lächerlichsten Folgen. Ich konnte die Knopflöcher nicht finden, wenn ich zuknöpfen wollte. Ich konnte die Wörter nicht buchstabieren … lächerlich.

PSYCHIATER Bitte schreiben Sie ein Wort auf das Blatt Papier.

DER ALTE Jawohl. *Er rührt sich nicht.*

PSYCHIATER Schreiben Sie Ihren Namen.

Der Alte versucht zu schreiben. Die Hand zittert zu sehr. Er stützt die rechte Hand mit der linken Hand und schreibt mühsam.

DER ALTE Das ist dreißig Jahre her, daß mich dieses Zittern überfiel. Ich habe dicke Bücher mit dieser Hand geschrieben. Macht nichts.

PSYCHIATER Wann hatten Sie die zweite Gehirnblutung?

DER ALTE Im Winter. Als ich Holz hinauftragen wollte, fiel ich im Holzschuppen um und riß ein paar Äxte und Sägen mit. *Er lacht.*

PSYCHIATER Ist das Gedächtnis schlecht?

DER ALTE Sie fragen mich aus. Sie wollen mich für debil erklären, damit ich nicht vor ein Gericht komme. Altersschwachsinn! Ich bedanke mich, Herr Professor! Ich bin nicht verrückt! Ich bin ganz bei Verstand!

PSYCHIATER *gibt der Assistentin ein Zeichen, weiterzumachen.*

TEXT Finden Sie heraus, was die folgenden Wörter Gemeinsames haben: Diamant – Zucker.

DER ALTE Diese Wörter haben nichts gemeinsam. – Zucker und Diamant sind Kristalle.

TEXT Briefträger – Telefon.

DER ALTE Ich erhalte Nachrichten. Allerdings, ich telefoniere schon lange nicht mehr.

TEXT Kamera – Brille.

DER ALTE Optik.

TEXT Gasometer – Aktentasche.

DER ALTE Es fällt mir schwer, diese Frage zu beantworten. –
Man bewahrt etwas auf.

TEXT Anfang – Ende.

DER ALTE Ich fange etwas von vorne an.

PSYCHIATER Nur ein Wort!

DER ALTE *spricht störrisch weiter.* Jugend.

TEXT Licht.

DER ALTE Geld.

TEXT Tabak.

DER ALTE Zoll.

TEXT Flugzeug.

DER ALTE *stockt, regt sich auf.* Berlin.

TEXT Ergänzen Sie die folgenden Sätze so rasch wie möglich.
Die Tage sind im Winter … und die … lang.

DER ALTE Die Tage sind im Winter kurz – Nächte.

TEXT Wenn es … wird, ziehn die Vögel nach …

DER ALTE Herbst. – Sie ziehen nach Süden.

TEXT Im Winter liegt … und …

DER ALTE *schweigt, dann* Ich habe dreißig Romane geschrieben. *Schweigt.* In meinem langen Dichterleben habe ich
mehr als zweihundert Personen erfunden und zum Leben
erweckt. – Jawohl.

TEXT Während die Mägde miteinander schwatzen … in den
Brunnen.

DER ALTE *schweigt.*

PSYCHIATER *notiert etwas.*

DER ALTE Schreiben Sie nur, der Patient ist störrisch! Jawohl!
Ich bin störrisch!

TEXT Zählen Sie rote Gegenstände auf! Sie haben eine halbe
Minute Zeit.

DER ALTE Ein Junge mit einer roten Mütze – Tinte, Viehsalz.

*Während sich der Alte dem Test unterzieht, erscheinen in
langem Zug Leute, die Bücher tragen. Es sind die Werke, die
der Alte in seinem langen Leben geschrieben hat. Im Vorbeigehen werfen sie ihm verächtlich, haßerfüllt, die Bücher vor
die Füße.*

16

Kunst und Wahrheit

Der Alte hat ein Buch aufgehoben und liest darin.

PAUL *kommt.* Ich bin es, Vater!

DER ALTE *sieht auf, sachlich.* So! – Hat man dich hereingelassen?

PAUL Ja, endlich! Die Schwester sagte mir, du seist hier im Speisesaal, und da finde ich dich auch! – Mußt du dein Zimmer denn nachmittags verlassen? Du mußt mir alles sagen, was sie mit dir machen! Wir wollen doch sehen, daß wir etwas erreichen – ich habe eben schon mit dem Arzt gesprochen. – Wie geht es dir?

DER ALTE Ich lese. – Ich habe hier gesessen und auf meine Richter gewartet, wie jeden Mittwoch, und da habe ich mir das Buch vorgenommen.

Paul hat sich einen Stuhl herangeholt und setzt sich neben seinen Vater.

DER ALTE Ich freue mich aber, daß du kommst, Paul.

PAUL *sieht in das Buch.* Ach, du liest deine eigenen Sachen wieder?

DER ALTE Dreck!

PAUL Was du früher geschrieben hast? Aber nein, Vater!

DER ALTE Nein, nein! Wieso weißt du das denn besser?

PAUL Das wissen andere wirklich besser als du, entschuldige!

DER ALTE So! Wer denn?

PAUL In der ganzen Welt!

DER ALTE Ich kenne niemand mehr.

PAUL Aber sie kennen dich!

DER ALTE Kennst du Zwanzigjährige? Die jetzt im Krieg waren … Partisanen … es gab doch so viele Partisanen, Paul!

PAUL Ja, ich kenne einige junge Leute.

DER ALTE Was denken sie?

PAUL Was sie denken?

DER ALTE Denken sie noch immer an den Krieg?

PAUL Ich glaube nicht, Vater, – ich weiß nicht.

DER ALTE Hassen sie die Welt?

PAUL Das kann ich dir nicht sagen.

DER ALTE Haben sie vielleicht auch große, schöne Gedanken? Neue Gedanken, die wir alle noch nicht gedacht haben?

PAUL Ich weiß nicht, Vater.

DER ALTE Du nicht! Du bist ja auch alt. – Hast du eigentlich immer noch Asthma, oder kannst du jetzt deinen Beruf ausüben?

PAUL Aber du weißt doch, daß ich schon seit Jahren Berater bei der Kodak bin.

DER ALTE Und das Asthma hast du nicht mehr?

PAUL *humorig.* Im Alter läßt das nach, Vater. Ich werde immer gesünder. Ich habe schon vier Jahre keinen Anfall mehr gehabt.

DER ALTE So.

PAUL Sollten wir nicht gleich mal über die Eingabe sprechen? – Du brauchst dich gar nicht weiter darum zu kümmern, ich mache das schon alles.

DER ALTE Welche Eingabe?

PAUL Die Petition.

DER ALTE Eine Petition sollen wir machen?

PAUL Du nicht – ich mache das schon für dich.

DER ALTE An wen denn?

PAUL An den Schriftstellerverband.

DER ALTE *lacht.*

PAUL Du lachst.

DER ALTE Schriftstellerverband!

PAUL Ja, Schrifstellerverband.

DER ALTE Schriftstellerverband! Liest du mir hier ein bißchen vor? *Er hält ihm das Buch hin.* »Allein, weiß gekleidet …«

PAUL *liest.* »Dort steht sie. Ihre Gestalt ist höher als die höchsten Rosenbüsche, sie sieht über das Wasser hinaus, bis zu den schlummernden Bergen in der Ferne, sie sieht aus wie eine weiße Seele inmitten des grünen Gartens.«

DER ALTE Höre ich schlechter? Ich kann dich nicht gut verstehen.

PAUL Nein – ich lese wohl nicht laut genug. Ich will mir die allergrößte Mühe geben.

DER ALTE Du weißt doch von früher, wie laut du sprechen mußt. Ich glaube, ich höre jetzt noch schlechter als früher.

PAUL Ich habe dir ja schon so lange nicht mehr vorgelesen.

DER ALTE Steht da »weiße Seele«?

PAUL Ja, es steht da »weiße Seele«, wie ich es lese.

DER ALTE *brummt etwas, das wie Erstaunen und Mißbilligung klingt.*

PAUL Weiter? *Er liest.* »Sie lehnt sich mit dem Ellenbogen auf die Mauer und schaut hinab. Der Mann unten am Weg nimmt seinen Hut ab, senkt ihn fast bis zur Erde und grüßt. Sie nickt zurück. Der Mann sieht sich um, es ist niemand auf dem Wege, der ihn erspäht, und er geht einige Schritte auf die Mauer zu. Da weicht sie zurück und ruft: Nein! Nein! Sie winkt ihm mit der Hand – Was wollen Sie denn?«

DER ALTE Hast du nichts ausgelassen?

PAUL Aber nein, Vater!

DER ALTE War da nichts mehr?

PAUL So steht es hier!

DER ALTE Ich denke, vielleicht denkst du, ich verstehe nicht alles, und da läßt du einfach ein paar Sätze aus.

PAUL *liest.* »Was ich will? Sehen Sie, ich will hier nur eine Minute stehen. Es ist das letzte Mal. Ich will Ihnen so nahe wie möglich kommen, so nahe wie möglich. Jetzt stehe ich nicht weit von Ihnen! Sie schweigt. Es vergeht eine Minute. Gute Nacht, sagt er und nimmt den Hut fast wieder bis zur Erde ab. Gute Nacht, antwortet sie.«

DER ALTE »Nimmt den Hut fast bis zur Erde ab!« – Das hat er wohl so gemacht? *Er beugt sich sitzend nach vorn, ganz tief nach unten.*

PAUL Vater! Vorsicht!

DER ALTE Ach was, ich beuge mich, ich beuge mich bis zur Erde!

PAUL Sei bitte nicht so übermütig, Vater!

DER ALTE Du meinst wohl, ich verbeuge mich vor dir?

PAUL Aber nein, Vater! *Er stützt ihn, der weit vorgebeugt ist, und hebt ihn und bringt ihn vorsichtig wieder in sitzende Stellung.*

DER ALTE Du siehst meine Wetterschuhe an. Ich bin vor einer halben Stunde draußen im Garten hin- und hergegangen, dafür habe ich sie angezogen.

PAUL Wir haben uns schon gedacht, daß du neue brauchst. Mutter bringt dir neue mit.

DER ALTE Mutter kommt auch?

PAUL Ja, morgen.

DER ALTE Hier habe ich die Paketschnur, siehst du! Ich brauche keine neuen Gummischuhe. Ich habe mir den rechten zurechtgeflickt und habe noch ein Stück Schnur übrig. Siehst du!

PAUL *lacht.* Ja! Du weißt dir zu helfen, Vater.

DER ALTE *sitzt starr – nach einer Pause.* Kein Mensch kann das Zeug verstehen.

PAUL Ich stelle mir vor, es muß dir Freude machen, in den Sachen zu lesen, die du vor langer Zeit geschrieben hast.

DER ALTE Ich will dir etwas sagen. Paul, ich glaube, du bist ein Dummkopf.

PAUL *lacht gutmütig.*

DER ALTE Eine Zeitlang ist etwas wahr – als ich das geschrieben habe, habe ich wohl die Wahrheit geschrieben. Und eines Tages ist es nicht mehr wahr. – Lügenhaft. Lügenhafte Worte. Die Menschen haben sich verändert. Dann sagen sie: Das da, das Geschriebene ist unwahr. Es taugt nichts. Es ist Dreck.

PAUL Überlassen wir es doch der Nachwelt, Vater.

DER ALTE Ich dachte, Mutter ist krank?

PAUL Sie ist wieder ganz tüchtig auf den Beinen, läuft von Pontius zu Pilatus.

DER ALTE Sie läuft herum? So?

PAUL Ja. In deiner Sache.

DER ALTE In meiner Sache! Ich brauche euch doch alle gar nicht! Ich sitze hier und warte auf meine Richter. Sie werden schon wissen, ob ich ein Verbrecher bin. Es sind sehr intelligente Leute, schließlich hat man lange gesucht, bis man so intelligente Leute gefunden hat.

PAUL Aber Vater! Es ist doch nur eine Vorkommission, noch kein Gericht!

DER ALTE Das ist ein großes Glück, so viele intelligente Leute gibt es woanders gar nicht. Einer ist sogar ein Pfarrer und soll in einem Lager gewesen sein. Und einer schaut immer in seinen Hut, und dann weiß er immer schon alles. Wenn er da hineinschaut, braucht er gar nicht mehr zu fragen.

PAUL *lacht.* Du meinst den Sparkassendirektor!

DER ALTE Ja.

PAUL Dem ist das Ganze höchst unangenehm, habe ich gehört.

DER ALTE Was ist denn nun mit Mutter?

PAUL Ich sagte doch, sie kommt. *Schweigen.* Womöglich freust du dich gar nicht?

DER ALTE Ihre Haarnadeln überall.

PAUL Sie ist ganz glücklich, daß sich alle nach dir erkundigen.

DER ALTE Wer sind »alle«?

PAUL Wen sie trifft – Ekberg – ich glaube Liesendahl und – Ohlsen – viele!

DER ALTE Viele! – Zwei Darsteller von ihrem Theater von früher! Und Liesendahl ist Kommunist.

PAUL Immer noch der alte Zorn auf das Theater!

DER ALTE Ekberg als Lear! *Er lacht.*

PAUL *macht einen schlechten Schauspieler nach.* »Blast, Winde, blast –«

DER ALTE Dumm. Borniert. Alles, was sie auf der Bühne sprechen, ist dumm.

PAUL Es gibt jetzt aber interessante neue Stücke.

DER ALTE *regt sich mehr und mehr auf.* Sie wissen nichts. Sie können nichts darstellen, weil sie nichts wissen. Was wissen sie denn über den Menschen? Sie stellen eine Figur auf die Bühne, lassen sie ein paar Meinungen aussprechen, und dann behaupten sie: Das ist ein Charakter! Ein Mensch ist aber ein Konglomerat von vielen Ideen und Wünschen und Hoffnungen, und die haben nichts miteinander zu tun, die widersprechen einander und die bekämpfen sich. Ein Mensch hat die verschiedensten Eigenschaften, man kann nicht sagen, welche die wichtigste ist!

PAUL Du hast wohl recht, Vater.

DER ALTE Die Herren sagen, ich bin ein Landesverräter. Warum? Weil ich meinen Acker bestelle statt in den Cafés herumzusitzen und zu schwätzen!

PAUL Das sind ja nur wenige, die so urteilen.

DER ALTE Ich kenne jemanden, der sagt zu mir: »Ich muß Sie –« *Er macht eine Bewegung des Schlagens, das Wort fällt ihm nicht ein.*

PAUL Hör doch da nicht hin, Vater!

DER ALTE Du weißt überhaupt nichts! Weißt du denn, was in einem jungen Menschen vorgeht, der enttäuscht ist?

PAUL Wovon enttäuscht?

DER ALTE Ja, viele sind doch enttäuscht worden, als der Krieg

zu Ende war. – Du warst überhaupt nicht im Krieg, du
warst in Schweden, in einem neutralen Land! Und früher
hattest du Asthma! Da bist du geschont worden. Da hat
man dich wie ein rohes Ei behandelt. Wie willst du denn etwas wissen über einen Partisan?

PAUL Wieso Partisan?

DER ALTE *winkt wütend ab.*

*Schweigen. Die Kommission kommt herein: Reich, ein me-
lancholischer Intellektueller, der den Alten mit einer Mi-
schung aus Abscheu und Faszination sieht und in der Befra-
gung fast immer ironische Distanz bewahrt. Er hält den be-
vorstehenden Prozeß im Grunde für sinnlos. Holm, ein
Pfarrer, der während der Besatzungszeit in Haft war. Er hat
eine unerschütterliche Vorstellung von Moral und Recht und
sieht seine Mission darin, den Alten von seinem Verbrechen
zu überzeugen und ihn gerecht zu bestrafen. Der Sparkassendirektor, ein schüchterner, älterer Mann aus der benach-
barten Kleinstadt, der sich in seiner Inquisitorenrolle nicht
recht wohlfühlt. Er hat einen kleinbürgerlichen Respekt vor
dem berühmten Dichter.*

DER ALTE *sehr freundlich.* Guten Tag! Ich habe heute eine
große Freude gehabt, mein Sohn ist gekommen!

PAUL *verbeugt sich.* Guten Tag!

Die Herren verbeugen sich ebenfalls leicht, unschlüssig.

DER ALTE Mein Sohn hat von der Regierung die Erlaubnis bekommen, mich in dieser Anstalt für einen Tag zu besuchen,
vielleicht sogar für mehrere Tage. Das ist sehr großzügig
von den Behörden. Ich bin ein sehr alter Mann, und ich
habe meine Familie fast ein Jahr nicht sehen können. *Zu
Paul, dem die lange Rede peinlich ist.* Diese Herren und ich,
wir müssen jetzt arbeiten.

PAUL Ich gehe solange spazieren, Vater! *Übermäßig höflich,
entschuldigend zu den drei Herren.* Selbstverständlich will
ich Sie nicht aufhalten!

DER ALTE Bitte?

PAUL Ich habe gesagt, ich will hier nicht stören! *Beschwörend.*
Bis später, Vater! *Er zieht sich zurück.*

DER ALTE Wohin gehst du denn jetzt?

*Während der folgenden Szene sammelt Paul abseits die ver-
streuten Bücher auf, stapelt sie. Die »Kanalschwimmerin«*

kommt herein, läuft wieder weg.

HOLM *ärgerlich zu Reich, der eins der Bücher, die am Boden liegen, aufgehoben hat und darin blättert.* Können wir jetzt beginnen?

DER ALTE *zu Reich.* Ich glaube, man plant hier, ein literarisches Erzeugnis von Ihnen aufzuführen, ein Gedicht, ich habe gesehen, wie es einstudiert wurde.

REICH Von mir? – Sicher nicht!

DER ALTE Sie verfassen doch solche Sachen, soviel ich weiß.

REICH Nein!

DER ALTE Ein sehr schlechtes Produkt, fürchte ich, aber voller Freiheitsschwung, da werden die alten Wackelköpfe Ihnen zujubeln.

REICH Ich schreibe keine Gedichte! Ich habe nur gelegentlich mal eine kleine Erzählung verfaßt, Skizzen, kaum erwähnenswert.

DER ALTE Man hat Sie vermutlich für die Arbeit, die wir hier verrichten, ausersehen, weil man annimmt, Sie begreifen mich als Kollege besser als die anderen Herren hier.

REICH Einige Werke von Ihnen haben mich allerdings tief beeindruckt ... auch beeinflußt –

DER ALTE *winkt ab.* Ja, ja, lange her.

REICH Die Landstreichertypen in Ihren Romanen, die haben Sie sehr eindrucksvoll beschrieben.

DER ALTE Ja, die Tippelbrüder, die Herumwanderer, die habe ich gut verstanden, deshalb sind sie mir auch besser gelungen.

HOLM *streng.* Wir wollen zur Sache kommen!

DER ALTE *zu Reich.* So ist das, Herr Gelegenheitsschriftsteller, ich bin ja selbst ein Wanderer!

HOLM *nimmt ein Blatt und liest vor.* »Die Deutschen haben Norwegen im April 1940 besetzt. Bis zur Befreiung 1945 sind folgende Verbrechen von den Deutschen und von ihren norwegischen Handlangern, den Quisling-Leuten, begangen worden. *Holm nimmt ein Blatt, auf dem er sich Stichworte notiert hat.* Während der deutschen Okkupation vom April 1940 bis zur Befreiung 1945 wurden norwegische Bürger ihrer Freiheit beraubt, gefoltert, gequält, nach Deutschland verschleppt, umgebracht. 50000 norwegische Bürger flüchteten nach Schweden, um sich vor den Deutschen zu retten. Als Sühne für den Tod des Nazi-Verräters Martinsen wurden in Drontheim 40 Geiseln erschossen. Von den nach Deutschland und Polen deportierten Juden, Bürgern unseres Landes, sind nur 24 zurückgekehrt. – Als von 1400 norwegischen Lehrern 1300 gegen die Errichtung einer Nazi-Jugend-Organisation protestierten, wurden sie zu Hunderten ins Konzentrationslager geschleppt, gefoltert und mißhandelt. – Ein großer Teil der norwegischen Polizei verweigerte der Nazi-Regierung den Gehorsam und wurde deshalb verhaftet. – Von 699 norwegischen Pfarrern protestierten 645 gegen die Nazi-Gewalttätigkeit und gegen die Verletzung des Kirchenrechts und wurden dafür inhaftiert. – In dem Konzentrationslager Grini bei Oslo wurden während der Okkupation 19 800 Norweger gefangengehalten.« – Sie haben diese Verbrechen durch ihre nazifreundlichen Aufrufe und Zeitungsartikel unterstützt. Äußern Sie sich dazu.

DER ALTE Bitte?

HOLM *wiederholt noch einmal.* Während der deutschen Okkupation im April 1940 bis zur Befreiung wurden norwegische Bürger ihrer Freiheit beraubt, gefoltert, gequält, nach Deutschland und Polen in Konzentrationslager verschleppt … umgebracht …

DER ALTE Bitte, ich habe nicht alles verstanden.

REICH *sehr laut zu Holm.* Er hat es ganz gut verstanden!

DER ALTE Jetzt sprechen Sie so, daß ich Sie verstehe, aber was eben gesagt wurde, habe ich nicht alles verstanden.

Das »Reh« hat sich herangeschlichen. Plötzlich springt sie zu dem Alten hin und fährt ihm mit den Händen im Gesicht herum.

DER ALTE *wehrt sich.* Gehen Sie weg! – Gehen Sie weg!– Was haben Sie?

DER SPARKASSENDIREKTOR *steht auf.* Ruhig, ruhig, liebe Frau! – Beruhigen Sie sich!

DAS »REH« *wütend.* Das Fest ist erst morgen!

DER SPARKASSENDIREKTOR *redet leise, begütigend auf sie ein, bringt sie weg.*

DER ALTE Ich protestiere!

HOLM Na, na! Was protestieren Sie denn? Früher haben Sie auch nicht protestiert!

DER ALTE Doch! Ich habe ... ich habe ... ich habe wiederholt
... *er schlägt auf die Stuhllehne, kann nicht weitersprechen.*
Schweigen.
DER SPARKASSENDIREKTOR *kommt zurück.*
REICH *klappt das Buch zu, nimmt Holm das Blatt ab und gibt
es dem Alten über den Tisch.* Das sind die Naziverbrechen
in Norwegen.
DER ALTE Danke. Soll ich es jetzt lesen?
REICH Sie brauchen es jetzt nicht zu lesen. Ich möchte Sie fra-
gen: Was wußten Sie von den Naziverbrechen in Norwe-
gen?
DER ALTE *denkt nach und sagt dann.* Nichts.
HOLM *springt auf.* Nichts! Er weiß nichts! *Er geht um den
Tisch herum, schreit dem Alten ins Ohr.* Deportationen!
DER ALTE Jawohl!
HOLM Geiselmorde!
DER ALTE Jawohl!
HOLM Erschießungen!
DER ALTE Jawohl!
HOLM Und Tausende von Norwegern in den Händen der Ge-
stapo!
DER ALTE Jawohl!
HOLM Und wenn Sie nicht wissen, was die Gestapo mit ihnen
gemacht hat, wenn Sie auch das nicht wissen – *er öffnet ha-
stig und zitternd vor Wut Jacke und Hemd. Man sieht ver-
narbte Striemen und Wunden auf seiner Brust.*
Stille.
DER ALTE *ist erschrocken.*
HOLM Das hat man mit ihnen gemacht! – Oder sind Sie auch
blind? *Er steht dicht neben dem Alten.*
DER ALTE *zitternd vor Schreck und Ärger darüber, daß Holm
ihn physisch bedrängt.* Bitte nehmen Sie Ihren Arm weg,
ich bitte Sie! Sie mögen wohl eine schwere Verletzung ha-
ben. Aber es ist nicht anständig von Ihnen, sie mir in so er-
schreckender Weise vorzuführen.
REICH »Der rassebewußte deutsche Mensch ist zu niedrigen
Taten nicht fähig.«
HOLM Es wird Ihnen nichts nützen, daß Sie taub sind!
DER ALTE *hat nur halb verstanden.* Ja, ja so ist es.
HOLM *geht wieder an seinen Platz.*

SPARKASSENDIREKTOR Mit irgend jemandem haben Sie doch gesprochen, Sie haben korrespondiert und gelesen und Besuche gehabt.

REICH Ihre Umgebung war wohl ebenfalls taub?

DER ALTE Ja, mein Verwalter war taub. Das wird Sie erstaunen, er ist stocktaub wie ich, und wir schreien uns immer an.

SPARKASSENDIREKTOR Und wer lebt dort sonst noch?

DER ALTE Mein Sohn Paul war im Ausland.

REICH Und der war auch taub?

DER ALTE Meine Frau ist unantastbar.

HOLM Was soll das heißen?

DER ALTE Falls Sie meine Frau beschuldigen wollen – sie hat dreißig Jahre nur für ihren Mann und für ihre Familie gelebt.

REICH Also auch taub!

DER ALTE Man hat mich wohl auch schonen wollen. – Jawohl, so war es! – Ich habe oben in meinem Zimmer gesessen und habe gearbeitet, und mittags und abends hat meine Frau an die Regentonne neben der Hoftüre geschlagen, mit einem Holzscheit, und dann bin ich zum Essen hinuntergegangen, und dann bin ich wieder hinaufgegangen. Es war den ganzen Tag still.

REICH *gähnt ostentativ.*

DER ALTE Ich sehe an Ihrem Gesicht, daß Sie mich verhöhnen. Es ist aber ein Elend, wenn man nichts mehr versteht.

REICH Da gibt es doch diese rührende Geschichte von den gelben Bänken, die Ihr Freund Hitler in Deutschland überall aufgestellt hat, zur Benutzung für Juden.

DER ALTE Ja, die habe ich in Berlin gesehen.

REICH Und als Sie die gesehen haben und ein jüdisches Kind saß auf so einer Bank, da sollen Sie sich demonstrativ dazugesetzt haben.

DER ALTE Ja, ich bin meinem Begleiter sehr lästig gewesen. – Ein junger SS-Mann. Das war ihm sehr unangenehm, und er blieb die ganze Zeit neben der Bank stehen, bis ich wieder aufstand. – Ich bin mein Leben lang lästig gewesen. Es tut mir leid, daß ich den Leuten immer lästig falle. – Warum erwähnen Sie das?

REICH *ironisch.* Es ist eine rührende Geschichte.
Stille.
SPARKASSENDIREKTOR Sie haben Bittschriften zugunsten Verfolgter an Quisling und andere Nazigrößen geschickt?
DER ALTE *nickt.*
SPARKASSENDIREKTOR Wenn Sie Bittschriften verfaßt haben, müssen Sie doch auch von den Verfolgungen und Verbrechen gewußt haben.
DER ALTE Man hatte mich darum gebeten, die Briefe zu schreiben.
REICH Sie haben sich also nicht darum gekümmert, was vorging?
DER ALTE Jawohl.
REICH Sie sind ein Dichter, und die Wahrheit hat Sie nicht interessiert. In meinen Augen ist dies das größte Verbrechen.
HOLM *zu Reich, über den er sich ärgert.* Kunst und Wahrheit, damit beschäftigen wir uns hier nicht.
DER ALTE Ich habe geglaubt, es handelt sich um einzelne Ungerechtigkeiten, wie sie ja oft vorkommen – überall.
REICH Sie sagen, Sie haben nichts gewußt –
DER ALTE Ich habe wohl von Sabotageakten gehört, jawohl! Und vom Widerstand habe ich gehört – einige Schauspieler haben ihren Vertrag mit dem Theater nicht unterschrieben wegen dem neuen Direktor, der wohl ein Quisling-Anhänger war. Das habe ich von meiner Frau gehört. Sie war früher Schauspielerin. Aber dann haben sie doch unterschrieben.
REICH Nehmen wir einmal an, Sie hätten etwas von den Naziverbrechen gewußt. Hätten Sie sich dann genauso verhalten?
DER ALTE Das ist eine erdachte Situation. Aber wenn ich etwas gewußt hätte, hätte das meine Einstellung zu den Deutschen sicher verändert. – Ich war in meinem langen Leben immer gegen das Unrecht, und ich habe mich nie gescheut, dagegen zu kämpfen!
REICH *ironisch.* Ach, dann wären Sie womöglich Partisan geworden, wenn Sie nur etwas gewußt hätten!
DER ALTE Partisan! – *Längere Pause, er denkt nach.* Die verschiedenen Sabotageakte haben großes Unglück über das

Land gebracht. Sie haben den Gegner zur Rache herausge-
fordert.

REICH Ah, nur deshalb waren Sie gegen den Widerstand!

DER ALTE Man muß jung sein. Wenn man jung ist, ist man ein
anderer Mensch.

Stille.

REICH Als Ossietzky 1934 für den Friedensnobelpreis vorge-
schlagen wurde, da haben Sie in der Presse eine Hetzkam-
pagne gegen ihn veranstaltet.

DER ALTE Jawohl, ich war dagegen.

REICH Sie wußten, daß er in einem KZ war. Sie wußten auch,
daß man mit dem Nobelpreis die Weltöffentlichkeit auf die
Naziverbrechen aufmerksam machen wollte.

DER ALTE Jawohl, ich habe geschrieben, Ossietzky ist ein Parteischriftsteller.

REICH Er war Pazifist und Sozialist und hat seine Aufgabe
darin gesehen, die Wahrheit zu sagen und sie so weit wie
möglich zu verbreiten.

DER ALTE Er war Pazifist und Sozialist und Parteischriftsteller.

HOLM *unbeherrscht.* Nazimörder!

DER ALTE Einem Parteischriftsteller gibt man nicht den Preis!

REICH Er hat den Friedensnobelpreis bekommen, weil er für
den Frieden gekämpft hat.

DER ALTE Frieden. *Er lacht.*

HOLM Mit diesem Lachen hat man ihn umgebracht!

DER ALTE Er hat mit Hilfe seiner sozialistischen Freunde den
Preis ja bekommen gegen meinen Einspruch. Und er ist
umgebracht worden, gegen meinen Willen. Ein Partei-
schriftsteller ist aus politischen Gründen verhaftet wor-
den, und alle seine sozialistischen Freunde – die ihm den
Preis gegeben haben, jawohl – haben ihn nicht vor dem
Tod bewahrt. Obwohl sie doch in der ganzen Welt ihre
Beziehungen haben. Sie stecken doch alle unter einer
Decke.

REICH Das hoffe ich.

HOLM Wie lange soll ich mir das noch anhören! Ich bin ein
Opfer der Nazideutschen.

DER ALTE Ich bin kein Sozialist. Ich habe niemals Sympathien
für den Sozialismus gehabt – Fortschritt! Fortschritt! – Sie

sperren ja auch Menschen ein wegen ihrer politischen Gesinnung – mich! –

REICH *ruft dazwischen.* Weil diese Gesinnung unmenschlich ist!

DER ALTE Ich darf nicht einmal meinem Verwalter diesen Brief schicken! Eine Anweisung, wegen dem Saatgut. Kein Staatsgeheimnis.

REICH *nimmt den Brief und steckt ihn ein.* Ich nehme ihn mit.

DER ALTE Sie können ihn ruhig öffnen und lesen. Ich bitte Sie sogar darum! *Schweigen.* Sonst werden Sie womöglich bestraft.

REICH *schweigt ärgerlich.*

DER ALTE Ich bin auch gegen die Demokratie von Präsident Truman. Ich bin Individualist. In meiner Jugend habe ich die amerikanische Freiheit kennengelernt. Ich war dort Landarbeiter. In Iowa. In Chicago. Da war ich Schaffner.

REICH Vor siebzig Jahren.

DER ALTE Taucht in dieser Demokratie einer auf und ist für das Königtum, so ist er ihnen nicht frei genug, sie jagen ihn zum Land hinaus. Und dann habe ich erlebt, daß sieben Leute sich aus diesem demokratischen Mob erhoben, die glaubten an den Anarchismus, der Anarchismus war für sie die zukünftige Gesellschaftsform – die waren ihnen zu frei, und da hat man sie aufgehängt. Was über George Washingtons äußerst einfaches Hirn hinausgeht oder hinter ihm zurückbleibt, wird bestraft. So sieht die demokratische Freiheit aus – nicht eine Freiheit für die Person, sondern für die Masse!

HOLM Schluß!

Während der folgenden Rede hören die Herren nicht mehr zu. Sie packen ihre Akten ein.

DER ALTE Ich bin Anhänger des patriarchalischen Systems. Heute wird man als Verbrecher angesehen, wenn man für die patriarchalische Ordnung eintritt. Schon in meiner Jugend hat man viel von Freiheit gesprochen. Das spukte so in den Köpfen herum. Ich habe mir das angehört und bin meiner Wege gegangen. Ich habe schon damals gesehen, daß sie gar nichts mit ihrer Freiheit anfangen können. Sie machen nur ein Geschrei in den Sportpalästen und starren hypnotisiert auf einen Filmstar. Sie wollen gar nicht frei sein. Sie wollen bloß immer das Wort schreien: Freiheit! Dann sind sie schon zufrieden. Und man kann mit ihnen machen, was man will. Geschäfte oder Krieg. Die Menschen wollen nicht frei sein. Ja, sie wollen sogar geschlagen werden. Sie wollen ihre Wunden zeigen. Und sie wollen Blut sehen. Der Mensch ist ein blutgieriges Tier, eine Bestie, und nur eine eiserne Hand oder ein großes Unglück hält ihn einigermaßen im Zaum. Nehmen Sie die Leibeigenschaft: Selbst die ist ja vielleicht nicht so schlimm gewesen wie die demokratische Freiheit. Für viele war sie ein Segen, und als die Befreiung kam, da wußten viele nicht mehr, was sie nun anfangen sollten mit ihrer Freiheit. Eine patriarchalische Ordnung, das ist das Glück für die Menschen!

Schweigen.

HOLM Glauben Sie, daß die Deutschen eine Kulturnation sind?

DER ALTE *sieht Holm an, schweigt.*

HOLM Glauben Sie, daß die Deutschen eine Kulturnation sind?

DER ALTE *sieht Holm an, schweigt.*

REICH Ich denke, wir brechen für heute ab.

DER ALTE *steht auf, verbeugt sich korrekt.*

4
Allegorie

Sonia im improvisierten Kostüm. Die Majorswitwe studiert mit ihr einen Auftritt als Allegorie der Freiheit ein.

SONIA *memoriert mit einem Zettel in der Hand* »... hört, welch ein Ruf! Der mit dem Lerchenschlage/fernher die blaue Frühlingsluft erfüllt/und im Gemüt der nachtverhüllten Klage/den Lichtblick neuer Hoffnungen enthüllt.«

DIE MAJORSWITWE Die Freiheitsdarstellerin muß eine nackte Schulter haben.

OLE *kommt gelaufen.* Durchaus nicht!

DIE MAJORSWITWE Streng genommen, eine entblößte Brust!

OLE Nein. Sie müßte unsere schöne alte Tracht aus Nordnorwegen tragen.

DIE MAJORSWITWE Aber mit nackter Brust!

OLE *wütend.* In der Volkstracht gibt es keine nackte Brust!

DIE MAJORSWITWE Sie soll die Allegorie des befreiten Nor-
wegens sein.

OLE Aber nicht mit nackter Brust!

DIE MAJORSWITWE Ach, Sie sind ja spießig!

OLE Kein zweifelhafter Nackttanz und Entblößungen!

SONIA *murmelt ihre Verse.*

DIE MAJORSWITWE Ich kenne Gemälde, im Louvre, darauf ist
nichts zweifelhaft. Es sind große Kunstwerke, und viele
Personen darauf sind unbekleidet.

OLE *bockig.* Weiß ich nicht.

DIE MAJORSWITWE Zu dumm!

SONIA *murmelt.* »… den Lichtblick … den Lichtblick … *rezi-
tiert:* Er kündet uns den festlichsten der Tage/den Richttag
Gottes, der die Zeit erfüllt!/Es tönet wie mit lang verhal-
tenem Grimme/dort vom Gebirg herüber schallt die Stimme –«

OLE *unterbricht sie.* Bei »Richttag Gottes« müssen Sie dorthin gucken: *Er zeigt auf die Stelle, wo immer der Alte sitzt.*

DIE MAJORSWITWE Nein, der Blick muß in eine Ferne gehen!

OLE Danach wird sicher der Beifall kommen, Sie schwenken
die Fackel und treten zurück in die Dunkelheit … die Fak-
kel wegschleudern!

5
Ein Fest für alle

Der Alte sitzt auf einer Bank.
Es wird Nachmittag, es wird Abend.
Klaviermusik. Eine schnelle Polka. Ganz hinten sitzt der
Klavierspieler, er hat ein keckes, winziges Papierhütchen
auf.
Neben ihm ein kleines Kind auf einem Drehstuhl, das ihm
unbeweglich zusieht. Nun kommen die alten Leute von allen
Seiten herbei. Einige haben Masken auf. Die meisten brin-
gen sich einen Stuhl mit. Sie lassen sich nieder: das »Reh«,
die Majorswitwe, die »Piratin«, die »Kanalschwimmerin«,
Ole, Herr Berend, die Frau im Rollstuhl und ihre Pflegerin,

der Blinde mit seiner Frau »Libelle«.
Die Musik bricht ab.

DAS »REH« Ach, jetzt ist es so still, daß man das Meer rauschen hört.

DIE MAJORSWITWE Ich höre nichts.

OLE Das Meer kann man bis hierher auch gar nicht hören.

DAS »REH« Doch!

DIE MAJORSWITWE Einbildung!

DIE »LIBELLE« Wird denn auch getanzt?

DER BLINDE Mit wem willst du denn tanzen?

DIE »LIBELLE« Mal sehen!

OLE Wissen Sie, was dieser Herr dort drüben in seiner Jugend gesagt hat? Sogar öffentlich, in einem Vortrag, den er in Oslo gehalten hat! Er hat gesagt, die Alten muß man einsperren, nur die Jugend gilt. Die Alten auf die Bäume! Wer runterfällt – weg damit!

DIE MAJORSWITWE Ist das nicht eigentlich von Nietzsche?

OLE *deutet auf den Alten.* Ja, aber er hat es gesagt, und zwar öffentlich in einem Vortrag in der Universität!

DIE ALTE FRAU IM ROLLSTUHL Als er zwanzig war – war ich noch gar nicht geboren!

DIE »PIRATIN« Musik! Musik!

DER ALTE OBERST *hat sich mühsam erhoben, ruft zum Klavierspieler.* Darf um ein paar Akkorde bitten, als Ankündigung –

DIE »LIBELLE« Oh, nun kommt sicher die Darbietung mit dem jungen Mädchen.
Tusch.

DER ALTE OBERST Bitte, ich möchte eine Erklärung abgeben, eine notwendige Erklärung! Vielleicht finden Sie es gewagt, aber Aufrichtigkeit ist eine der Tugenden des Soldaten. Deshalb möchte ich als früherer Offizier eine Erklärung abgeben. Wir haben heute einen Gast, und wir möchten ihn trotz allem willkommen heißen! Es ist ein berühmter Schriftsteller, er hat zu meiner Zeit das Ansehen unseres kleinen Landes in der Welt gemehrt. Ein Menschenalter lang – was zählen da die letzten fünf Jahre! Ich streiche sie durch! – Ein Schiff ist auf den Weltmeeren gefahren, ein großes Schiff, ein Tankschiff, das trug seinen Namen, ihm zu Ehren, und es segelte unter dieser Flagge, die wir hier aufgezogen haben. – Das war der Sinn meiner Rede.

Verlegener Beifall.

DIE »PIRATIN« Auf diesem Stuhl hat gestern morgen unser Fräulein gestanden und konnte nicht rauf und konnte nicht runter.

Das »Reh« kichert.

DAS »REH« Der alte Herr hat das gar nicht richtig verstanden! *Sie geht zu dem Alten hin und ruft ihm ins Ohr.* Der Herr Oberst hat eine Rede auf Sie gehalten!

DER ALTE *ruft zu dem Oberst hinüber.* Ja, Sie haben eine Rede auf mich gehalten. Ich habe es gesehen! Ich habe nicht alles verstehen können. Wahrscheinlich haben Sie Unsinn geredet. Macht nichts.

DER ALTE OBERST Ich habe es für meine Pflicht gehalten, ob Sie hören oder nicht.

DER ALTE Ja. Wir Alten reden ja alle Unsinn.

OLE Der Meinung bin ich durchaus nicht!

Peinliche Stimmung. Stille.

DAS »REH« *will die Situation retten.* Wir haben nicht viele Platten, aber vielleicht ist Ihre Lieblingsplatte dabei!

DER ALTE *will charmant sein.* Was sag ich denn da? – La Paloma!

DAS »REH« Das haben wir! Sie legt die Platte auf. Das macht sicher allen Freude.

Grammophon-Musik: La Paloma! Der Mann mit der Affenmaske und die »Kanalschwimmerin« tanzen.

DIE MAJORSWITWE Ach, lieber Polonaise, da können alle mitmachen! Bitte, Herr Pianist, eine Polonaise.

Der Pianist spielt eine Polonaise. Die Majorswitwe stellt das Grammophon ab. Das tanzende Paar bleibt verwirrt allein stehen. Die Majorswitwe nimmt das »Reh« bei der Hand, um die Polonaise anzuführen.

DAS »REH« Jetzt sind wir schon eine Schlange.

DIE »PIRATIN« Noch nicht, aber jetzt gleich!

DIE MAJORSWITWE Kommen Sie doch, kommen Sie doch!

Ole schließt sich an, dann auch die »Kanalschwimmerin« und der Mann mit der Affenmaske, der Mann, der fotografiert, die Pflegerin der Frau im Rollstuhl, der alte Oberst. Der Zug der alten Leute bewegt sich zur Musik durch den

Garten.

HERR BEREND *nimmt seinen Stuhl, geht zu dem Alten.* Ich bin der Vater von Uwe Berend.

DER ALTE *kennt den Namen nicht.* Jawohl!

HERR BEREND Deshalb ist es mir eine große Freude, daß Sie hier sind und daß ich Sie persönlich kennenlerne.

DER ALTE Uwe Berend?

HERR BEREND 1924!

DER ALTE 1924?

HERR BEREND Alle Zeitungen waren voll davon! Tagelang! Sie den Nobelpreis, er die Medaille! Im selben Jahr.

DER ALTE Was für eine Medaille, ich habe keine Medaille bekommen.

HERR BEREND *schreit ihm ins Ohr.* Uwe Berend!

DER ALTE *unwillig.* Ich habe Sie verstanden. Ich weiß nicht, wer Uwe Berend ist.

HERR BEREND Das ist mein Sohn!

DER ALTE So, das ist Ihr Sohn?

HERR BEREND *beschwörend.* Uwe Berend! Der Eisläufer!

DER ALTE Aha! Ein Eisläufer!

HERR BEREND Der vierfache Weltmeister im Eiskunstlauf für Herren!

DER ALTE Sie sind anscheinend sehr stolz auf Ihren Sohn.

HERR BEREND *hat Fotos aus der Tasche geholt.* Hier ist er mit dem König. Im Schloß.

DER ALTE Ja, der König hat auch Eisläufer empfangen.

HERR BEREND Er war danach noch zweimal im Schloß. – Hier bei der Siegerehrung 1924.

DER ALTE *sieht sich das Foto an.*

HERR BEREND Und das ist die Halle in Los Angeles, dreißigtausend Menschen.

DIE MAJORSWITWE *hat Frau Bergson, die sich mit ihrem Koffer vorbeischleichen will, entdeckt und ruft aus der Schlange.* Frau Bergson, reihen Sie sich doch ein, kommen Sie!

FRAU BERGSON Nein, ich kann mich nicht einreihen, ich habe nur eine Hand frei zum Anfassen.

DER ALTE *zu Herrn Berend.* Und in Amerika ist Ihr Sohn auch gewesen! Ich war in den neunziger Jahren als Landarbeiter in Iowa.

HERR BEREND Für diesen Abend hat er 10000 Dollar bekommen, für einen Abend.

DER ALTE So!

HERR BEREND Er war überall, in der ganzen Welt, in Berlin, in Madrid, sogar in Sydney.

DER ALTE Mit dem Schlittschuh!

HERR BEREND In allen Eispalästen!

DER ALTE So, in allen Eispalästen! Ich kenne keinen Eispalast.

HERR BEREND Ich war bei jedem Wettkampf dabei und bei jedem Auftritt. Ich war immer dabei, mein ganzes Leben. Ich habe mit dem Handtuch hinter ihm gestanden.
Schweigen.
Der Alte steht auf, steuert auf den Koch zu, der inzwischen mit dem Pudding gekommen ist. Herr Berend packt seine Fotos wieder ein.

DER KOCH *zu Frau Bergson.* Was transportieren Sie denn eigentlich in Ihrem Koffer? Jeden Morgen sehe ich Sie mit dem Reisekoffer in der Hand. *Lustig.* Und jetzt sitzen Sie drauf, wie bestellt und nicht abgeholt.

FRAU BERGSON Ich muß weg! Ich muß weg!

DER KOCH Ach, in so einer schönen Sommernacht!

FRAU BERGSON *deutet auf den Alten.* Ich muß flüchten!

DIE MAJORSWITWE *ruft aus der Schlange herüber.* Anschließen! Anschließen!

DER KOCH Jetzt geben Sie mir einfach mal den Koffer zur Aufbewahrung.

FRAU BERGSON Neinneinneinnein!

DER KOCH Stürzen Sie sich nur unbedenklich ins Vergnügen, junge Maid!

FRAU BERGSON Ich darf nicht hierbleiben!

DER KOCH *nimmt ihr den Koffer ab, hebt ihn hoch.* Ganz leicht! Ist er denn etwa leer?

FRAU BERGSON Oh, schwer für meine alte Grabschhand!

DER KOCH Und was ist da drin?

FRAU BERGSON Wolle! Lauter Wolle – *mit einem ängstlichen Blick zu dem Alten.* Jetzt hat er mich erkannt! *Sie läuft schnell mit ihrem Koffer weg.*

DER ALTE *kommt zum Koch.* Jetzt schaue ich Ihnen mal in die Suppe!

DER KOCH *ist aufgesprungen und hält ihm einen Löffel Pudding hin.* Probieren, Herr?

DER ALTE *will keinen Pudding* Eine Krone und noch dazu so wunderbar dekoriert – *ißt einen Löffel.* Ihnen zuliebe!

DER KOCH *grinst.*

DER ALTE Lauter Zahnlose, Magenschwache, nur nichts Blähendes, nur lauwarm, salzlos – das ist für einen Koch keine Freude!

DER KOCH *grinst.*

DER ALTE Ich denke mir, da möchte man doch gern einmal wieder etwas Kräftiges in den Töpfen haben. Nicht wahr?

DER KOCH *nickt und kichert die ganze Zeit.* Montag Haschee, Dienstag Haschee, Mittwoch Haschee, Sonntag Überraschung: Klopse!

DER ALTE *lacht, stößt den Koch kameradschaftlich an. Schweigen.*

DER ALTE Dieser Herr mit dem Schal hat 10 000 Dollar an einem Abend bekommen. Für Schlittschuhlaufen. Dafür müssen wir lange arbeiten.
Der Mann, der fotografiert, der überall Aufnahmen gemacht hat, nähert sich jetzt den beiden.

DER KOCH Eislauf – große Kunst!

DER BLINDE *ruft dem Koch zu.* Bringen Sie uns doch ein paar Decken, Boris! Es wird kühl vom Boden herauf, und das zieht in die Beine.

DER MANN, DER FOTOGRAFIERT *zu dem Alten.* Momentchen! Es kommt ein Graf, ein Graf, ein Foto-Graf!

DER KOCH *will weg.*

DER ALTE Bleiben Sie hier! Wir sollen fotografiert werden, wir beiden Schnapsbrüder.

DER KOCH Kein Schnaps! Nichts!

DER ALTE *faßt ihn am Arm und zwingt ihn, sich neben ihn in Positur zu stellen, vor der Kamera.*

DER ALTE *will ihm Mut machen.* Und so ein schönes Abzeichen haben Sie da am Rock!

DER KOCH Daimler-Benz!

DER MANN, DER FOTOGRAFIERT Achtung, bitte stillhalten!

OLE *kommt gelaufen.* Sie haben im Jahre 1907 in Kristiania einen Vortrag gehalten!

DER ALTE Das kann sein.

OLE Da haben Sie gesagt, die Alten sollen auf die Bäume gejagt werden und wer runterfällt – weg damit!

DER ALTE *gibt ihm keine Antwort, sagt zum Koch, während sie für die Kamera posieren.* Wir zwei gehen mal aufs Eis und verdienen auch 10 000 Dollar.

DER BLINDE Wo bleiben Sie denn mit den Decken, Boris? *Der Mann, der fotografiert, geht zu den anderen. Der Koch steckt dem Alten grinsend sein Automobilabzeichen an.*

DER KOCH Entschuldigen Sie, ich muß Decken holen, Herr.

DER ALTE Danke. *Setzt sich neben den Wagen mit dem Pudding.* Ich bewache dafür den Pudding. Sonst werde ich immer bewacht. Heute bewache ich den Pudding.
Der Koch ist weggegangen. Der Alte sitzt starr auf seinem Stuhl. Herr Berend hat sich auf einen freien Stuhl neben der »Libelle« gesetzt.

DER BLINDE Sollen wir nicht wieder hineingehen?

DIE »LIBELLE« Nein. Ich bin so vergnügt – ich singe so gern! Ich glaube, ich singe noch zwei Stunden nach meinem Tod.

DER BLINDE *murmelt.* Bloß nicht.

HERR BEREND *sitzt schon.* Darf ich mich setzen?

DIE »LIBELLE« Bitte, ja! – Da muß ich Ihnen gleich die Geschichte erzählen von dem Koch, den wir hatten. – Das war in meinem ersten Ehejahr. Wir hatten einen neuen Koch, einen hervorragenden Koch, weltberühmt für seine Suppen, also: phantastische Suppen! Und wir wurden sozusagen auch berühmt wegen dieser Suppen. Die Leute kamen zu uns wegen der Suppe, und jeder Gast, den wir eingeladen hatten, saß da und war gespannt. So war das!

DER BLINDE Suppe! Suppe!

DIE »LIBELLE« Ja, so war das! Ich weiß, du kennst die Geschichte, aber ich erzähle sie trotzdem.

DER BLINDE Und die anderen Herrschaften hier kennen sie auch schon.

DIE »LIBELLE« Herr Berend kennt sie noch nicht, und deshalb erzähle ich sie jetzt. – – Eine hohe Persönlichkeit kam also – ein Gourmet! Und saß da und war gespannt. Dann ging die Tür auf, und ich sehe noch den Koch da stehen in der Tür mit der Terrine! Und ich denke, um Gottes willen, er hat ja die falsche Terrine! Ja, er sollte doch die Meißner nehmen! Und ehe ich mich regen kann, da sehe ich den Hausburschen hinter der Portiere stehen, und ich denke, ich träume: Er streckt blitzschnell den Fuß vor. Da liegt der

Koch und die Suppe, und die Schüssel ist in Scherben. Alle springen auf, ich werde bedauert, und allen tut es furchtbar leid wegen der fabelhaften Suppe. Ich war natürlich untröstlich, unser Gast war den ganzen Abend besonders liebenswürdig, und er gab sich den ganzen Abend die größte Mühe, mich wieder aufzuheitern – das gelang ihm auch.

DER BLINDE *sarkastisch.* Das gelang ihm!

DIE »LIBELLE« Ja, das gelang ihm! Und denken Sie: Ich lasse mir später den Hausdiener kommen – ich will ihn natürlich rauswerfen, diesen unverschämten Kerl. Und er sagte mir: Freuen Sie sich, gnädige Frau, ich habe Ihre Meißner Schüssel gerettet. Schüssel, Schüssel, sage ich – die Suppe! Die Suppe! sagt der junge Mann, die hätte der Gast nicht essen können. Der Koch hat sie versalzen, er hat alles probiert, man konnte sie nicht essen. Da haben wir sie schnell umgefüllt in eine andere Terrine, in die Wochentagsterrine, und wir haben dafür gesorgt, daß sie nicht auf den Tisch kam.

HERR BEREND Dort steht jemand!

DIE »LIBELLE« »... dafür gesorgt, daß sie nicht auf den Tisch kam«. Er war noch dreißig Jahre bei uns und der Koch natürlich auch.

Die Polonaise-Schlange ist zurückgekommen, sie löst sich auf.

DIE »PIRATIN« *ängstlich.* Der hat was vor!

Zwischen den Bäumen steht Oswald. Er hat einen Hut auf wie der Alte, trägt einen Schnurrbart wie der Alte, ebenso eine Jacke mit einem Kavalierstuch wie der Alte. Er hat ein Pappschild an einer Latte befestigt, darauf steht mit großen Buchstaben: ICH BIN EIN NAZI. Er steht unbeweglich zwischen den Bäumen.

DIE »PIRATIN« Was steht auf dem Schild? Ich kann es nicht erkennen.

HERR BEREND Auf dem Schild steht etwas.

DIE ALTE FRAU IM ROLLSTUHL Ach Gott, ach Gott.

Alle sehen zu Oswald hin. Stille.

Der Alte steht auf, geht auf Oswald zu, der noch immer unbeweglich zwischen den Bäumen steht. Er nimmt ihm, der sich nicht wehrt, den Hut ab, das Taschentuch, das Bärtchen

und das Schild. Er legt ihm alle Sachen vor die Füße. Oswald
dreht sich um und läuft weg. Der Alte geht zu der Bank zu-
rück, auf der er vorher gesessen hat.
Langes, peinliches Schweigen.

DIE »KANALSCHWIMMERIN« Die junge Generation ist stärker
aus der Bahn geworfen als wir.

DER BLINDE Wo sind denn die Decken, wir sitzen hier und
warten, und es ist kalt!

DIE MAJORSWITWE Gehen wir besser ins Haus.

DAS »REH« Zur Maskenprämierung! Obwohl ja eigentlich gar
keine da sind.

DER MANN MIT DER AFFENMASKE *hält sich die Maske vor.* Ich
bin ein alter Affe!

Der Koch kommt mit einem Stapel Decken.

DIE PFLEGERIN Zu spät! Zu spät! Wir gehen ins Haus!

DER BLINDE Siehst du, alle gehen!

DIE »LIBELLE« Immer nimmst du mir den Mut, das macht dir
Spaß.

DAS »REH« Bin ich jetzt schuld, daß alle gehen?

Sie geht hinter den anderen her, die sich langsam zurückzie-
hen. Nur der Blinde und seine Frau »Libelle« bleiben.

DER KOCH *legt dem Alten eine Decke hin.* Nicht ins Haus?
Dann eine Decke für Sie!

Er gibt auch dem Blinden eine Decke.

Allmählich wird die Wiese leer. Der Alte sitzt allein auf der
Bank. Nach einiger Zeit steht er auf. Er wickelt sich aus der
Decke und legt die Decke ausgebreitet auf die Bank zurück.
Dann geht er mit raschen, energischen Schritten zu der
Stelle, wo Oswald gestanden hat. Am Boden liegt die Maske-
rade: der Bart, der Hut, das Pappschild mit der Aufschrift.
Der Alte hebt alles auf und trägt es zur Bank. Er wickelt sich
wieder in die Decke und setzt sich hin. Nach einiger Zeit
steht er wieder auf, wickelt sich aus der Decke und legt die
Sachen Stück für Stück auf den Boden vor die Bank, das
Schild lehnt er hinten an die Bank, so daß die Schrift sichtbar
ist. Er wickelt sich wieder in die Decke und setzt sich hin. So
bleibt er lange sitzen.

Sonia ist gekommen, sieht sich um.

SONIA Wo sind die denn alle?

DIE »LIBELLE« Schon ins Haus.

SONIA Ich sollte doch was vorführen.

DER KOCH Hier, nimm dir, Mädchen! *deutet auf den Pudding, gibt ihr eine Schüssel.* Pudding! *klatscht ihr aufs Hinterteil, macht sich davon.*

Oswald kommt zurück. Er läuft zwischen den Bäumen herum. Sonia sitzt da und ißt Pudding.

OSWALD *hat die Hände an den Mund gelegt, schreit.* Norweger, werft die Waffen weg! Die Deutschen kommen als Freunde!

Er bleibt stehen. Der Alte sieht ihn, wendet den Blick ab und sitzt bewegungslos wie vorher.

Schweigen.

Oswald kommt näher. Er bleibt neben der Bank stehen.

Schweigen.

DER ALTE Ich habe diese Utensilien hier hingelegt, um Sie zu bestrafen.

Oswald zögert, dann setzt er sich mit einem plötzlichen Entschluß neben den Alten auf die Bank. Der Alte sieht weiter geradeaus.

OSWALD Ich war sechzehn, da wollte ich Sie umbringen. – Wir saßen bei Tisch, und mein Vater hat uns Ihren Aufruf vorgelesen. »Norweger, werft die Waffen weg! Die Deutschen kommen als Freunde!« Das hatten Sie geschrieben. Mein Vater hat alle Ihre Bücher gelesen, wir mußten sie auch lesen, wir haben sie alle gelesen. – Der Vater, der Vater, der Vater! Was hat er denn gemacht, der Vater! Wahrscheinlich hat er denen sogar ein Schiff gegeben, das kam nie ganz heraus in seinem Prozeß. – Da saßen die Deutschen drauf mit ihren Instrumenten und ihren Fernrohren – kann sein, ja, das kann sein! Jedenfalls hat er uns Ihren Aufruf vorgelesen. Ich bin an dem Tag nicht in die Schule gegangen. Ich habe nur immer gedacht, da oben auf seinem Hof sitzt dieser berühmte alte Dichter – Norweger, werft die Waffen weg! –, und es fielen schon die Bomben auf den Flugplatz, und im Fjord lagen die deutschen Schiffe und schossen auf unsere. Ich bin einfach fortgelaufen. Erst hat mich ein Lastwagen mitgenommen, und dann hat man uns aufgehalten, eine Kontrolle, überall waren schon die Deutschen. Ein Stück bin ich mit dem Güterzug gefahren, ich weiß nicht mehr, wie lang ich gebraucht habe, zwei Tage oder drei. Und mit der Handgranate in der Tasche habe ich dann morgens am Zaun gestanden und habe zu Ihrem Hof hinübergesehen. Vielleicht drei Stunden oder länger.

DER ALTE Eine Handgranate? Wo hatten Sie die Handgranate her?

OSWALD Geklaut. Eine deutsche Handgranate. – Ich saß den ganzen Morgen da, wußte nicht mehr, was ich wollte. Mittags bin ich ins Dorf, um etwas zu essen. Bei der Wirtschaft stand eine Fahrzeugkolonne. Ich habe einen Teller Linsensuppe gegessen. Da kam einer von den deutschen Soldaten herüber, wollte mir eine Wurst geben. Die habe ich nicht genommen. Der Soldat ging zu den anderen zurück, und dann haben sie lange miteinander geredet.

DER ALTE Was haben Sie gesagt?

OSWALD Ich habe nichts verstanden.

DER ALTE Da haben Sie gedacht, die reden über Sie.

OSWALD Ja.

DER ALTE Und da haben Sie gedacht, gleich werden sie kommen und fragen: Sie essen die Wurst nicht? Warum weigern Sie sich? Dann wird man die Handgranate entdecken, und dann werden Sie erschossen.

OSWALD Ja.

DER ALTE Und schuld daran bin ich! *Er grinst.*

OSWALD Mit Ihnen kann ich nicht reden. *Er steht auf und geht weg.*
Der Alte bleibt bewegungslos sitzen.
Nach kurzer Zeit kommt Oswald zurück und setzt sich wieder auf die Bank.

OSWALD Ich komme nur zurück, damit Sie mich dann in Ruhe lassen. *Schweigen.* Ich ging wieder zu Ihrem Hof, ich stand oben am Zaun. Die Handgranate hatte ich in die Zeitung gewickelt. – In Ihren Aufruf. – Ich wollte sie durchs Fenster werfen. Im Garten standen diesmal Offiziere – junge Nazi-Offiziere. Da standen die und Sie! Sie mit einem kleinen Stöckchen, tänzelten dazwischen herum.

DER ALTE Bitte?

OSWALD Ein unvergeßlicher Anblick! Ein animierter Greis tänzelt um diese Nazi-Offiziere herum! Haben Sie jetzt verstanden? – Das habe ich gesehen. Da habe ich die

41

Handgranate nicht mehr geworfen. Ich habe gesehen, Sie sind tot … lächerlich –, ein Popanz! Aus irgendeinem Grund habe ich plötzlich … habe ich geweint …, habe einen Brief an meinen Vater geschrieben und war dann drei Jahre bei den Partisanen.

DER ALTE So!

OSWALD Das wollte ich Ihnen sagen.

DER ALTE Ja.

Schweigen.

Oswald rührt sich nicht. Tränen laufen ihm übers Gesicht.

DER ALTE *nach einer Weile.* Was haben Sie denn?

OSWALD Tun Sie nicht so, als ob Sie nicht verstanden hätten! Sie haben alles verstanden!

DER ALTE Manchmal haben Sie gemurmelt, das habe ich nicht verstanden. Das ist wohl eine Eigenart von Ihnen, manchmal zu murmeln. Auf dem einen Ohr höre ich gar nichts, und das andere läßt immer mehr nach. Manchmal war das ein Vorteil: da sind Bomben gefallen, alle Leute sind erschrocken, und ich habe nichts gehört. – Ich habe lachen können.

OSWALD Auf welchem Ohr hören Sie denn?

DER ALTE *deutet auf das rechte Ohr.* Auf diesem Ohr. Das hätten Sie aber bemerken müssen.

OSWALD *schreit ihm ins taube Ohr.* Naziverbrecher.

DER ALTE Ihre Geschichte hat mich interessiert. Ich habe Sie angehört und werde mir darüber noch Gedanken machen.

OSWALD *steht auf, will gehen.* Gute Nacht.

DER ALTE Wissen Sie, was ich über Ihre Geschichte denke? Ich denke, Sie sind ein verflucht eitles Bürgersöhnchen. Wahrscheinlich sind Sie auch Sozialist. Könnte sein. Auf jeden Fall verflucht eitel! Das ist mein Eindruck.

OSWALD Ja, ja! Und neurotisch!

DER ALTE Und dann haben Sie gesagt: Ein animierter Greis tänzelte um diese Nazioffiziere herum – so haben Sie doch gesagt?

OSWALD So war es!

DER ALTE Wann soll denn das gewesen sein? Zu Anfang der Besatzung … im Sommer …

OSWALD Am siebenundzwanzigsten Mai Neunzehnhundertvierzig.

DER ALTE Ich vergesse so viel.

OSWALD Im Mai Neunzehnhundertvierzig.

DER ALTE Ich überlege.

OSWALD Im Mai Neunzehnhundertvierzig.

DER ALTE Im Mai Neunzehnhundertvierzig! Jetzt weiß ich es! Es waren Germanisten! Ja, es waren deutsche Germanisten von der Universität, die mich besucht haben. *Höhnisch.* Sie hatten eine Uniform an, eine Germanistenuniform. Sie hatten es in der Germanistik schon zum Leutnant und zum Hauptmann gebracht. Ja, ein Germanistenmajor war sogar dabei! Er beherrschte das Altisländische! Und er hatte, ich erinnere mich, mehrere Auszeichnungen erhalten für sein Althochdeutsch! Und wir haben verhandelt, dieser althochdeutsche Major und ich, über den ehrenvollen Platz, den unsere Sprache unter den anderen Sprachen des Nordens einnehmen soll! Eine hochpolitische Verhandlung! Ich habe mich gut dabei geschlagen, obwohl ich nur wenig davon verstehe. Obwohl die Germanisten in der Überzahl waren – und obwohl ich nur ein machtloser tauber Dichter bin – habe ich nicht kapituliert!

OSWALD *hält sich angewidert die Ohren zu.*

DER ALTE Hätten Sie doch die Granate geworfen!

OSWALD Sie ist noch da!

DER ALTE So? Ja, das habe ich mir gedacht. *Höhnisch.* Natürlich haben Sie die aufbewahrt. Wahrscheinlich in Ihrem Schreibtisch, in einem Geheimfach!

OSWALD *tritt plötzlich wütend gegen den Hut am Boden und schleudert ihn mit dem Fuß weit weg.*

DER ALTE Verflucht zäh bin ich.

OSWALD *schweigt.*

DER ALTE Darf ich Sie etwas fragen?

OSWALD *schweigt.*

DER ALTE Ich möchte Sie fragen, warum Sie sich hier aufhalten – unter diesen alten, toten Leuten.

OSWALD Das Haus gehört einem Onkel von mir. Und der Schuppen steht leer ... Als Kinder sind wir oft hier gewesen. Und nun bin ich für einige Zeit ... *er ärgert sich, daß er so bereitwillig Auskunft gibt, und schweigt.*

DER ALTE *lacht.* Ich habe schon gedacht, Sie sind hier, um mich zu beobachten.

OSWALD Ich interessiere mich nicht für einen toten Dichter!

DER ALTE Ich auch nicht!

OSWALD *Handbewegung: vorbei!*

DER ALTE Und dann habe ich mir in meinem tauben alten Kopf gedacht: Möglicherweise sind Sie auch ein Gefangener. Ich bin ja hier verhaftet. Und alle Leute, die ich hier sehe, die alten Leute, das sind ja auch alles Gefangene. Haben etwas verbrochen ... haben viel Böses getan in ihrem langen Leben, und man hat ihnen auch Böses getan – so ist das! Das ist nur so ein Gedanke in meinem alten Kopf.

OSWALD Ich geh bald wieder weg – in den nächsten Tagen.

DER ALTE Sie haben sich also hier verkrochen. *Schweigen.* Als ich so alt war wie Sie, da wußte ich, was ich wollte: Ich wollte die Welt erobern – habe mich sogar tätowieren lassen. Verstehen Sie etwas vom Tätowieren?

OSWALD Nein.

DER ALTE Einen Panther auf der Brust. So ein verrückter Kerl war ich! Ich kann es Ihnen zeigen – *er will seine Jacke aufknöpfen.*

OSWALD *heftig.* Lassen Sie das! *Will freundlich sein.* Sie erkälten sich!

DER ALTE *lacht.* Ich erkälte mich! Und Sie wollten mich in die Luft sprengen! Wumm! Und jetzt sitzen Sie hier unter den toten, alten Leuten herum, wissen nicht, was sie anfangen sollen. Fürchten sich also vor dem Leben. *Schweigen.* Das ist wohl der Frieden. Ein komischer Frieden.

OSWALD Meine Sache.

DER ALTE Der Frieden! Der Frieden! Das ist etwas für Taube – für taube alte Leute. Oder für Leute, die sich die Ohren zuhalten. Sie halten sich manchmal die Ohren zu, junger Mann. Solange man noch etwas hört – ein kleines Geräusch –, solange ist noch Krieg. Und man muß kämpfen.

OSWALD Sie haben aber nicht gekämpft!

DER ALTE Ich habe gekämpft, jawohl! Ich bin dafür eingetreten, daß unser Land stark und mächtig ist. Ein großes germanisches Reich, und unser kleines Land sollte einen ehrenvollen Platz darin einnehmen. Aber nun sagen meine Richter, das war Verrat.

OSWALD »Hör auf den großen Dichter, mein Sohn!«

DER ALTE Ich bin ein Verräter!

OSWALD »Der Dichter, mein Sohn, sieht Wahrheit und Wahn.«

DER ALTE Ein Verbrecher!

OSWALD »Durch die Kunst, mein Sohn, wird der Tierkadaver auf zwei Beinen zum Menschen.«

DER ALTE Oder dieser Psychiater erklärt mich für verrückt, dann wären die hier alle froh.

OSWALD Dichter –! Das alles hat der Vater wirklich geglaubt. *Schweigen.*

DER ALTE Ja, ich habe möglicherweise ein Verbrechen begangen; ich habe nichts mehr verstanden. Ich habe die Jugend nicht mehr verstanden.

OSWALD Ich bin neunzig.

DER ALTE Sie sind genauso alt wie ich? Wie meinen Sie das?

OSWALD *ahmt den Alten nach.* Jawohl.

DER ALTE Ich weiß nicht, was Sie damit meinen. Sie gehen aus dem Tor hinaus und gehen weg und machen Ihre Narrenstreiche! Fangen ja erst an!

OSWALD *steht auf.* Ich habe Ihnen alles gesagt! Jetzt rede ich nicht mehr mit Ihnen.
Er geht weg. Der Alte bleibt sitzen und spricht, als ob Oswald noch da wäre, weiter.

DER ALTE Trotzdem sind Sie ein taktvoller Mensch. Jawohl. Ich habe gemerkt, Sie verstecken Ihre rechte Hand vor mir. Wohl eine Verletzung, ein Durchschuß, die Sehne kaputt. Das haben Sie vor mir versteckt, aus Taktgefühl. Sie haben gedacht, ich erschrecke, fühle mich schuldig an Ihrem Mißgeschick. – Obwohl Sie mich hassen.
Stille.

DER BLINDE *kläglich.* Niemand mehr da!

DIE »LIBELLE« Doch, doch. Dort ist noch immer das Mädchen bei ihrem Pudding. Sie ist gar nicht zu ihrem Auftritt gekommen.

SONIA *ruft.* Das Geld will ich aber trotzdem.

DIE »LIBELLE« *zu ihrem blinden Mann.* Hörst du?

DER BLINDE Alles Unsinn! Alles Unsinn!
Die »Libelle« führt ihn zu Sonia.

DIE »LIBELLE« Hier ist das Fräulein ganz von nah, das mit der Schärpe über der Brust die Freiheit verkörpern soll.
Sonia ißt Pudding.

DER BLINDE Du erzählst mir nur Unsinn … nur Unsinn …

DIE »LIBELLE« *nimmt seine Hand, tastet damit nach Sonia.*
Fühl doch mal … das blühende Fleisch … zarte, glatte Haut
… *Der Blinde tastet an dem Mädchen herum.*

SONIA *ißt ihren Pudding weiter.*

DIE »LIBELLE« Bleiben Sie denn bei uns?

SONIA Bis morgen früh, wenns hell wird. Dann nehme ich
mein Fahrrad und fahre weg.

DIE PFLEGERIN *ruft herüber.* Jetzt aber ins Haus! Es wird zu
kalt für euch, Kinder!

6
Lebenszauber

*Am Gärtnerhaus. Oswald. Die »Kanalschwimmerin«
kommt mit Sonia.*

DIE »KANALSCHWIMMERIN« Ich habe das Flämmchen an der
hinteren Ecke gefunden. Sehen Sie mal, was ich für Sie gefunden habe!

SONIA *zu Oswald.* Wohnen Sie hier?

DIE »KANALSCHWIMMERIN« *kichert.* Ach nein, er sieht uns nur
zu, und deshalb macht er ein trübes Gesicht. Sogar böse
blickt er! Nun hat er ja seine Braut, nun werden sie beide
schluchzen und lachen. Die heiße Jugend. Ich ziehe mich
nun zurück.

OSWALD Warum haben Sie denn bloß immer eine Bademütze
auf?

DIE »KANALSCHWIMMERIN« Ich bin eine Schwimmerin. Ich
wollte den Ärmelkanal durchschwimmen, ich habe jahrelang dafür trainiert … jahrelang … jahrelang …

OSWALD Es sieht aus, als ob Sie eine Glatze hätten, aus der
Entfernung.

DIE »KANALSCHWIMMERIN« Aus der Nähe nicht!

OSWALD Nein, aus der Nähe nicht.

DIE »KANALSCHWIMMERIN« Sie haben mich wohl aus der
Ferne beobachtet.

OSWALD Ja … ich habe Sie gesehen. Sie sind mir aufgefallen.

DIE »KANALSCHWIMMERIN« Wie ich aus dem Meer gestiegen
bin?

OSWALD Das habe ich leider nicht gesehen.

DIE »KANALSCHWIMMERIN« Weggeguckt! Weggeguckt, als ich mit meiner schlanken Gefährtin Sonia aus dem Meer gestiegen bin.

SONIA Ach was, ich bin mit dem Fahrrad hierhergekommen.

OSWALD Sie haben sich verirrt?

SONIA *lacht.* Ich glaube, ja!

DIE »KANALSCHWIMMERIN« Oh nein, oh nein, sie ist doch die Statue der Freiheit, mit ihrer sportlichen Figur! Und alle lächeln ihr zu! Sie auch, junger Mann.

OSWALD Ich weiß nicht.

DIE »KANALSCHWIMMERIN« Ich bin schon sehr eifersüchtig. Ade! *Sie zieht sich schelmisch zurück.*
Langes Schweigen.

OSWALD Was sollten Sie denn sagen bei Ihrem Auftritt?

SONIA Ach, so ein Gedicht über die Freiheit …

OSWALD Was denn für ein Gedicht?

SONIA Ich glaube, es ist aus der Zeitung. Einer von den alten Herren hat es ausgesucht.

OSWALD Sags doch mal auf.

SONIA Weil … ich hätte die Idealfigur.

OSWALD Kennst du den Alten da drüben auf der Bank?

SONIA *sieht hin.* Da ist niemand.

OSWALD Doch! Da sitzt er!

SONIA Was ist denn mit dir los? Du redest ja von was, was gar nicht da ist.

OSWALD Geh weg, geh weg! Hier, das ist kein guter Platz für dich.

SONIA Du bist ja sehr nervös.

OSWALD Ja, wie ein Mörder vor der Tat.

SONIA Du spintisierst ja. Das gefällt mir aber. Wenn du noch mehr spinnst, gefällst du mir noch mehr. Dann habe ich was zum Lachen.

OSWALD Ich bin kein Komiker.

SONIA Nein, aber trotzdem.
Die »Kanalschwimmerin« kommt zurück.

DIE »KANALSCHWIMMERIN« Da sind Sie ja noch! Und sitzen so artig auf Stühlen!

SONIA Ich sehe keinen Stuhl, auf dem ich sitze.

DIE »KANALSCHWIMMERIN« Macht nichts. Alle sind von der Liebe verhext.

47

SONIA *lacht.* Einmal muß es ja aufhören.

DIE »KANALSCHWIMMERIN« Ach nein, ach nein! – Stellen Sie sich bloß Frau Heiberg vor, die Majorswitwe. Wie war die letztes Jahr in den Gärtner, Herrn Garg, verliebt! Und der wollte und wollte nicht anbeißen. Da hat sie sich ins Gartenbeet eingegraben, nackt! Auf der Seite, wo Herr Garg immer zur Türe rauskommt. Raus und rein geht er da. Nur ihr grauer Lockenkopf guckte aus dem Frühlingsbeet. Da mußte er sie ausgraben und wegtragen.

7
Ein Mann geht über Bord.
So, so, sagt der liebe Gott.
Dann verunglückt noch ein Mensch
auf irgendeine andere Weise.
So, so sagt der liebe Gott.

Der Alte kommt. Er setzt sich auf die Bank am Gärtnerhaus. Er steht auf, geht zur Tür, kehrt wieder um. Er schleicht sich an die Fenster heran, sieht vorsichtig hinein, lange. Plötzlich packt er seinen rechten Arm, schiebt den Ärmel über die geballte Faust und schlägt sie wie einen Hammer in die Fensterscheibe. Sie zersplittert. Der Alte besieht sich den Arm: Die Hand ist nicht verletzt, aber vielleicht ist ein Splitter in den Ärmel gerutscht. – Das beschäftigt ihn. Er geht zur Bank zurück. Schiebt die Bank näher zum zerbrochenen Fenster. Hebt die Glasscherbe auf, setzt sich auf die Bank, legt die Scherbe neben sich, so, als ob sie dahin gefallen wäre.

OSWALD *öffnet die Tür, bleibt stehen.* Sind Sie verletzt?

DER ALTE Ja.

OSWALD Wie ist das denn passiert?

DER ALTE Ein Stein wurde nach mir geworfen.

OSWALD Wer soll denn einen Stein nach Ihnen werfen?

Der Alte schweigt hartnäckig.

OSWALD Sie sind ja gar nicht verletzt! *Er kommt aus der Tür.*

DER ALTE Die Leute hassen mich. Ich hasse sie auch.

OSWALD Wahrscheinlich war es ein Ast.

DER ALTE *haut die Glasscherbe von der Bank, sie zerbricht.*

Mein Schuh hat sich gelockert. Da habe ich mich hingesetzt. – Da – die Wollfäden werden naß, und dann reißen
sie.

OSWALD Brauchen Sie einen Faden?

DER ALTE Nein. *Schweigen.* Wahrscheinlich hat mich jemand
beobachtet – der Gärtner, Herr Garg, vielleicht – mit Blik-
ken verfolgt! Oder eine von diesen alten Ladies. In der letzten Zeit habe ich bemerkt, daß man mich verfolgt. Ein
paarmal habe ich mich schon hinter den Büschen verstekken müssen.

OSWALD *lächelt.* Ich habe Sie eben auch »mit Blicken verfolgt«.

DER ALTE Dann haben Sie wohl den Stein nach mir geworfen!

OSWALD Nein – ich war im Haus.

DER ALTE Aber Sie haben es schon einmal versucht.

OSWALD *lächelt.* Das ist lange vorbei.

DER ALTE Das ist lange vorbei?

OSWALD Sechs Jahre.

DER ALTE Lange vorbei! Sechs Jahre! Lange ist das für Sie!
Und ich bin älter als die elektrische Glühbirne!

OSWALD Wahrscheinlich werden Sie schon gesucht. Am besten gehen Sie jetzt zurück.

DER ALTE Ich möchte Ihnen eine Frage stellen, das habe ich
mir für heute vorgenommen. Warum haben Sie die … die
… *Er sucht das Wort »Handgranate«, es fällt ihm nicht ein.*
Ich möchte wissen, warum Sie die … Sie haben sie doch
aufbewahrt!

OSWALD Sie müssen wirklich zurück!

DER ALTE Ich kann manchmal ein Wort nicht finden. Das ist
die Aphasie …, will etwas sagen und … Punkt. Sie können
es ja noch tun, einfach zählen und dann – Explosion! Sonst
sterbe ich womöglich nie, Herr Partisan! Wozu haben Sie
sie denn aufbewahrt?

OSWALD *schweigt.*

DER ALTE Wie heißen Sie?

OSWALD Mein Vater heißt Kronen.

DER ALTE Kronen – ja! Der Reeder!

OSWALD Der Kollaborateur!

DER ALTE Meine Frau sagt mir, er war angeklagt. Er hat an
den Deutschen Geld verdient. – Ich habe mich nicht berei-

chert.

OSWALD Sie sind schlimmer! *Schweigen.*

DER ALTE Und wie heißen Sie?

OSWALD Oswald.

DER ALTE So, Sie heißen Oswald! »Mutter, gib mir die Sonne.«

OSWALD Ja, wie der Oswald in den »Gespenstern«, der verrückt wird.

DER ALTE Oswald – das kann ich mir bestimmt merken. – *Im Ton einer Ansprache.* Herr Oswald! Ich möchte Ihnen sagen, es ist ganz unnötig, daß Sie Ihre Hand vor mir verstekken – aus Taktgefühl. Ich bin ein harter Klotz. Jawohl. Ich habe kein Mitleid mit Ihnen, und Sie brauchen auch kein Taktgefühl zu haben, wenn Sie mit mir sprechen. Ich bin kein Bürgersöhnchen. Hat man Sie in die Hand geschossen? So! Haben Sie sich bei einem Sabotageakt verletzt? So! Das ist Ihre Sache! Wenn Sie einen Finger verloren hätten – Sie hätten ihn in ein Einmachglas legen können, den Finger, in Spiritus, das weiße Ding, und draufschreiben: Der Finger des Herrn Oswald. Ich bin hart gesotten. Es tut mir nicht leid.

OSWALD Es ist gar nicht so schlimm – ich habe keine Nachteile wegen dem Finger.

DER ALTE *ärgert sich, daß seine Rede nicht wirkt.* Sie haben doch sicher Klavier gespielt! *Schweigen.* Ich habe herausgefunden, Sie wollten die Welt verbessern. Wahrscheinlich sind Sie ein Sozialist. Das interessiert mich einen Dreck. Sie sind ein Partisan. Das war eine Verrücktheit von Ihnen, wenn ich recht verstehe. Aber Sie haben etwas riskiert, das erfordert Respekt! Gut! Ich habe Respekt vor Ihnen!

OSWALD Der Krieg ist längst aus!

DER ALTE Ein Gasometer und eine Aktentasche, was ist das Gemeinsame?

OSWALD Ich weiß nicht, was Sie meinen.

DER ALTE Gasometer – Aktentasche!

OSWALD Was wollen Sie denn damit?

DER ALTE *freut sich, kräht.* Jetzt sind Sie wütend! Ich schreibe in mein Notizheft: Herr Oswald ist aufbrausend und störrisch! Störrisch sind Sie! Ein störrischer Partisan!

OSWALD *hält sich die Ohren zu.*

DER ALTE Da sitze ich im Garten, und oben über meinem

Kopf schaukeln und wehen die Baumwipfel, aber ich höre den Sturm nicht. So ist es. Ich denke jetzt, wie ich jung war – da war ich wie Sie, störrisch – aufbrausend war ich wohl. *Schweigen.* Sie sitzen hier herum und tun nichts!

OSWALD Na und?

DER ALTE Sie müssen etwas tun! Sie müssen hier raus! – Wir müssen uns etwas ausdenken!

OSWALD Ich gehe bald nach Oslo.

DER ALTE Was wollen Sie denn in Oslo machen?

OSWALD Ich steige auf den Rathausturm und schreie: Ich bin King-Kong!

DER ALTE Wer ist King-Kong?

OSWALD Ein Affe!

DER ALTE Ein Affe! – Ich weiß nicht, was Sie damit meinen. Nun, irgend etwas werden Sie machen. *Schweigen.* Vielleicht setzen Sie sich in eine leere Kammer und werden Dichter.

OSWALD *sieht den Alten an.* Das bestimmt nicht.

DER ALTE Ja, ich bin ein verflucht schlechtes Exemplar. *Schweigen.* Ich vergesse alles. – Das ist schlimm, wenn man soviel vergißt. Manchmal sehe ich etwas, ich denke, das muß ich mir merken, das schreibe ich mir auf – bin ganz aufgeregt! Ich renne los, will schnell in mein Zimmer, habe Angst, ich stolpere, der Bleistift ist abgebrochen, das Licht geht nicht – sie drehn mir manchmal das Licht ab! Und dann brennt das Licht, ich sitze vor meinem Blatt Papier und kratze ein bißchen auf dem Papier herum – verflucht, da sitze ich mit einem leeren Kopf vor einem leeren Blatt Papier! – Sie haben gesagt, Sie heißen Oswald?

OSWALD Ja, Oswald.

DER ALTE *aufgeregt.* Lebendig muß es sein, was Sie schreiben, Herr Oswald! Es muß Leben haben!

OSWALD Aber ich schreibe doch nichts.

DER ALTE *hat nicht verstanden.* Bitte?

OSWALD Haben Sie auch aufgeschrieben, wie Ihnen die Leute die Bücher über den Zaun geworfen haben nach der Befreiung – ein ganzer Berg vor Ihrer Tür!

DER ALTE Das war organisiert! Ich kenne den Mann, der das organisiert hat!

OSWALD Ihre ganzen Romane und Erfindungen, fünfzig Jahre

51

hatten sie die in ihren Bücherschränken gehütet!
Schweigen.

DER ALTE Es sind Dummköpfe. Man kann nicht mit ihnen reden.

OSWALD *schweigt.*

DER ALTE Alles, was sie interessiert, ist ein Knopf. Hat er an meinem Kragen gesteckt oder nicht? Hat er am Kragen gesteckt, dann bin ich ein Verbrecher.

OSWALD Sie meinen das Naziabzeichen!

DER ALTE Ja, dieser Knopf! Da kommen immer diese drei Herren zu mir und fragen mich aus. In Wirklichkeit wollen sie meinen Hof nehmen. Das haben sie sich ausgeheckt. Das ist eine Verschwörung! Ich habe meinen steinigen Acker bestellt. Die haben ihr Leben lang nutzlos im Café gesessen und geschwätzt, wie sie alles besser machen – das heißt bei den Herren Sozialisten, sie wollen alles nehmen und alles gleichmachen. Ich protestiere! *Schweigen.* Und die Wallstreet-Herren nehmen uns jetzt auch alles. Sie kaufen alles auf mit ihrem Dollar und zerstören es. Wir müssen listig sein … aufpassen! – Das ist meine Ansicht. Jetzt schweige ich. *Er versinkt in bockiges Schweigen.*

OSWALD Weg damit!

DER ALTE Bitte?

OSWALD *schweigt.*

DER ALTE Ich kann Sie nicht verstehen.

OSWALD *tut, als ob er laut reden würde, sagt aber nichts.*

DER ALTE Sie reden zu leise, und ich bin taub, das ist unser Drama.

OSWALD *nimmt einen Stock vom Boden auf und zerbricht ihn.* Ich breche den Stab!

DER ALTE So, Sie brechen den Stab! Das sehe ich! Ich zerbreche auch den Stab! Ich breche ihn … *er überlegt* – über Ihrem amerikanischen King-Kong-Affen.

OSWALD Ich breche ihn über Ihrem Hof!

DER ALTE Mein schöner alter Hof? Den muß man erhalten.

OSWALD Ein so alter Mann und denkt nur: erhalten, erhalten, erhalten!

DER ALTE Jawohl!

OSWALD Ich kann hier auf der Bank sitzenbleiben und einfach abwarten, bis die Glühbirne aus ist.

DER ALTE Bitte?

OSWALD Bis Sie sterben.

DER ALTE Das könnten Sie!

Langes Schweigen.

DER ALTE Jetzt warten wir wohl, bis ich sterbe.

Langes Schweigen. Sie sitzen starr nebeneinander. Plötzlich läßt sich Oswald von der Bank fallen und liegt wie tot im Gras.

OSWALD Jetzt bin ich tot.

DER ALTE Gewonnen!

Oswald steht auf, lächelt, er setzt sich wieder hin. Von jetzt an sind die beiden wie Kumpane.

DER ALTE Also! Der Hof muß weg! Und Pettersen?

OSWALD Wer ist denn Pettersen?

DER ALTE Mein Verwalter.

OSWALD Er wird sich wundern. Und dann wird er lachen.

DER ALTE Das müssen Sie ihm erst verständlich machen. Er ist taub wie ich.

OSWALD Dann werde ich ihm ins Ohr schreien – wie Ihnen.

DER ALTE Gut, und meine Familie? Sie stecken mich ins Narrenhaus, wenn ich zu ihnen sage: Wir schlagen jetzt alles kaputt.

OSWALD Sie waren immer ein Despot!

DER ALTE Ja.

OSWALD Wie Hitler, wie mein Vater, der Reeder! Wie diese ganze Bande!

Schweigen.

DER ALTE Und wenn Sie alles in die Luft gesprengt haben, was Ihnen mißfällt, was kommt dann?

OSWALD Dann!

DER ALTE Ja dann!

Oswald bemerkt, daß es sinnlos ist, dem Alten etwas zu erklären.

OSWALD Dann kommt was Neues.

DER ALTE Aha! Dann kommt wohl das Himmlische Jerusalem! Da stehen goldene Kühe auf den Wiesen!

OSWALD Sie können sich ruhig darüber lustig machen. Es macht mir nichts aus.

DER ALTE Ich sehe Sie an, und da sehe ich, wie ich jung war –

ja, ich erinnere mich! Da habe ich auch goldene Kühe gesehen! Ich bin wie ein Verrückter durch die Straßen von Kristiania gerannt – ich bin jung, ich bin jung, ich bin jung! – Ich habe nicht debattiert, die Schöpfung tut es auch nicht. Ich habe angefangen zu … *das Wort fällt ihm nicht ein* … ohne die Melodie zu kennen, so verrückt war ich! Ich habe … gesungen, gesungen habe ich! Wie ein Mensch im Paradies. Ich hatte mein Ohr am Herzen Gottes. – Ich war auch engherzig, engherzig war ich auch, es waren doch engherzige Menschen um mich, und ich mußte doch ein Mensch sein. Und dabei habe ich mich schadenfroh erhoben über alle und gesungen wie ein Mensch im Paradies. Vor lauter Glück. Ich wollte mich sogar in die Luft sprengen vor Glück. Ich habe mir sogar einen Apparat dafür konstruiert! Vor lauter Glück.

OSWALD Achtzehnhundertachtzig.

DER ALTE Ich habe gedacht, wenn ich jetzt vor die Menschheit hintrete und sage: Hurra! Ich sprenge mich in die Luft! Dann habe ich gesiegt. Wer das tut, ist unbesiegbar!

OSWALD Sieg Heil!

DER ALTE Bitte?

OSWALD Halleluja!

DER ALTE Ja, Halleluja! – Dann bin ich neunzig geworden … ein dummer Greis bin ich geworden.

Schweigen.

OSWALD Ich habe zu lange mit Ihnen gesprochen. *Geht weg.*

DER ALTE *ruft ihm nach.* Ich habe die Scheibe eingeschlagen!

8
Das Auge Gottes

Es hat lange geregnet. Der Alte kommt. Er hofft, Oswald zu finden. Auf der Bank unter dem Baum sitzt Kristian, ein alter Landstreicher.

DER ALTE *ohne Überraschung.* Ich sehe Kristian vor mir, Kristian aus Klötran.

KRISTIAN *grinst.*

DER ALTE *freundschaftlich.* Alter Tippelbruder!

KRISTIAN *grinst.*

DER ALTE Hast du denn eine Erlaubnis, Kristian?

KRISTIAN *grinst.*

DER ALTE Ohne Erlaubnis darf nämlich niemand mit mir sprechen.

KRISTIAN *lacht, halb schadenfroh.* Ja, ja.

DER ALTE Das gefällt dir wohl?

KRISTIAN *grinst.* Ich bin durch das Loch im Zaun gekrochen.

DER ALTE Zwei Latten sind morsch, ich habe es auch schon bemerkt. Da kann man ganz gut rein- und rauskriechen.

KRISTIAN Ja.

DER ALTE Du hast wohl von meiner Sache gehört?

KRISTIAN Was für eine Sache?

DER ALTE Was für eine Sache!

KRISTIAN *schadenfroh.* Ich habe gehört, du bist eingesperrt.

DER ALTE Was sagt man denn darüber?

KRISTIAN So verschiedenes. – Ich glaube, du hast dich mit der Welt eingelassen und bist mit der Welt gefallen.

DER ALTE Wanderst du noch herum?

KRISTIAN *nickt.* Ich will es nicht besser machen, als es ist. Im letzten Jahr war ich in Grimstad, einmal bin ich auch an deinem Hof vorbeigegangen, ein schöner, großer Hof. Er könnte besser in Ordnung sein.

DER ALTE Da siehst du, wie vergänglich alles ist.

KRISTIAN Ich sehe deine Gummischuhe – du solltest barfuß gehen, wenn es geregnet hat. Aber das haben sie dir wohl auch verboten?

DER ALTE Macht dich das Laufen nicht müde?

KRISTIAN Wenn ich müde bin, setze ich mich hin. – Vergangenen Herbst habe ich vier Wochen bei der Ernte gearbeitet. Es war ein guter Hof. Es sind fromme Leute.

DER ALTE Was haben sie dir bezahlt?

KRISTIAN Nichts.

DER ALTE Aber du sagst doch, es waren fromme Leute.

KRISTIAN Ja, gute, fromme Leute.

DER ALTE Für deine Arbeit mußt du aber bezahlt werden!

KRISTIAN Sie haben erkannt, daß ich nichts brauche.

DER ALTE Hin und wieder braucht doch der Mensch etwas, Kristian.

KRISTIAN Sie haben mir einen Sack Kartoffeln mitgegeben.

DER ALTE Kartoffeln?

KRISTIAN Kartoffeln sind heute eine große Sache, sie haben bald in keinem Land mehr Kartoffeln.

DER ALTE Du liest also in den Zeitungen? Kannst du noch ohne Brille lesen?

KRISTIAN Ja, ohne Brille.

DER ALTE Ich kann nur bei trübem Licht nicht lesen. Aber da muß man schlau sein. Ich habe gestern nacht etwas schreiben wollen, da habe ich meinen Stuhl auf den Tisch gestellt, und da oben saß ich, direkt unter der Lampe.

KRISTIAN Du hättest auch warten können, bis es wieder Tag wurde.

DER ALTE Es war etwas Wichtiges.

KRISTIAN Ich lese auch etwas Zeitung.

DER ALTE Hast du von Truman gelesen?

KRISTIAN Truman?

DER ALTE Das ist der Präsident von Amerika.

KRISTIAN Ach so, der! Das ist der Präsident von Amerika! Das ist ein gesegnetes Land!

DER ALTE Hast du etwas von Hiroshima gehört?

KRISTIAN Nein.

DER ALTE Siehst du!

KRISTIAN Oder warte mal ...

DER ALTE Das ist eine Stadt in Japan.

KRISTIAN In Japan! – Auf einem Gut, wo ich mal war, da hatte eine Frau ein Kimio. Das hatte der Mann einem Matrosen abgekauft.

DER ALTE *unerbittlich.* Ein Kimio?

KRISTIAN Ein Kimio oder Kimino.

DER ALTE Einen Kimono meinst du!

KRISTIAN *ärgerlich.* Ja, so hieß das Ding.
Schweigen.

DER ALTE *sieht zum Gärtnerhaus hinüber.* Wenn es jetzt aufhört zu regnen, werden die Leute wieder kommen.

KRISTIAN Vielleicht haben sie dich eingesperrt, weil du taub bist!

DER ALTE Ja, vielleicht.

KRISTIAN Aber mich verstehst du doch!

DER ALTE Ja, dich verstehe ich ganz gut. Aber ich kenne dich ja auch schon so lange. Aber manche Leute verstehe ich überhaupt nicht. Dann sitze ich da und grinse, wenn ich weinen sollte.

KRISTIAN Dann machst du wohl am besten so ein Gesicht, kann sein, daß du weinst, kann sein, daß du lachst. *Macht es ihm vor.*

DER ALTE Wie alt bist du denn, Kristian?

KRISTIAN Ich bin neunzig.

DER ALTE Was, du bist neunzig? Wann bist du denn geboren?

KRISTIAN Ich bin neunzig.

DER ALTE Wie ich zur Schule ging, hat dich deine Mutter noch oben am Zaun abgesetzt, wenn sie Reisig sammeln ging. Du bist höchstens siebenundachtzig! Ich bin neunzig!

KRISTIAN Rauchen wir eine Pfeife?

DER ALTE Ich habe keine Pfeife bei mir.

KRISTIAN Sie verbieten dir wohl alles?

DER ALTE Die Ärzte sagen, wenn man raucht, wird man nicht alt.
Dann fangen beide an zu kichern. Kristian hat seine Pfeife gestopft, sie rauchen während des folgenden Dialogs abwechselnd aus der Pfeife.

KRISTIAN Der alte Pfarrer von Kvädfjord ist in diesem Sommer gestorben.

DER ALTE Und Frieda Neevas, die Nymphe?

KRISTIAN Ja, so hieß sie wohl. – Einundachtzig ist sie geworden mit der Marmornymphe in der Stube. Die hat sie jetzt auf dem Grab.

DER ALTE Die Marmornymphe hat sie auf dem Grab?

KRISTIAN Das hat sie im Testament so bestimmt. Der Pastor wollte es erst nicht erlauben, weil es heidnisch ist.

DER ALTE Für Frieda Neevas war das aber wohl der Himmel, Kristian.

KRISTIAN Ja, das mag wohl sein.

DER ALTE Was möchtest du denn auf dem Grabstein haben?

KRISTIAN *denkt nach.* Ein schöner Grabstein, das ist schon ein Ziel.

DER ALTE Was soll denn darauf sein, Kristian?

KRISTIAN Ich habe ja keinen verdient – einer, der immer herumstreunt... *Denkt nach.* Das Auge Gottes und Flügel dazu.

DER ALTE Ja, das ist schön.

KRISTIAN Und für dich ein Schwert und eine Schlange und ein Sternenfeld!

DER ALTE Ich will keinen Grabstein.

KRISTIAN Ja, du hast recht, du brauchst auch keinen.

DER ALTE *halb belustigt, halb ärgerlich.* Ich brauche keinen?

KRISTIAN Wofür mußt du einen Grabstein haben?
Schweigen.

KRISTIAN Früher haben wir immer Ringe geblasen. Kannst du das noch? *Er gibt dem Alten die Pfeife.*

DER ALTE *versucht vergeblich, Ringe zu blasen.*

KRISTIAN Manche können es so. Wir haben es immer mit den Fingern gemacht. *Während er mit gespitzten Lippen den Rauch ausbläst, klopft er mit den Mittelfingern fachmännisch auf beide Backen und bläst Ringe in die Luft.*

DER ALTE Ja, so war es! Jetzt erinnere ich mich wieder! *Er sucht in seinen Taschen.*

KRISTIAN Was kramst du denn in deinen Taschen herum?

DER ALTE Ich möchte das aufschreiben.

KRISTIAN Du möchtest das aufschreiben? Das ist doch nichts so Wichtiges, daß man es aufschreiben muß.

DER ALTE *aufgeregt.* Man darf nichts vergessen, Kristian. Man muß alles behalten, alles! *Er findet das Notizheft nicht.*

KRISTIAN Was ich behalte, das behalte ich, und was ich vergesse, das vergesse ich, mit Gottes Hilfe.

DER ALTE Gib mir mal deine Pfeife.
Nun versucht er es auch noch einmal und bläst Ringe. Bis zum Ende der Szene blasen sie jetzt Ringe, abwechselnd aus der Pfeife rauchend.

KRISTIAN Siehst du, nun kannst du's wieder und mußt es nicht aufschreiben.

DER ALTE *rauchend, zufrieden.* Da war doch immer der rothaarige Junge vom Schullehrer dabei.

KRISTIAN *macht eine Handbewegung: tot, weg.*

DER ALTE Und Edelstein?

KRISTIAN *macht eine Handbewegung: tot, weg.*

DER ALTE Die Zeit vergeht.

KRISTIAN Der war doch Jude. *Er bläst Ringe.*

DER ALTE Und Peter Eriksen, der nach Amerika wollte?

KRISTIAN Dahin ist er auch gegangen. Das ist siebzig Jahre her. Aber jetzt habe ich gehört, er ist tot.

DER ALTE Lars Finnen?

KRISTIAN *macht die Handbewegung: tot, weg.*

DER ALTE Der kleine Goldberg?

KRISTIAN Der war auch ein Jude.

DER ALTE *ärgerlich.* »Der war auch ein Jude« – Dann war er
eben ein Jude!

KRISTIAN Es ist ja aber das große Unglück über die Juden gekommen, vor ein paar Jahren.

DER ALTE *schweigt beleidigt.*

KRISTIAN Weißt du denn das nicht mehr?

DER ALTE *wütend.* Über Axel Reich ist das Unglück nicht gekommen. Er sitzt alle acht Tage vor meinen Augen!

KRISTIAN Mag sein, nicht über alle. Einige, die schreiben
konnten, haben geschrieben und wurden gerettet.

DER ALTE Unsinn! Ob du schreiben kannst oder nicht, es ist
dasselbe.

KRISTIAN Einer kann schreiben, und das lesen andere, und
dann wird er gerettet.
Schweigen.

DER ALTE Das mag wohl manchmal so sein.
Schweigen.

KRISTIAN Wenn ich jetzt gehe, werden wir uns wohl nicht
mehr wiedersehen.

DER ALTE Ich glaube nicht, Kristian. *Sie rauchen weiter.* Lebt
denn eigentlich der Kaufmann in Sagfjord noch?

KRISTIAN Der Junge ist schon ein paar Jahre tot. Aber der
Alte lebt noch. Wenn die Sonne scheint, sitzt er im Garten.
Der Mund steht ihm offen, und die Arme hat er hochgezo-
gen wie ein Maulwurf.

DER ALTE Und Tore?

KRISTIAN Tore, Tore? Richtig, da sagen die Leute, er stirbt, er
kommt nicht mehr aus dem Bett.

DER ALTE Und der lange Torsten, der manchmal mit dir ge-
wandert ist?

KRISTIAN Den habe ich neulich gesehen bei der Tochter. Mit
dem Fahrrad.

DER ALTE Fahrrad? So, er fährt noch Fahrrad?

KRISTIAN Fährt –? Nein, tut er nicht. Er kann nicht ohne
Krücken gehen, da schiebt er statt dessen immer das Fahrrad. Er wollte ja nie etwas zugeben. Ich hab ihm gesagt: Du
hast ja keine Kette an deinem Fahrrad.

DER ALTE Und Kerstensen?

KRISTIAN *macht die Handbewegung: tot, weg.*

DER ALTE Wenn es regnet, kommt niemand in den Garten.

KRISTIAN Du wartest wohl auf deine Flamme?

DER ALTE So sehe ich wohl aus?

KRISTIAN So eine heiße Flamme wie Amalie Selmer, die Nichte vom Pastor.

DER ALTE Amalie Selmer?

KRISTIAN *macht die Handbewegung: tot, weg. Lacht.*

DER ALTE Warum lachst du denn, Kristian?

KRISTIAN Alle sind tot, und wir sind lebendig.
Nun lachen sie beide.

DER ALTE Da muß ich dir was erzählen, das ist ein Witz: Es sitzen zwei Alte auf der Bank, ein altes Ehepaar, und da sagt der Alte zu seiner Frau: Ich kannte ein junges Mädchen, früher, das hieß – Alvilde hieß es. Und da sagt die alte Frau: Das war doch ich!

KRISTIAN *hat den Witz nicht verstanden.* So!

DER ALTE *steht auf.* Wenn der Regen vorbei ist, muß ich gehen. Ich muß den Leuten da drüben sagen, daß ihr Fensterladen kaputtgeht.

KRISTIAN Ja, ja – Ich bleibe noch ein bißchen sitzen und dann gehe ich.

9
Meneteke

Gerümpel, ein Ofen, ein Tisch, eine Bettstelle. Oswald packt seinen Koffer. Der Alte sitzt in der Mitte des Raums auf einem Stuhl.

DER ALTE Wissen Sie, was ich mitnahm, als ich so alt war wie Sie? Einen Seesack und darin ein Buch: den Zarathustra. Und damit habe ich die Welt erobert.

OSWALD Das haben Sie Gott sei Dank nicht!

DER ALTE Hab ich! *Schweigen.* Irgendwann habe ich den Mut verloren. Da habe ich noch etwas übriggelassen für Sie. *Schweigen.* Was fangen Sie denn an in Oslo?

OSWALD Sie haben immer gesagt: etwas Nützliches! Man muß etwas Nützliches tun.
Schweigen.

DER ALTE Junge Leute brauchen kein Gepäck, alte Leute

auch nicht. Ich brauche nicht mal Handschuhe. *Er zieht seine Handschuhe aus.* Meine Familie hat sie mir geschickt – überflüssig! Immer brauchen sie irgendwas. Stoffe und Kleider, viele Schachteln, einen Reisewecker! – alles Humbug! –. So, nach Oslo!

OSWALD Ja.

DER ALTE Sie erlernen die Seefahrt?

OSWALD Ja.

DER ALTE Und dann übernehmen Sie die Reederei, fahren auf dem Meer. *Schweigen.* Das ist aber ein plötzlicher Entschluß von Ihnen. *Schweigen.* Da haben Sie jetzt ein Ziel. *Schweigen.* Ein paar Umwege werden Sie vielleicht noch machen. *Schweigen.* Wollen Sie mich nicht mitnehmen?

OSWALD Ein komisches Paar, wir beide!

DER ALTE Man läßt mich nicht aus dem Tor. Aber ich könnte durch den Zaun kriechen. Das kann ich noch!

OSWALD *lacht.*

DER ALTE Sie lachen, da lache ich auch.

OSWALD Sie sind ein alter Indianer.

DER ALTE Tanzen kann ich auch noch. Wie nach der Ernte … in … *Er sucht das Wort* – nach der Ernte haben wir getanzt.

OSWALD Und dann wäre gleich die Polizei hinter uns her!

DER ALTE Dann schießen wir! Nach allen Seiten! Diese verfluchten Kerle! Die wollen uns natürlich einsperren, wie anno 98 die Anarchisten in Chicago. – Und dann hat man sie aufgehängt zu Ehren der amerikanischen Demokratie und ihres Präsidenten, Herrn … Truman.

OSWALD Damals war das nicht Truman.

DER ALTE Ich habe Ihnen etwas mitgebracht. *Er zieht eine Karte aus der Tasche.* Es sind unentdeckte Gebiete der Erde.

OSWALD Wo haben Sie die denn her?

DER ALTE Die habe ich beschafft.

OSWALD Aus der Bibliothek! Da ist der Stempel!

DER ALTE Jawohl!

OSWALD *scheinbar empört.* Aus einem Buch!

DER ALTE Jawohl!

OSWALD Das geht doch nicht! Die gehört doch allen!

DER ALTE Hier sucht niemand mehr unentdeckte Gebiete.

OSWALD Die müssen Sie wieder zurücktragen.

DER ALTE Jawohl, es ist eine sehr interessante Karte.

OSWALD Das ist ganz egal. – Man kann sie nicht einfach her-
       ausreißen.
DER ALTE Ich bin doch sowieso ein Verbrecher.
       Schweigen.
OSWALD Jetzt bleiben Sie hier und sitzen im Garten, und mit
       der Zeit werden Sie noch ein weiser alter Mann.
DER ALTE Bitte?
OSWALD *sehr laut.* Ein weiser alter Mann!
       An der Wand erscheinen Wörter aus den Tests.
DER ALTE Da sehe ich wieder das Menetekel an der Wand!
       Weg! Weg! *Er schlägt mit dem Stock.*
OSWALD Was haben Sie denn?
DER ALTE Ich sage Ihnen etwas, Herr Oswald, etwas sehr Wei-
       ses: Es ist eine gottverfluchte Scheiße, wenn man alt ist!
       Schweigen.
OSWALD Wir würden uns jeden Tag streiten.
DER ALTE Jawohl.
OSWALD Ich würde Sie anschreien – ich hätte immer eine Wut
       auf Sie.
DER ALTE I ch auf Si e! Jawohl.
OSWALD Darum gehe ich jetzt allein.
DER ALTE Jawohl. Und ich bin froh!
OSWALD *lacht.*
       Schweigen.
DER ALTE Wie kommen Sie denn in die Stadt?
OSWALD Der Gemüsemann fährt heute nach Oslo. Ich fahre
       mit. Das ist einfacher als mit der Bahn.
DER ALTE Einfach!
OSWALD Ich brauche nur am Tor einzusteigen.
DER ALTE Für Sie ist alles einfach.
       Schweigen.
       *Oswald hat jetzt seinen Koffer fertiggepackt und zugemacht
       und seinen Mantel angezogen.*
OSWALD Die unentdeckten Gebiete habe ich jetzt auch einge-
       packt.
DER ALTE *steht auf, geht zu Oswald hin.* Da haben Sie doch ein
       Tuch –
OSWALD *nimmt das Halstuch ab.* Möchten Sie es haben?
DER ALTE Ich zeige Ihnen was. – Man muß es mit den Zähnen
       halten. *Er steckt den Zipfel des Tuches in den Mund und*

zieht fest am anderen Ende. Nimmt es wieder aus dem Mund. Meine Zähne sind kräftig, ein Gebiß wie ein Trapezkünstler habe ich! Im Zirkus Barley oben in der Kuppel! Festgebissen! So was hätte ich auch gekonnt … Trapezkünstler! – Wir haben getanzt in Iowa, wie ich jung war. Da mußte einer das Tuch mit den Zähnen halten … Ich war ein wilder Kerl. *Er macht ein paar Tanzschritte.*

OSWALD *verlegen.* Ich muß jetzt gehen, das Auto wartet.

DER ALTE Jawohl. *Während der Alte weiterspricht, geht Oswald mit seinem Koffer weg.* Ich kann meine Beute noch festhalten! Jawohl. Mein Vater ist siebenundneunzig geworden. Mein Bruder ist gestorben mit zweiundneunzig, ein Zufall! Meine Schwester lebt noch, sehr alt, älter als ich … und ich werde hundertdreizehn werden und noch älter! Hundertdreizehn oder hundertdreißig, da sind die andern alle unter der Erde.

Er wirft den Stuhl um, den Tisch; er demoliert in rasender Wut die Gegenstände.

Der Gärtner kommt, hält ihn fest. Die alten Leute kommen dazu. Sie schleppen den Rasenden fort.

10
Ariel singt

DER ALTE *sitzt zwischen den Steinen, in Decken gehüllt.*

GESANG

Full fathom five thy father lies;
Of his bones are coral made;
Those are pearls that were his eyes;
Nothing of him that doth fade,
But doth suffer a sea-change
Into something rich and strange.
Sea nymphs hourly ring his knell.
Hark! Now I hear them,
Ding dong bell.

VERAS STIMME Und auf den Zettel hatte sie geschrieben:
»Aber ich will doch nichts als wahrhaftig sein. Wirst du mir
glauben, wenn ich mir den Finger abhacke? Im Holzschuppen liegt ein Beil.«
*Vera und Paul zu Besuch beim Alten. Sie haben einen klei-
nen Essensvorrat mitgebracht.*

VERA Wollen wir es nicht machen wie zu Hause, wenn wir bei-
sammen waren?

PAUL *packt ein Brot aus.* Schneidest du das Brot an, Vater?

DER ALTE Die Messer sind stumpf in diesem Hause, damit die
Alten sich nicht in die Finger schneiden.

VERA Vater und kein scharfes Messer!

DER ALTE *scheint Vera erst jetzt zu bemerken.* Du bist wieder
da?

VERA Echt Vater!

PAUL *scherzhaft zu Vera.* Ich habe dich ja gewarnt!

VERA *sehr laut, damit es der Alte verstehen kann.* Ich kriege
ihn schon wieder!

DER ALTE Ich wollte spazierengehen.

VERA *schmollt.* Wenn i c h da bin!

PAUL *um abzulenken.* Wie findest du Vater?

VERA Wie ich ihn finde? *Zum Alten.* Wie finde ich dich denn?
Sie sieht ihn kokett an.

PAUL *humorig.* Am Ende will er noch hier im Heim bleiben,
so gut gefällt es ihm!

VERA Ach, ich habe ja eine ganz dringende Botschaft! Ich
habe es mir sogar aufgeschrieben, so gut erzogen bin ich!
*Sie kramt in ihrem Handtäschchen und nimmt einen Zettel
heraus.* Ich habe gestern mit dem Verwalter telefoniert.
Erstens, der Falbe hat jetzt die neue Futterraufe bekommen.

DER ALTE *zufrieden.* Ja.

VERA Zweitens haben wir dieses Jahr dreißig Sack Kartoffeln,
und zwar auf dem elenden Boden unten am Wald.

DER ALTE *nickt.* Ja.

VERA Und jetzt kommt das dritte! Auf dem Abhang unter
deinem Turmzimmer läßt Pettersen Erde auffahren, und er

wird sie von dem alten Stallgrundstück beim Zaun nehmen.

DER ALTE *erfreut.* Das ist gut! Hat er jemanden zum Helfen bekommen?

VERA Ja, jemanden aus dem Dorf, der die Wurzeln hackt.

DER ALTE Wieviel Fuhren will er denn von dem Stallgrundstück wegholen?

VERA Siehst du, ich habe doch gewußt, daß du dich freust! Immer meinst du, alles verkommt, wenn du nicht da bist.

DER ALTE Wieviel Fuhren waren es?

VERA *lügt rasch.* Zwanzig.

DER ALTE Zwanzig, das ist doch unmöglich!

VERA Nein, es waren ein paar weniger, glaube ich.

DER ALTE Ein paar weniger! Er muß doch mindestens vierzig gesagt haben.

VERA Von der Menge hat er gar nichts gesagt. Es ging ja alles so schnell am Telefon!

DER ALTE Dann muß man eben fragen! Immer gebt ihr euch gleich zufrieden! Und zwar deshalb, weil ihr euch nicht wirklich dafür interessiert!

PAUL Pettersen wollte es noch genau schreiben!

DER ALTE Immer das Flüchtige!

VERA Sei doch nicht immer so streng! – Und dabei habe ich immer versucht, dir den Willen zu tun.

DER ALTE Das Flüchtige, das kommt bei dir vom Theater! Da ist kein Ernst.

PAUL Mutter hat doch schon dreißig Jahre nicht mehr auf der Bühne gestanden.

VERA Schauspieler sind sogar s e h r ernsthafte Menschen! Sie denken ernsthafter über alle Dinge nach als die meisten Menschen, und sie sind auch die ersten, die helfen und sich kümmern, wenn Not ist.

DER ALTE Alles nur aus Wirkung! – Du kannst ja wieder Schauspielerin werden.

VERA *schüttelt den Kopf und lacht amüsiert.*

DER ALTE Ja! – Dann hast du Verehrer, und der Theaterdirektor küßt dir die Hand. Du kannst Ibsen spielen oder was sie heute spielen. Diese dramatisierten Leitartikel von Ibsen, die die Leute für tief halten. – Ungenau! Oberflächlich! – »Mutter, gib mir die Sonne!« So ein Unsinn! So stellt sich

Herr Ibsen den Ausbruch der Paralyse vor.

VERA *zu Paul.* Ibsen!

DER ALTE Du hast dich ja mit Ekberg getroffen.

VERA Eckberg? Ach, du meinst Ekberg, der diesen schrecklichen Lear gespielt hat, er wollte d i r Grüße ausrichten!

DER ALTE Ekberg? Grüße?

VERA Siehst du! – Ich habe ja schon gar nicht gewagt, dir das zu sagen! *Der Alte tätschelt sie etwas, bereut seine Schroffheit. Sie nutzt ihre Chance.* Wie sehr habe ich mich immer bemüht, mich zu ändern, wenn du nicht zufrieden mit mir warst. Aber dann war wieder etwas anderes falsch.

DER ALTE Immer in diesen Kaffeehäusern mit diesen Schauspielern und diesen Literaten! – Das liegt auch in deiner Natur!

VERA Lieber Gott! Für dich bin ich immer noch die junge Schauspielerin, die im dünnen Röckchen am Bühneneingang steht und den großen Dichter bewundert.

DER ALTE Ja!

VERA Und grenzenlos naiv!

DER ALTE *pfeift etwas zwischen den Zähnen, das sich wie ein Schlagermotiv anhört.*

VERA *zu Paul.* Weißt du, was ich gesagt habe, als ich den berühmten Mann zum erstenmal sah? »Gott, Sie haben ja einen Hut auf!«

DER ALTE »Ich nehme ihn ab vor Ihrer Schönheit.«

VERA Aus irgendeinem dummen Grund war ich auf den Hut nicht gefaßt. Komisch! – Und dann ist Vater mit mir ins Café gegangen, weil ich eine Rolle in seinem neuen Stück übernehmen sollte, eine kleine Rolle, eine ganz kleine! Und ich denke, er wird mir jetzt die Rolle erklären, und da sitzen wir, ich ganz starr vor Ehrfurcht, und er hat mir sechs Stunden lang eine Standpauke gehalten!

DER ALTE Ich hatte wohl auch Grund dazu.

VERA Ja, ich glaube wirklich, es war schlimm mit mir!

DER ALTE Du mußt doch einsehen, es ist ein großer Unterschied, ob Pettersen zwanzig Fuhren fährt oder vierzig! Wenn er nämlich vierzig holt, dann ist das Stallgrundstück als Acker nicht mehr zu gebrauchen. *Er versucht, die Schrift auf der Messerklinge zu lesen und sagt plötzlich ärgerlich:* Was steht auf dieser Klinge? *Er gibt das Messer Paul.*

PAUL Ich kann das nicht lesen.

VERA Das kann man bestimmt nicht lesen, das ist doch zu klein.

DER ALTE Zu klein. – So. – Woher weißt du das?

VERA Das weiß ich. Aber dir zuliebe … gibt mir mal das Messer, Paul. *Sie nimmt das Messer und versucht zu lesen. Triumphierend.* Es ist zu klein! Natürlich! Das kann kein Mensch lesen!

PAUL Rostfrei!

DER ALTE *dreht wütend die Tasse mit dem Kaffeerest um und hält sie den beiden hin.* Und das? Könnt ihr das auch nicht lesen?

VERA Die schöne Decke!

PAUL *nimmt die Tasse und stellt sie sanft wieder hin.* Es ist altes Hotelporzellan.

VERA Bald bist du wieder frei, und wenn du wieder auf dem Hof bist, dann kannst du wieder alles selbst übernehmen. *Schweigen.*

DER ALTE Ich möchte jetzt gehen.

VERA Gehn wir doch alle zusammen!

DER ALTE Du hast nicht die richtigen Schuhe an. Das sind Stadtschuhe!

PAUL Ich glaube, Vater will lieber allein gehen. Wir warten auf ihn in seinem Zimmer.

DER ALTE Ich gehe nur einmal zum Gärtnerhaus und zu den Ulmen und wieder zurück.

VERA *zu Paul.* Ach, ist das das Gärtnerhaus von dem jungen Mann?

DER ALTE Welcher junge Mann?

VERA Hier soll doch der eine Sohn von Konsul Kronen untergeschlüpft sein. Der lief doch damals weg!

DER ALTE Wo lief er weg?

VERA Er war doch noch in der Schule. Auf dem Handelsgymnasium. Er konnte so hübsch Klavier spielen.

DER ALTE Wo lief er weg?

VERA Der alte Kronen, der Reeder, ist übrigens jetzt freigesprochen worden. Vater! Sie haben auch allerhand in der Sache unternommen. – Und du willst nicht einmal, daß das psychologische Gutachten dich entlastet.

DER ALTE Was habe ich denn mit dem alten Kronen zu tun!

Der hat mit den Deutschen Millionengeschäfte gemacht. Ich habe mich nicht bereichert! *Er haut auf den Tisch.* Das muß ich der Kommission sagen! Ich habe mich nicht bereichert!

VERA *zu Paul.* Oswald. Den jungen Kronen muß Vater doch gekannt haben.

DER ALTE Wen gekannt haben?

VERA Er war doch eine Zeitlang hier. – Auf dem Bild in der Zeitung hat er eine so helle Stirn, er hat so etwas Helles, Reines, und ganz kindliche Augen.

DER ALTE *zu Paul.* Wovon redet sie denn?

PAUL Der Sohn vom alten Kronen hat sich umgebracht.

VERA Schrecklich für den alten Kronen! Auf so tragische Weise den jungen Sohn zu verlieren, jetzt im Frieden, und so ganz ohne Grund.

DER ALTE Bitte?

VERA Man weiß gar nicht, warum er sich umgebracht hat.

PAUL Er war wohl etwas übersensibel.

VERA Warum er sich nur hier aufgehalten hat? – Es ist doch niederdrückend für einen jungen Menschen, umgeben von lauter alten Leuten.

DER ALTE *nach einer Pause.* Darf ich fragen, wie es geschehen ist?

PAUL *zuckt die Achseln.*

VERA War das nicht so: Er hat noch einen Fischer gefragt, wie spät es ist, aus dem Auto heraus. Es war das Auto seines Vaters. Der Fischer hat gesagt, viertel vor zehn. Das Auto hat er sich vom Chauffeur herausgeben lassen. Dann ist er ganz vorne auf die Landzunge gefahren – so etwas Verrücktes! Und dort stand das Auto noch eine Zeitlang, und dann ist es explodiert.

DER ALTE Bitte?

VERA Puff! Explodiert! – *Schweigen.* – Was wollen sie denn eigentlich noch von dir! Ich möchte wissen, was sie von einem neunzigjährigen Mann wollen!
Sie wartet auf eine Antwort. Der Alte schweigt.

PAUL Sie wollen ein Denkmal stürzen.

VERA Wir lassen dich einfach nicht mehr allein mit dieser gräßlichen Kommission. Das nächste Mal muß Paul dabei sein. – Du bist eben alt und du hörst nichts, du verstehst die

Leute einfach nicht: da muß eben Paul mit.
Schweigen.

DER ALTE Ihr eßt so lange! *Er steht auf und geht.*

PAUL *nach einer Pause.* Mit deiner »gehabten« Idee hast du keinen Anklang gefunden.

VERA Daß wir so lange essen, ärgert ihn seit dreißig Jahren.

PAUL Ich bin wirklich besorgt wegen Vater. Er ist so starr – so rechthaberisch. Das verärgert die Kommission mehr als nötig. Sein ganzes Vermögen kann eingezogen werden. Und es sieht inzwischen fast so aus, als wollten sie das ernstlich tun.

VERA Und der Hof?

PAUL Auch der Hof.

VERA *plötzlich fassungslos.* Oh Gott, oh Gott!

PAUL Rechtlich sind wir im Augenblick machtlos.

VERA Wollen sie ihn denn umbringen? Er ist doch ein Bauer! Er braucht doch die Erde zum Leben! Er muß Bäume pflanzen und seine Kartoffelsäcke zählen.
Schweigen.

PAUL Liesendahl hat dir doch angeboten, etwas für Vater zu tun.

VERA Liesendahl, auf den er ein Leben lang eifersüchtig war! Und dazu noch ein Roter! Lieber geht Vater ins Armenhaus!

PAUL Ich weiß im Moment keinen anderen Rat.
Schweigen.

VERA *steht auf.* Weißt du, was ich glaube? Sie können ihm gar nichts tun! Sie machen jetzt ein großes Geschrei in den Zeitungen, und alle fallen über ihn her, er soll bereuen – bereuen, was denn? Er ist ein Kämpfer gewesen! Und sie zerren an ihm herum und fühlen sich als die Herren und als die höhere Gerechtigkeit, mit ihrem Gekläff – aber t u n können sie ihm nichts. Das wagen sie nicht! Sie können doch einem so großen Mann nichts tun! Er ist einfach zu groß für sie! Ein Riese! Sie haben ihn immer schon angebellt und angespien, und nie haben sie ihm etwas tun können! In der ganzen Welt wird man weiter von ihm sprechen, und von diesen Kötern wird man nicht mehr sprechen – in ganz kurzer Zeit! – Ach, was war das für ein Mann, Paul! Und er weiß das nicht einmal selbst, was er für ein Mann ist! Als er den Nobelpreis bekam, da wollte er gar nicht hin, weißt du warum? Er hat gedacht, den hat ihm ein Freund, ein Redakteur aus Schweden, zugeschustert! So naiv war er! Und als er in Stockholm keine Zeit mehr hatte, dem Kellner ein Trinkgeld zu zahlen, da hat er ihm die Brieftasche in die Hand gedrückt und gesagt: Nehmen Sie sich, soviel Sie wollen. Da war der ganze Nobelpreis drin! *Sie lacht.* Nein, nein, sie können ihm nichts tun! Bestimmt nicht!

PAUL *sieht seine Mutter bewundernd an.* Jetzt siehst du wirklich aus wie ein junges Mädchen!

12
Flucht

Frau Bergson ist mit ihrem Koffer, gefolgt von der »Piratin«, auf der Klippe erschienen. Der Koch hat sie entdeckt, winkt ihnen zu.

DER KOCH Sie haben ja schon eine Anhängerin gefunden, Frau Bergson! Nun gehen Sie ja schon zu zweit auf Tour jeden Morgen!

FRAU BERGSON Ja, Gott sei Dank. Aber jedesmal kommt uns jemand zuvor und hat die Klinke schon abgeschraubt, damit wir nicht durch die Tür in die Freiheit kommen!

DER KOCH Ach! – Und Sonia mit der hohen Brust war doch ne scharfe Nummer, mit der hätte ich gerne mal!

DIE »PIRATIN« Wen meinen Sie denn da?

DER KOCH Rätselfrage! Die Freiheitsstatue meine ich.

FRAU BERGSON Der alte Bösewicht geht im Haus herum und schraubt die Klinken ab! Damit wir beide nicht rauskönnen! Eines Tages wird man das Versteck finden, wo er die Klinken hortet!

Die beiden Frauen laufen weg.

DER KOCH *ruft ihnen nach.* Gute Reise!

*Vera und Paul auf der Bank unter dem Baum. Der Alte
kommt dazu. Er hat Schreibsachen bei sich. Er setzt sich.
Schweigen.*

VERA Du hast gearbeitet? Wie schön!

DER ALTE Ich arbeite nicht mehr. Das weißt du.

VERA Bald sind wir wieder auf dem Hof.

DER ALTE *wütend.* Auf dem Hof! Auf dem Hof! Auf dem Hof!

PAUL Vater!

DER ALTE Warum sitzt ihr immer hier?

VERA Wir sitzen doch nicht »immer hier«.

DER ALTE Oft!

VERA Es hat Paul viel Mühe gekostet, daß wir hier sein dürfen.

DER ALTE Wo kommt ihr eigentlich immer her?

PAUL Wir wohnen doch im Fjord-Hotel!

VERA Und wir dürfen drei Stunden jeden Tag hier sein.

DER ALTE Im Fjord-Hotel. So, was kostet es denn im Fjord-
Hotel?

VERA Wir haben zwei winzige Zimmerchen. Der Verlag hat
sie doch besorgt!

PAUL Auch bezahlt.

DER ALTE Ich habe gesagt, daß ich nichts mehr schreibe! *Er
haut auf den Tisch. Schweigen.*

VERA *vorsichtig.* Aber die Pflegerin sagt, du hast den ganzen
Nachmittag geschrieben.

DER ALTE Zehnmal kommt sie mit ihrem verfluchten Thermometer! Du schickst sie mit dem verfluchten Thermometer
zu mir in das Zimmer! Ich weigere mich von jetzt an! Ich
will nicht behandelt werden!

VERA Aber ich schicke sie doch nicht in dein Zimmer!

PAUL *sehr laut.* Wir haben hier gar nichts zu sagen! Wir haben
gar keinen Einfluß!
Schweigen.

DER ALTE Eins … zwei … drei … vier … fünf … sechs.

VERA Was meinst du?

DER ALTE Jawohl!

VERA Was meinst du denn, Vater?

DER ALTE *wütend.* Der Kopf platzt.

PAUL *leise zu Vera.* Er meint wohl diesen Oswald Kronen.

DER ALTE *hat verstanden.* Ja, ja, Oswald! – Stelle dir das vor, Paul, bis sechs zählen und dabei die Handgranate ans Gesicht drücken.

VERA *zu Paul.* Das weiß man doch gar nicht genau.
Paul schüttelt vorsichtig, der Alte soll es nicht merken, den Kopf.

DER ALTE An die – an die – *Aufgeregt, das Wort »Stirn« fällt ihm nicht ein* – da oben, wo er seine Gedanken hat.

PAUL *will das Thema abschließen.* Eine scheußliche Geschichte.

DER ALTE Das willst du wieder nicht hören. –

VERA *zu Paul, warnend.* Er regt sich auf.

DER ALTE Dieser Tod ist besser als ein langes, nutzloses Leben. – Jedes Leben ist nutzlos. – Die Menschen leben mit großer Mühe und dann sterben sie. Ich glaube, er war – *Handbewegung: ungenau, verworren, fahrig* – aber das hat er verstanden. Ihr seid alt. Alle sind alt! *Zu Paul.* Wie alt sind Sie?

PAUL Vater!

DER ALTE Wie alt sind Sie, habe ich gefragt!

PAUL Aber Vater, du weißt doch –
Vera bricht in hysterisches Gelächter aus. Der Alte steht auf und geht weg. Ein Heft und Papiere hat er liegengelassen. Paul bemüht sich wortlos um seine Mutter. Sie beruhigt sich langsam.

VERA *halblaut, weinend und lachend immer wieder.* Der arme alte Mann ... der arme alte Mann ... *sie bleibt eine Zeitlang schweigend und erschöpft sitzen.* Gib mir mal das Heft, Paul. *Paul nimmt das Heft vom Tisch. – Vera blättert etwas in dem Heft. Schweigen.*

VERA Ich kann das gar nicht mehr lesen, seine Handschrift ist so kritzelig geworden. – Es ist ein Gedicht. – Du, hier steht »Oswald«.

PAUL Oswald?

VERA *versucht, eine Zeile zu lesen, dann.* Ich glaube, es ist ein bißchen kindisch.
Sie legt das Heft wieder auf den Tisch. Sie bringt es genau in die gleiche Lage wie vorher.

14
Bleistifte

Der Alte entdeckt einen gebeugten alten Mann: Hitler.

DER ALTE Da sind Sie ja wieder! Alter Gauner ... Den Bleistift haben Sie ja inzwischen ganz abgeschrieben, der ist nur
noch ein Stummel, und das andere lediglich eine Blech-
hülse zur Verlängerung! Hohl. Sehen Sie, wie meiner! – –
Ich erinnere mich, damals war es noch ein ganz langer Stift,
ein Architektenstift, mit dem Sie mir Ihr gigantisches neues
Berlin hinskizziert haben. Und Ihr pompöses Mausoleum,
vorgesehen in Linz! – – Lauter Bleistiftstummel auf Ihrem
Tisch! Hunderte! Ihre beiden Wolfshunde schnappen
schon danach. Wie das kracht und knackt zwischen den
spitzen Zähnen! Das hören meine tauben Ohren noch! *Er
horcht.* Ich bin gar nicht taub, ich höre das Krachen sehr
deutlich!

*Der gebeugte alte Mann reißt sich die Hitlermaske vom Ge-
sicht: Es ist Ole. Er springt schnell weg.*

15
Ich lebe noch

Holm, Reich, der Sparkassendirektor, Paul.

DER ALTE *zu Paul.* Was machst du denn heute dabei?

PAUL Es erleichtert die Verständigung, Vater, wenn ich dabei
bin.

DER ALTE *spöttisch.* Die Herren haben mich wohl das letzte
Mal nicht richtig verstehen können?

HOLM *scharf.* Da sind wir nicht die Einzigen!

*Paul setzt sich in die Nähe des Vaters, der Kommission ge-
genüber.*

DER ALTE Setzt du dich auch auf die Anklagebank, neben
mich?

REICH Warum hat er heute eine schwarze Binde am Arm?

HOLM Es geht uns jetzt um die Beziehungen zu den Nazigrößen und um die näheren Umstände des Parteieintritts.

PAUL Mein Vater war nicht in der Partei.

HOLM Über seine offizielle Beziehung zu den Nazis, zu Hitler und Quisling hat er sich in den Zeitungen ja ausreichend geäußert. Was ich genauer wissen möchte, ist sein Besuch bei Hitler. Sie werden uns darüber etwas sagen können. *Schweigen.*

PAUL Hast du verstanden, Vater?

DER ALTE Ja. – Die Herren möchten etwas von mir über Hitler erfahren. Aber Sie wissen doch schon alles über Hitler. Sie wissen ja mehr als ich!

REICH Aber wir hatten nicht wie Sie das Vergnügen, bei Herrn Hitler zum Tee geladen zu sein.

DER ALTE Ich bekomme hier nicht einmal Zeitungen zu lesen. In den Zeitungen, die es in den Kriegsjahren gab, konnte ich nichts finden, was mich auf mein Unrecht aufmerksam gemacht hätte. Ich saß da oben auf meinem Hof, in meinem Zimmer und habe geschrieben. Stille den ganzen Tag! Ich habe nichts gehört, ich bin taub. Mittags und abends hat meine Frau an die Regentonne geschlagen, und dann bin ich hinunter zum Essen gegangen. Danach bin ich wieder hinaufgestiegen.

Holm wird unruhig. Paul bemerkt es.

HOLM Neunzehnhunderteinundvierzig hat Hitler Sie eingeladen, und Sie sind auch bei Hitler gewesen, in Berlin.

PAUL Hast du das verstanden, Vater?

REICH *zeigt auf die schwarze Binde des Alten.* Hitlers Todestag!

DER ALTE *hat halb verstanden.* Jawohl! Wie Sie sehen, trage ich Trauer.

PAUL *leise, der Alte soll es nicht hören.* Das ist nur sein Widerspruchsgeist, das hat wirklich nichts mit seiner Gesinnung zu tun! In Amerika wurde er damals verhaftet, weil er sich über die Hinrichtung von Anarchisten empörte. Und mein Vater war wirklich alles andere als ein Anarchist.

DER ALTE Ich trage dieses Zeichen der Trauer zu Ehren von … *der Name fällt ihm nicht ein, er denkt angestrengt nach – lange Pause.* – für meinen Freund … *rasch …* für meinen jungen Freund. *Er haut ein paarmal heftig auf den Tisch. Schweigen.* Der Name ist gleichgültig. *Er ist sehr aufgeregt.* Dieser Tod ist besser als ein langes, nutzloses Leben! *Schweigen.*

PAUL Ich meine, Sie sollten darauf nicht weiter eingehen.

HOLM Geben Sie zu: Sie haben Hitler auf seine Einladung hin aus freien Stücken besucht?

DER ALTE Jawohl!

PAUL Er hoffte, etwas für seine Landsleute zu erreichen. Er hat mir danach ausführlich darüber nach Schweden geschrieben. Ich kann Ihnen den Brief bringen.

DER ALTE Ich bin aus Neugier hingegangen.

HOLM Während Ihre Landsleute in den Gestapogefängnissen gefoltert wurden!

DER ALTE Ich wurde sehr großartig empfangen. Die Wache salutierte. Ich habe aber mit Herrn Hitler nicht viel geredet. Nichts! Ich hätte es wohl getan, aber ich konnte gar nicht! Er hat immer geredet, pausenlos. Er hat gesagt: Ich werde und ich mache und ich werde und ich und ich und ich. Das war mir sehr unsympathisch. Der ganze Mann war mir unsympathisch – ein Mann der Masse.

HOLM In Ihrem Nachruf auf Hitler haben Sie etwas anderes geschrieben.

DER ALTE Bitte?

PAUL Der Nachruf!

REICH *zitiert.* »Er war ein Krieger für die Menschheit und ein Verkünder des Evangeliums vom Recht für alle Völker.«

DER ALTE Ja, ich bekenne mich dazu. Ich habe einen Nachruf auf Hitler geschrieben, als er tot war, als er besiegt war, alle haben ihn da bespien. Hätte er gesiegt, hätten sie ihn nicht bespien.

HOLM *scharf.* Sie verhöhnen den Widerstand!

DER ALTE … hätten sie ihn nicht bespeien k ö n n e n! Dieser Nachruf auf einen Besiegten war eine Geste der Ritterlichkeit.

REICH Der Unverbesserlichkeit.

DER ALTE Jawohl. Ich wußte, es würde mir schaden. Man hat mich auch gewarnt. Ich habe ihn trotzdem geschrieben.

REICH Consistency is the virtue of fools.

DER ALTE Bitte?

REICH Beständigkeit ist die Tugend der Narren.

DER ALTE Jawohl.

REICH Shakespeare.

DER ALTE Jawohl, ein verfluchter, alter Narr bin ich, keine Wetterfahne.

SPARKASSENDIREKTOR *blickt in seinen Hut.* Bedenken Sie doch bitte, worum es hier geht.

DER ALTE Wenn Sie mich für einen Lumpen halten, dann sperren Sie mich doch fünf Jahre ein! Oder sperren Sie mich doch zwanzig Jahre ein! Das ist mir alles egal! Ja, Sie können mich dreißig Jahre einsperren! Ich bin alt, mir ist alles egal.

HOLM Es ist Ihnen bekannt, daß Sie, abgesehen von einer Freiheitsstrafe, als Mitglied der Nazipartei mit Ihrem Vermögen für die Verbrechen Ihrer Organisation haften.

PAUL Das Vermögen von NS-Mitgliedern wird eingezogen, Vater!

DER ALTE *lacht.* Vermögen! Ich habe kein Vermögen!

PAUL Aber Sie wissen doch, er war kein Parteimitglied!

HOLM Mischen Sie sich nicht ein!

SPARKASSENDIREKTOR Wir haben unsere Unterlagen.

DER ALTE *kräht.* Ich habe kein Vermögen, woher soll ich denn ein Vermögen haben!

SPARKASSENDIREKTOR Ihr Vermögen besteht aus zwanzigtausend Kronen Bankguthaben und aus Ihrem Hof.

PAUL *zum Vater.* Der Hof!

DER ALTE *lacht.* Der Hof!

SPARKASSENDIREKTOR ... und vor allem aus den Rechten an Ihren Werken.

DER ALTE Bitte?

PAUL *zum Vater.* Die Rechte an deinen Werken.

DER ALTE *lacht.* Die Rechte an meinen Werken! Das ist Null!

REICH Sie wissen doch, daß diese Rechte Hunderttausende wert sind!

HOLM Verdient mit antidemokratischer Gesinnung.

DER ALTE Woher sollen die denn kommen, die Hunderttausende! Wer will denn das noch lesen? *Triumphierend.* Alle meine Bücher werden in den Antiquariaten verramscht! Sie werden einem nachgeworfen! Eine Nichte von mir hat einen meiner Romane gekauft für fünfzig Groschen, der lag offen in einem Holzkasten vor dem Laden, naß vom Regen!

REICH Sie haben einen Verlag in München, New York, London, Sie sind in fünfundzwanzig Sprachen übersetzt, in Moskau, in Amsterdam, in Mailand! Sie haben Filmrechte…

DER ALTE Vorbei! Verramscht! Null!

REICH Sie sind bereits ein Klassiker!

DER ALTE Null!

REICH Ein Weltautor! Das ist doch lächerlich!

DER ALTE Null! Null! Null! Null! Ich bin tot! Als Dichter bin ich tot! Ich bin neunzig Jahre alt! Ich verstehe die Leute nicht mehr, und die Leute verstehen mich nicht mehr! Ich habe einen Haufen Bücher geschrieben, und keiner kann sie mehr verstehen! Ich habe die letzten dreißig Jahre auf meinem Hof gesessen, alt, taub und tot!

Schweigen.

HOLM Ich möchte jetzt wissen, wie es sich mit dem Antrag um Aufnahme in die Nazipartei verhält.

PAUL Mein Vater war nie Parteimitglied.

HOLM Fragen Sie ihn, wie es kommt, daß die Partei ihn in ihren Listen geführt hat und auch das Abzeichen zugestellt hat.

PAUL Die Sache mit dem Brief kann ich Ihnen ganz genau erklären, ich war damals gerade zu Besuch bei meinem Vater.

HOLM *steht auf und deutet auf den Alten, sehr laut, wütend.* Das wollen wir von Ihnen hören!

PAUL *zum Vater.* Die Briefgeschichte!

DER ALTE Welcher Brief?

PAUL Der Brief mit dem Parteiabzeichen.

DER ALTE Ach ja, der Brief! Das kann ich Ihnen sagen! Eines Tages kam ein Brief von diesem Herrn Knath und forderte mich mit freundlichen Worten auf, in diese Partei einzutreten. Freundlicherweise hatte mir dieser Herr auch gleich ein Abzeichen mitgeschickt.

PAUL Aber diese Beitrittserklärung wurde nie unterschrieben. Ich habe sie wochenlang herumliegen sehen.

DER ALTE Jawohl.

HOLM Aber dann wurde sie zurückgeschickt?

DER ALTE Wer hat etwas zurückgeschickt?

PAUL Wenn sie zurückgeschickt worden ist, dann müßte sie ohne seine Unterschrift zurückgeschickt worden sein.

DER ALTE Alles, was weggeschickt worden ist, ist auch durch meine Hände gegangen.

HOLM Dann haben Sie das Formular auch unterschrieben.

PAUL Ganz bestimmt nicht. Meine Mutter wurde deshalb mehrere Male antelefoniert.

DER ALTE Sie wurde antelefoniert?

PAUL Von Knath und auch von Quisling. Die wollten natürlich Reklame mit meinem berühmten Vater machen.

DER ALTE Es ist mir alles gleichgültig.

DER ALTE Ich habe mir etwas aufgeschrieben, etwas sehr Wichtiges. *Er kramt einen Zettel aus der Tasche. Paul ist beunruhigt. Liest vor.* »In dieser Stunde und in dieser glänzenden Versammlung täte ich eins viel lieber, ich träte gern zu jedem einzelnen von Ihnen mit Blumen, mit Versen und mit Geschenken, ich wäre gern wieder jung und ritte auf der Woge dahin. Das ist es, was ich ein letztes Mal gern täte. Aber ich wage es nicht mehr. Ich wäre eine lächerliche Karikatur. Ich bin heute in Stockholm an Ehren und Reichtum satt geworden – jawohl! – aber mir fehlt das Wichtigste, mir fehlt das Einzigste: Mir fehlt die Jugend! Keiner von uns ist so alt, daß wir uns ihrer nicht mehr erinnern könnten! Es gehört sich, daß wir Alten zurücktreten, aber daß wir es in Ehren tun.«

HOLM *steht sehr wütend auf.* Dieser Unsinn! Ich höre mir das nicht länger an. Wir haben es hier mit einem Naziverbrecher zu tun. Er soll keine Rede halten, er soll Fragen beantworten.

PAUL *der ergriffen ist.* Meine Herren, ich bitte Sie, diese Rede hat mein Vater gehalten, als er den Nobelpreis bekam.

REICH Vor siebenunddreißig Jahren!

SPARKASSENDIREKTOR *zum Alten.* Da waren Sie wie alt?

REICH *zum Sparkassendirektor.* Jünger als Sie jetzt sind.

HOLM Ich möchte jetzt endlich wissen: Hat er das Formular des Herrn Knath unterschrieben und zurückgeschickt oder nicht unterschrieben und zurückgeschickt oder überhaupt nicht zurückgeschickt. Wenn uns der Kollaborateur darüber nicht Auskunft geben will – wir werden Zeugen herbeischaffen, die seine Mitgliedschaft in der Organisation der Naziverbrecher beweisen werden. – Und niemand soll denken, daß ihn sein Alter davor schützt, wenigstens mit seinem Vermögen dafür zu haften, was seine Nazifreunde geraubt, geplündert und verwüstet haben!

DER ALTE *grinst.* Jawohl.

HOLM *schreit unbeherrscht.* Jawohl! Jawohl!

PAUL Ich bitte Sie, meine Herren –

DER ALTE Wie ich schon sagte –

HOLM Schluß! Wir wissen genug! *Er fängt an, seine Akten zusammenzuräumen.*

PAUL *bestürzt.* Bitte, meine Herren, bedenken Sie doch das Alter meines Vaters. Ein Neunzigjähriger! Was erwarten Sie von einem Neunzigjährigen! Ich kann das nicht zulassen, ich bin sein Sohn, ich kann es nicht zulassen, daß man auf diese Weise mit ihm umgeht! ... Das ist meine Pflicht!

HOLM *heftig.* Was hier geschieht, hat nichts mit Alter zu tun, sondern mit Moral.

Während Paul in großer Aufregung und immer mehr nach Atem ringend gesprochen hat, hat der Alte ein kleines, rundes Abzeichen aus der Tasche genommen – das Abzeichen, das der Koch ihm geschenkt hat. Er hält es den drei Herren lächelnd und unverschämt triumphierend entgegen.

SPARKASSENDIREKTOR Ist das sein Parteiabzeichen?

HOLM *springt wütend auf, als ob er dem Alten das Abzeichen aus der Hand reißen wollte.*

REICH *sieht gelassen hin und sagt ruhig.* Reklame für eine Automobilfirma.

PAUL Bitte, meine Herren ... *Er kann nicht weitersprechen, ein Asthmaanfall hindert ihn.*

REICH Die Zurechnungsfähigkeit Ihres Herrn Vaters ist durch die psychologische Untersuchung erwiesen. Also müssen wir alles ernst nehmen, was der alte Herr tut.

Sie stehen auf. Paul nimmt jetzt einen kleinen Apparat aus der Tasche und pumpt sich mit quietschendem Geräusch ein krampflösendes Mittel in den Mund. Langes Schweigen. Die drei Herren wenden sich zögernd zum Gehen. Der Alte steht auf.

DER ALTE Meine Herren, ich nehme an, wir sind hier zum letzten Mal zusammengekommen. Sie haben sich redlich mit mir geplagt. *Schweigen. Der Alte bietet ihnen aus einem Etui Zigarren an.* Darf ich Ihnen eine von diesen Zigarren anbieten, von denen ich sagen kann, daß sie sehr gut sind. *Der Sparkassendirektor nimmt zögernd eine Zigarre aus dem Etui. Reich und Holm übersehen die angebotenen Zigarren und gehen. Der Sparkassendirektor legt unauffällig*

seine Zigarre auf den Tisch und geht mit den anderen. Es
sind sehr gute Zigarren. Man hat sie uns aus Chicago geschickt. Chicago ... *Er läßt das Etui übertrieben flott zu-
schnappen.*

*Langes Schweigen. Paul hat sich beruhigt. Er sitzt mit ge-
schlossenen Augen. Der Alte steht, er nimmt eine hochmü-
tige Haltung ein, bleibt regungslos, in dieser Pose erstarrt.
Vera kommt herein.*

VERA Um Gottes willen, was ist denn mit Paul?

PAUL Es geht schon wieder, Mutter!

VERA *bemüht sich um Paul, spricht sehr laut.* Das ist natürlich
alles zuviel für Paul! In den letzten Tagen hat er sich förmlich aufgerieben. Und dabei müßte er sich so schonen! –
Was war denn eigentlich los? Ich habe die Herren heraus-
kommen sehen. Dieser schreckliche Holm – so ein sturer
Pastor! – Da liegt ja eine Zigarre, ist die von dir? – Ich bin
den ganzen Nachmittag um das Haus gelaufen vor Unge-
duld! Und morgens war ich in der Stadt. – Was war denn
los, ihr beiden habt euch doch nicht gestritten?

PAUL Nein, Mutter.

DER ALTE Er hat Angst ums Geld.

VERA Welches Geld?

DER ALTE Sein Geld und deins!

VERA Wieso sein Geld und meins?

DER ALTE Welches denn sonst? Ich brauche doch kein Geld
mehr!

VERA Ich und geldgierig! Ich bin doch nicht abhängig vom
Geld! Ich kann von trocken Brot und von einem Glas
Milch leben. Das habe ich wirklich bewiesen!

PAUL Schon gut, Mutter!

DER ALTE Und Paul kann arbeiten.

PAUL Natürlich, Vater, tue ich ja.

DER ALTE Er kann etwas Vernünftiges tun, wie er es gelernt
hat. Nicht diese dummen Plakate malen für den Touris-
mus! – Humbug!

VERA Also, Paul hat ein einziges Mal, vor zehn Jahren, einen
Buchumschlag für ein Buch über Norwegen entworfen, das
war alles.

DER ALTE Er hat gesagt, er hat kein Asthma mehr, warum hat
er dann den Apparat in der Tasche?

VERA *zu Paul.* Wie fühlst du dich, Paul?

PAUL Besser, es ist schon wieder vorbei.

VERA Seit vier Jahren hattest du keinen Anfall mehr.

PAUL Vater hat auch etwas die Nerven verloren – was ja sehr verständlich ist bei der Art und Weise, wie sie ihn behandelt haben.

VERA Was hat er denn um Gottes willen gesagt?

PAUL Es ging um den Brief und um die Parteigeschichte.

VERA Ach, du armer Junge.

PAUL Ich habe mich wohl auch ein bißchen zu sehr aufgeregt.

VERA Das brauchst du jetzt nicht mehr – ich habe eine erfreuliche Nachricht für euch. Für Vater! Ich habe mit Liesendahl gesprochen. Wenn sie Vaters Vermögen beschlagnahmen, will er etwas tun. Er hat es mir heilig versprochen.

PAUL *lächelt.* Mama ...

VERA Auf jeden Fall kauft er den Hof frei.

PAUL *sieht zu seinem Vater hin.* Vater!

VERA Ich habe eine erfreuliche Nachricht für dich!

PAUL Mutter hat mit jemandem gesprochen, wegen dem Hof. Er will ihn freikaufen für dich, falls man uns enteignet.

VERA *geht zu dem Alten, legt die Arme von hinten um ihn, zärtlich.* Mein Guter, mein Alter, mein alter, böser Mann! Ist das nicht ein gute Nachricht für uns alle! *Berührt sein Gesicht.* Hast du geweint? – Aber es ist doch alles gut. Du brauchst dir keine Sorgen zu machen, nicht um dich, nicht um uns.

DER ALTE Ich wollte seinen Namen sagen. Ich habe seinen Namen vergessen.

VERA Was für einen Namen denn? – Was für einen Namen, Paul? – Man kann doch wirklich nicht von dir verlangen, daß du alles behältst, mit neunzig! Neunzig, und noch so ein Mann! Gott, ich vergesse auch schon so viel!

Der Alte haut mit der flachen Hand an die Wand

PAUL *leise.* Er meint jemand Bestimmtes, ich weiß nicht.

DER ALTE Ich wollte seinen verfluchten Namen sagen.

PAUL Wen meinst du denn, Vater?

Der Alte setzt sich abseits auf einen Stuhl, starr, ohne sich um Paul und um Vera zu kümmern. Vera und Paul bleiben etwas verlegen, wie ertappt, sitzen. Längeres Schweigen.

VERA *leise zu Paul.* Wollen wir nicht gehn? Ich finde es hier so bedrückend.

PAUL *blickt zum Alten.* Laß ihn jetzt –
Schweigen.

VERA Nun habe ich tatsächlich den Hof gerettet, ich! Und alles wird wie es früher war – komisch!

PAUL Komisch?

VERA Ich weiß nicht, warum, aber ich finde das komisch. Und kein Mensch weiß etwas davon, das ist das Komische! Und im Winter sitzen wir wieder da oben mit dicken Mützen.

PAUL Wir drei.

VERA Und das Allerkomischste, das sage ich dir j e t z t: Man denkt als junges Mädchen, man zieht jetzt mit dem Mann aufs Land, weil man ihn liebt, und geht ihm zuliebe barfuß über die Wiesen. Man denkt, das ist so eine Marotte von diesem Mann, und dann merkt man eines Tages, das war das ganze Leben – das e i g e n e! Und ein anderes hat man nicht. Und man ist siebzig.

PAUL Du bist doch nicht siebzig.

VERA Eigentlich bin ich doch ein Großstadtmensch. Ach, Großstadt! Lebendige Menschen! *Schweigen.*
Sie sprechen immer leiser, fast flüsternd. Es entsteht immer mehr eine Intimität zwischen den beiden, die den Alten ausschließt und die bis an das Ende des Stückes fortdauert.

VERA Ach, eigentlich, weißt du ... das will ich dir gar nicht sagen.

PAUL Was denn, Mutter?

VERA »Mutter« sagst du immer!

PAUL Ja, ich bin froh, daß ich eine so junge, schöne Mutter habe, daß Vater mir sozusagen eine schöne, junge Mutter geschenkt hat.

VERA Oh, Paul, Paul!

PAUL Was wolltest du mir denn eben sagen?

VERA Mein Leben mit ihm, weißt du ... Sein großes Werk, all die Menschen, die in seinen Büchern vorkommen, die er zum Leben erweckt hat in seinen Büchern, die sind über mich gekommen und haben mich erstickt.

PAUL Schrecklich, was du da sagst!

VERA Ihm war es egal, ob ich atme oder nicht ... Er hat meine Herzschläge nie gefühlt.

PAUL Arme Vera! Arme, liebe Vera!

VERA Es war gräßlich, gräßlich, gräßlich! – Alle hat er umgebracht, die ihn geliebt haben.
Schweigen.

PAUL Wir werden eine schöne Reise machen.

VERA Wir beide.

PAUL Ich weiß nicht, warum er Italien nie mochte.
Geräusch: Der Stock des Alten ist zu Boden gefallen.

PAUL *schreckt hoch.* Schläfst du, Vater?

VERA *sieht den Alten an.* Schläft er?

PAUL Ja, ich glaube, er schläft.
Sie sehen hin. Schweigen.

VERA Du … Paul …

PAUL Ja, Mutter?

VERA *lacht.*

PAUL Warum lachst du denn?

VERA Weißt du eigentlich, was ein Achtzylinder ist?

PAUL *lacht.* Aber Mutter!

VERA Nun habe ich Vater fünfundzwanzig Jahre lang chauf-
fiert, und es war immer ein Achtzylinder, und ich weiß immer noch nicht, was das ist. Wenn er das erfahren hätte!

PAUL Listige Mama!

VERA *hält ihm ihre Hände hin wie ein offenes Buch.* Kannst du
das lesen?

PAUL *lacht.* Natürlich kann ich das lesen!

VERA *imitiert den Alten.* So!

PAUL *tut, als ob er von einem Blatt läse.* »Visitate Taormina!«

VERA Ach, und in die Toskana! Du malst, und ich sehe dir zu,
stundenlang!

PAUL Landschaft interessiert mich eigentlich nicht mehr so,
Mutter.

VERA Das war immer so schön. Ich war immer ganz stolz, daß
ich dabei war.

PAUL Meine unbeholfenen Farbstudien … das ist doch nur so
zum Spaß.

VERA Das Schönste ist doch, wenn etwas e n t s t e h t … auch
im Theater, darum mochte ich auch immer Proben so gern.
Schweigen.
*Sie bemerkt jetzt, daß der Alte mit zurückgelegtem Kopf und
weit offenem Mund wie tot auf dem Stuhl sitzt. Seine Arme*

hängen herunter. Sie erschrickt. Steht auf.

VERA *zu Paul.* Was ist mit Vater?

Paul sieht hin, Vera und Paul sehen sich an und gehen zum Alten.

PAUL Vater! Schläfst du, Vater! *Der Alte rührt sich nicht.* Hörst du mich, Vater? *Der Alte rührt sich nicht.*

VERA Sollen wir den Arzt holen?

PAUL Vater! Vater! *Rüttelt ihn.* Ich habe eben gar nicht auf ihn geachtet.

VERA Hoffentlich ist der Arzt überhaupt im Haus.

Vera und Paul stehen ratlos vor dem Alten.

PAUL *nach einer Pause, leise.* Vater!

Der Alte rafft sich zusammen und sieht die beiden an. Er lächelt spöttisch, hochmütig – sein ganzes Gesicht ist eine krampfhafte, lächelnde Fratze. Er steht auf.

DER ALTE Ja, ja, ja, ich lebe noch!

Vera faßt ihn unter dem Arm, sie gehen zu dritt ab.

Der verbotene Garten

Fragmente über D'Annunzio

Prolog

Ihr schrillen Vögel, die ihr in mein Zimmer einfallt und mich stört mit eurem Geflatter: was wollt ihr? Schon im Garten habe ich euch gehört, ich bin vom Weg abgekommen. Nun sitze ich an meinem Tisch und schreibe. Ich versuche mich zu erinnern. Seid still! Ich klatsche in die Hände – hört auf mit dem Geflatter! Was pickst du nach meiner Hand, Unverschämter! Sie schreibt, Worte und Taten schreibt sie auf das Papier. Ich bin der Condottiere. Wer, wenn nicht ich, hält die Ereignisse fest, die das Gedächtnis der stummen Menschheit erweitern, damit sie ihr Haupt in den Himmel erhebt: seht, so viel vermag ich! So groß ist meine Tapferkeit! So erfindungsreich bin ich! Ich fliege, ich stürme über den See! Ich verwandle Worte in eine Flamme, die über die Städte hinschlägt! Aus den Höhlen der Finsternis greife ich den kaltglühenden Diamant! Euch, Götter, sehe ich alt werden und sterben. Ich aber – bleibe jung! Unversehrt! Nur eine kleine Schwiele habe ich an meinem mittleren Finger: vom Schreiben. Lacht ihr darüber? Den Triumph des Lebens habe ich aufgeschrieben über den Tod. Bin ich verrückt? Vögel, hört auf zu flattern über meinem Kopf. Meinen Tod werdet ihr nicht überfliegen! Fliegt zu den Toten, ihr Totenvögel!

Vor der hohen Mauer liegt das tote Kind in einer Blutlache. Hat es über die Mauer klettern wollen, und ist es, da sich oben ein Stein gelockert hat, ausgerutscht und herunter auf die Straße gefallen? Ein paar Steine liegen neben dem toten kleinen Körper. Oder hat man Steine nach ihm geworfen, als es auf der Mauer stand, um von oben in den verbotenen Garten hineinzusehen?

Io ho quel che ho donato

Der Kuppelbau des pompösen Mausoleums ist noch unvollendet, zeigt aber bereits Spuren von Verfall. Große Stücke der Marmorverkleidung sind von den Pfeilern und Bögen abgefallen, zerbrochene Stücke liegen auf dem Boden. Durch die Kuppelwölbung, auf die ein dunkelblauer Sternenhimmel gemalt ist, geht ein Riß, gezackt und gewaltsam wie ein Blitz, der den ganzen Bau auseinanderreißen will. Die Nischen und Podeste für Statuen sind leer, die Mauern nur grob verputzt. Aus dem Betonboden stehen rostige, verbogene Eisenstangen heraus. Wasserlachen. Ein Betonklotz mit einer Marmorplatte darauf, wie ein Altartisch. Die einzige Tür in der Wand dahinter hat keine Klinke und ist zugenagelt. Sonst ist der Raum ringsherum offen, zwischen den Säulen die Bäume und Hecken und Wege des verwilderten Gartens.
Es ist vollkommen still in dem Raum.
Auf einem Klappstuhl sitzt ein alter, sorgfältig gekleideter Herr mit einem flachen Holzköfferchen auf den Knien. Seine beiden großen, blassen Hände ruhen bedeutsam nebeneinandergelegt auf dem Kastendeckel. Er gibt sich den Anschein, als würde er die anderen Personen, die im Raum sind, gar nicht wahrnehmen. Auf einem Mauervorsprung hat sich ein schwerer bäuerischer Mensch niedergelassen, neben ihm steht sein Söhnchen, es hält einen Geigenkasten zwischen die Knie geklemmt. Ein sehr schönes, junges Mädchen mit einem trägen Lächeln, das nie aus ihren Mundwinkeln verschwindet, sitzt auf dem Podest in einer der Wandnischen. Ein jun-

ger Mann, auf dem Boden kauernd; er fingert nervös an einer Plastiktüte herum, wirkt sehr angespannt, als ob er gleich aufspringen und davonrennen wollte. Auf einem der beiden Gartenstühle vor einem Pfeiler sitzt eine alte Frau. Verwüstetes Gesicht, feuerrote, filzige Haarbüschel; sie hat eine große ausgebeulte Aktentasche mit einem Lederriemen über die Brust geschnallt. Grobwollener Rock, Männerhose. Ein Hosenbein ist leer, mit einer Sicherheitsnadel hochgesteckt. Auf dem zweiten Gartenstuhl neben ihr liegen zwei plumpe Holzkrücken.

Plötzlich kreischt die Alte in das Schweigen hinein:

– Jetzt seh ich dich! Ich seh dein Auge glitzern!

DER JUNGE MANN Wo?

DIE ALTE Am Schlüsselloch!

DER ELEGANTE HERR Das ist Unsinn! Sie redet Unsinn!

DIE ALTE Ich kenne doch sein Auge! Es ist immer noch da! Starr sieht es herein. *Und auf das lächelnde Mädchen zeigend kreischt sie:* Er hat ein goldenes Körnchen entdeckt! Ein glattes, rundes, süßes Korn, das will er aufpicken, verschlingen! *Sie springt auf, greift nach den Krücken, aber in ihrer wütenden Hast stößt sie die klobigen Hölzer um, schwankt auf ihrem Bein, muß Halt an der Stuhllehne suchen, zerrt und schiebt den Stuhl mit sich, während sie zu der Tür hinüberhüpft. Ihre Kräfte reichen nicht aus, mitten im Raum bleibt sie keuchend stehen, beugt sich vor, spuckt rasend vor Wut zu der Tür hin.* Ich spucke dir in dein aufgerissenes Auge!

DER ELEGANTE HERR Nehmen Sie sich doch zusammen, Frau!

DIE ALTE Jetzt habe ich dir das Auge zugekleistert! Jetzt ist es blind! Das Auge starrt, aber es sieht nur Schleim! Das goldene Körnchen sieht es nicht mehr blinken! – Jetzt stelzt er weg auf seinen dünnen Beinen!

DER JUNGE MANN Ich höre aber keine Schritte.

DIE ALTE Er hat doch Vogelfüße!

DAS LÄCHELNDE MÄDCHEN *wiederholt belustigt* Er hat Vogelfüße . . .

DIE ALTE Das Goldkörnchen, das schöne junge Mädchen . . . so schön, um Rosen darüber zu streuen . . .

DER BAUER *gibt seinem Söhnchen, das die Alte mit offenem*

Mund anstarrt, einen Stoß Dort ist die Tür! Von dort kommt er herein!

DER ELEGANTE HERR Nein nein nein, diese Türe wird niemals geöffnet, weder von innen noch von außen!

Der junge Mann steht auf, geht zu der Tür.

DER ELEGANTE HERR Sie sehen doch, die Klinke ist abmontiert. Er will nicht, daß man ihn überrascht. – Mich wird er rufen lassen. Sein Sekretär, Herr Laude, wird kommen und mich zu ihm bitten.

DER JUNGE MANN Was ist denn hinter der Tür?

DAS LÄCHELNDE MÄDCHEN Vielleicht Fahnen, Girlanden, Lorbeerkränze?

DER BAUER Mein Sohn Emilio ist zwölf Jahre alt. Er kann so schön auf seiner Geige spielen! So schön, daß Sie erschrecken.

– So? Warum sollte ich denn erschrecken, wenn er schön spielt? fragt der elegante Herr spöttisch.

DER BAUER Das weiß ich nicht. Es ist aber so.

DER ELEGANTE HERR Ich erschrecke nur, wenn jemand falsche Töne spielt . . .

DER BAUER *schüttelt eigensinnig den Kopf* Er spielt sehr schön.

DER ELEGANTE HERR . . . wenn der Ton ächzt! Ächzt er?

DER BAUER Er spielt sehr schön.

DER ELEGANTE HERR . . . wenn der Ton unrein ist. Ist er unrein?

DER BAUER Er spielt sehr schön.

DER ELEGANTE HERR Warum behaupten Sie dann, man erschrickt?

DER BAUER Man erschrickt, warum, weiß ich nicht.

DER ELEGANTE HERR Was kann er denn für ein Liedchen spielen?

DER BAUER Niemand in unserem Dorf hat ein so feines Ohr, niemand kann es würdigen. Jemand hat mir geraten, wir sollten ihn aufsuchen und ihm vorspielen.

DER ELEGANTE HERR So? Das hat man Ihnen geraten? Das wundert mich.

DER BAUER *erschrocken* Ist er taub?

DIE ALTE *schreit* Ja, er ist taub!

DER ELEGANTE HERR Nein, er ist nicht taub! Aber es wird fast nie jemand vorgelassen. Außer mir!

DER JUNGE MANN Ich werde schon reinkommen!

DER ELEGANTE HERR *schüttelt den Kopf* Das glaube ich nicht. – Vielleicht das junge Mädchen . . .

DAS LÄCHELNDE MÄDCHEN Ich bleibe hier sitzen.

DER ELEGANTE HERR Warum sind Sie denn dann mitgekommen?

DER BAUER Hoffentlich ist er nicht taub.

DER ELEGANTE HERR *mustert jetzt aufmerksam den jungen Mann* Wenn ich Sie genau ansehe . . . Ihr Jackett . . . wie eigenartig! Ich bemerke es jetzt erst: Gar nicht wie Stoff . . . das ist ja Asche! Wenn man es berührt, zerfällt es wahrscheinlich!

DIE ALTE Die Füße hat er sich auch verbrannt! Auf dem feurigen Rost! Er hat gelogen, deshalb mußte er über den feurigen Rost gehen und hat sich verbrannt!

DER ELEGANTE HERR Ein Gottesgericht?

DER BAUER Alte Leute sagen oft, sie hören, ja, aber sie hören doch nicht. Wollen gar nicht mehr hören. Sie horchen auf den Geigenton und sagen: Es ist der Wind, der pfeift.

DER ELEGANTE HERR Nur ich werde vorgelassen!

DER BAUER Er ist ein Genie und mein Sohn Emilio ist auch ein Genie. Deshalb habe ich ihn hergebracht. Aber wenn er taub ist, wie soll er es dann erkennen?
Die Alte lacht kreischend.

DER ELEGANTE HERR *zieht einen Zettel aus der Tasche* Er schreibt mir: Ihre neueste Parfümkomposition hat mich den gestrigen Tag in Aufregung versetzt. Ich nenne sie »Die Hitze des Augenblicks«.

DIE ALTE *schreit* Laß mich mal an deinem Fläschchen schnüffeln, du Parfümstinker!

DER ELEGANTE HERR Manchmal telegraphiert er mitten in der Nacht: Kommen Sie! Ich brauche Sie.

DIE ALTE Parfümstinker!

DER ELEGANTE HERR Er hat eine so anspruchsvolle Nase, eine enorme Sensibilität! Seit dreißig Jahren versuche ich ihn zu überreden, mit mir zusammen eine Fabrikation zu gründen, leider hat er bisher immer abgelehnt. *Er öffnet den Holzkasten, nimmt ein Fläschchen heraus.* Diese meine Komposition hat er genannt: »Salammbô«. Und diese hier nennt er »Der süße Duft des schönen Leichnams«. Diese drei sind von ihm noch nicht benannt worden. Ich bringe sie ihm heute. Ein paar Tropfen ins Taschentuch, auf das Kopfkissen, in den Badeschwamm . . .

DAS LÄCHELNDE MÄDCHEN Welcher Leichnam denn?

DIE ALTE Ach das schöne Mädchen! Darf ich dich mal anfassen, Mädchen? Am Ärmchen, am Ärmchen! . . . Ach das schöne Fleisch! So fest, so weich! Und die Schulter! Ach, auch an den Busen laß mich mal hinfassen!
Das lächelnde Mädchen läßt es sich träge gefallen.

DIE ALTE Ach, und die schönen langen Haare! Sind die denn echt? *Blitzschnell zieht sie an den langen Haaren des lächelnden Mädchens.*

DER JUNGE MANN *zu dem eleganten Herrn* Er soll doch den faschistischen Gruß erfunden haben!
Der elegante Herr nickt.

DIE ALTE Nun halte ich dir mal meinen Kopf hin und nun zieh du mal an meinen Haaren! Zieh mal!

DAS LÄCHELNDE MÄDCHEN Ach nein!

DIE ALTE Na dann zieh ich mal selber, paß mal auf! *Sie zerrt an ihren roten Haarbüscheln, – sieh nur, sieh nur! Sie reißt sich mit einem Ruck die Perücke vom Kopf und als das lächelnde Mädchen erschrickt, kreischt sie triumphierend* Eine Glatze!
Das Söhnchen muß darüber lachen, prustet vor Lachen. Der Bauer haut ihm auf den Kopf.

DER JUNGE MANN Wie hieß denn der Gruß?

DER ELEGANTE HERR Es war ein Schrei.

DER JUNGE MANN Ein Schrei? So!

DER ELEGANTE HERR Ja, ein Schrei!

DER JUNGE MANN Interessant.

DER ELEGANTE HERR Er hat Mauern zum Einsturz gebracht. Ein Kampfruf!

DER JUNGE MANN Erinnern Sie sich noch?

DER ELEGANTE HERR Ja ja, ich erinnere mich.

DER JUNGE MANN Schreien Sie doch mal!

DER ELEGANTE HERR Nein nein, heute wäre das lächerlich . . . und ich . . . als einzelne Person . . . es waren doch immer Zehntausende . . .

DER JUNGE MANN Nun schreien Sie doch! War es mit U oder mit A – wie hieß denn Ihr Kampfruf? *Plötzlich sehr aggressiv* Los! Schreien Sie doch!

DAS LÄCHELNDE MÄDCHEN Du schreist ja selber!

DER ELEGANTE HERR Sind Sie Faschist?

DER JUNGE MANN Nein. Wieso?

DER ELEGANTE HERR Sie erhoffen sich wohl eine Botschaft? Die wollen Sie über die Wände schreiben!

DIE ALTE Komm mal her, Jüngling! Ich sag dir eine Botschaft.

Der junge Mann wendet sich erstaunt zu ihr um.

– Was wissen Sie denn? *fragt er und starrt in ihr verwüstetes, grinsendes Gesicht.*

DER ELEGANTE HERR Sie vermissen den Wellenschlag der Begeisterung, junger Mann, in Ihrem Herzen ist es zu still ... nichts bewegt sich ... Sie suchen eine Botschaft!

DIE ALTE Komm, ins Ohr sag ichs dir, komm! *Sie schreit ihm ins Ohr* Dies ist eine Leichenhalle! Dies ist eine Gruft!

DER ELEGANTE HERR *schreit* Eia! Eia! Alalà!

DIE ALTE Er da, der feine Herr, er ist hier mit seinen Düftchen, er sprüht und spritzt seine Düftchen, weil die Leiche stinkt! Riechst du nichts?

DER ELEGANTE HERR *schreit* Eia! Eia! Alalà!

DIE ALTE Geh weg hier, Jüngling! Nimm deine Braut und verschwinde, wenn du sie liebst.

DER JUNGE MANN Braut? Ich kenne sie gar nicht.

DAS LÄCHELNDE MÄDCHEN Seht mal, da spaziert ein Hahn!

Draußen in der Sonne steht ein riesiger leuchtendbunter Hahn.

DIE ALTE *singt mit krächzender Stimme:*

O Rose Lächeln
mannigfalt
dein Liebster ist
schon lange alt
Sein Flügel fiel
vom Himmel ab
o Rose Lächeln
Rosengrab
Dein Lächeln Rose
rosenschön
im Garten seh ich
drei Schatten stehn

Du lächelst Rose
rosenfarb
dein Liebster kam
dein Liebster starb
Der junge Mann ist in den Garten gerannt.

Der Hahn

Die schillernden Federn gespreizt, schreitet der riesige Hahn
durch den leeren Salon. In der Stille machen seine Krallen ein
feines, kratzendes Geräusch auf dem Parkettboden. Der
Hahn reckt sich auf dem Maschinengewehr in der Bibliothek.
Der Hahn auf der Konsole. Der Hahn flattert aus dem offe-
nen Fenster in den Garten hinunter. Der junge Mann rennt
hinter ihm her. Der Hahn zwischen den Papieren auf dem
Sekretär. Am Fenster steht Dannunzio und blickt über den
See.
– Questo crudo sole fa paura alla mia vecchiezza.
Mit einem plötzlichen Ruck wendet der Hahn den Kopf und
starrt mit einem Auge schräg hinüber zu dem Mann am Fen-
ster.
Der Hahn auf dem Marmorkopf des Apoll.
Der Hahn zerhackt die Schlange.

– Höre mich, Poeta, ich bin in deinem Garten! Ich stehe auf deiner Bühne, auf der du deine Tragödien spielen wolltest! Wo sind deine Schauspieler? Schlafen sie noch? Es ist so früh am Morgen, daß der Nebel noch das steinerne Rund deines Theaters verhüllt. Wo bist du? Im Nebel kann ich dich nicht sehen. Aber ich höre dich, Freund! Es ist so still, daß ich höre, wie deine Feder über das Papier kratzt. Freund der Tragödien, beschreibst du schon meinen Untergang? Er ist auch der deine! Beklagst du meinen wortlosen Tod? Poeta, wir haben den Erdball zum Applaus gerufen, und er hat uns applaudiert. Du hast es in deinem Garten gehört, wie sie mir applaudiert haben, mir, dem Duce!

– Gib das Auge her! ruft Dannunzio mißmutig. Er hockt frierend in der leeren Arena und bläst in seine Hände.

– Sie haben mich gefangen und gefesselt.

– So? höhnt Dannunzio, haben sie dich gefangen? Warum hast du dich denn nicht versteckt?

– Wo denn? Ich hatte kein Versteck mehr.

– Du hast doch das Imperium gegründet. Da warst du doch sicher!

– Aber das Imperium ist immer kleiner geworden ... nur noch so groß wie mein Palazzo ... noch kleiner ... wie mein Zimmer ... wie mein Schrank ... in meinem Mantelkragen habe ich mich versteckt. Das Imperium war schließlich nicht größer als mein Kopf. Da erkannten sie mich.

– So! Da haben sie dich erkannt! höhnt Dannunzio.

– Überall hingen ja Steckbriefe ... an jeder Plakatwand, in jeder Zeitung waren Steckbriefe, auf jeder Postkarte klebte ein Steckbrief mit meinem Kopf.

– Weil du ein Verbrecher bist!

– Welche Verbrechen willst du mir vorwerfen?

– Gib mir das Auge zurück!

– Meine Taten waren die Zeilen deiner Verse!

– Mein blitzendes Auge! Mein Sternsaphir!

– Noch schlafen die Bewacher, aber gleich werden sie aufspringen, mich packen und wegschleppen.

– Ja! In die zerbrochenen Kulissen schleppen sie dich! Zum Gerümpel!

– Sie töten mich!

– So! Dann brauchst du ja das Auge nicht mehr! Gib es zurück!

– Nun sind sie wach, sie kommen! ruft der Duce.

– Wer sind denn deine Richter? Der Schwarze mit dem Hundekopf oder der Graue mit der Maschinenpistole in der Hand?

– Beide. Beiden bin ich in die Hände gefallen.

– Auch ich bin dein Richter! Du hast mein Auge mißbraucht.

– Hilf mir!

– Nein, eine Klage werde ich singen über mein Auge!

– Er singt:

> Mein Auge habe ich ausgerissen
> und dir geschenkt. In der blutenden
> Höhle meines Auges saß ich, der Dichter,
> blind habe ich den Jüngsten Tag
> nicht kommen sehen. Gib mir das Auge!
> Das weiße Licht will ich sehen,
> das dich tötet. Mir aber
> leuchte es!

– Wer schreit denn da so?

Nun stehen die beiden Bewacher da: der Mann in Zivil, der die Partisanenbinde am Arm trägt, hält seine Maschinenpistole im Anschlag, daneben der SS-Mann mit dem Hundekopf.

Schüsse und Gebell.

– Los! Mein Auge her, ehe sie dich umbringen! schreit Dannunzio, hüpft, ein wirbelnder Schatten im Nebel, die leeren Betonstufen hinunter, klettert behend auf die Bühne, rennt auf den Duce los.

– Mein Sternsaphir! Mein Auge! Du hast seinen Glanz mißbraucht! Ich will nicht, daß es mit dir verscharrt wird! Er rammt ihn mit dem Kopf, der Duce fällt hin.

– Verräter! keucht Dannunzio. Sie ringen miteinander. Meine Verse hast du verhunzt, meine Ideen zerstört! Sie wälzen sich, eng umklammert, die Arena hallt wider von dem Gelächter der Bewacher, vom Gejohle der unsichtbaren Zuschauer.

Ein gläsern scharfer Klang. Ein blinkendes Ding springt auf den Betonboden, springt weiter in glitzernden Bögen über die

Bühne. Mein Auge! Dannunzio läuft gebückt hinterher, die
Stufen hinunter in den Orchestergraben. Er greift danach,
versucht es zu fassen. Mein Auge! Da liegt es in der Ritze
zwischen den Brettern. Mein Juwel! Er hält das kostbare Ge-
funkel mit vorsichtigen Fingern hoch, dreht es im Morgenlicht, behaucht es, wischt es mit dem seidenen Taschentuch
zärtlich ab. Wie matt es geworden ist, wie zerkratzt!
– Dieb ... Scharlatan ... Dummkopf ... alter Popanz ...!
  schimpft er böse vor sich hin. Sie haben dich weggebracht
  ... gut so! Was wollte er hier? Was geht es mich an, wenn er
  Städte angezündet hat, wenn die Leute ihn hassen! ... Verbrecher ... Bankrotteur! ... Dieser Angstgeruch, den er
  verbreitet!
Was für einen Gestank er in meinem Garten hinterläßt! Er
hält sich das Seidentuch vor die Nase, während er mit der anderen Hand sein Jackett abklopft und den Betonstaub von der
Hose schüttelt. Er zupft den Kragen zurecht. Langsam beruhigt er sich, er genießt den schönen Morgen und geht mit fe-
dernden Schritten die Allee hinunter.
Auf einmal ist der Garten voll mit Menschen. Sie drängen sich
auf den Wegen, sie stürmen das Mausoleum, klettern schreiend in die Baumkronen hinauf, stürzen Säulen um, werfen die
großen rostigen Granaten von den Sockeln, packen Picknick-
körbe aus, poltern über die Planken des Schiffes. Schreiende
Schulkinder, Soldaten, Partisanen, Touristen mit Strohhüten
und Fotoapparaten, fahnenschwenkende Veteranen – immer
mehr Menschen drängen durch die Tore und springen von der
Mauer herunter.
– Dies ist mein Garten! Schont meinen Garten! schreit Dannunzio. Aber seine Stimme ist nicht zu hören. Der Garten
  ist erfüllt mit Rufen und Geschrei und Detonationen.

Monolog

Wie der Schöpfer eines alten Totentanzes, der in seinen Fresken auch die Wonnen des Lebens vereinigt, sagt Dannunzio, habe ich Not und Bedrängnis des Todgeweihten in Licht, Musik und edle Düfte getaucht und seinen Todeskampf mit den berückendsten Erscheinungen umgeben, habe unter seinen linkischen Schritten einen farbenprächtigen Teppich ausgebreitet. Vor den Augen des Sterbenden kostet eine schöne, wollüstige Frau bedächtig vom Fleisch einer reifen Frucht, und der Saft rinnt ihr honiggleich von den Winkeln des gierigen Mundes – terribilis ut castrorum acies ordinata –, furchterregend wie ein zur Schlacht aufgestelltes Heer.

Kind 1

Am Teich der Tänze, der ausgetrocknet und bis zum Rand mit Kieselsteinen und Geröll gefüllt ist, findet Dannunzio das Kind.
– Woher kommst du?
Das Kind schweigt.
– Bist du durch die Mauer gekrochen?
Das Kind senkt den Kopf und nickt.
– Ist da ein Loch in der Mauer?
Das Kind schüttelt den Kopf.
– Bist du oben drübergestiegen?
Das Kind nickt.
– Wo?
Das Kind deutet hinter sich zu der Mauer.
– Da hängt ein Seil im Efeu! Hast du das herübergeworfen?
Das Kind schüttelt den Kopf.
– Nein? Aber an das Ende sind doch rote Strümpfe geknüpft! Das Seil war nicht lang genug! Es sind deine Strümpfe!
Er schlägt dem Kind mit der Gerte auf die nackten Beine.
– Was willst du denn in meinem Garten?
– Ich weiß nicht.
– Willst du mich bestehlen?
Das Kind starrt ihn an, gibt keine Antwort.
– Du glaubst wohl, weil du einen so leichten Vogelkörper hast, gibt es kein Hindernis für dich! Ich kann ebensogut klettern, das ist ganz einfach für mich! Ich muß nur meine Schuhe ausziehen, dann werde ich es dir zeigen. Wenn man barfuß ist, finden die Füße besser Halt.
Er setzt sich ins Gras und zieht die Schuhe aus.
– Man muß die Schuhe mit den Schnürsenkeln aneinander-knüpfen, und sie um den Hals hängen. So kann man die Hände gebrauchen. Drüben zieht man die Schuhe an und geht frei davon.
Er versucht die Mauer hinaufzuklettern, hält sich dabei an dem Seil fest. Das Seil gibt nach, reißt die oberen Mauersteine herunter. Er fällt auf den Rücken.
Das Kind sieht unverwandt auf ihn hinunter.
Dannunzio will aufstehen, schnell auf die Füße springen. Im dürren, raschelnden Laub findet er keinen Halt, rutscht ein

Stück, die Schuhe an seinem Hals verheddern sich; er greift nach einem Ast, der Ast ist dürr, bricht ab, dennoch hält er ihn fest, schnellt schließlich mit einer Drehung auf die Füße.

– Du lachst! sagt er zu dem ernst blickenden Kind. Jetzt lachst du nicht mehr, aber eben hast du gelacht.

Er streckt den Kopf vor und sucht das Gesicht des Kindes nach dem verschwundenen Lächeln ab.

– Laude! ruft er, kommen Sie, Laude! Sie sind mein Zeuge, Sie müssen es sehen! Dieses Kind hat meine Mauer zerbrochen! Nun steht es da und lacht! Sehen Sie doch, wie es lacht! Sehen Sie genau hin und behalten Sie es im Gedächtnis!

Mit plötzlichem Ekel kreischt er:

– Es hat Läuse. Der ganze Lockenkopf ist voller Läuse! Wie ekelhaft! Da krabbeln sie herum, ich sehe sie herumkrabbeln auf seinem Kopf!

Er stößt das Kind mit dem Ast, das Kind dreht sich um und rennt weg. Er läuft ihm nach, er treibt das Kind mit dem dürren Ast vor sich her durch den Garten. Die Wege sind moosüberwachsen, aus den Spalten zerbröckelnder Treppenstufen wuchert Unkraut und Farn. Der alte Mann läuft behend, überspringt Stufen, bleibt dicht hinter dem Kind, stößt es immer wieder mit dem Ast. Erst als sie auf den Kiesweg kommen, der auf das große Eisentor zuführt, gewinnt das Kind Vorsprung, der alte Mann kann mit seinen nackten empfindlichen Füßen nicht auftreten, er knickt bei jedem Schritt schmerzhaft ein, bleibt schließlich stehen.

– Werfen Sie es hinaus, Laude, öffnen Sie das Tor! Aber fassen Sie das Kind nicht an, es hat Läuse!

Das Tor öffnet sich für einen kurzen Augenblick. Draußen drängt sich eine Meute schreiender, hüpfender Kinder.

Das Mädchen lächelt. Er sagt ihr, er habe eine junge Frau
sehr geliebt, die von einer tückischen Krankheit befallen war,
die Krankheit habe ihr aber eine immer tiefere und ergreifen-
dere Schönheit verliehen, so daß er, der ihre Schönheit liebte,
auch ihre Krankheit geliebt habe bis zu ihrem Tode. Die Nähe
des Todes habe ihn zu einem langen Gedicht über ihre Schönheit inspiriert und er habe ihr die Pergamentstreifen, in die er
mit einer Nadel die einzelnen Verse eingeritzt hatte, ins Haar
geflochten, als sie im Salon aufgebahrt lag. Jeden Abend sei
er dann zu ihrem Grab gegangen und habe ihrer Schönheit
gedacht und Zeilen aus seinem Gedicht vor sich hingespro-
chen. »O Leben«, spricht er dem lächelnden Mädchen vor,
»wer hatte dich auf Erden/ mit solcher Raserei geliebt?« Eine
schöne Zeile! sagt er. Er stellt sich rasch auf die Zehenspitzen
und flüstert ihr ins Ohr:
– Ich bin ein Genie!
Sie muß lachen, denn sein Atem kitzelt ihr Ohr.
Es seien ihm aber, je weiter das Jahr ging, einzelne Wörter
aus dem Gedicht, sogar ganze Zeilen aus dem Gedicht, das er
ihr mit ins Grab gegeben hatte, verlorengegangen. Darüber
sei er verzweifelt. In einer kalten Herbstnacht sei er auf den
Friedhof gegangen, um es auszugraben. Über dem Grabhügel
lag schon die gläserne Haut des frühen Winters. Er habe die
ganze Nacht bis zum Morgen mit blutenden Händen gegra-
ben.
Das Mädchen lächelt.
– Warum lächeln Sie?
Tief in der Erde fand er das schöne Gesicht der Geliebten
schrecklich verzerrt und verwüstet in Verwesung, auch die
Pergamentstreifen vergilbt. Er habe sie aus den Haaren der
Toten gerissen, in seiner Angst vor dem Verlust, in seiner
Hast habe er ganze Büschel ihres schwarzen Haars mit ausge-
rissen, und zu Hause, bei zugezogenen Vorhängen und im
elektrischen Licht, habe er die verblassenden Wörter entzif-
fert, das ganze Gedicht abgeschrieben. Denn, sagt er ihr, es
sei für die Erinnerung der Lebenden geschrieben, es sollte
nicht mit den Toten hinuntergehen zu den Toten.

Er steigt neben dem lächelnden Mädchen die breite Treppe hinauf, die sich im Rund der bemalten Wände nach oben schwingt, vorbei an bukolischen Szenen, tanzenden Bacchantinnen, der nackten Jägerin mit dem Bogen, der blauen Göttin des Sees. Er hüpft behend über die Stufen.

– Es macht mir nichts aus, zwei, sogar drei Stufen zu überspringen, sagt er atemlos. Er springt an ihr vorbei, er springt wieder zurück.

– Ich habe kräftige Beine, aber schmale Gelenke und einen ungewöhnlich kleinen, wohlgeformten Fuß!

Er streckt den Fuß vor und dreht ihn hin und her.

– Sehen Sie?

– Ach ja.

– Mein Körper . . . mein Körper . . . ich verrate Ihnen ein Geheimnis: ich bin unverletzbar! Ich habe gebadet in Drachenblut. Wußten Sie das?

– Nein.

– Das ist gar kein Geheimnis, es hat in allen Zeitungen gestanden, es ist sehr viel darüber gesprochen worden. Einige waren skeptisch, aber die meisten haben es sofort geglaubt. Und Sie glauben es auch!

– Ja.

– Allerdings: eine einzige verletzbare Stelle gibt es doch! Welche?

– Das weiß ich nicht.

– Sie möchten es wissen?

Das Mädchen lächelt.

– Raten Sie.

Das Mädchen lächelt.

– Wenn Sie es nicht sagen wollen, berühren Sie die Stelle mit dem schönen Händchen.

Sie berührt seine Stirn, er sagt nein, seine Brust, er sagt nein, seinen Penis, er sagt nein, seine Knie, er sagt nein, seine Ferse, er sagt nein, seinen Hals, er sagt nein.

– Ich sage es Ihnen, ich gebe mich in Ihre Hand!

Er flüstert ihr etwas ins Ohr. Das Mädchen lächelt.

– »O Leben! Wer hatte dich auf Erden / mit solcher Raserei geliebt«!

Oben sind zwei Greisinnen erschienen, dann mehrere, vier, fünf, immer mehr, sie kommen die Treppenstufen herunter, gehen dicht an den Wandbildern mit den schwelgerischen Darstellungen, der nackten jugendlichen Nymphe entlang – eine nicht enden wollende Prozession von schwarzgekleideten Greisinnen, manche mit stumpfsinnigem Ausdruck, manche mit angstverzerrten Gesichtern, manche mit bösem Grinsen.

– Wer hat die Tür da oben geöffnet? schreit Dannunzio. Die Tür darf niemals geöffnet werden! Und zu dem lächelnden Mädchen: Sieh nicht hin! Sieh um Gottes willen nicht hin!
– Was haben Sie denn? Wovon sprechen Sie denn?

Er kauert auf der Treppenstufe, das Gesicht hat er mit beiden Armen bedeckt. Das lächelnde Mädchen lehnt an der Wand, sieht ratlos zu ihm hin. Schließlich hebt er vorsichtig den Kopf. Die Greisinnen sind verschwunden.

– Ich weiß nicht, wer die Tür immer wieder öffnet! Ich habe extra schwere Schlösser besorgen lassen und ich verwahre die Schlüssel alle in meinem Safe! Nicht einmal Laude hat einen Schlüssel! Und doch, immer wieder passiert das!
– Was denn?
– Verräterin! schreit Dannunzio, Sie haben meinen Schrecken ausgenutzt! Während ich mir die Augen zuhielt, haben Sie ein Zeichen angebracht.
– Was für ein Zeichen?
– Sie haben die Stelle markiert, die verletzbare Stelle!
– Ach, sagt das lächelnde Mädchen, die habe ich doch wieder vergessen.
– Nein, Sie haben sie nicht vergessen! Es hat großen Eindruck auf Sie gemacht! Von Ihrem Lächeln lasse ich mich nicht täuschen! Sie haben das Zeichen blitzschnell angebracht.
– Wie denn?
– Wie denn! Mit Kreide.
– Ich habe keine Kreide.
– Mit einem hellen Wollflöckchen.
– Ein Wollflöckchen?
– Sie haben es sich aus der Jacke gerupft, das habe ich gesehen!
– Ich habe keine Wolljacke an.
– Die kleine grüne Klettenfrucht ist es! Eine von den Klettenfrüchten, mit denen Sie vorhin scheinbar achtlos gespielt

haben, Sie haben sie mir auf den Rücken geworfen! Da
hängt sie noch? Zwischen den Schulterblättern, unspürbar
leicht, aber ich weiß es! An der gefährdeten Stelle, das ist
kein Zufall! Ich muß das Jackett ausziehen, damit ich ihm
kein Ziel biete.
- Wem denn?
- Dem jungen Mann, der mit Ihnen gekommen ist und an den
Sie mich verraten wollen! Wenn wir oben ins Freie treten,
werden Sie ihm einen Wink geben, dann schießt er auf
mich!
- Ich kenne ihn doch gar nicht!
Er sucht an seiner Kleidung nach einem geheimen Zeichen, er
zieht die Jacke, das Hemd aus. Das Mädchen lächelt.
- Die ganze Jacke ist voller Kletten, alles ist verfilzt von Kletten, überall Kletten!

Der Rote Fisch

– Laude, der Fisch! Der Fisch! Wo stecken Sie denn, Laude? Warum kommen Sie nicht, wenn ich Sie rufe! Sie wollten mir heute den Fisch ausliefern! Wo sind Sie denn? Ich sitze und warte auf Sie! Sie haben sich doch nicht wieder versteckt? Meine Füße sind schon eingeschlafen vom langen Sitzen, den Kopf gefüllt mit Metaphern und Taten ... Laude ... ich kann nicht aufstehen ... ich versuche es ... jetzt bin ich gefallen, Laude! Ich muß kriechen, mich mühsam aufrichten ... Ich weiß, daß Sie mich hassen! Neulich, als ich in der Badewanne lag, da waren Sie so frech zu sagen: Sie werden alt, Meister ... ich habe den nassen Schwamm nach Ihnen geworfen ... da waren Sie still. Sie hoffen auf meinen baldigen Tod! Sie hassen mich, das weiß ich! Ich kenne alle Ihre Gedanken! Wenn ich tot bin ... sind Sie endlich frei, so glauben Sie! Nicht wahr, das glauben Sie doch? Aber Sie irren sich, mein Tod wird Sie nicht von mir erlösen, im Gegenteil, Laude, im Gegenteil! Sie müssen auf meinen Ruhm achten, Sie müssen die Erinnerung an mich wachhalten und mehren, denn sonst sind Sie ein Nichts! Wenn ich tot bin, müssen Sie mich auf dem Rükken herumtragen, Sie müssen mich vorzeigen, Sie müssen mich loben, damit das Interesse an mir nicht nachläßt. Natürlich werden Sie einige peinliche Enthüllungen machen, um sich zu rächen. Aber Sie werden damit nur neues Interesse wecken, Interesse an mir, nicht an Ihnen, Laude! Ich sterbe noch nicht, Laude, Sie sind der Leichnam. Wo ist Ihr Leben, Laude? Haben Sie Erinnerungen an Ihr Leben? Sie haben keine. Gibt es Spuren? Gibt es Beweisstücke? Sie haben keine, es gibt keine ... außer dem Fisch, von dem Sie mir erzählt haben. Dieser kleine, rote Zelluloidfisch, Laude, das war doch das einzige Erinnerungsstück aus Ihren Kindheitstagen, nicht wahr? So haben Sie es mir doch erzählt! Ihre Mutter hat den Zelluloidfisch in das Badewännchen gesetzt und schwimmen lassen, hat ihn unter das Wasser gedrückt, damit er hochschnellte. Das war spaßig! Darüber haben Sie gelacht, in die Händchen geklatscht und gelacht. Auch meine Mutter schenkte mir, als ich ein Kind war, so ein Fischchen. Wir waren damals am Lido, ich erinnerte mich plötzlich daran und ich erzählte es Ihnen, nicht wahr? Meine Erinnerung wuchs und wuchs . . . der Sonnenhut meiner Mutter . . . der feine Sand in den Wimpern . . . löschte schließlich Ihre eigenen Erinnerungen aus. Sie erinnerten sich nur noch an mich! An meine Kindheit! Sie sagten . . . Laude! Hören Sie zu! Sie sagten bewegt: Erlauben Sie mir, daß ich Ihnen dieses einzige Andenken an meine Kindheit schenke! Ich bringe es Ihnen! Das sagten Sie mit zitternder Stimme. Wo ist denn Ihr Fischchen nun. Sie suchen wohl schon den ganzen Morgen danach? Aber Sie finden es nicht, Laude! Ist es so? – Ich habe es nämlich schon! Sehen Sie, hier!

Er zieht das rote Fischchen aus der Tasche.

Ich habe mich heute nacht in Ihr Schlafzimmer geschlichen, ich konnte nicht schlafen, bestürmt von Erinnerungen. Ich habe ihn vom Waschtisch genommen, da lag er neben dem Wasserglas! Sie haben geschlafen, Sie lagen da in Ihrem träumelosen Schlaf wie immer. Sehen Sie! Das rote Kinderfischchen. Ich habe es Ihnen weggenommen. Und jetzt zerdrücke ich es!

Er zerdrückt es.

- Laude! Laude! ruft die Stimme Dannunzios durch den Garten.
- Hier! Ja, ich bin hier! antwortet Laude, nun mit seiner gewöhnlichen Stimme. Er gibt es auf, Dannunzio zu imitieren. Dannunzio fragt:
- Laude, wo ist denn das versprochene Geschenk?

Laude sagt unterwürfig:
- Ach, ich vergaß . . . ich war in Gedanken . . .

Er sieht auf den zerdrückten Zelluloidfisch in seiner Hand.

Das Schiff

Der Garten rauscht. Der eiserne Schiffsbug schießt unter den Zypressen hervor, in grünsilbernen Wogen wirft der Sturm Büsche und Laubwerk über die Reling und zieht sie wieder zurück in den schäumenden Garten.

– Wir wollen über den Staat sprechen, schreit der Duce gegen den Sturmwind an. Er hält mit beiden Händen seinen Hut auf dem Kopf fest.

– Ja. Sprechen wir über den Staat!

Dannunzio klatscht lautlos in die mehlweißen Hände. Er trägt Handschuhe.

– Über das Imperium, das ich gründe!

– Ja! Reden wir über das Imperium!

Dannunzio klatscht wieder in die Hände.

– Du wirst die antiken Ideale wiedererwecken. Die römische virtus.

Wie ein Schüler zählt der Duce auf:

– Industria, dignitas, modestas, pietas.

– Wie wirst du das machen?

– Ich stehe auf dem Platz, mitten unter den Leuten, und beginne zu reden.

– Gut, aber werden sie dir zuhören? Vielleicht hören sie dir zu und lachen dich aus.

– Das ertrage ich nicht!

– Das erträgst du nicht?

Dannunzio lacht.

– Das verbiete ich!

– Ich lache dich aus!

– Du Verräter!

Dannunzio krümmt sich vor Lachen:

– Ich lache, ich lache, ich lache!

Der Duce schreit:

– Hör auf!

– Warum fürchtest du dich vor der Lächerlichkeit? Ich habe mich nie davor gefürchtet, daß man über mich lacht. Mögen sie doch lachen. Nur einen lächerlichen Tod darf man nicht sterben. – Aber sie werden dich gar nicht bemerken, wenn du in der Menge stehst, du bis ja ziemlich klein.

– Du bist auch klein! sagt der Duce böse.

– Aber ich habe das Auge! Mein Auge blitzt, es ist ein Stern-
  saphir.
– Zeig mal!
Der Duce beugt sich zu ihm hinüber, um ihm in das Auge zu
sehen.
– Ja, es blitzt! Gib es mir!
– Die Welt beneidet mich darum.
Darauf fällt der Duce in ein mürrisches Schweigen.
– Was hast du? fragt Dannunzio.
– Wenn du glaubst, ich werde nicht bemerkt, dann muß ich
  ein Podest nehmen.
– Soll dir vielleicht jemand eine Kiste nachtragen? spottet
  Dannunzio.
– Es ist wegen der Wirkung auf die Massen.
– Nimm Kothurne! Wir werden auf Kothurnen schreiten wie
  die antiken Heroen.
– Du sprichst nur vom Theater.
– Ja, sagt Dannunzio stolz, ich habe Tragödien geschrieben,
  um in einigen zornigen und edlen Gebärden etwas Erha-
  benheit und Schönheit aus dem flutenden Schwall des Ge-
  meinen zu retten.
– Ich will die Macht!
– Es gibt leider keine Bühne für meine Tragödien, die alten
  Arenen liegen in Trümmern, es gibt nur die Plüschtempel
  für das Amüsement der Bourgeoisie.
– Wenn ich an der Macht bin, baue ich dir ein Theater.
– Gut! Eine Arena, ein steinernes Rund unter dem unbarm-
  herzigen Himmel.
– Triumphbögen, ruft der Duce, Säulen, ernste Fassaden,
  Scheinwerfer! Lichtströme! Podien für Sprechchöre! Plätze
  für Aufmärsche! Mikrophone, um unsere Stimmen in die
  Städte zu schleudern!
– Warte . . . ich lese dir aus meinem Manuskript. Ich habe
  es in der Tasche. Dannunzio sucht hastig in allen seinen
  Taschen, findet aber das Manuskript nicht, gibt es
  auf.
– Und welche Schauspieler?
– Ich will die Macht! ruft der Duce noch einmal. Glaubst du,
  ich bin wirklich zu klein?
Sie schweigen.

- Frauen, sagt der Duce nachdenklich, lieben allerdings kleine Männer.
- Ja, nickt Dannunzio. Ich bin klein, beweglich, federnd, das lieben die Frauen.
- Caruso ist klein, sagt der Duce.
- Napoleon! sagt Dannunzio.
- Cäsar! sagt der Duce.
- Casanova! sagt Dannunzio.
- Ja, ruft der Duce aus, aber ER muß groß sein! Von imperialer Größe!

DANNUNZIO Wie das Glied Shivas, das wie ein Blitz vom Himmel herab in die Erde fuhr! Der Eber wühlte sich in die Erde hinunter, um das Ende zu finden, vergeblich. Der Ganter flog in den Himmel, um das Ende zu finden – vergeblich!

DER DUCE Na hör mal! Anfang und Ende nicht finden!

DANNUNZIO Ja! Denn das Glied wuchs und wuchs!

DER DUCE Das Imperium! Du meinst das Imperium!

DANNUNZIO Mythen, Mythen, wir sind nichts ohne die Mythen! Der ewige Phallus, die glühende Achse der Welt!

DER DUCE Alle werden mich sehen auf dem riesigen Platz! Ich hebe die Arme hoch!

DANNUNZIO Nicht beide! Das sieht nach Kapitulation aus.

DER DUCE Gut, dann nur einen! Hoch über meinen Kopf!

DANNUNZIO Nicht senkrecht in die Luft! Besser: nach vorn gestreckt!

DER DUCE Ja! Energisch nach vorn!

DANNUNZIO Schräg nach vorn.

DER DUCE Schräg nach oben! Empor und voraus!

DANNUNZIO Und was sagst du ihnen?

DER DUCE Ich erlöse euch! Ich erlöse euch aus eurem Elend!

DANNUNZIO Ihr Namenlosen!

DER DUCE Ihr Namenlosen! Die Größe und Schönheit des Lebens gebe ich euch zurück!

DANNUNZIO Wenn diese Worte durch ein Wunder sich in die greifbaren Dinge verwandeln würden, so müßte es geschehen, daß der arme Mann, der Elende, von ungeheurem Staunen getroffen, das volle Gewicht seiner eigenen ländlichen Welt auf der flachen Hand zu tragen meinte, wie auf alten Bildern der Kaiser eine Weltkugel in der Hand trägt.

– Habt Mut! ruft der Duce aus.

DANNUNZIO Sein Haus aus Lehm, sein Werkzeug, sein Brot und die Lieder seiner Knechte bei der schweren Arbeit, dies alles müßte vor seinen Augen heiliger scheinen als zuvor. Und wenn ich an irgendeinem Abend in sein Haus käme, er würde sich mit Ehrfurcht erheben, nicht als vor seinem Herrn, doch als vor einem, der eine große und gute Macht über ihn hat. Er würde sprechen: Dieser Dichter kennt mich wohl und zeigt mir mein Gutes.

– Aus euren Händen fordre ich die Macht! Ich führe euch! ruft der Duce aus.

DANNUNZIO Erinnert ihr euch nicht des wundervollen Traums, den wir einmal träumten? Wir alle waren Kinder, aus unseren kleinen Betten aufgeschreckt an einem Abend im September durch trunkenes Geschrei und Fanfaren: Garibaldi hat Rom erobert!

– Stürmt vorwärts! ruft der Duce aus.

DANNUNZIO In die erschreckte kleine Seele warf man uns zugleich mit der jähen Röte der Fackeln den Namen Roms! Und unsere Lehrer lehrten uns die blutigen Gestalten der Kämpfer verehren, und wir vermischten sie mit jenen, die klirrend und funkelnd aus den Seiten des Plutarch hervorsahen.

– Lebt gefährlich! ruft der Duce aus.

DANNUNZIO Warum ist eure blühende Jugend öde und unfruchtbar geworden? Wie wurden eure Augen krank und konnten den Anblick der Sonne nicht mehr ertragen? Warum geht ihr hin und pflegt eure Traurigkeit?

DER DUCE Gut! Herrlich! Aber die Sätze müssen möglichst kurz sein! Abgehackt! Emphatisch!

DANNUNZIO Nein! Die Gewalt der Sprache in großen Monologen!

DER DUCE Die Menge muß mir antworten mit einem Schrei der Zustimmung! Ihr habt mich verstanden! Unsere Gedanken sind Taten!

DANNUNZIO Hörst du den Sturm? Ich habe die Elemente geweckt! Ich! Sie sitzen vorgebeugt und lauschen angestrengt.

DANNUNZIO In das Tosen der Wellen und des Sturms mischt sich der Schrei der Hunderttausend: Eia, eia alalà!

La Divina

Die Schranktüren stehen offen, große Koffer, aufgeklappt. In dem Durcheinander von Theaterkostümen und Requisiten versucht La Divina, flattrig vor Aufregung, sich zu erinnern, in welchem Drama sie auftreten soll. In den Theatern sitzen schon dunkel gekleidete Zuschauer und starren auf den geschlossenen Vorhang. Wie heißt das Stück? Ich muß das Kostüm finden! Das antike Gewand oder das rote Renaissancekleid? Der Federhut mit dem Schleier: vor wem verberge ich mein Gesicht hinter diesem Schleier? Für welchen Auftritt? Über welche Treppe gehe ich mit diesen goldenen Sandalen? Wem werfe ich diesen Strauß von Kunstblumen zu, oder hält ihn jemand für mich bereit, um eine Liebesgeschichte zu beginnen, die vielleicht mit einem gewaltsamen Tod endet? Wessen Tod? Dieses Tuch, dieser Becher, dieser ungeöffnete Brief – ich weiß es nicht, ich weiß es nicht! In ihrer Verzweiflung und Verwirrung läßt sie sich auf das Bett fallen und wimmert:

– Ich kann nicht reisen, ich kann nicht reisen!
– Du mußt reisen. Die Verträge sind abgeschlossen, die Häuser sind gemietet, Chicago, Pittsburgh, San Francisco, Detroit, Atlanta, Boston, auch Philadelphia hat abgeschlossen, Washington . . . du mußt auftreten, ganz Amerika wird mir zujubeln.
– Du reist mit mir?
– Meine Verse, meine Gedanken, meine Metaphern.
– Welche Metaphern, welche Verse?
– Was! Du hast sie vergessen! ruft Dannunzio ärgerlich.
– Ja, ja, ja. Ich habe sie alle vergessen! Ich sitze in meinem Dorf, unter der Hecke, das dumme Bauernmädchen. Hörst du mich? klagt sie, als ob er weit entfernt von ihr wäre.
– Nein, antwortet er streng, ich höre dir nicht zu. Du mußt reisen. Die Tournee ist abgeschlossen.
– Reise mit mir! Gib mir deine Kleider, ich packe alles ein! Gib mir deinen Mantel! Komm! Die Jacke, die Schuhe, den Anzug.
– Ich bin gefangen. Das Tor ist zu und über die Mauer komme ich nicht mehr. Er sitzt schweigend auf dem Stuhl, mit übereinandergeschlagenen Beinen. Seine halbge-

schlossenen Augenlider zucken, wie bei einem Schläfer, der plötzlich von heftigen Traumbildern befallen ist. Das Tor ist zugesperrt, die Angeln sind eingerostet. Gewaltsam werden sie geöffnet, sie kreischen so durchdringend, daß es mir den Kopf zerschneidet. Draußen sehe ich die lauernden Kinder stehen, sie warten nur darauf, daß ich hinaustrete! Sie haben Fahrradspeichen in der Hand. Ich höre wie die Fahrradspeichen durch die Luft zischen. Wenn ich hinausgehe, kreisen sie mich ein und schlagen mir mit den Fahrradspeichen ins Gesicht. Und sie haben Glasscherben, die sie von der Müllkippe geholt haben. Sie zerschlagen sie auf dem Pflaster. Überall Abfall. Der Wind weht den Gestank von faulen Früchten und verwesenden Fischen herüber.

LA DIVINA Ich nehme dich mit, ich schleppe dich in meinem Koffer, ich bringe dich heimlich hinaus!

DANNUNZIO Ich habe versucht, über die Mauer zu klettern. Dabei habe ich mir die Knie aufgeschürft, weil ich an den Steinen heruntergerutscht bin. Laude, Laude! Der neue Anzug von Trevi ist zerrissen, sagt er zu Laude, der schon in der Tür steht. Das Knie hat geblutet.

– Das Knie! wiederholt Laude besorgt, beugt sich vor, um die Stelle zu betrachten.

– Jetzt ist es verkrustet. Die Fäden kleben im Schorf.

– Ich muß den Stoff abreißen, sagt Laude, betastet die Stelle und zupft an den Fäden.

– Das geht nicht! Um Gottes willen!

– Sie müssen die Hose ausziehen!

– Der Stoff ist doch festgeklebt, schreit Dannunzio wütend.

– Ich hole Wasser, wir befeuchten die Wunde, wir weichen sie auf.

– Bringen Sie einen Schwamm mit! ruft Dannunzio dem Davoneilenden nach.

– Ich will nicht reisen! klagt La Divina. Dort muß ich sterben. In die Straßen fällt kein Licht hinunter, die Leute rennen im Dunkeln und stoßen sich um. Pittsburgh – ich kann dort nicht auftreten. Durch den giftigen Nebel starren mich rote amerikanische Gesichter an . . . Bin ich nicht zu alt? Sieh mich an!

– Wofür zu alt? fragt Dannunzio, immer noch mit seinem Knie beschäftigt.

- Liebster, ich liebe dich und du mußt mich lieben.
- Du bist alt, ich sehe es. Aber wenn du auf der Bühne stehst, wenn du spielst, bist du jung. Du mußt spielen! Verwandle dich! Glühe, glühe!

Ihr Gesicht verwandelt sich in eine Flamme, die Flamme schlägt hoch in den Himmel über dem See.

- Du mußt meine Botschaft verkünden, in Amerika, in Asien, auf der ganzen Welt!
- Welche Botschaft?
- Verräterin!
- Welche Botschaft? wiederholt sie verzweifelt.
- Das Drama!
- Ich habe den Text vergessen, ich habe alle Sätze vergessen, ich weiß keinen einzigen Satz mehr, ich weiß kein einziges Wort mehr! ... Wirklich nicht, fügt sie treuherzig wie ein Schulmädchen hinzu.
- O Lorbeern die im großen strengen Garten – sprich es mir nach!
- Wirklich nicht ... ich erinnere mich nicht ... ich kann nicht! Ich höre dich sprechen, aber ich verstehe nichts, klagt La Divina, während er wiederholt:
- O Lorbeern, die im großen strengen Schatten ... und weiterspricht:

> Ihr den gedankenvollen Jüngling hegtet,
> erzählt mir von ihm. Am ersten Abend
> erzählt mir von ihm in milden Worten,
> ihr alten Lorbeern! Weil vielleicht er hört.
> Weil er vielleicht entfernt ist und doch hier ...

Meine Stimme ist flach, ohne Modulation, sie bringt die Verse nicht zum Klingen! Wie leide ich darunter, daß ich meine Verse nicht sprechen kann! – Wie hat der junge Hüter euch geliebt ... Du mußt sie sprechen!

- Ich kann nicht, ich kann nicht. Ich habe sie vergessen.
- Langsam im Kreise stieg der schöne Garten
  auf, wie ein Traumbild aus dem Herzen steigt ...

Sie fängt an leise mitzusprechen, wiederholt einzelne Wörter gehorsam, wiederholt sie mehrmals mit Erstaunen und Zweifel, sucht, während sie die Wörter wieder und wieder spricht,

ihren Sinn zu ergründen, als hätte sie sie nie gehört. Aber sie
bleiben rätselhafte Laute, die Anstrengung ist vergeblich.

O Lorbeern! Ich bin der! Nicht mehr verberg ichs –
ich bin es der im Buche las, das Licht
erschaute ich und im tiefsten Herzen froh war.
Ist alles hin? Der letzte Strahl bespottet
im großen Becken das verfaulte Wasser.
Auf einer hohen Mauer schreit der Pfau.
In dem geblichnen und versengten Grase
sind tot des Ortes liebe Schutzgewalten.
So ist denn jede Gottheit hingeschwunden?

Es scheint für einen Augenblick, als ob sie nun, Zeile für Zeile
nachsprechend, das Geheimnis der Verse wiederfinden
würde. Da kehrt Laude zurück mit einer Wasserschüssel und
Tüchern. Was wollen Sie? Warum kommen Sie jetzt? schreit
Dannunzio. La Divina bewegt die Lippen, aber es bildet sich
kein Laut mehr, sie sitzt plump und leblos da, als ob sie sich
nicht mehr erheben könnte.
– Alle meine Gedanken haben Sie nun ausgelöscht in ihr! Sehen Sie doch hin! Er geht um sie herum, zeigt auf die Leb-
   lose. Sie wird nicht reisen! Sie wird nicht spielen – sehen Sie
   doch! Sie sind ihr Mörder! In diesem Augenblick wäre es
   mir gelungen, sie zu erwecken, aus diesem plumpen bäuri-
   schen Körper noch einmal die Göttin zu befreien! Aus den
   Schatten des Alters, des Todes wollte ich sie heraufholen –
   Sie haben es gehindert! Sie wird von nun an auf der Erde
   kauern, im schwarzen Witwenkleid . . . wirre Sätze stam-
   meln, häßlich sein . . . die Leute werden an ihr vorbeigehen
   und ihre Gesichter abwenden, und die Kinder werden lachen über die verrückte Alte, ihr Erde ins Gesicht werfen!
   Niemand wird ihr zuhören, wenn sie meinen Namen stam-
   melt! Niemand wird glauben, daß ich diesen stumpfen, vom
   Geist verlassenen Körper einmal geliebt habe!
Dann ist Laude mit La Divina allein.
– Das ist unglaublich . . . stammelt Laude, das ist entsetzlich!
   Glauben Sie ihm nicht . . . glauben Sie ihm kein Wort!
Sie liegt auf dem Boden zwischen den Koffern und weint. Nun
kniet er sich vor sie hin, er bettet ihren Kopf vorsichtig auf

eine Decke. Ich habe ihn genau beobachtet, kaltblütig war er! Laude haucht ihre blassen Hände an, massiert ihre Schläfen, er behandelt sie mit großer Zartheit und Fürsorge, wie eine Schwerverletzte. Er hat mir sogar zugeblinzelt, so wenig hat ihn Ihre Verzweiflung bewegt! Er trocknet ihr die Stirn mit einem der Tücher. Er hat Sie immer nur für seine Interessen benutzt. Er knöpft vorsichtig ihren Kragen auf. Er hat profitiert von Ihrem Ruhm! Er schiebt ein Kissen unter ihren Nakken. Er redet unaufhörlich auf sie ein: Sie haben ihm Ihren Ruhm, Ihre Karriere geopfert. O ich weiß es, wie Sie das Publikum bezaubern, wie Sie es, wenn es noch zögert, wenn es stumm im Dunkeln harrt, überwältigen und besiegen! So viele Rollen haben Sie gespielt und so viele könnten Sie noch spielen, das Publikum begehrt Sie, schreit nach Ihnen! Aber er, er wollte, daß Sie immer nur sein Drama spielen. Das Publikum, sagt er, hat Sie verhöhnt. Habe ich so schlecht gespielt! flüstert La Divina mit geschlossenen Augen. – Die Leute wollten sein Drama nicht. – Sie haben es nicht verstanden! flüstert La Divina. – Sie wollten ihre Göttin in dieser Rolle nicht sehen! – Der Arme! flüstert La Divina, ich habe mir solche Mühe gegeben, aber ich habe nichts vermocht. – Er hat Sie ruiniert. Sie haben die Dekorationen bezahlt, Sie haben die Kostüme bezahlt, er bestand darauf, daß sie mit echten Perlen bestickt sind. – Er spürt den Unterschied, flüstert sie, er leidet, wenn ein Detail unecht ist! – Sie haben dafür Ihr Haus verkauft! ruft Laude. Und er wollte, daß keine anderen Worte über Ihre Lippen kommen, als seine! Er hat Sie stumm gemacht für Ihre Freunde, für Ihre Kinder, für Ihre Verehrer! Sie wollten mit Ihnen reden, aber Sie haben keine Antwort geben können. Sie sind einsam geworden, heimatlos irren Sie umher: von Theater zu Theater! – Ja! flüstert sie. – Wachen Sie auf! ruft Laude aus, leben Sie! Er hat Tränen in den Augen, sie aber weint nicht. – Hören Sie, Laude, sagt sie leise, kommen Sie ganz nahe an meinen Mund, beugen Sie sich noch tiefer herunter zu mir! Und wie er sein Ohr an ihren Mund legt, flüstert sie: Warum hassen Sie ihn so? – Ich hasse ihn nicht, antwortet Laude erschrocken, aber ich möchte, daß Sie leben! La Divina lächelt, richtet sich auf. – Hören Sie: O Lorbeer, ich bin der! Nicht mehr verberg ichs – / ich bin es der im Buche las, das Licht / erschaute und im tiefsten Herzen froh war. / Ist alles

hin? Der letzte Strahl bespottet / im großen Becken das verfaulte Wasser . . . Was für Verse, Laude! Sie klingen in mir, es
ist meine Stimme, die sie an die Menschen zurückgibt!
Warum hatte ich sie eben vergessen?

Immer noch erregt, immer noch wütend über Laude und über
die Weigerung der Divina, sein Drama zu spielen, läuft Dannunzio durch den Garten. Als er plötzlich den eleganten älte-
ren Herrn unten an der Treppe auftauchen sieht, enthusiastisch seinen Holzkasten schwenkend, will er ihm auswei-
chen. Er biegt in einen Seitenweg ab. Aber der Herr hat ihn
schnell eingeholt.
– Ich habe jetzt keine Laune! ruft der Verfolgte, ohne stehen-
   zubleiben.
Der Herr hat jetzt seine Gemessenheit und Eleganz verloren,
er flattert beflissen um Dannunzio herum, verbeugt sich,
springt ein paar Schritte voraus, legt den Holzkasten auf den
Kiesweg, um ihn zu öffnen.
– Nur eine Sekunde! . . . Ein Schnuppern, ein Wittern . . .
   einen einzigen Sniff . . . zwei, drei . . . vier Sekunden! Las-
   sen Sie den Duft einströmen!
– Meine Schleimhäute sind geschwollen . . .
– O wie ich Sie bedaure! Das wunderbare Organ! Welche
   Tragik! Wenn ich mir vorstelle, daß sich das Gehirn eines
   Genies eines Tages in Schleim auflöst!
– Ich habe geweint! sagt Dannunzio ärgerlich.
Schon hat der Herr seinen Koffer aufgeklappt, mit vor Hast
zitternden Händen hält er ihn Dannunzio hin. Die Fläschchen
klirren.
– Sie besiegen mich, stöhnt der gepeinigte Dannunzio. Im-
   mer wieder verfalle ich dieser Sünde. Er läßt sich auf die
   steinerne Bank nieder. Der Herr hat von zwei, drei Flacons
   die Stöpsel genommen, tupft ihm damit behend auf die
   Stirn, auf die nun schlaff hingehaltene Hand, auf beide
   Hände. Was empfinden Sie? Welche Träume steigen aus
   diesen Düften auf? Welche Paradiese öffnen sich Ihrem
   sanften Flug? Welches Licht drängt sich durch Ihre geschlossenen Lider?
– Warten Sie . . . schweigen Sie . . .

- Ich schweige! Ich horche!
- Es ist der geheimnisvolle Geruch, der von der Bühne her-
  unterweht, wenn der Vorhang sich öffnet . . .
- Nein, ruft der Herr, es ist mehr als das!
- Ja, es ist mehr! Ich spüre es! Es ist mehr als alles, was in
  meiner Erinnerung lebt . . . ich kann es nicht ausdrücken!
- Sie müssen es!
- . . . es ist etwas noch nie Erlebtes, Erfahrenes . . . und es
  berauscht mich wie die Gärten tödlicher Paradiese.
- Namen! Namen! ruft der Herr in großer Aufregung.

Nun hat Dannunzio den Kopf zurückgelegt, die Augen geschlossen und von seinen Lippen, die sich kaum bewegen,
kommen Laute, die sich verschwimmend zu Wörtern formen.
Wörter, immer neue Wörter, Namen; es ist nur ein Hauch,
ein Flüstern, das in der Stille des Mittags schon im Entstehen
wieder vergeht. Der Herr kniet neben ihm auf der Bank,
beugt sich weit vor, sein Gesicht nah an seinem Mund, sein
Mund so nah an seinem Mund, als ob er ihn küssen, die Wörter von seinen Lippen abnehmen wollte, ehe sie in der Luft
nutzlos, ungehört verströmen.

Der leere Spiegel

LAUDE Ich bin einer der wenigen Menschen, die ihn nackt gesehen haben.

DAS LÄCHELNDE JUNGE MÄDCHEN So?

LAUDE Die Frauen, seine Geliebten, nehme ich natürlich aus.
Er sieht das Mädchen an, es lächelt.
Alles ist vorher arrangiert. Er fragt mich: Laude, den
nachtblauen Seidenmantel, den weißen Umhang oder den
gestickten? Wie ist ihr Teint?

DAS LÄCHELNDE JUNGE MÄDCHEN Mein Teint?

LAUDE Nein, nein, ich meine ... es kommt vor, daß er im
Augenblick nicht mehr weiß, was für einen Teint die Geliebte hat, und daß er mich danach fragt, denn ich weiß es
immer! Sie, mein Fräulein, haben milchweiße Haut – *Er
streicht über ihren Nacken* – wenn ich Sie berühre, spüre ich
Ihre Erregung ... und wundervolles rotes Haar! Den
nachtblauen also! Ihr Haar auf der nachtblauen Seide! – –
Wie heißen Sie?
Das junge Mädchen gibt keine Antwort, lächelt.

LAUDE Sie haben sicher einen häßlichen Namen. Das macht
nichts. Er hat Ihnen doch einen neuen Namen gegeben, das
tut er immer. Wie nannte er Sie?
Das junge Mädchen lächelt.

LAUDE Nannte er Sie: »Mein leerer Spiegel«?

DAS LÄCHELNDE JUNGE MÄDCHEN Ja, das stimmt, so hat er
mich genannt.

LAUDE Sie lächeln immer.

DAS LÄCHELNDE JUNGE MÄDCHEN Ich weiß nicht.

LAUDE Er sah Sie auf dem Podest in der Nische sitzen, schläfrig lächelnd. Das hat ihn fasziniert. Lächeln Sie aus Nachsicht? Aus Gutmütigkeit? Aus Trägheit? Wir wissen nichts
über Sie, das ist gut. Er erfindet Sie! Ist dieser junge Mann
Ihr Freund?

DAS LÄCHELNDE JUNGE MÄDCHEN Nein, ich kenne ihn nicht.

LAUDE Wir wissen nicht einmal, warum Sie da saßen, warum
Sie hier sind. Sagen Sie es mir nicht! Er erfindet Sie neu, er
erfindet Ihr Leben neu! Ihre Teilnahmslosigkeit inspiriert
ihn.
Ein Flugzeug surrt.

Hören Sie das Flugzeug?

DAS LÄCHELNDE JUNGE MÄDCHEN Ach ja, da, ganz hoch oben!
Es sieht hinauf.

LAUDE Das ist er! Im Krieg ist er über Wien geflogen . . . im ersten Weltkrieg . . . und hat Flugblätter abgeworfen mit seinen Gedichten.

DAS LÄCHELNDE JUNGE MÄDCHEN Waren das nicht Bomben?

LAUDE Nein, o nein!

Sie horchen, bis das Flugzeuggeräusch nicht mehr zu hören ist.

Sie haben darauf gewartet, von ihm verführt zu werden. Er hat Sie in das blaue Zimmer gebracht und Sie waren voller Erwartung.

Das junge Mädchen gibt keine Antwort, lächelt.

LAUDE Natürlich ist das verwirrend, die Manuskripte, die Statuetten, die Drapierungen, die Flacons . . . Und dann . . .?

DAS LÄCHELNDE JUNGE MÄDCHEN Ich weiß nicht.

LAUDE Sie zitterten . . . wie jetzt.

DAS LÄCHELNDE JUNGE MÄDCHEN Es war so ein Flattern in der Luft.

LAUDE Was hat er zu Ihnen gesagt?

DAS LÄCHELNDE JUNGE MÄDCHEN Er hat gesprochen, aber ich habe nichts verstanden.

LAUDE Das waren Verse! Er spricht seine Verse wundervoll, es klingt wie ein antiker Gesang . . . So melodisch! Seine Stimme ist sehr ausdrucksvoll . . . ». . . so wie das Feuer des Abendrots flammen läßt die Erde . . .«, sagte er das?

DAS LÄCHELNDE JUNGE MÄDCHEN Ja.

LAUDE Fällt Ihnen nicht auf, wie ähnlich meine Stimme der seinen ist?

Das junge Mädchen lächelt.

LAUDE Und Sie verstehen nichts?

DAS LÄCHELNDE JUNGE MÄDCHEN Doch, jetzt schon.

LAUDE Sie lagen in seiner Umarmung, wie besinnungslos. Sie waren endlich seine Geliebte geworden.

DAS LÄCHELNDE JUNGE MÄDCHEN Nein.

LAUDE Er hat Sie nicht umarmt?

DAS LÄCHELNDE JUNGE MÄDCHEN Der Hahn flatterte, das Glas fiel um und zerbrach, er schrie, war aufgeregt. Ich weiß nicht, was er wollte. Er sprang aus dem Fenster in den Garten.

LAUDE Er sprang aus dem Fenster?

DAS LÄCHELNDE JUNGE MÄDCHEN Ja, der Hahn!

LAUDE *streng* Unwürdige! Es war Verschwendung, sich mit Ihnen zu beschäftigen! Wir haben beide sehr über Sie gelacht, mein Fräulein, jetzt ist es genug. Gehn Sie nach Hause.

Das junge Mädchen lächelt.

Mirakel

Ihr Knaben! Noch immer spielt ihr das fromme Stück! Wie hübsch habt ihr euch verkleidet, wie phantasievoll eure Kindergesichter und eure Hände bemalt, damit ihr wie Krieger ausseht! Begabt seid ihr! Wie eifrig und ernst ist euer Spiel! Aber ich sehe jetzt, daß ihr dem Ball nachblickt, der in die Gosse rollt! Trödelt nicht! Laßt euch nicht ablenken, denn ihr wachst so schnell aus den Kostümen heraus. Ich sehe schon eure weißen Handgelenke aus den Ärmeln kommen und eure zarten Hälse aus den Goldpapierkragen. Wenn ihr euch nicht beeilt, werdet ihr euer Spiel nicht zu Ende bringen – so schnell seid ihr herausgewachsen und eure weißen Handgelenke sind ausgesetzt dem Biß des Tigers!

Teich der Tänze

Die junge Contessa sitzt am Marmorrand des Teiches, die Füße mit den eleganten Stiefelchen im Wasser. Sie sieht Dannunzio kommen und ruft ihm entgegen:

– Er hat das Buch gelesen!

DANNUNZIO Wie gut!

DIE CONTESSA Alle haben es gelesen! Stell dir vor! Und alle sagen mir: das bist doch du, Carlotta! Die schöne Rothaarige, das bist doch du! Meine Cousine hat mir eine Strafpredigt gehalten, daß ich verloren bin, eine verlorene Frau, verloren, immer wieder sagte sie: verloren! Aus Neid natürlich . . . sie beneidet mich. Und Peggy wollte mich sogar ohrfeigen.

DANNUNZIO Wer ist Peggy?

DIE CONTESSA Aber du weißt doch, wer Peggy ist! Vielleicht sollte ich dich gar nicht daran erinnern. Sie hat doch damals für ihre Korrespondenz dein Briefpapier benutzt, damit jeder denken sollte, sie wäre deine Geliebte.

DANNUNZIO Du hast das auch gedacht?

DIE CONTESSA Aber ja! Und sie war es sicher auch! Ich wollte sie sogar ermorden, so verrückt war ich.

DANNUNZIO *belustigt* Wie denn?

DIE CONTESSA Mit vergiftetem Kompott. Es war ein sehr komplizierter Plan, denn der Verdacht durfte nicht auf die Köchin fallen, außerdem mußte ich die Familie daran hindern, auch von dem Kompott zu essen. Ziemlich kindisch. Ich war dreizehn.

DANNUNZIO Entzückend! Aber dann hattest du Skrupel?

DIE CONTESSA Nein. Meine Eltern schickten mich plötzlich aufs Land. Ich hatte eine Art Nervenzusammenbruch. Ich mußte immerzu Milch trinken und alles mögliche einnehmen, damit ich mich beruhigte. Und als ich dann wieder zurückkam, warst du mit einer Sängerin ins Ausland gereist. – Ein riesiger Skandal, wunderbar!

DANNUNZIO Was für ein Skandal? *Er versucht sich zu erinnern.*

DIE CONTESSA Daß du mich liebst!

DANNUNZIO Du liebst mich?

DIE CONTESSA Claudio hat mir seinen Anwalt zur Verfügung

gestellt ... Claudio, mein Lieblingsvetter. Er hat einen phantastischen Anwalt. Er hat gleich mit ihm telefoniert.

DANNUNZIO Einen Anwalt? Was befürchtest du?

DIE CONTESSA Es wird selbstverständlich einen Prozeß geben! Rudolf muß doch vor Gericht gehen, er muß gegen dich klagen! Das muß er doch als Ehemann! Er war außer sich, richtig wütend! Das war mir ganz neu an ihm.

DANNUNZIO *ahmt sie amüsiert nach* »Wütend«, wie begeistert du das sagst! War er nur auf mich »wütend« oder auch auf dich?

DIE CONTESSA Auf das Buch!

DANNUNZIO Es gefiel ihm nicht?

DIE CONTESSA Das Buch! Das Buch! Du sprichst immer nur von dem Buch, genau wie er.

DANNUNZIO Was hat er darüber gesagt?

DIE CONTESSA Er hat es mit großem Interesse gelesen. Ich lag neben ihm im Bett und habe ihn beim Lesen genau beobachtet. Und beim Tee hat er mir lange Vorträge gehalten, es sei unglaubwürdig, daß der Ehemann von den Eskapaden seiner Frau nichts merkt. Schon auf der musikalischen Soirée hätte er merken müssen, wie erregt sie war, und er hätte die Blicke bemerken müssen ...

DANNUNZIO Wie fand er die Stella?

DIE CONTESSA Er sagte, ich sollte das Buch besser nicht lesen. Es würde mich erschrecken. Ich würde es abscheulich finden und wahrscheinlich gar nicht verstehen, weil Gedankengänge wie Stella sie hat, mir ganz fremd wären.

DANNUNZIO Eine Frau, die mit ihrem Leben experimentiert, das Laster, sogar das Verbrechen sucht, um die Grenzen ihrer Person kennenzulernen.

DIE CONTESSA Er hat keine Ahnung, was in mir vorgeht.

DANNUNZIO Fand er sie gut gezeichnet? Wie fand er den Stil?

DIE CONTESSA Fabelhaft. Er ging in seinen Club und hat mit allen seinen Bekannten darüber gesprochen. Claudio hat es mir erzählt, er rief mich an und wir haben uns darüber amüsiert. Alle wußten längst, wer mit Stella gemeint ist. Ich! Alle wußten es, nur er nicht. Er ist so weltfremd, weißt du, er liest immer nur.

DANNUNZIO Wer hat es ihm schließlich gesagt?

DIE CONTESSA Ich! Ich habs ihm gesagt! Und stelle dir vor, er hat es nicht geglaubt! Ich habe geschrien und geweint und er saß da, nachsichtig lächelnd. Erst als seine Mutter ihn zur Rede stellte, hat er begriffen. Da wurde er wütend, endlich!

DANNUNZIO Auf dich oder auf mich?

DIE CONTESSA Auf das Buch! Er will das Buch verbieten lassen.

DANNUNZIO Entsetzlich!

DIE CONTESSA Und nun bin ich ihm weggelaufen ... Soll er doch allein da sitzen bleiben in seiner langweiligen Tugend! –– Ich habe alles zurückgelassen, alles ... meinen ganzen Schmuck, sogar meine beiden Siamesischen Katzen ... buchstäblich alles! Ohne Koffer bin ich aus dem Haus. Stell dir vor, ganz Rom redet darüber! Heute wird es in den Abendblättern stehen! Schick doch Laude an den Kiosk, er soll sie alle kaufen! Der neugierige Laude, wo steckt er denn? Steckt er hier im Busch? ... Wir liegen im Bett und ich lese dir alle Zeitungen vor und wir lachen uns tot.

DANNUNZIO Das Buch verbieten lassen!

DIE CONTESSA Du hörst gar nicht zu.

DANNUNZIO Ich sehe dich an.

DIE CONTESSA Bin ich schön?

DANNUNZIO Du bist sehr schön, so schön wie das Licht.

DIE CONTESSA Sicher werden auch Fotos in den Zeitungen sein, von dir und von mir.

Die Contessa ist aufgestanden. Sie balanciert vergnügt auf dem Marmorrand um den Teich.

– Ach, wie hübsch! Ich sehe jetzt, der Teich hat die Form einer Geige! Ich verstehe, das ist für mich! Das Konzert! Die Soirée bei Albertine, wo du mich zum ersten Mal gesehen hast! Wie hieß denn der Geiger? Er war doch so berühmt, wie hieß er denn, sag doch!

Sie balanciert weiter.

– Und hinterher ... noch am gleichen Abend ...

Sie lacht.

– Warum liebst du mich? ruft sie von der anderen Seite des Teichs herüber. Weil ich schön bin? Oder nur, weil ich die Contessa bin? Ich bin keine Contessa mehr! Du kannst mit mir tun was du willst. Befiehl mir!

Plötzlich steht der Conte da. Sie haben ihn nicht kommen hören. Wie selbstverständlich tritt er näher: ein großer dunkler langsamer Mann, ohne ein äußeres Zeichen von Erregung und so sicher in seinen Bewegungen und in allem was er tut, als ob er den Auftritt sorgfältig eingeübt und bis in alle Einzelheiten genau bedacht hätte. Er öffnet ein Etui und sagt zu Dannunzio:

– Hier sind zwei Pistolen, eine ist für Sie, beide sind geladen.

Die Contessa ruft vom Beckenrand herüber:

– Was willst du denn mit den komischen alten Dingern, damit kann man doch gar nicht mehr schießen! Sie hängen doch schon ewig über dem Kamin, hundert Jahre!

– Wählen Sie, sagt der Conte ruhig.

Dannunzio beugt sich interessiert über das hingehaltene Etui, nimmt eine der Pistolen heraus, betrachtet sie wie einen fremdartigen Gegenstand, den er sich genau einprägen muß, um ihn später beschreiben zu können. Da bemerkt er, daß der Conte sich mit der zweiten Pistole entfernt hat, jetzt auf der anderen Seite des Teiches steht, merkwürdigerweise im flachen Wasser, und die Pistole auf ihn gerichtet hält.

– Rudolf! ruft die Contessa, das sieht schrecklich lächerlich aus! Wenn du dich sehen könntest! Komm doch aus dem Wasser und laß diese Pistole!

DER CONTE *ruft* Commandante!

DANNUNZIO Ich träume . . .

DER CONTE Heben Sie die Pistole!

Dannunzio bewegt sich nicht.

Wünschen Sie einen Zeugen?

DANNUNZIO Wo ist Laude?

– Laude! ruft auch der Conte, und auch die Contessa ruft aufgeregt:

– Laude! Laude!

Sachlich und langsam, wie wenn er Laude einen Text diktieren würde, sagt Dannunzio:

– Ich habe diesen Teich angelegt, um die springenden Wasser aufzufangen und sie zu glätten, damit sie, zu appollinischer Ruhe gekommen, den Himmel spiegeln in diesem Rund einer Geige. Sie, Conte, haben den Spiegel zerbrochen, um sich mit mir zu duellieren.

Die beiden Männer stehen sich nun im flachen Wasser gegenüber.

DER CONTE *ruft* Ich gebe zu, die Leidenschaft wäre ein unwiderlegliches Argument, aber ich kann nicht glauben, daß es Leidenschaft ist, was Sie mit der Contessa verbindet. Sie benützen sie nur für ein zynisches Experiment.

DANNUNZIO *ruft* Sehen Sie! Sie lächelt!

DER CONTE *ruft* Kind, man beleidigt dich!

DANNUNZIO *ruft* Lächelt sie Ihnen zu oder mir? Es ist ein geheimnisvolles Lächeln, das sich erst später erklären wird. Sie lächelt dem Sieger zu – schon jetzt!

DER CONTE *ruft* Man beleidigt dich!

DIE CONTESSA Du bist so dumm! So dumm bist du!

DER CONTE Sie ist ein hübsches, harmloses Geschöpf, ich liebe sie. Sie ist ein wenig vergnügungssüchtig, ein wenig klatschsüchtig, sie amüsiert mich.

DIE CONTESSA Laß die Pistole!

DER CONTE Manche glauben sie wiederzuerkennen in der Heldin Ihres Buches, die sich maßlos und leidenschaftlich über alle Schranken der Moral hinwegsetzt, die alles zerstört und am Ende sich selbst. Ich kenne aber diese Frau nicht.

DIE CONTESSA Wie dumm du bist! Ich bin seine Geliebte!

DER CONTE Sie haben meine Frau nur ein einziges Mal getroffen . . .

DIE CONTESSA *lacht* Du weißt gar nichts über mich!

DER CONTE . . . das war bei einer musikalischen Soirée im Hause unserer Freundin Albertine.

DIE CONTESSA Santini hieß der Geiger, jetzt fällt es mir ein!

DER CONTE Es gibt, seit ich mit ihr verheiratet bin, keinen Augenblick in ihrem Leben, über den ich nicht Bescheid weiß. – Und was ich heimlich erlebe? unterbricht die Contessa.

DER CONTE . . . es gibt keinen Schritt.

DIE CONTESSA Im Januar war ich ein ganzes Weekend allein am Lido, ohne dich.

DER CONTE Du hast dort deine Cousinen Dolly und Anna getroffen, ihr habt im Pavillon gesessen, Illustrierte gelesen und gekichert. Sonst nichts.

DIE CONTESSA Ihn habe ich getroffen! Ihn!

DER CONTE Die Autofahrten, die Klavierstunden . . .

DIE CONTESSA . . . und die angeblichen Krankenbesuche . . .

DER CONTE Sie liebte diese harmlosen Heimlichkeiten, ich wußte Bescheid darüber.

DIE CONTESSA Mit ihm war ich zusammen! Mit ihm!

DER CONTE Ich kenne jeden ihrer Schritte. Ich habe sie beobachten lassen.

DIE CONTESSA Du hast mir einen Detektiv nachgeschickt? Wie gemein von dir! Wie beleidigend!

DER CONTE Ich habe es für meine Pflicht gehalten, sie zu beschützen.

DIE CONTESSA Wie gemein! Wie kleinlich! Wie beschämend für dich! Das trennt mich für immer von dir! Du weißt gar nichts über mich! Er ist mein Geliebter! Lies doch die Zeitungen! Jeder weiß es! Ich bin seine Stella!

DANNUNZIO Sie leiden. Sie können nicht mehr unterscheiden zwischen der Frau, die ich erfunden habe und der Frau, die Sie kennen. Sie sind verzweifelt darüber.

DER CONTE Sie lieben sie?

DANNUNZIO Sie sehen, daß die Frau, die meine Kunst geschaffen hat, wahrer ist als die Frau, mit der Sie gelebt haben.

DER CONTE Sie lieben sie?

DANNUNZIO Ich begreife Ihre Verzweiflung.

Ein Schuß fällt.

Der Conte liegt tot im Wasser, der Teich färbt sich rot. Dannunzio steigt über den Marmorrand auf den Gartenweg. Er sieht auf die Pistole in seiner Hand, zieht das Seidentuch aus der Brusttasche und wickelt sie sorgfältig darin ein.

– Gabri, Gabri! ruft die Contessa von der anderen Seite des Teichs. Er wendet sich zum Gehen.

Sie watet durch das Wasser zu ihm herüber. Sie kommt nur mit Mühe vorwärts, das Kleid schleppt schwer im Wasser, sie zieht den nassen Stoff hoch.

– Gabri!

Sie steigt über den Marmorrand.

– Sieh doch! Mein Kleid ist rot! Meine Hände, meine Arme, alles rot!

Monolog

Ich weiß, sagt Dannunzio, daß der Lebendige wie der Tote ist, der Wache wie der Schlafende, der Jüngling wie der Greis, denn die Umwandlung des einen ergibt den andern; und jede Umwandlung hat Schmerz und Freude gleichermaßen zu Gefährten. Ich weiß, daß die Harmonie des Weltalls aus Widersprüchen entstanden ist. Ich weiß, daß ich bin und daß ich nicht bin; und daß der Weg in die Höhe wie in die Tiefe derselbe ist. Ich kenne die Düfte der Verwesung und die zahllosen Keime der Verderbnis. Dennoch fahre ich, trotz meines Wissens, fort, meine offenkundigen und meine geheimen Werke zu erfüllen. Einige davon sehe ich untergehen, während ich doch selbst noch dauere; andere sehe ich, die in Schönheit und verschont von jeglichem Elend, ewig dauern zu wollen scheinen, nicht mehr mein, wenn schon aus meinem tiefsten Leiden geboren. Ich sehe vor dem Feuer sich alle Dinge wandeln, wie vor dem Gold alle Güter. Ein einziges ist unverrückbar: mein Mut.

– Nein! Nein! – Nicht mehr! Ich laß dich nicht herein.
Die Contessa drückt von innen die Tür zu. Sie wartet und
horcht, dann macht sie die Tür vorsichtig wieder auf: der
Dachboden draußen ist leer.
– Gabri! Gabri!
Niemand antwortet.
Sie sieht sich unschlüssig um, macht die Tür ärgerlich zu.
Durch die zerbrochenen Fensterläden fällt das Licht des Som-
mers in staubzitternden Bahnen herein und zeichnet grelle ge-
zackte Muster auf den schmutzverkrusteten Fußboden. Tote,
schon halb verweste Tauben, Federn, ein Hundenapf mit ver-
steinerten Brotrinden, der Stummel eines Rasierpinsels in der
Waschschüssel auf dem rostigen Gestell; von den rissigen
Wänden hat sich der Verputz abgelöst und liegt in Brocken
am Boden.
Die Contessa fährt mit dem Finger die Kritzeleien auf der Tür
nach: der Umriß eines aufgerichteten Penis und darüber, die
Linie der Holzmaserung nutzend, ein längliches Oval mit einem tief eingeritzten Stachelkranz außen herum.
– Du bist doch da! Ich höre dich doch! Du atmest! Ich höre
wie du atmest! – – Ich merke doch, daß du mich siehst, daß
du mich beobachtest! Daß du mein Gesicht siehst, sagt sie,
sich schnell umwendend. Meinen Hals . . . meine Schultern
. . . du starrst mich an und siehst mir zu und die Zunge hängt
dir raus! . . . Gabri! Aber jetzt, in diesem Winkel . . . hier ist
es dunkel, du siehst mich nicht! Ich höre dich nicht mehr
atmen. Schade, daß du mich nicht siehst! Jetzt ziehe ich
meinen Unterrock aus. Jetzt ziehe ich mein Hemd aus. Du
siehst mich nicht, sonst würde ich dich hinter der Wand
keuchen hören.
Sie läuft auf die andere Seite ins Helle.
– Siehst du mich hier? Jetzt habe ich nur noch die Strümpfe
an, sieh mal . . . die Contessa ist nackt, die feine, fromme
Contessa! Sie bietet sich an – so weit ist es mit ihr gekommen! Sie bietet sich dir an, sie hat alle ihre Hemmungen
verloren! Wie du das fertiggebracht hast, Gabri, daß ich
überhaupt keine Scham mehr habe! Daß mir gefällt, was
vorher Sünde und Tod für mich gewesen wäre . . . daß in

meinem Kopf nur noch ein Gedanke ist: meine Lust . . . und
deine Lust, Gabri! – Komm doch endlich, komm! – – Soll
ich mich auf diese schmutzige Matratze legen, kommst du
dann?

Sie zerrt die Matratze aus der Ecke ans Licht.

– Pfui! Sie stinkt nach Urin! Und Flecken . . . welcher ver-
wahrloste Kerl hat sich darauf gewälzt und onaniert? . . .
Gesoffen hat er auch. Da sind noch die leeren Flaschen.
Hier liege ich wie die letzte Hure im Dreck . . . Ist es das,
worauf du wartest? . . . Du hast mir Altäre errichtet in allen
Zimmern dieses Hauses, auf jedem dieser Altäre haben wir
uns geliebt . . . Diesen Altar hier in der schmutzigen Boden-
kammer errichte ich dir. Gefällt dir das nicht? Macht dich
das nicht geil? . . . Sieh, wie schmutzig, wie ekelhaft!

– Jetzt sehe ich wo du steckst! Du Voyeur! Du Schwein! Du
hast ein Loch gekratzt wie die Jungen in der Badeanstalt!
Der verwöhnte Künstler, der berühmte Ästhet!

Sie kauert vor der Wand, in der sie das Guckloch entdeckt
hat.

– Gabri!

Dannunzio steht in der Tür und sagt lächelnd:

– Prinzessin von Cypern! Ich überschütte dich mit Rosenblättern!

Er umarmt sie, er kniet neben ihr.

– Der Prinz von Cypern liebt ein Freudenmädchen . . .

– Liebst du mich?

– Sie ist sehr schön und jung . . . dreizehn, vierzehn Jahre alt.

– Oh, das ist sehr jung!

– Er liebt ihren schönen Körper . . .

– Der geile Kerl!

– . . . er liebt ihre Füße . . . er liebt wie wahnsinnig ihre Füße.
Tagelang sitzt er mit ihr unter dem Baldachin und hält ihre
Füße in seinem Schoß, streichelt ihre Zehen, küßt das feine
Äderchen an ihrem weißen Knöchel. Er zieht ihr kostbare
Schuhe an, goldene Schuhe, gestickte Seidenschuhe,
Schuhe aus Brokat, aus rotem Samt mit Rubinen be-
setzt . . .

– Ach, kauf mir Schuhe! bettelt die Contessa, als ob sie keine
besäße.

– Er heiratet sie sogar.

– Das erfindest du bloß!

– Die Geschichte ist gut, laß mich weiterdenken.

Er liegt neben ihr mit geschlossenen Augen.

– Sie wird Prinzessin von Cypern. Er überschüttet sie mit Rosenblättern. Sie werden in einer Sänfte durch das Land getragen, der Prinz und die Prinzessin. Die alte Königin sitzt hinter ihnen. Sieh, Mutter, das Volk freut sich, sie winken! – Nur die auf der linken Seite, sagt die alte Königin, die auf der rechten winken nicht, denn da sitzt die Hure neben dir. Schick sie fort!

– Ach, die Mutter! Eifersüchtig ist sie!

– Manus matris protectat me.

– Hör auf mit deiner Mutter!

– Hure! sagt Dannunzio aufstehend, du ärgerst mich!

– Willst du mich schlagen? Schlag mich doch!

Er schlägt die Contessa ins Gesicht. Sie wehrt sich nicht. Sie lacht.

– Erzähle mir weiter! Erzähle!

– Der Prinz muß eines Tages verreisen.

– Und die Prinzessin?

– Die alte Königin sagt zu der Prinzessin: Du hattest viele Männer vor meinem Sohn. Ich schicke dir die Soldaten von der Palastwache. Jeden Abend schickt sie der Prinzessin einen neuen Mann in ihr Schlafzimmer.

– Und sie schläft mit allen! lacht die Contessa.

– Das behauptet die alte Königin, als der Prinz zurückkehrt. Du mußt die Hure fortschicken! Der Prinz will die Soldaten verhören.

– Und was sagt die Prinzessin? fragt die Contessa.

– Aber die alte Königin hat sie alle töten lassen. Sie hätten vielleicht darüber geredet und das Volk hätte den Prinzen vom Thron gejagt. Schick die Hure fort!

– Und was hat die Prinzessin gesagt?

– Die Prinzessin hat ihn umarmt und hat gesagt: Ich liebe dich.

– Und sie hat gelacht!

– Hör auf zu lachen!

Aber die Contessa lacht weiter. Komm! Komm zu mir, Gabri! Komm herunter zu mir!

– Er läßt sie in das blaue Badezimmer kommen, in das Badezimmer aus Lapislazuli. Da liegt sie auf dem Ruhebett und er streut Rosenblätter über sie, immer mehr Rosenblätter.

> Rosenfuß und Rosenlippen
> und auf ihren Brüsten Rosen –

bis sie unter den Rosenblättern verschwunden ist und das Lachen verstummt.
Dannunzio beugt sich vor, küßt die beiden nackten Füße der unter den Rosenblättern erstickten Contessa.
Er weint.

Flugtag

Er tänzelt an den Tribünen entlang, wo die eleganten Damen sich vorbeugen und zu ihm hinunterwinken. Er verneigt sich, er wirft Kußhände zu den Sonnenschirmen und wippenden Hüten hinauf, er wiegt sich hin und her, wirft den Kopf so schnell nach allen Seiten, daß ihm die Riemen seiner Fliegerhaube ums Gesicht flattern. Seht alle her! Bewundert mich! Noch bin ich unter euch, ihr könnt mich ganz aus der Nähe betrachten! Fast gleiche ich den Herren, die ihr mitgebracht habt, um ihnen zu zeigen, wie ein Mann sein muß, damit ihr ihn liebt. Ich gehe, ich tanze, und gleich fliege ich! Er springt über die Wiese zu seinem Aeroplan, klettert in den Sitz. Plötzlich scheint er leblos, eine starre Puppe, er ist zu einem Teil des Flugapparates geworden. Der kosmische Mensch! Weit weg von dieser Festwiese, mitten im Krieg, wirft er Gedichte auf die brennenden Städte.

Der Duce schreit:

– Aber du hast deine Fliegerhaube verkehrt herum auf! So siehst du ja nichts!

Der Mann im Flugzeug greift hastig nach seinem Kopf und reißt die Kappe herunter. Hellglänzend der große kahle Kopf. Der Duce biegt sich und lacht. Das Flugzeug bewegt sich von ihm weg, rollt über die Wiese, gestoßen und geschüttelt von dem unebenen Boden, dann gleitet es leicht und schnell dahin, als ob der Boden sich auf einmal geglättet hätte, aber es berührt ihn schon nicht mehr, es schwebt. Dann löst es sich auch von dem dunklen Rand des Hügels ab und steigt am hellen Himmel höher und höher, ein nervöses Insekt auf einer milchigweißen Glasscheibe, es summt und kreist, unfähig sich zu befreien. Der Himmel ist riesengroß wie nie zuvor, der Punkt darin bewegt sich kaum noch und ist plötzlich verschwunden.

– Laude, hören Sie mir zu! Hier bin ich, am Teich der Tänze!
    ... Ich bin durch meinen Garten gegangen, jetzt bin ich
    müde. Hier habe ich mich hingesetzt.
Zusammengesunken, ein gebrechlicher Greis, sitzt er auf der
Steinbank.
– Ich habe mein Plaid untergelegt, die Bank ist feucht!
Kurzsichtig beugt er sich vor und fährt mit zittrigen Fingern
über den Stein.
– Ich sehe, es ist Moos darüber hingewachsen, das muß über
    Nacht geschehen sein! Gestern war ich hier und es war kein
    Moos auf dem Stein. Das war doch gestern, Laude, als ich
    hier war? murmelt er verdrossen, kramt ein feines, silber-
    nes Federmesser aus der Westentasche und kratzt greisen-
    haft hastig den Stein ab.
– Das erschreckt mich! Die ganze Bank ist grün und auch der
    Rand des Teiches! Das Wasser sickert über den Rand und
    sucht sich ein neues Bett. Und der Teich ist ja voller Steine,
    ruft er aufgeregt, sie stoßen schon an ein paar Stellen durch
    die schimmernde Wasserfläche! Sie kommen mit dem Was-
    ser den Berg herunter, ich höre sie, wie sie sich malmend
    aneinander reiben und stoßen, ich habe ein so empfindli-
    ches Ohr! Toscanini hat mir einmal gesagt, Sie haben das
    Gehör eines begnadeten Musikers! Wie quälend das
    manchmal ist, Laude! Bald wird der Teich bis zum Rand
    voll mit Schottersteinen sein, kaum noch den Umriß wird
    man erkennen, den Umriß der Geige ... Die Geige, das
    Wasser ... eifersüchtig verschlingt die Natur meine Zei-
    chen! Wir versuchen der Natur unsere Geschichte einzu-
    prägen, wir ritzen ihr unsere Zeichen ein, sie aber wuchert
    darüber hin wie um eine eklige Wunde zu schließen ... un-
    sere Metaphern sind bald nicht mehr lesbar, verschwun-
    den, verloren ... Ich bin der Condottiere, schreit der zapp-
    lige Greis verzweifelt. Haben Sie das aufgeschrieben,
    Laude? Der Condottiere!
Er reißt Laude, der neben ihm steht, ungeduldig das Heft aus
der Hand, um seine Aufzeichnungen zu prüfen, dabei fällt es
zu Boden, und er tritt darauf mit dem Absatz.
– Der Condottiere ... der Condottiere ...

Nun wird er ruhiger, sieht Laude, der nicht wagt, das Heft aufzuheben, solange noch der Fuß des Meisters darauf steht, von der Seite an und sein Gesicht verzieht sich zu einem Grinsen.

– Wenn ich Sie mit meinem Federmesser steche, Laude, was schreiben Sie dann? Dann schreiben Sie nicht: es hat geschmerzt, ich blute, sondern Sie schreiben: er hat mich gestochen. Ich glaube, Sie empfinden gar keinen Schmerz, Laude?

Er sticht ihn. Laude schreit auf.

– Sie schreien, kichert Dannunzio. Das überrascht mich.

Hinter dem Betonpfeiler am Rand der Bühne, wo Requisiten, Teile der Dekoration, künstliche Hecken und die großen Kübel mit den Lorbeerbäumen zusammengeschoben sind, hat er sich versteckt. Er hat noch das Klatschen der letzten Zuschauer im Ohr, harte, wütende Schläge, um die schwarzen Vögel in den leeren Himmel zurückzuscheuchen. Vorsichtig späht er zwischen den Lorbeerbüschen heraus.

Oben auf der Zuschauertribüne hat man an einer Eisenstange den Duce aufgehängt, mit dem Kopf nach unten. Der Kopf ist mit Dannunzios schwarzlederner Fliegerhaube verhüllt.

– Du hast sie verkehrtherum auf! schreit Dannunzio höhnisch – andersherum! Andersherum!

Er tanzt um den Leichnam herum. Er stößt ihn an; der starre Körper pendelt hin und her. Er bückt sich zu den baumelnden Armen hinunter, tiefer noch, zu den Händen, die wie in vergeblicher Anstrengung, den Boden zu erreichen, ausgestreckt sind.

– Wie siehst du denn aus? Wer bist du denn? Niemand erkennt dich! Du hängst da, alter Kartoffelsack! Faules Stück Holz! Lumpenbündel! Verkohltes Aas! Hundebalg! Er tritt hastig ein paarmal heftig mit seinen spitzen weißen Wildlederschuhen nach dem hin und her schwankenden Leichnam.

Hat es jemand gesehen? Die Tribüne ist leer. Nur die Vögel sitzen schon wieder da. Er klatscht schallend in die Hände.

Den ganzen Nachmittag sitzt er dann auf dem Klappstuhl neben dem Leichnam. Die Sonne kreist. Am Abend fängt er an, in sein Notizbuch zu schreiben. Er reißt das Blatt heraus, heftet es mit einer Nadel an die Hand des Toten. Auf dem Zettel steht: HAND.

– Auf deine Hand schreibe ich HAND. Wenn ich nicht schreibe: HAND, dann ist es keine mehr , sagt er streng. Er beschreibt neue Zettel mit Wörtern, reißt sie aus dem Notizbuch, sticht sie mit Nadeln in das Fleisch des Toten, immer mehr Zettel.

– Auf den Kopf schreibe ich KOPF! Er steckt den Zettel fest. Auf den Hals schreibe ich HALS. Auf die Schulter schreibe ich SCHULTER, auf den Ellenbogen schreibe ich ELLEN-

BOGEN, auf die Hüfte schreibe ich HÜFTE, auf den Penis
schreibe ich PENIS, auf den Hodensack schreibe ich HODEN-
SACK, auf das Knie schreibe ich KNIE.
Er beschriftet mit großer Konzentration Zettel um Zettel, bis
das Notizbuch leer und der hängende Leichnam über und
über mit weißen Zetteln besteckt ist.
– Redende Zettel! Vom Wind leise bewegt schimmern sie in
der Dämmerung, weißes Gefieder.

Irritiert sieht der fette Sänger auf die Gestalt, die neben Dannunzio am Tisch sitzt. Ihr Gesicht ist mit einem blauen Tuch verhangen. Sie spricht nicht, aber ihre kleine Hand – hat er nicht eben eine Hand gesehen, eine Kinderkralle, die blitzschnell unter dem Tuch hervorschoß und eine Praline von der Schale wegnahm?

... Non v'è rosa senza spina, n'è piacer senza martir ... Was empfinden Sie, wenn Sie diese Arie singen? fragt Dannunzio vorgebeugt, die Mokkatasse auf den Tisch stellend. Das fette Gesicht des Sängers sieht ihn erschreckt an, versucht zu lächeln.

– Das ist doch eine göttlich schöne Musik! ruft Dannunzio ungeduldig.

– Ja ja, gewiß, murmelt der fette Sänger.

– Diesen Eindruck müheloser, vollkommener Schönheit, den Sie durch Ihren Gesang hervorrufen! Ist das nicht ein großes Glücksgefühl für Sie?

– Die Sängerstimme ist abhängig vom Körperbau. Ich habe glücklicherweise einen wunderbaren Körper, eine ideale Zwerchfellmuskulatur.

– Der Körper ist das Geschenk der Natur, aber alles andere ist doch Askese, Konzentration, spirituelle Leidenschaft.

– Der Atem, sagt der fette Sänger, weichschwingend, ein weichschwingender Atemstrom ...

– Wie alt sind Sie?

– Ich singe das hohe C nur, wenn ich zwei Töne darüber hinauskomme. Einer, erklärt der fette Sänger, ist mir als Sicherheit zu wenig.

– Ja ja ja.

– Es wäre zu riskant ... verstehen Sie!

Dannunzio nickt.

– Ja, ich verstehe.

– Ich weiß nie, ob der Ton kommt. Ich stehe auf der Bühne ... in erstklassigen Häusern ... und ich weiß, eines Abends, mitten in der Arie vielleicht, kommt der Ton nicht mehr ... oder er kommt und hört einfach auf ... mitten in der Arie ... Oder er kommt und hat noch einen anderen Ton dabei ...

- So?
- Wie ein Weinglas, das auf dem Flügel mitscheppert, wenn Sie ein Nocturne spielen. Sie spielen doch auf Ihrem Instrument?
- Manchmal.
- Wenn man über vierzig ist, sagt der fette Sänger, muß man immer damit rechnen.
- Das ist furchtbar!

Der fette Sänger glotzt: hat die kleine Kralle eben wieder nach den Pralinen gegriffen?

- Man muß jung bleiben, sagt Dannunzio aufstehend. Ich benutze ein Spezialelixier, gewonnen aus dem Körper der Bienenkönigin. Die Bienenkönigin wird achtzigmal so alt wie die anderen Bienen. Nur sie produziert diesen Stoff... Mein Apotheker stellt für mich dieses Elixier her.

Er reicht dem fetten Sänger ein Pillchen über den Tisch.

- Nehmen Sie! Nehmen Sie! Damit Ihre Stimme jung bleibt!

Der Tenor hält das Pillchen in seinen fetten Fingern und betrachtet es.

Der Salon beginnt auf einmal zu klingen, als ob dieser Ton aus den rotlackierten Möbeln aufstiege, zurückgeworfen von den rotlackierten Wänden, ein hoher, rotleuchtender, schwellender Ton.

Dannunzio lauscht vorgebeugt, verzückt. So vergeht der Nachmittag in dem roten Salon. Als es dunkel wird, hüllt sich der fette Sänger in seinen Schal und geht aus der Tür, um den Ton nach Philadelphia zu tragen.

DANNUNZIO Du hast alle Pralinen aufgegessen!

Dannunzio zieht der verhüllten Zeugin mit einem Ruck das Tuch herunter: da sitzt La Divina lachend, mit schokoladeverschmiertem Gesicht.

- Habe ich die Pralinen um meinen Mund herum verschmiert? Mir hat die Hand gezittert!
- Um dein ganzes Gesicht, lacht Dannunzio. Mohrin! Du hast es aus Übermut getan!
- Hat er mich denn erkannt?
- Wer?
- Der fette Sänger!
- Er schien beunruhigt, er wußte nicht, ob du lebst oder ob du eine Statue bist.

- Wäre dir das lieber? fragt sie.
- Ein vollkommenes Kunstwerk!
- Ich will nie mehr auftreten, sagt sie.
- Was, wenn nicht spielen, würdest du tun?
- Ich will leben!
- Was heißt das! fragt er ungeduldig weghörend.
- Mit dir! sagt die Divina.

Es schmeichelt ihm. Übermütig malen sie sich aus, wie sie zusammen leben werden, wie sie durch die Kanäle Venedigs in ihrer Gondel fahren, wie sie auf der nächtlichen Terrasse sitzen, wie sie erhitzt vom langen Ritt in die seidenen Kissen fallen, Alltäglichkeiten malen sie sich aus, Einkäufe, Besuche, Briefe schreiben, Telegramme schicken, Berge von Telegrammen, wenn sie auch nur einen Tag voneinander getrennt sind:

- »Die Morgendämmerung hat heute die Farbe deiner Augenlider.«
- »Schon eine volle Stunde bin ich allein, mein Herz setzt aus.«
- »Dein Atem, Divina, ein ängstlicher Vogel.«

Und wie sie zusammen Gedichte sprechen.

- Nein, ruft die Divina, keine Zeile!

Der Übermut ist verflogen. Jeder Augenblick, den sie sich zusammen ausmalen, gehört zu einem Drama, jeder Satz ist aus einem bukolischen Gedicht.

- Wie schwer ist es, aufrichtig zu sein!
- Was nennst du aufrichtig?
- Leben! Leben! ruft die Schauspielerin mit übergroßer Geste.

Er fotografiert sie.

Handschuhe

Wie auf der Flucht eilt die vermummte Frau an den Gewächshäusern vorbei den Weg hinunter zum Teich. Sie schleppt
einen Koffer. Vergeblich versucht Dannunzio, sie einzuholen. Er springt über den Bach, um den Weg abzukürzen, gerät
ins Rutschen, drängt sich durch die Büsche, deren Zweige er
mit dem Silberstöckchen zur Seite schlägt.
– Wo rennen Sie denn hin? Das ist mein Koffer!
Die Frau läuft weiter, ohne sich umzudrehen. Aus dem halb-
offenen Koffer fallen Handschuhe heraus, Dannunzio hebt
sie auf, läuft weiter. Da liegt wieder ein Handschuh. Immer
mehr Handschuhe.
– Wer sind Sie denn?
Die Frau mit dem Koffer ist auf einmal verschwunden. Aber
die Spur der Handschuhe führt zum Teich hinunter, über den
Teich hinweg: da schaukeln einzelne weiße Handschuhe, wie
tote Hände, auf der Wasseroberfläche.
Dannunzio steigt durch das niedrige Wasser, fischt mit seinem
Stöckchen die Handschuhe heraus.

Kind 2

Tief im Garten hockt das Kind in seiner Laubhöhle. Weiß leuchtet sein puderbedeckter, kahlgeschorener Kopf. Spielzeug im Gras, ein Holzgewehr, ein roter Zelluloidfisch, ein Heft mit pornographischen Fotos, ein toter Vogel. Dannunzio beugt sich über das Kind:

– Du hast meinen Fisch gestohlen!

Das Kind gibt keine Antwort.

– Was hast du für einen weißen Kopf? Ist das eine Tarnkappe? bist du unsichtbar und beobachtest mich?

Das Kind schlägt sich auf den Puderkopf, es stäubt eine weiße Wolke auf.

– Läusepulver! Widerlich! Was versteckst du da?

Das Kind hält das Holzgewehr hinter seinem Rücken.

– Ich schieße!

– Dann mußt du auch zielen! Auf wen schießt du denn?

– Auf den Feind.

– Wer ist denn dein Feind?

Das Kind gibt keine Antwort.

– Ich bin dein Feind! schreit Dannunzio und reißt sich die Jacke auf. Schieße auf mich!

– Nein, nicht auf dich.

Das Kind lacht.

– Schieß nur! Schieß nur!

– Du bist doch tot!

– Ich bin tot? ruft Dannunzio verblüfft.

Das Kind nickt.

– Du hast ein rotes Gesicht.

– Nur die Lebenden haben rote Gesichter! Die Toten sind weiß. Sieh dich vor, dein Kopf ist ganz weiß, du bist selber tot!

Das Kind flüstert:

– Dein Gesicht ist rot angemalt. Der Leichenmaler wars. Die Toten werden rot angemalt, ich weiß das. Dann werden sie im Garten vergraben.

– Siehst du hier ein Grab?

– Es ist schon zugeschüttet. Die drei Frauen schmeißen Dreck drauf, Vogelmist und Steine.

– He, ihr Parzen! Was tut ihr denn da drüben? Warum flattert

ihr so mit den Händen? ruft Dannunzio zu den großen
schwarzgekleideten Frauen hinüber, die unbeweglich auf
dem Steintisch hocken.
– Die hören dich nicht.
– Die Parzen!
Das Kind lacht ihn aus.
– Man kann dich doch gar nicht verstehen! Du keuchst ja
  bloß! Du erstickst ja! Du hast den Mund voller Erde!
– Ich kann nur sehr schwer sprechen, das ist wahr. Ich merke
  es selbst ... Wie kommt das nur?
Das Kind sagt:
– Pling! Jetzt platzen dir die Zähne ab!
Dannunzio faßt sich erschrocken an den Mund, beugt sich
vor, würgt. Erdbrocken fallen ihm aus dem Mund in die auf-
gehaltene Hand. Mit zitternden Fingern tastet er die sandigen
Brocken ab, entdeckt Zähne, weiße, abgebrochene Stücke.
Er will etwas sagen, schreien, aber aus dem aufgerissenen
Mund quillt wieder sandige Erde. Er spürt einen ledrigen
Lappen zwischen den Fingern, sieht entsetzt, es ist seine
Zunge.
Das Kind singt:

Rosig liegst du in den Kissen
aus den Augen wachsen Schwämme
aus der Nase Rosmarin
aus dem Mund zwei kleine Käfer
und dein Fuß die Kralle
schwarze Kralle, Vogelkralle!
Tot liegt da der alte Hahn.

Ich glaube, ich bin ohnmächtig geworden, murmelt Dannun-
zio. Er liegt im Gras und horcht auf das Geschrei der Grillen.
Ich kann mich an gar nichts mehr erinnern. Wie seltsam! Er
richtet sich benommen auf.
– Dich aber kenne ich doch! ruft er, plötzlich wieder lebhaft,
  als er das Kind vor sich sieht. Wie heißt du?
– Gabriel.
– Ich heiße Gabriel! Ich!
– Ich kenne dich nicht.
– Du hast ja mein Hemd an, mein Kinderhemd! Und das ist

144

mein roter Fisch! Gib mir meinen Fisch! Du hast ihn gestohlen! Er gehört mir!
- Nein, mir! Meine Mutter hat mir den Fisch geschenkt.
- Meine Mutter hat mir den Fisch geschenkt!
- Nein! Meine! Meine!
- Meine Mutter ist jung und schön, eine junge, schöne, lächelnde, schwarzhaarige Frau!

Das Kind plärrt ihm nach:
- »Meine Mutter ist jung und schön, eine junge, schöne, lächelnde, schwarzhaarige Frau!«

Dannunzio schlägt nach dem Kind. Es schreit:
- Laß mich in Ruhe! Ich bin das schöne Kind!
- Ich war das schöne Kind! Kennst du mich denn nicht?
- Du bist ein alter Mann, ich kenne dich nicht.
- Weißt du nicht, was aus dir geworden ist?

Dannunzio stolziert vor dem Kind auf und ab. – Sieh nur: ein Springer! Ein Flieger! Ein Held! Ein Gärtner! Ein Heiliger! Sieh nur!

Das Kind ist weiß vor Zorn, weint, schüttelt den Kopf.
- Das wolltest du doch, Kind Gabriel! Das sind doch deine Träume!

Das Kind schreit:
- Ich kenne dich nicht, alter Glatzkopf! Du bist alt, häßlich!

Heimkehr

Auf dem Betonklotz im Mausoleum sitzt die riesige alte Mutter. Die Tür hinter ihr ist aufgebrochen, fauliges Stroh quillt heraus, rostige Blechbüchsen, Glasscherben, zerbrochene Stühle.

Dannunzio im weißen Sommeranzug.

– Nicht länger weine! Der geliebte Sohn
kehrt heim zu dir! Er ist des Lügens müde.

Er zieht seine Handschuhe aus, zeigt ihr seine Hände.

– Meine Hände sind gewaschen und gebürstet. Ich pflege sie jeden Tag, sie sind glatt, gar nicht porös. Nur hier die Schwiele, das kommt vom vielen Schreiben, immer die Feder zwischen Zeigefinger und Mittelfinger, die Schriftstellerschwiele! Ich habe dir viele Briefe geschrieben, Mutter! *Er holt aus allen Taschen Briefe hervor.* Ich habe sie frankiert und abgeschickt, aber sie kamen alle an mich zurück. Ich habe mich darüber bei der Post beschwert. Es hat nichts genützt. Ich habe sie alle aufgehoben und trage sie immer bei mir. Ich will sie dir vorlesen. *Er faltet einen Brief auseinander und hält ihn ans Licht, will lesen.* Ach! Bei diesem ist die Tinte verblaßt, ich kann gar nichts mehr entziffern! *Er öffnet einen anderen Brief.* Hier, ich nehme diesen! Das Blatt ist auch leer! *In immer größerer Hast faltet er Briefe auf, und versucht vergeblich sie zu lesen.* Die Tinte war schlecht! Alles ist verschwunden! *Er wirft einen Brief nach dem anderen weg.* Das ist Betrug! Der Händler hat die Tinte verdünnt, so daß meine Schriftzüge verschwunden sind! Er hat mich betrogen! . . . Nichts . . . nichts! Nur leere Blätter! . . . Und auch den schönen Blumenstrauß, den ich dir versprochen hatte, konnte ich dir nicht bringen. Als ich auf dem Weg zu dir war, wollte ich die Blumen pflücken, aber jemand, der vor mir ging, schlug ihnen die Köpfe ab. Ich rief, ich versuchte ihn einzuholen, aber er war schneller als ich . . . Wie schrecklich, daß ich mit leeren Händen dastehe, Mutter! *Wie ein Kind, das ein schlechtes Gewissen hat, versteckt er seine Hände und zieht sich zurück. Draußen im grellen Licht steht der Hahn. Er hält den Kopf schief, späht mit kaltem Auge herein.*

Universum

*Dannunzio, im Aeroplan, dreht einen Looping, Kopf nach un-
ten.*

Meinen Namen schreibe ich
in den schwarzen Schiefer des Himmels,
ich kreise, ich drehe mich! Den Himmel
tief unter mir, über mir die Erde
mit den flackernden Sonnen
brennender Städte. Blutige Ströme
den Himmel herab in die Nacht, Krieg
oben und unten! Ich fliege! Ich schwebe!
Süchtig nach Vertauschung von Himmel
und Erde! Wer, wenn ich stürze,
nimmt mich denn auf: der verbrannte
Himmel unten oder die entleerte Erde
dort oben, stürz ich zwischen den Sternen
durch und glühe, eine winzige Weltsekunde,
wenn ich eintauche ins Nichts
und sie aufschreien: Ein Meteor!
sich Großes wünschend für ihr beschränkteres
Leben? Verglühe ich für die dort
in dem Nichts oder stürz ich zur Erde
hinauf für die leere Tribüne
des Himmels, der mich mit seinem
Schweigen ehrt, mich, den Helden?
Trage mich, Aeroplan!
Zwischen zwei Toden
fliege ich singend dahin!

DER JUNGE MANN *steht vor dem Gebüsch* Sie verstecken sich vor mir, aber ich sehe Sie! Da stecken Sie im Busch. Ich dachte, Sie kommen vielleicht auf einem Pferd geritten oder Sie drehen einen Looping über meinem Kopf, wenn ich Ihnen zuwinke. Statt dessen scheinen Sie sich zu fürchten. Vor mir? *Heftig* Nun kommen Sie schon heraus!
Laude erscheint.

LAUDE Dies ist ein verbotener Garten!

DER JUNGE MANN Ich habe Sie mir älter vorgestellt! Würdiger! Vergreister!

LAUDE Ich bin es nicht.

DER JUNGE MANN *bricht in Gelächter aus* Das muß ich mir merken! Fabelhaft gesagt! Ich stehe hier . . . *Er verbeugt sich tief* . . . aber: ich bin es nicht!

LAUDE Ich bin es wirklich nicht!

DER JUNGE MANN Ich erkenne Sie aber! Ich habe Sie genau in meinem Kopf! Ich habe mir Fotos angesehen!

LAUDE *gibt nach* So?

DER JUNGE MANN Im Jubel der Hunderttausende auf der Tribüne, Hand in Hand mit dem Diktator – klick! Als Kriegsheld neben dem Doppeldecker – Fliegerhaube – klick! Hoch zu Roß – klick! wie Sardanapal wollüstig mit seinen Frauen auf seidenen Polstern – klick! Auf der Rennbahn, scherzend mit den Prinzessinnen unter ihren Sonnenschirmchen – klick! Der König schenkt Ihnen eine Medaille – klick!

LAUDE Was haben Sie für Absichten?

DER JUNGE MANN Bin ich Ihnen verdächtig? Ich habe nur klick gemacht, ich habe noch nicht einmal einen Fotoapparat in der Hand, ich mache nur klick! – sehen Sie – klick! – Klick! Klick! Ah, jetzt bin ich Ihnen ganz nah gekommen, jetzt sind Sie erschrocken! Sie dachten wohl, ich habe ein Messer – klick! Ich habe gar nichts in der Hand, sehen Sie! Klick!

LAUDE Bitte gehen Sie jetzt!

DER JUNGE MANN Ist es wahr: ich habe gehört, Sie wollen nicht sterben? Das interessiert mich, das ist eine wichtige Frage für mich! Sie fürchten, getötet zu werden, Sie fürchten Ihr Leben lang, daß ein Attentäter kommt und Sie tötet. Vielleicht kommt er ganz harmlos mit einem Blumenkorb oder mit einem Plastikbeutel, oder er hat einen Fotoapparat und macht: klick! Niemand darf in Ihre Nähe, niemand! Deshalb haben Sie die hohe Mauer errichten lassen. Stimmt das?

Laude geht langsam rückwärts, will im Busch verschwinden.

DER JUNGE MANN *packt ihn, hält ihn fest* Bitte sagen Sie es mir! Sie müssen mir sagen: warum wollen Sie leben und leben und immer weiter leben! Warum beten Sie das Leben an!

LAUDE Hören Sie auf, Sie täuschen sich! Lassen Sie mich los – ich weiß es nicht!

DER JUNGE MANN *in großer Aufregung* Sagen Sie es!

LAUDE Ich bin nicht der Meister! Ich sehe ihm ähnlich, aber ich bin es nicht!

Der junge Mann umklammert Laude in einer wilden, aggressiven Umarmung.

LAUDE *versucht vergeblich sich zu befreien* Seit vielen Jahren lebe ich mit ihm. Ich bin sein Biograph, sein Vertrauter, sein Double. Er hat mich damals nur engagiert, weil ich ihm in gewisser Weise ähnlich sah. Ich sehe ihm ähnlich und ich bin zwanzig Jahre jünger, verstehen Sie, das ist ideal für ihn! Ich werde manchmal vor das Tor geschickt – ein stummer Auftritt für das Publikum – und die Leute sagen, seht nur, wie jung er noch aussieht! Sein Gang, seine Haltung, so federnd, so erstaunlich frisch! Das war ich! Das bin immer ich! Meine Stimme ist sogar seiner Stimme ähnlich, sagt er . . . ich allerdings finde seine Stimme quäkend . . . und es beleidigt mich etwas, daß er das glaubt. Bestimmte Kleidungsstücke wurden immer doppelt angefertigt, denn natürlich trage ich bei solchen Auftritten nicht seine eigenen Kleider, sondern nur Kopien . . . Merken Sie denn nicht . . . So sehr ich ihm auch ähnlich bin, es fehlt mir doch ganz seine Aura! Deshalb werde ich von manchen seiner Besucher und Bewunderer nicht geschätzt. Ich bin ihnen fast unangenehm, meine Person wirkt auf sie wie eine Entlarvung des Meisters.

In seiner hysterischen Aufregung hat der junge Mann erst nach und nach begriffen: er hat seine Leidenschaft und seine Energie an den Falschen verschwendet, er hat sich lächerlich gemacht. Nun hockt er kraftlos und apathisch am Boden. Aus der Tiefe des Gartens ruft eine Stimme: Laude! Mit wem sprechen Sie? Als Dannunzio zwischen den Bäumen hervortritt, streckt Laude, der sich ertappt fühlt und erschrocken ist, beide Arme vor und weist auf den jungen Mann. Er ist gefährlich! Ein Mörder!

Dannunzio erwartet eine große dramatische Szene, aber der junge Mann wirft nicht einmal einen Blick auf den Greis, wie er da steht und vor Unruhe und Erwartung zu tänzeln beginnt. Dannunzio schickt Laude mit einer Handbewegung fort: Dann gehen Sie nur weg, Laude, ich bleibe hier!

Warum merkt der junge Mann nicht, daß ich vor ihm stehe? Er ist doch meinetwegen gekommen! Gereizt und gekitzelt von der Vorstellung einer heroischen Konfrontation sieht er auf den jungen Menschen, der unglücklich und verstört am Boden kauert. So vergeht ein unendlich langer schweigender Augenblick. Plötzlich schreien die Grillen.

DANNUNZIO *ungeduldig* Wo haben Sie Ihre Pistole?

DER JUNGE MANN *antwortet ohne ihn anzusehen, gehorsam wie ein Schüler* Ich habe keine.

DANNUNZIO Aha! Womit wollen Sie denn Ihre Tat ausführen, junger schöner Tod? Wollen Sie einen Stein aufheben und mir auf den Kopf schlagen? Oder halten Sie ein Klappmesser in der Hand bereit? Halten Sie es im Jackenärmel verborgen?

DER JUNGE MANN Nein.

DANNUNZIO Und was tragen Sie da mit sich herum? Zeigen Sie mir, was Sie da haben!
Der junge Mann läßt ihn bereitwillig in die Plastiktüte sehen.
Nichts als ein Schlüsselbund, ein Sandwich.
Schweigen.
Ich habe auf Sie gewartet.

DER JUNGE MANN *überrascht* Auf mich?

DANNUNZIO Ich wußte, daß einer vor den anderen kommen und mich ansehen wird mit angstvollem Blick, mit der Angst des Jägers vor seinem Opfer. Das Geschwirr von Pfeilen in der Mittagshitze. Hörst du es?

DER JUNGE MANN Grillengeschrei.

DANNUNZIO Das Geschwirr von Pfeilen! Silberne Ströme fließen von den Bäumen herab. Alte Olivenbäume. Der Garten verwandelt sich, bereitet sich, das Opfer zu ehren. Die Parzen sah ich schon. Ich sah sie heute morgen von meinem Fenster aus. Drei große schwarze Frauen sah ich unten auf dem steinernen Tisch kauern. Sehen Sie – dort!

Die drei riesigen schwarzgekleideten Frauen stehen im Schatten der Olivenbäume.

DER JUNGE MANN Ich sehe nichts.

DANNUNZIO *tritt plötzlich ganz nah an den jungen Mann heran und flüstert ihm ins Ohr* Nehmen Sie mich mit!

Der junge Mann sieht ihn überrascht an.

Nehmen Sie mich mit, ich bin hier eingesperrt! Man hält mich gefangen, man hat eine hohe Mauer um mich herum gebaut!

DER JUNGE MANN Ich denke, die Mauer haben Sie gebaut! Sie lassen niemand in Ihren Garten hinein.

DANNUNZIO Im Gegenteil, im Gegenteil! Das sagt man nur, um die Menschen fernzuhalten, um sie abzuschrecken, um mich vom Leben, von der Welt abzutrennen. Ich habe Sehnsucht nach Menschen, nach jungen Menschen! . . . Haben Sie mich für alt gehalten?

DER JUNGE MANN Ja.

DANNUNZIO Da sehen Sie! Man verbreitet das also! Aber es ist nicht wahr, das sehen Sie doch! Das kann jeder sehen, das ist leicht zu widerlegen! Ich springe vom Pferd auf meine jungen Beine, federnd! Heute morgen erst kam eine junge schöne Frau zu mir und wurde beglückt! – Man nimmt mir meine Kleidungsstücke ab, damit ich mich nicht öffentlich zeigen kann. Laude zieht meine Sachen an und tritt vor die Leute. Er stiehlt meine Sachen! Er tritt hinaus, damit die Leute glauben, ich sei frei, den Garten zu verlassen, wenn es mir gefällt. Er hat ja eine gewisse oberflächliche Ähnlichkeit mit mir. Wenn ich aber versuche, einen Schritt vor das Tor zu machen, dann liegen dort Bananenschalen! Der ganze Platz ist voller Bananenschalen! Ich gleite aus! Ich liege hilflos auf dem Rücken, und in meinen Ohren gellt das höhnische Geschrei der Kinder . . . Warum sind Sie gekommen? Haben Sie mir das schon gesagt? Was wollen Sie von mir?

Der junge Mann gibt keine Antwort.

Sie sehen so heruntergekommen aus, das fällt mir jetzt auf, geradezu verwahrlost! Sogar barfuß . . . Sind Sie auf der Flucht? Suchen Sie ein Versteck? Haben Sie sich dafür meinen Garten ausgesucht? Sind Sie vielleicht aus irgendeiner Anstalt, irgendeinem Gewahrsam entlaufen? So sehen Sie nämlich aus! So bleich und mit stumpfen Augen! Ohne Feuer und ohne Hoffnung . . . Deshalb mußte man Sie wohl von den anderen Menschen entfernen? Wegen gefährlicher Hoffnungslosigkeit!

DER JUNGE MANN Was stand auf den Zetteln?

DANNUNZIO Welche Zettel?

DER JUNGE MANN Was hatten Sie auf die Zettel geschrieben? Sie sind doch mitten im Krieg in Ihrem Doppeldecker aufgestiegen, über die brennenden Städte geflogen und haben diese Zettel abgeworfen!

DANNUNZIO Ja, die Flugblätter! Über Wien!

DER JUNGE MANN Flugblätter? Waren das bloß politische Flugblätter?

DANNUNZIO Aufrufe! Proklamationen!

DER JUNGE MANN Politische Tagesparolen?

DANNUNZIO Ja.

DER JUNGE MANN Kriegsgeschrei!

DANNUNZIO Ja. Im Krieg!

DER JUNGE MANN O ich dachte, es wäre eine Botschaft an die Menschen gewesen, an die Leidenden in den Flammen!

DANNUNZIO Ganz recht! Botschaften! Alle meine Aufrufe waren Botschaften, poetische Botschaften!

DER JUNGE MANN *winkt ab* Sie verstehen gar nicht, was ich meine.

DANNUNZIO Ich habe alle Zettel mit der Hand geschrieben, jeden einzelnen, jede einzelne Botschaft! Ich schreibe alles mit der Hand!

DER JUNGE MANN Sie wissen also nichts! Sie waren nie mehr da draußen! *Er schreit* Die ganze Erde ist Asche und Staub!

DANNUNZIO Ich habe auf die Zettel geschrieben . . .

DER JUNGE MANN Die Erde ist Asche und Staub!

DANNUNZIO Lassen Sie mich sagen . . . ich habe geschrieben . . .

DER JUNGE MANN Meine Schuhsohlen sind verkohlt, ich habe keine Schuhe mehr. Ich habe mir die Füße versengt. Ich mußte hüpfen, ich mußte hohe Sprünge machen, aber ich habe mir trotzdem die Füße verbrannt in der heißen Asche!

DANNUNZIO Welchen Weg haben Sie denn genommen ...

DER JUNGE MANN Es gibt keine Wege mehr, es gibt keine Häuser mehr, es gibt keine Städte mehr, es gibt keine Bäume mehr, es gibt keine Flugzeuge mehr in der Luft, es gibt keine Schiffe mehr auf den Ozeanen, es gibt keine Ozeane mehr, keine Flüsse, keine Seen ... Geröll und Asche! Es gibt keine Tiere mehr, es gibt keine Blumen mehr, es gibt keinen einzigen Vogel mehr, es gibt keine Stimmen mehr, kein Geschrei und keine Klagen, es gibt keinen einzigen Menschen mehr da draußen, es gibt keinen Tag mehr und keine Nacht, alles was meine Augen noch sehen ist milchiges Weiß! ... Und Sie sagen, ich soll Sie mit hinausnehmen!

DANNUNZIO Wieso sollte ich mit Ihnen gehen wollen? Wie kommen Sie darauf?

DANNUNZIO Ich soll Sie auf den Rücken nehmen? Ich soll mit meinen nackten Füßen durch die Asche springen und Sie sitzen mir auf dem Rücken wie ein Affe und schreien mir Lügen in die Ohren!

DANNUNZIO Ja! Ich schreie Ihnen in die Ohren, hören Sie zu! Mein Garten blüht, er ist angefüllt mit meinem Leben! Alle Dinge sprechen meinen Namen aus! Ich habe an die Steine geschlagen und habe einen Ton gehört! In der Nacht bin ich aufgewacht und habe diesen Ton klingen hören, das war der Stein, die ganze Nacht hat er geklungen! Ich habe die sechsunddreißig antiken Säulen auf dem Hügel versammelt, ich habe sie zum Sprechen gebracht, sie haben mit den schlanken Stämmen der Akazien geredet, die zwischen ihnen emporwuchsen und über sie hinaus! Über die Zeit sprechen sie, und über die Größe des alten Imperiums, sie sangen die Verse Virgils und es war zugleich meine Sprache! Sehen Sie die Adler, wie sie ihre schweren Flügel erheben aus dem Stein, sie fliegen, sie fliegen! Ich habe Altäre errichtet für das, was ich liebe, um der Menschheit zu sagen: verehrt es wie ich, betet es an! Betet den Gott der Jugend, des Mutes an, der in seinem Rennboot über den See rast! Hier liegt das zerbrochene Lenkrad auf dem Altar! Weint nicht um seinen Tod, betet ihn an, er ist der Sieger! ... Geboren bin ich in einem Grab, in einer Wiege werde ich sterbe. Ich bin der Anfang, ich bin der Sieger! Ich fliege mit euch, ihr Granaten, meine Engel! Eure Detonationen sind meine Triumphschreie! Sprecht, ihr Wasserströme, ihr stampfenden Maschinen, sprecht mit den Stimmen, die ich euch gegeben habe, ihr stählernen Brücken, singt mit meiner Stimme, Automotoren, sprecht alle, sprecht alle, sprecht alle mit der unsterblichen Stimme meines Herzens! ... Sind Sie müde, junger Mann, können Sie mich nicht tragen? Leicht bin ich, ein Tänzer! Und auch Sie sollen tanzen, mit mir! Ich leide, ich freue mich, daß ich leide, ich bin der Aussätzige, ich betrachte meine Wunden, ich liebe meine Wunden, Schmerz und Freude schreien aus mir mit einer einzigen Stimme! Ich bin der Märtyrer, ich bin Sebastian! Ich warte auf die Pfeile der Bogenschützen, ich warte sehnsüchtig auf das Geschwirr der Pfeile in der Mittagshitze!

So hockt ein kreischender Affe auf dem Rücken des armen jungen Mannes und der arme junge Mann muß ihn über das wüste Land schleppen. Der junge Mann kauert am Boden, er hat sich, um die Stimme nicht zu hören, den Plastiksack über den Kopf gezogen.
– Was machen Sie denn da? Warum hören Sie mir nicht zu! Dannunzio stößt ihn an, der junge Mann rührt sich nicht. Er tritt ihn mit dem Absatz, zweimal, dreimal, immer heftiger, schließlich wütend, er kann gar nicht mehr aufhören um ihn herumzuspringen und ihn zu treten: der Tanz eines grotesken Vogels.

Nachlaß

Hier ist das zerbrochene Lenkrad; hier dreihundert seidene Hemden, fünfundvierzig davon für eine Kostümausstellung ausgeliehen; hier ein österreichisches Maschinengewehr; ein Schiffsbug mit Aufbauten, der Rumpf ergänzt durch Gartenarchitektur; hier der Blick aus dem Fenster auf die Insel im See, in deren Umriß man das Profil Dantes erkennen kann; siebzig Parfümflacons; ein Flugzeug, buntbemalt, Doppeldecker; vierzig Plastiken, darunter Kopien der Sklaven von Michelangelo; antike Fundstücke, Pferdeköpfe, lebensgroß; hier die ständig mit einem Tuch verhüllte Büste der Schauspielerin Eleonora Duse; bronzener Affe, der ein engumschlungenes Liebespaar in einem Netz gefangenhält; hier das abgerissene Leitwerk eines deutschen Kampfflugzeugs aus dem Krieg 1914/18; hier der heilige Sebastian, Holz, bemalt; verschiedene Handschriften, mittelalterliche Psalter; sechzig Bleistifte verschiedener Längen; ein Schiffsanker; eine Artilleriegranate, mit Lorbeer bekränzt; eine Wiege; das Auge Gottes unter einem Glassturz; hier eine Uniform, stark abgetragen; ein Sarg, als Bett benutzt; eine lederne Augenbinde; elftausenddreihundertachtzig Bücher; mehrere Buddhastatuen; hier eine Kollektion von dreißig Badeschwämmen; ein zerbeulter Zelluloidfisch; hier ein Stapel Flugblätter in deutscher Sprache, stark vergilbt.

Er hat einen großen Strohhut auf. Er ist der Gärtner, der am frühen Morgen umhergeht und mit strenger Sorgfalt den Zustand seines Gartens prüft. Die Wege sind frisch geharkt. Im feinen Sand vor dem Gewächshaus entdeckt er die Krallenspur des Hahns, er bückt sich und verwischt sie schnell. Die Wasserleitung für das Bassin ist brüchig, das Wasser quillt überall zwischen den Steinen heraus. Das Gras steht hoch, rostigrote Artilleriegranaten liegen im Gras. Wer hat sie über Nacht von ihren Säulen geworfen? Er versucht sie aufzurichten, aber sie sind zu schwer. Auf dem Steintisch unter den Olivenbäumen hocken die drei großen schwarzen Frauen und sehen ihm mit schläfriger Gleichgültigkeit zu.

– Immer schlaft ihr! ruft er zu ihnen hinüber.

Unter dem Stein an der Mauer, den er mit dem Fuß zurechtschiebt, ein Nest von weißen Würmern im Feuchten. Bienengesumm in den Oleanderbüschen. Der Schiffsbug muß neu gestrichen werden. Bougainvilla überwuchert die Hauswand, das Fenster oben steht offen.

In dieser Morgenstunde kommen die Bogenschützen. Zuerst ist nur einer zu sehen, ein schöner, halbnackter Mann im hohen Gras unter dem Olivenbaum. Er bewegt sich nicht.

– Komm her zu mir, junger Bogenschütze!

Steht dort nicht einer schon die ganze Zeit, im Schatten des Torbogens? Drei andere führen auf dem geschlungenen Pfad einen Gefangenen herauf. Jetzt sind sie hinter den Büschen verschwunden, aber dort am Bassin tauchen sie wieder auf.

– Kommt her, ihr schönen Jünglinge! Hier bin ich, hier! Ich kenne euch, jeden von euch kenne ich beim Namen! Gaius! Marius! Cornelius! Die großen alten römischen Namen tragt ihr!

Nun sind es sechs, sieben. Aus dem Schatten des Gartens kommen sie heraus.

– Lucius! Menenius!

Die Kohorte bewegt sich zwischen den Bäumen herauf und geht dicht an ihm vorüber.

– Seht ihr mich denn nicht?

Sie entkleiden den Märtyrer, nehmen ihm den Helm ab, den Brustpanzer, die Beinschienen, die Sandalen. Sie schlitzen

das Hemd auf. Der nackte Körper ist ungeschützt. Sie binden
ihn mit Stricken an den Stamm eines Lorbeerbaums, die
Handgelenke über seinem Kopf gekreuzt an einen Ast. Er
lächelt.
– Ich bin es! Mich meint ihr! Ich bin der Märtyrer! Ich bin es!
  ruft Dannunzio. Ich fürchte mich nicht, ich sehe mich lächeln.
– Der Hahn von Fiume! lachen die Parzen gellend, der Hahn
  von Fiume! Der Hahn von Fiume! Wie er kreischt und
  schreit, wie er kräht und wie er sich spreizt! Es hört dich
  keiner! Es kennt dich keiner! Federn und Geschrei! Das
  wars nicht wert, daß du deiner Mutter den Leib zerrissen
  hast!
Dannunzio hält sich die Ohren zu, horcht auf die summende
Stille in seinem Kopf.
  Mein Blut beginnt
  zu rinnen, wie der Schatten wächst.
  Die Lorbeerbäume stehen dicht
  den Lanzen gleich an Christi Kreuz.
  Aus tiefster Seele, aus tiefster Seele
  schrei ich nach eurer Liebe, Schützen!
  Ganz nahe muß man zielen, wenn man treffen will.
  Wen sollt ich mir wählen als
  den, der den schärfsten Pfeil mir wetzt
  und ihn mit solcher Kraft entsendet
  – beißt auf die Zähne, und mit Wucht
  den Bogen spannt bis an die Schläfe! –
  daß er des Baumes Rinde schürft
  und mit dem Schafte mich durchbohrt.
  Wer so mich trifft, hat mir bewiesen,
  daß seine Liebe ewig ist.
  Aus tiefster Seel, aus tiefster Seele
  schrei ich nach eurer Lieb, Erwählte!
  Zum Segen wird jeder Pfeil,
  zum Leben, ewigen Heil!
  Weint nicht! Zielt fest! Und hoch den Mut!
  Gleich wie im Kampf berauscht von Blut,
  so seid berauscht! Nach meinem Leibe
  ganz nahe zielt! Er ist die Scheibe!
  Gesegnet sei der erste Pfeil!

– Gebannt und bezwungen von meinem Lächeln spannt einer der Schützen die Sehne und schießt. Der Pfeil steckt in meinem Fleisch. Eine Art plötzlicher Raserei scheint sich der Bogenschützen zu bemächtigen. Noch mehr! Um Liebe fleh ich! Eure Liebe! Sie stoßen abgerissene, heisere Schreie aus, wie Schläfer, geschüttelt von einem blinden Kampfe gegen fürchterliche Träume. Mehr! Mehr! Einige lassen ihre Bogen fallen und sinken auf die Knie! Noch mehr! Einige werfen sich, wie in einem Krampf, vor Schrecken nach hinten. Noch mehr! Andere haben ihre Köcher ins Gras geleert und halten unter dem linken Fuß das Bündel Pfeile. Sie bücken sich, um einen nach dem anderen aufzunehmen, und sie schießen, verzweifelt, als hätten sie nicht einen verwundeten Leib vor sich, sondern als müßten sie eine Horde Berittener zurückschlagen, ehe sie herankämen und sie unter den Hufen zermalmten. Noch mehr! Sie schießen verzweifelt, außer sich vor Liebe und Angst. O ewige Liebe! . . . Der Garten ist leer und still. Das Mittagslicht flimmert silbrig durch die Blätter. Es ist das Todesröcheln in der durchbohrten Kehle, der letzte Seufzer, das letzte Lächeln, der höchste Notschrei. Das schöne Haupt sinkt auf die glatte Schulter. Das Gefieder eines Pfeils zittert noch in der Achsel. Der herrliche Leib sinkt zusammen. Die Arme, von den Stricken festgehalten, dehnen sich.

Die Säulen, die Bäume

Oben bei den Säulen, bei den Bäumen steht das Söhnchen
Emilio mit seiner Geige, es streicht mit dem Bogen über die
Saiten, ein endlos langer süßer Klageton ist nun über den
dunklen Gärten zu hören, der in der Nachtluft stehenbleibt,
ein Ton, dessen Beginn unendlich weit zurückreicht, der erste
Ton am Beginn der Schöpfung, und der nicht zu enden
scheint, ehe nicht die Zeit selber endet.

– Hören Sie! . . . Hören Sie! ruft der aufgeregte Vater in den
  Garten hinunter, es ist so schön! Jetzt ist sein Ton so hoch,
  daß man gar nichts mehr hört . . . er ist aber noch da! Man
  hört ihn nur nicht! . . . Die Töne . . . die Luft . . . Hören Sie!
  Das muß man aus der Ferne hören, wenn man zu nah her-
  ankommt, kann man es nicht aushalten!

Der Junge hat den Bogen längst abgesetzt, aber der Ton ist
noch immer zu hören, rein und schön, befreit von dem Instrument und von der Anstrengung, ihn hervorzubringen.

– Ich muß immer hinlaufen und sehen: das ist Emilio! ruft der
  aufgeregte Vater. Das ist Emilio! Ich muß ihn sehen! Emilio! Emilio! . . . Vielleicht glauben Sie nicht, daß es Emilio
  ist! Ich glaube es auch nicht, aber ich sehe ihn ja! Da steht er
  und spielt! Wie kommt es nur aus diesem Jungen! Das
  Wunder! Das Wunder! . . . Hören Sie!

Tief im Garten hockt Dannunzio mit angezogenen Knien. Die
Gesichtszüge aus grauem porösen Stein sind vom Regen wie
von Tränenbächen ausgewaschen. Der Schädel, die Ohren
moosüberwachsen.

Noch immer sitzt die Alte auf ihrem Stuhl im verlassenen Mausoleum, als Laude vorsichtig hereinspäht.

– Wollen Sie nicht lieber gehen? Er ist heute nicht in seinem Garten.
– Ich habe ihn doch schon gesehen, ich habe ihm doch schon ins Auge geblickt, dem schönen Jüngling!
– Bitte gehen Sie! Warten Sie nicht länger!
– Ich bin doch ... na, wer bin ich denn? Sie wedelt mit der schmutzigen Hand dicht vor seinem Gesicht, so daß er zurückweicht.
– Wer sind Sie?
– Er weiß es nicht! Er weiß es nicht!
Sie lacht und lacht.
– Lachen Sie doch nicht so laut!
– Und er hat mich retten wollen! kreischt sie.
LAUDE Hätte ich Sie denn jemals gesehen? Habe ich Ihnen geholfen? Habe ich Ihnen Geld gegeben?
DIE ALTE Gib mir zwölf Millionen Lire!
LAUDE Gehen Sie, verlassen Sie diesen Ort!
DIE ALTE Laude, mein Schätzchen! Vor dem Ungeheuer hast du mich retten wollen! Du weißt doch, wer das Ungeheuer ist! Durchs Schlüsselloch hast du gesehen, er hat dich rausgeworfen, aber du hast durchs Schlüsselloch gelinst, du kümmerlicher Wichser! Das willst du wohl nicht mehr wahrhaben, du Arsch.
LAUDE Erlauben Sie mal ...
DIE ALTE Ich erlaube dir mal, du Arsch!
LAUDE Was wollen Sie?
DIE ALTE Du hast doch jedes Bettlaken kontrolliert, und in seinen Schweißsocken hast du geschnüffelt, du Arsch! Die abgeschnittenen Fußnägel hast du gesammelt und in Silberpapier gewickelt! Und seinen Schwanz hast du nachgemessen ... dein schöner Jüngling, dein schöner Held, dein Dichter ... du Arsch! Und selber bis du nichts, du Arsch! Ein Arsch bist du, du Arsch! Komm mal her zu mir, ich zeig dir was, das hast du aufgeschrieben und notiert, zu sehen hast dus nie gekriegt, aber aufgeschrieben hast dus! Weil er davon gesprochen hat! Na – was hat er denn über den Le-

berfleck einer gewissen Dame gesagt? Länglich ... nicht?
Wie ein Pfeil ... na?

– »Der Pfeil der Liebe«, flüstert Laude, allmählich sich erin-
nernd, »ist der Pfeil des Todes.«

DIE ALTE Na siehst du! Siehst du! Und was er erst alles über
den schönen Leib gesagt hat! Alles für die Nachwelt! Na?
... Komm mal her, du Arsch!

Zögernd kommt Laude näher.

– Na, willst du ihn mal sehen? Damals durftest du ja nicht!
Komm! Du mußt schon näher kommen!

Laude, der nicht widerstehen kann, nachzuprüfen, ob unter
den Lumpen wirklich der berühmte Leberfleck der Contessa
zum Vorschein kommen wird, beugt sich trotz großem Wi-
derwillen interessiert vor, als sie das Männerjackett auf-
knöpft und anfängt, die schmuddeligen Pullover, die sie
übereinander trägt, hochzuziehen.

– Beug dich nur runter mit deinem Kopf!

Wie sein Gesicht die graue fleckige Haut unter den Kleider-
wülsten fast berührt, stülpt sie plötzlich die Pullover über
den Kopf und preßt ihn mit beiden Armen gegen ihren mas-
sigen, vom Lachen geschüttelten Leib. Er zappelt und wehrt
sich.

– Sie sind die Contessa ... die Contessa ... stammelt er.

– Schmeiß deine Notizzettel weg, du Arsch! Wisch dir damit
den Arsch ab, du Arsch! Ich schreib dir was auf; ich sag
dir was: er ist auf dem Pferd geritten, da ist er runterge-
sprungen und in die Hundescheiße gefallen!

Laude sammelt die Notizzettel auf, die die Alte ihm aus der
Hand geschlagen hat.

Aus dem Verborgenen ruft die Stimme Dannunzios:

– Mit wem sprechen Sie denn da, Laude?

DIE ALTE Er hat gelauscht!

DANNUNZIO Wer ist denn da noch? Laude! ... Laude! ...
Ich höre Sie doch mit jemandem sprechen! Wer war die
andere Stimme? ... Wartet noch jemand?

LAUDE Ja, diese wartet schon lange, schon lange ...

DANNUNZIO Keine Besucher! Ich kann niemand empfangen!
Ich muß noch ein paar Seiten schreiben, ich bin in einer
guten Phase ... Fast im Dunkeln sitze ich, ich sehe meine

Schriftzüge nicht mehr deutlich, aber ich schreibe ... es strömt auf mich ein!

Gleich wie ein Kampf, berauscht von Blut,
so seid berauscht! Nach meinem Leibe
ganz nahe zielt! Er ist die Scheibe!
Gesegnet sei der erste Pfeil!

Die Alte hüpft neben Laude her und schlägt ihm immer wieder mit der Krücke auf die Hand, wenn er sich bückt und nach einem Zettel greift.

DANNUNZIO Laude! Was ist denn das für ein Geräusch?

Hinter dem Vorhang versteckt späht Dannunzio hinunter auf den gepflasterten Treppenweg an der Hausmauer. Da sieht er sie kommen: auf die hölzernen Krücken gestützt stößt und schiebt sie ihren plumpen Körper über die Stufen herauf. Sie bleibt stehen, sieht zu ihm hoch.
– Gabri!
Er erträgt ihren Blick nicht. Er will die Vorhänge vor das Fenster zerren, dabei reißt er sie herunter, er kämpft mit dem Gewirr von Stoff und Schnüren, in das er sich verstrickt. Sie sieht noch immer herauf. Hat sie ihn erkannt? Er hetzt durch den Garten, horcht auf das Geräusch der Krücken: er glaubt das Knirschen auf dem Kiesweg zu hören, biegt das Gebüsch auseinander: da kommt sie auf ihn zu. Er hört sie über die Planken des Schiffes staken, über die eiserne Treppe hinunter in den Bauch des Schiffes, wo er sich verborgen hat. Das Eisen dröhnt.
Er flieht; er rennt hinüber zu den Gewächshäusern.
– Gabri! ruft die Alte. Es ist die Stimme der jugendlichen Contessa, erinnert er sich jetzt.
Er schleicht sich heran, tritt auf die Lichtung. Die Stimme ist überall im Garten, aber auf der Lichtung ist niemand zu sehen. Erinnerst du dich? Die Zypressen biegen sich im Wind.
– Gabri! Gabri! Kauf mir Schuhe! Es ist die Stimme der alten Säuferin.
Dannunzio erschrickt, rutscht aus, fällt den steilen Abhang zum Bach hinunter, bleibt unten geduckt in den Farnen lie-

162

gen. Er hört sie lachen. Sie scheint sich zu entfernen. Da richtet er sich auf. Sein heller Anzug ist von dem Wasser und von der Erde schmutzig. Er läuft an dem glucksenden, gurgelnden Wasser entlang, versucht so schnell zu laufen wie das glitzernde Wasser, das zwischen den Steinen dahinspringt. Ein Ast reißt ihm den Schuh ab. Eine große Artilleriegranate liegt quer zwischen den Kieselsteinen im Bachbett, hemmt den Lauf des Wassers. Dannunzio bückt sich, versucht die Granate in Richtung des Wasserlaufs zu schieben, aber sie ist zu schwer. Das Kind hat ihm diesen Streich gespielt, es muß das Kind gewesen sein! Er keucht in tödlicher Atemnot.

Wieder die Stimme der Contessa, die junge Stimme, die er kennt:

– Gabri! . . . Gabri!

Unten steht sie jetzt im flachen Wasser des Teichs. Sie hat ihre Holzkrücken weggeworfen, er sieht sie auf der Wasseroberfläche treiben. Die Alte steht da, fest und sicher auf ihrem einen Bein, greift mit den Händen in die große Tasche, die sie am Lederriemen quer über die Brust hängen hat und holt Haufen von vertrockneten Rosenblättern heraus, wirft sie in die Luft.

Dannunzio schleicht zwischen den Büschen heran, duckt sich hinter der Bank, starrt auf die schreckliche und monströse Gestalt im Teich, die Hände voll Rosenblätter aus ihrer unerschöpflichen Tasche holt und in die Luft wirft, und sein entsetztes Gesicht verzerrt sich allmählich zu einem Grinsen, dem Grinsen des Todes.

Ich, Feuerbach

Personen

DER SCHAUSPIELER FEUERBACH
EIN REGIEASSISTENT
EINE FRAU

Ort: Bühne und Zuschauerraum eines großen Theaters

Das Stück spielt nach der Probe in einem leeren Theater. Auf der Bühne stehen noch Teile der Dekoration vom vergangenen Abend. Später kommen Bühnenarbeiter herein, sie räumen, ohne auf Feuerbach zu achten, die Bühne leer, und sie beginnen dann, die Dekoration für die Vorstellung des kommenden Abends aufzubauen.

Ich stellte mir vor, Feuerbach ist ein unscheinbarer Mensch mittleren Alters. Er sieht nicht aus wie ein Künstler, im Gegenteil: mit großer Ängstlichkeit und Sorgfalt bemüht er sich, wie ein Bürger auszusehen, wie ein Herr mit einem Beruf, der unauffälliges, seriöses Auftreten erfordert. Seine Ausdrucksweise ist von eigensinniger Übergenauigkeit. Seine Sprechweise wirkt etwas exaltiert, weil er gelegentlich Vokale übermäßig dehnt, dabei die Stimme anschwellen läßt, als ob der Laut sich aus dem Wortzusammenhang befreien wollte und seine Stimme mitziehen würde. Dann aber spricht er plötzlich wieder im normalen Tonfall weiter. Er ist, wie man rasch merkt, ein Virtuose in der Nachahmung: durch eine plötzliche Änderung der Körperhaltung, durch eine Geste kann er eine Person herstellen. Bei größter Lebhaftigkeit und gelegentlich pathetischer Hybris ist immer eine depressive Grundverfassung zu spüren: ein verlorener Mensch in einem leeren, fensterlosen Zimmer.

1

Die Bühne und der Zuschauerraum im Halbdunkel.

FEUERBACH *auf der Bühne* Licht! – – Macht doch mal Licht! *Es bleibt dunkel.*

FEUERBACH Wenn hier niemand ist, der mir ein Licht gibt, dann kann ich ja gleich wieder gehen.
Schweigen. Er ruft in den Zuschauerraum hinein. Sehen Sie mich?
Schweigen.

FEUERBACH Sehen Sie mich? – – Tut mir leid, die Verzögerung, die durch das fehlende Licht hervorgerufen wird, ist

nicht meine Schuld. Das werden Sie mir wohl nicht anlasten, daß Sie warten müssen. Ich warte ja auch!
Schweigen.

FEUERBACH Wenn ich Sie bitten darf: Geben Sie mir doch ein Zeichen, nur ein Wort! Sagen Sie »Hier bin ich!« Ich bitte Sie sehr darum, nur um mich zu orientieren. Es hilft mir, wenn ich weiß, wo Sie sitzen und mir zusehen. –– Diese Prozedur ist im allgemeinen sehr unangenehm, und zwar für den Zuschauenden, der danach sein Urteil abgeben muß, ebenso wie für den Schauspieler auf der Bühne.
Schweigen.

FEUERBACH Sie schweigen? –– Aber ich möchte Ihnen sagen, daß es mir nichts ausmacht, hier vor Ihnen aufzutreten – im Gegenteil! Nichts ist mir wichtiger als ein kompetenter Zuschauer. Ein Meister. Ein Menschenkenner wie Sie. Bitte? *Plötzlich wütend* Aber Licht brauche ich natürlich! Das ist nun wirklich eine Zumutung, daß hier auf der Bühne immer noch kein Licht ist! Eine Zumutung für Sie besonders, Sie wollen mich ja s e h e n, ich bin hierher bestellt, damit Sie mich sehen, damit Sie einschätzen können, ob mein Können und meine Persönlichkeit Ihren Erwartungen entspricht.
Schweigen.

FEUERBACH Licht!
Die Bühne wird hell. Die Dekoration des Vorabends ist noch nicht abgebaut. Feuerbach steht an der Rampe.

FEUERBACH Na endlich! *In den Zuschauerraum hinunter.* Was soll ich machen? Ich weiß nicht, welches Stück Sie vorhaben, und also auch nicht, welche Rolle Sie mir darin zugedacht haben. – *Schweigen.* Ich bin jetzt darauf vorbereitet, die Szene im vierten Akt Tasso zu spielen, aber ich improvisiere auch, ganz wie Sie wollen! Ich wäre glücklich, wenn Sie mir eine Anregung gäben, die ich aufnehmen und aus der ich etwas machen kann … wenn wir also gewissermaßen schon jetzt miteinander arbeiten könnten.
Schweigen.

FEUERBACH Wo sind Sie denn?

DER ASSISTENT *im Zuschauerraum, vorne links* Hier.

FEUERBACH Ich meine Herrn Lettau.

DER ASSISTENT Der ist noch nicht da.

FEUERBACH *irritiert* So, er ist noch nicht da. – Aha. – Er ist noch nicht da. Noch nicht gekommen. – So so. – Noch nicht da. – Und wer sind Sie?

DER ASSISTENT Der Assistent.

FEUERBACH So so. – Aha. – Der Assistent. Das ist merkwürdig. Ich bin hierher bestellt worden, um Herrn Lettau vorzusprechen wegen einer Rolle, die ich in seiner Inszenierung übernehmen soll. Stimmt das?

DER ASSISTENT Ja.

FEUERBACH Ich bin *nicht* hier, um seinem Assistenten vorzusprechen. *Er dreht sich um und geht von der Bühne.*

DER ASSISTENT *ruft ihm nach* Herr Feuerbach! Bitte . . .!
Feuerbach kommt aber nicht zurück.

2

Der Assistent überlegt einen Augenblick unschlüssig, dann geht er zum Regiepult, nimmt den Telefonhörer ab.

DER ASSISTENT *telefoniert* Gib mir mal ganz schnell den Chef! . . . Feuerbach ist weggegangen . . . – Habe ich auch versucht. – Nein. – Ja, tut mir leid. – Ich kann ja beim Bühnenpförtner noch . . . ja, ja, mach ich. – Ja, ich weiß. – Nein, nein, durchgedreht nicht . . . er ist nur weggegangen . . . weiß ich nicht . . . ja, entschuldige, mach ich sofort.
Bühnenarbeiter sind gekommen und beginnen jetzt, die Dekoration abzubauen. Der Assistent legt auf, wählt eine andere Nummer.

DER ASSISTENT *telefoniert* Den Pförtner!
Feuerbach kommt auf die Bühne zurück.

DER ASSISTENT *telefoniert* Schon gut, ist nicht mehr nötig.

3

Feuerbach geht wieder zur Rampe.

FEUERBACH Gut. Ich warte. Anstatt daß ich in der Gasse stehe und die Bühnenarbeiter bei ihrem Umbau, der ja wohl sein muß für den heutigen Abend, störe und im Wege bin, kann ich ebensogut hier warten.

DER ASSISTENT Ich dachte schon, Sie sind weggegangen! –
Herr Lettau will Sie doch unbedingt sehen, unbedingt!

FEUERBACH Hier sehe ich einen Stuhl. – Ich nehme an, man
hat ihn in der Voraussicht hier hingestellt, daß ich warten
muß.

DER ASSISTENT Nein, das nicht, aber setzen Sie sich nur!

FEUERBACH Hier. – – Oder weiter drüben. *Er nimmt den Stuhl
und setzt sich woanders hin.* Viel Raum um mich herum. Ich
atme. – – Ja, so ein Stuhl . . . der Stuhl und der Raum!
Schweigen.

FEUERBACH *führt rasch und virtuos verschiedene Situationen
vor* Ein Stuhl, das ist: ein Park im Spätherbst. Die Blätter
fallen. *Er spielt eine zittrige alte Dame auf einer Parkbank.*
Hier sitze ich mit meiner Uhr in der Hand. – Exekution! *Er
spielt einen Delinquenten, der, an den Stuhl gefesselt, unter
Schüssen zusammensackt.* – – Ein Beichtstuhl. *Er kniet als
demütiger Büßer auf dem Stuhl, die Hände über der Lehne
gefaltet.* – – Im Gefängnis. *Er hat den Stuhl schnell hochgerissen, starrt durch die Sprossen der Lehne.* – Im Salon. Ge-
plauder. *Er spielt einen Herrn, der zierlich ein Kaffeetäß-
chen hält, lebhaft gestikuliert, den Kaffee verschüttet.* – – Ein
Thronsessel. *Er sitzt in triumphaler Pose auf der Stuhllehne.*
– – Im Asyl. Letzte Station eines zerbrochenen Lebens. *Ge-
krümmt hockt er auf dem Stuhl, ein verlassenes, verzweifel-
tes Menschenbündel.*
Der Assistent beobachtet ihn jetzt aufmerksam.

FEUERBACH Was sagen Sie?

DER ASSISTENT Ich habe nichts gesagt. Ich sehe fasziniert zu.

FEUERBACH Racine sollte man sitzend spielen, hat mal ein kluger Mensch geschrieben. Sehr richtig!

DER ASSISTENT Wer?

FEUERBACH Ich sage: Sehr richtig!

DER ASSISTENT Bei mir würden die Schauspieler nicht sitzen.
Ich finde das falsch.

FEUERBACH Man sitzt, und alle anderen Personen der Tragödie sitzen auch. Man spielt das ganze Drama, als ob es in
einem Salon stattfände, im leichten Plauderton, leicht dahin, die Leidenschaften sind wohl vorhanden, aber sie sind
verdeckt, unter der Oberfläche.

DER ASSISTENT Ich finde das Unsinn!

170

FEUERBACH Hypolithe am Teetisch, Mithridate . . . Bérénice
nimmt Konfekt, Hector hält ein Sherryglas, während er
plaudert . . . sehr gut!
»Mon fils, ne parlons plus d'úne mère infidèle,
votre père est content, il connait votre zèle,
et ne vous vetra point affronter de danger
qu'avec vous son amour ne veuille partager.«
Der Assistent hat nicht mehr zugehört, er telefoniert wieder.
FEUERBACH Sie wundern sich, daß ich eine so schöne, unübli-
che Uhr besitze. Es ist ein Erbstück. Sehen Sie mal! *Er will
die Taschenuhr dem Assistenten zeigen.*
DER ASSISTENT *während er telefoniert* Schön.
FEUERBACH Sie ist stehengeblieben, als meine Mutter starb,
und man sagt in der Familie, daß sie immer stehenblieb,
wenn ihr Besitzer gestorben ist. Es ist zwar eine Herrenuhr,
aber meine Mutter hat sie trotzdem immer bei sich getragen.
DER ASSISTENT *hat nicht zugehört, telefoniert* Ich telefoniere
gerade!
FEUERBACH Telefonieren Sie mit Herrn Lettau? — — Dann
erinnern Sie ihn bitte an unsere Verabredung, an den Brief,
den ich ihm geschrieben habe. — — Und natürlich auch
daran, daß er mir geantwortet hat, sehr schön, sehr höflich,
ja, geradezu freundschaftlich geantwortet hat! Daß ich
mich auf seinen Wunsch hier eingefunden habe, nach der
Probe. — — Er wird sich etwas ausruhen wollen. Aber er
sollte wissen, daß ich verabredungsgemäß hier bin, und
zwar auf die Minute pünktlich! — — Es macht mir aber nichts
aus, wenn ich ein wenig warte. Sagen Sie ihm das!
DER ASSISTENT *immer noch am Telefon* Seien Sie doch mal ruhig! Ich telefoniere n i c h t mit Herrn Lettau!
FEUERBACH Gut, gut, gut.
Schweigen.
Der Assistent legt den Telefonhörer auf.
Schweigen.
FEUERBACH Wenn ich Ihnen einen guten Rat geben darf . . .

FEUERBACH Sie wollen doch vermutlich Regisseur werden?
Der Assistent schweigt.
FEUERBACH Sie haben das Glück, bei einem sehr guten Regisseur zu arbeiten und zu lernen. Ich frage nicht, wie Ihnen das gelungen ist! Das ist ein großes Privileg! Es gibt viele begabte junge Menschen, die sich sehnlichst wünschen, an Ihrer bevorzugten Stelle zu sein, die sogar bereit wären, Opfer auf sich zu nehmen. Alle möchten Regisseur werden! Ein Regisseur, ein unsichtbarer Lenker des Geschehens auf der Bühne, das ist etwas Großes, Wunderbares! Nicht wahr?
DER ASSISTENT Ja.
FEUERBACH Aber Sie werden keiner! Sie scheitern!
DER ASSISTENT Danke.
FEUERBACH Ich rate Ihnen, geben Sie auf! Lassen Sie es sein, ehe es für Sie zu einer Katastrophe kommt! Ich weiß nicht, ob Sie Talent besitzen, vielleicht haben Sie ein wenig Talent – übrigens besitzt jeder Mensch ein gewisses Talent, wenn er jung ist. Für eine ganz kurze Zeit blitzt in den Augen der Jugend das Außerordentliche. Das ist aber schnell vorbei. Mag sein, daß Ihr Talent ein wenig länger anhält, so daß Sie nach einem ersten kleinen Erfolg schon glauben, Sie könnten sich ein ganzes Leben lang darauf verlassen. – Sie haben schon einmal inszeniert?
DER ASSISTENT Ja. Und?
FEUERBACH *triumphierend* Sie sind zu schwach! Das habe ich schon nach wenigen Momenten unserer Bekanntschaft gemerkt. Die Armbewegung, als Sie sagten »Hier«. Diese Armbewegung kenne ich nämlich ganz genau. Seit zwanzig Jahren kenne ich diese Bewegung. Damals war ich als junger Schauspieler in Hannover engagiert. Und da war auch Herr Lettau. Sie imitieren ihn, Herr Assistent! Sie imitieren ihn auf geradezu fatale Weise. Wie Sie mir nach diesem Telefongespräch gegenübersitzen! Fast liegend hängen Sie schräg in dem Polster, den Arm über den nächsten Sitz geworfen –– Lettau! Alles Lettau! *Er lacht unmäßig.* Jetzt fällt es Ihnen selbst auf, wie Sie in Ihrem Sessel liegen. Sie würden sich wahrscheinlich gern aufrichten, das können Sie

aber nicht, weil ich Sie auf Ihre Haltung aufmerksam gemacht habe und Sie fürchten, mir damit nachzugeben,
wenn Sie sich nun aufrichten: wieder Schwäche! –– Die
provokative Lässigkeit s e i n e r Gesten, s e i n e r Haltungen,
für die er ja allgemein bekannt ist, wird bei ihm als Zeichen
von innerer Unabhängigkeit, von Originalität, von Kraft
und – das sage ich ganz, ganz vorsichtig – von Überheblichkeit genommen. Bei Ihnen aber als bloße alberne Allüre!
Sie sind schwach, Sie verschanzen sich dahinter! Ein Schauspieler, der eventuell mit Ihnen arbeiten würde, merkt das
sofort, und wenn er nicht ein ebenso ängstlicher Anfänger
ist wie Sie, dann macht er sie fertig. Werden Sie bloß nicht
Regisseur! *Im veränderten Tonfall.* Mit wem haben Sie übrigens telefoniert?

DER ASSISTENT Macht Sie das nervös?

FEUERBACH Sie melden wohl den Befund?

DER ASSISTENT Befund?

FEUERBACH Ich meine . . . ich meine . . . *Er ist plötzlich aufgeregt, flatternde Hände.*

DER ASSISTENT Ich habe mit meiner Freundin telefoniert,
wenn Sie das wissen wollen.

FEUERBACH O, o, das ist etwas anderes! Fast dachte ich es mir,
als ich das Wort »Hasenohr« aufschnappte. Ein so hübsches, zärtliches Wort, an eine geliebte Person gerichtet.

DER ASSISTENT Wie kommen Sie darauf? Habe ich nie gesagt.

FEUERBACH »Hasenohr«. »Hasenohr«. Ich habe es aufge-
schnappt.

DER ASSISTENT Das ist nicht mein Stil!

FEUERBACH Sie mußten die Schöne beschwichtigen.

DER ASSISTENT Ja. Es wird ja vermutlich hier länger dauern.
Leider.

FEUERBACH Wartet die Schöne im Cafe auf Sie?
Der Assistent gibt keine Antwort.

FEUERBACH Und am Nebentisch sitzt womöglich ein interessanter Typ und macht sich ran . . . Er hat mehr Zeit für »Hasenohr« als Sie . . .

DER ASSISTENT Hören Sie auf mit dem Quatsch.
*Feuerbach macht eine ironisch distanzierende Handbewe-
gung.*

DER ASSISTENT Es geht um eine Wohnung.

FEUERBACH O, eine gemeinsame?

DER ASSISTENT Ich müßte eigentlich hin. In zwei Stunden ist sie weg.

FEUERBACH Die Frau? Die Wohnung? Oder sowohl als auch?

DER ASSISTENT *ärgert sich* Schluß jetzt mit dem Thema!

5

FEUERBACH Alles wartet! Alles wartet! Die Menschen stehen in der Finsternis und warten. Wird es wieder hell werden? Der Priester reißt den Opfern das pochende Herz heraus und hält es gegen den schwarzen Himmel.

DER ASSISTENT *schreit zu den Bühnenarbeitern, die geräuschvoll Möbel schieben, hinauf* Macht mal nicht so viel Krach auf der Bühne!

FEUERBACH Manche Regisseure lassen einen absichtlich warten, auch auf der Probe. Der Schauspieler will arbeiten, will zeigen, was er sich in der Nacht zurechtgelegt, in bezug auf seine Rolle entwickelt hat, und der Regisseur läßt ihn warten. Er wird für den nächsten Vormittag bestellt, wieder kommt er nicht dran. Der Regisseur sagt, er arbeite jetzt an einer anderen Szene, er hat umdisponiert, gut, aber man bestellt ihn trotzdem! Er hat nicht etwa frei! Er kann nie spazierengehen. Er kommt und wartet und wird weggeschickt – er darf nicht auf die Bühne, er kann mit dem Regisseur nicht sprechen. So geht das eine Woche lang, bis er ganz verstört ist und seine Sicherheit verloren hat. Und dann kommt er dran, und der Regisseur sagt zu ihm nach der erfolgreichen Probe: Du warst göttlich! Genau diese Frustration von dir habe ich gebraucht für diese Szene! – Wenn es zu solchen Ergebnissen führt, dann nenne ich es nicht Schikane: dann nenne ich es Genialität. – Aber das darf nur ein großer Künstler tun, der nicht, wie Sie, ein Anfänger auf dem Gebiet des schöpferischen Umgangs mit Menschen ist.

Schweigen.

FEUERBACH Der Schauspieler muß seine vielfältig schon erprobten Wirkungen vergessen! Er muß seine Kunstfertigkeit vergessen! Er muß seine Sprache vergessen! Die Wörter und die Bedeutung der Wörter! Die Sprache, die aus seinem Mund kommt, muß ihm fremd sein, unverständlich, als ob er plötzlich Chinesisch spräche, als ob sein Mund eine Sprache spräche, die sein Verstand nicht kennt! Er muß seine Zuversicht verlieren! Er muß alles, was er gelernt hat, vergessen! Und was er erfahren hat, muß er vergessen, und was er sicher zu wissen glaubt, muß er vergessen! Auch die Psychologie mit ihren angeblich so unumstößlichen Gesetzmäßigkeiten, auf die man sich so gern verläßt! Die Psychologie nämlich, Herr Assistent, ist die Pest unseres Jahrhunderts! Man muß ganz und gar unwissend und sich selber fremd werden! Und dann, mein Freund: die große Leere! Dann erst kann der Schauspieler, ein anderer Parzival, den Blick auf alle Erscheinungen richten – alle ungesehen wie am ersten Schöpfungstag, alle unvergleichbar! Aber in diesem Stadium ist man manchmal verzweifelt. Man steht hilflos auf der Bühne, wie ein Mensch, der noch nie auf der Bühne gestanden hat. Aber, sehen Sie, ich habe doch schon Großes erreicht: meine Empedokles, mein Tasso, mein Oedipus – das war doch wahrhaftig groß! Ich war doch schon einmal in der Gnade, und aus der Gnade kann ich nicht fallen. Das Wort »Gnade« irritiert Sie vielleicht?

DER ASSISTENT Gar nicht.

FEUERBACH Es ist ein religiöser Begriff, und in diesem Sinne benutze ich ihn auch.

6

DER ASSISTENT Mich irritiert, daß ich noch nie von Ihnen gehört habe, wenn Sie so berühmt sind.

FEUERBACH Seit wann sind Sie am Theater?

DER ASSISTENT Seit fünf Jahren.

FEUERBACH Ach so, ach ja! Ich vergesse, wie jung Sie sind! In diesen fünf Jahren bin ich allerdings nicht aufgetreten. Ich bin sogar sieben Jahre nicht aufgetreten!

DER ASSISTENT Sieben Jahre haben Sie nicht gespielt?

FEUERBACH Lesen Sie nicht? Sehen Sie nie Fotografien von Aufführungen, die vor Ihrer Zeit stattgefunden haben? Ich bin oft besprochen und abgebildet worden.

DER ASSISTENT Was haben Sie denn in diesen sieben Jahren Ihrer Abwesenheit getrieben?

FEUERBACH *erschrocken, wehrt ab* Das macht mir nichts! Das macht mir nichts! Irrtum! Sie können mich nicht verletzen mit solcher Frage!

DER ASSISTENT Wollte ich überhaupt nicht.

FEUERBACH Doch, doch, doch! Sie wollten mich reinlegen in Ihrer flegelhaften Indolenz!

DER ASSISTENT Ich wollte ja nur mal fragen. Regen Sie sich nicht auf.

FEUERBACH Ich habe in diesen sieben Jahren . . . pausiert.

DER ASSISTENT Merkwürdig.

FEUERBACH Was ist daran merkwürdig?

DER ASSISTENT Naja, das ist ungewöhnlich, sieben Jahre! Ich meine, freiwillig!

FEUERBACH *wütend* Sie unverschämter Flegel!

DER ASSISTENT Naja, es gibt natürlich Schauspieler, die einen anderen Beruf ergreifen oder sich irgendwas Sozialem widmen, weil ihnen die Schauspielerei nicht mehr genügt. Dann wollten sie aber nach sieben Jahren nicht mehr zurück auf die Bühne.

FEUERBACH »Ungenügend.«

DER ASSISTENT Was anderes machen, einen anderen Beruf.

FEUERBACH Schauspieler: Ungenügend! Note sechs!

DER ASSISTENT Es gibt ja viele andere Berufe.

FEUERBACH Welche Tätigkeit würde denn von Ihnen mit »genügend« benotet oder gar mit »gut« oder »sehr gut«? Apotheker?

DER ASSISTENT Apotheker nicht gerade.

FEUERBACH »Ungenügend«! – Politiker?

DER ASSISTENT *wehrt ab* Na, Politiker!

FEUERBACH »Ungenügend«! – Lehrer?

DER ASSISTENT Lieber nicht.

FEUERBACH »Ungenügend«. – Höhlenforscher?

DER ASSISTENT *lacht* Zu dunkel.

FEUERBACH »Ungenügend«. – Programmierer?

DER ASSISTENT Um Gottes willen!

FEUERBACH »Ungenügend«! – Rennfahrer?

DER ASSISTENT Eventuell.

FEUERBACH Eventuell heißt »ungenügend«! – Börsenmakler?

DER ASSISTENT Leider nicht.

FEUERBACH Also: »Ungenügend«! – Kriminalist?

DER ASSISTENT Ja, aber Polizei . . .

FEUERBACH »Ungenügend«! Sehen Sie! Alle Berufe sind ungenügend! *Er lacht.*

DER ASSISTENT *plötzlich scharf* Wo waren Sie denn in diesen
sieben Jahren?

FEUERBACH Wollen Sie damit vielleicht den Verdacht äußern,
daß ich inhaftiert war? Daß da ein dunkler Punkt ist? Kri-
minell womöglich? Ein Deee-likt? Oder ein Verbrechen sogar?

DER ASSISTENT Nein, nein, nein.

FEUERBACH Ich war n i c h t im Gefängnis? – – Ich habe in diesen Jahren . . .

DER ASSISTENT *wehrt ab* Lassen Sie nur!

FEUERBACH Nein. Ich werde Rechenschaft ablegen, obwohl
ich es nicht müßte. Sie sind nicht die Autorität. Sie sitzen ja
nur als Platzhalter da. Ich beschäftige mich nur mit Ihnen,
weil ich mich sonst langweile. – – Ich möchte Sie belehren! –
Ich habe in diesen sieben Jahren Leben aufgenommen, es
ist vieles auf mich eingestürmt, und ich habe mich allem
gestellt. Sie dürfen nicht so von Tür zu Tür denken, junger
Assistent! Tür auf: Talent. Tür auf: Kriminalität. Tür auf:
stumpfe Alltäglichkeit. Tür auf: verwüstetes Leben. Tür
auf und Tür zu und schnell konstatieren, was da drin ist.

DER ASSISTENT Verstehe ich nicht, Türen . . .

FEUERBACH Ach, die Türen meine ich nur metaphorisch. El-
fenbeinweiße Türen.

DER ASSISTENT *sieht Feuerbach an, als ob er ihn jetzt verstanden hätte* Ach so.

FEUERBACH *regt sich auf* Darf denn ein Leben, ein Lebenslauf
nicht Lücken aufweisen? Überraschende Sprünge und Un-
regelmäßigkeiten – alles, was in einem Theaterstück natürlich nicht vorkommt! Könnte ich nicht einen erblindeten
Bruder haben und mit ihm ins Gebirge steigen, sieben
Jahre, um schließlich nach Venedig zu gelangen? Oder
kann es nicht sein, daß ich sieben Jahre im Koma lag, nur
wenig atmend? Oder daß ich eine mir liebe und mir getreue
Gattin hatte, mit der ich durch verschiedene Länder gereist
bin, um sie ihr zu zeigen, ehe sie das Gedächtnis verläßt und
sie in die gestaltlose Finsternis hinuntersinkt? Das kann alles sein, Herr Assistent!

7

FEUERBACH Aber jetzt bin ich da! Es ruft und zieht mich, wieder auf einer Bühne zu stehen, ich fiebere danach! Ich nehme dafür sogar in Kauf, daß ich hierher bestellt bin, um vorzusprechen, als ob man mich nicht kennen würde, als ob ich ein Anfänger wäre. Als Anfänger muß man sich ja sehr viel gefallen lassen. Ich erinnere mich mit Schmerzen an diese Zeit. Da kam ich an und wollte einen Brecht-Song vortragen, eine sehr scharfe, kritische Sache, und machte das auch, bis mich der Regisseur unterbrach und sagte: Herr Feuerkrach oder wie Sie heißen, das langweilt mich, wie Sie das bringen! Machen Sie doch mal nach jeder Zeile einen kleinen Hüpfer. Ich sagte: Nein, nach einer Zeile von Brecht mache ich keinen Hüpfer, da ist mir jede Zeile zu wichtig. Er sagte: Mir ist aber der Hüpfer wichtig! Na gut, schließlich habe ich den Hüpfer gemacht! Solche Hüpfer mußte ich damals noch öfter machen. Lauter Hüpfer, immer wieder Hüpfer! Das ist nun vorbei, das ist gottlob vorbei. – Was da auch andere Kollegen erlebt haben, darüber schweigen wir besser.
Schweigen.
FEUERBACH Das Unangenehmste habe ich von einem Kollegen gehört, der als Emigrant in Amerika lebte. Er hatte mit unendlicher Mühe und mit tausend Listen einen Vorsprechtermin bei einem berühmten Regisseur bekommen. Der Regisseur war Orson Welles. Er stellte sich also vor. Der berühmte Regisseur sah ihn an. Sie sprachen ein paar Worte miteinander, dann ging er mit ihm aus dem Zimmer, über Flure, öffnete eine Tür. Es war die Toilette. Er ließ den Schauspieler bei den Wandbecken stehen und schloß sich in eine der Klo-Kabinen ein. Von drinnen rief er dem Schauspieler zu: GO ON!
Schweigen.
FEUERBACH Wie finden Sie das?
DER ASSISTENT Unhygienisch.
FEUERBACH *in Aufregung* Ach, Sie finden das komisch! Aha! Dann weiß ich Bescheid über Sie! Dann weiß ich auch genau, warum Sie hier sind! Sie sind hier, um mir genau diese Antwort zu geben! Ich habe Ihnen diese

schlimme und abscheuerregende Episode nicht unbedacht erzählt.

DER ASSISTENT Wie kommen Sie denn da drauf! Ich sitze hier und warte, genau wie Sie. Meinen Sie, das macht mir Spaß?

FEUERBACH Es war nicht die erste unverschämte und mich provozierende Antwort! Aber ich behalte die Nerven! Jawohl.

Langes Schweigen.

FEUERBACH Ich werde Tasso vorsprechen, den Monolog aus dem vierten Akt.

EINE STIMME AUS DEM LAUTSPRECHER Der Hund ist gebracht worden.

FEUERBACH Ich werde Tasso vorsprechen, den Monolog aus dem vierten Akt. Tasso habe ich zweimal gespielt. Zum ersten als sehr junger Mensch in Coburg. Damals habe ich das tiefe Problem dieses Stückes noch gar nicht verstanden, den Zusammenhang mit meinem Leben und Leiden. Ich habe mich nur an der Sprache berauscht, an den wundervollen Versen! Ein junger, hübscher, ahnungsvoller Mensch ... warum wird man Schauspieler? Und dann noch einmal im reiferen Alter. Das war ... sehen Sie mal, ... das war vor sieben Jahren! Es ist damals sehr viel darüber gesprochen und auch geschrieben worden – o ja, o ja! Das habe ich alles gelesen. Viel Wasser kam herab, es ist aber niemand ertrunken.

DER ASSISTENT Wasser?

FEUERBACH Nur so gesagt, nur so dahingesagt! Man staunte! Bewunderung und Schrecken mischten sich, wie immer bei großen Ereignissen! Ich spürte es selbst, vom ersten Augenblick an. Es bricht ein Licht herunter, alles wird überhell im Kopf.

DER ASSISTENT *lacht* Sie drücken das sehr komisch aus.

FEUERBACH So?

DER ASSISTENT Ja, finde ich. – Sahen Sie das nun als einen Erfolg an oder nicht?

FEUERBACH *irritiert, wehrt ab* Was wissen S i e !

Schweigen.

FEUERBACH Jetzt, nachdem ich den Brief an Herrn Lettau geschrieben hatte, las ich das Stück wieder, und dann habe ich in den darauffolgenden Tagen und Nächten die ganze Dra-

179

menliteratur noch einmal gelesen, studiert, die klassische und auch die neuere ... es war überwältigend! Ein ungeheures, körperschlingendes, grandioses Schauspiel in meinem Kopf! Das nicht enden wollende Drama von Größe und Elend des Menschen! -- Kennen Sie »Rauhnacht«?

DER ASSISTENT Nein.

FEUERBACH Kennen Sie »Pippa tanzt«?

DER ASSISTENT Nein.

FEUERBACH »Vasantasena«, auch »Das irdene Wägelchen« genannt?

DER ASSISTENT Wie? Nein.

FEUERBACH »Gilles und Jeanne«? Die Begegnung der heiligen Johanna mit dem Ungeheuer Gilles de Rais?

DER ASSISTENT Nein.

FEUERBACH »Der arme Vetter«?

DER ASSISTENT Von Barlach, habe ich schon gehört.

FEUERBACH »Der Strom«, von Halbe?

DER ASSISTENT Nein.

FEUERBACH »Der Eismann kommt«?

DER ASSISTENT Nein.

FEUERBACH Sie können auch sagen: »The Iceman cometh«.

DER ASSISTENT No, sorry.

FEUERBACH »Verstand schafft Leiden«?

DER ASSISTENT Kenne ich nicht.

FEUERBACH »Perikles«?

DER ASSISTENT Nein.

FEUERBACH *spielt Zusammenbruch* Das ist von Shakespeare! Sie anmaßender Assistent! Gehen Sie nach Hause! Hier sind Sie fehl am Platz! Gehen Sie, und machen Sie lieber in Import-Export!

DER ASSISTENT *lacht* Habe ich mir auch schon überlegt.

FEUERBACH Das ist eine entwaffnende Antwort. Das macht Sie mir fast sympathisch.

8

FEUERBACH Ich glaube, es fehlt Ihnen aber eine gewisse Konsequenz in Ihrem Verhalten und in Ihrem Charakter. Ohne diese aber können Sie den Beruf, den Sie sich ausersehen haben, nicht ausüben! -- Ich bin extrem anders. Alles, was ich tue, tue ich mit allergrößter Intensität und gehe dabei auch bis zum Äußersten, so wie Sie sich das vielleicht gar nicht vorstellen können. Ich kann mir nicht nur die Haut ritzen, wenn ich mich mit einem Taschenmesser schneide; ich schneide tiefer, und ich schneide mir schließlich den ganzen Zeigefinger ab.

DER ASSISTENT Ach so?

FEUERBACH *erschrickt* Nur als Beispiel, nur als Beispiel.

STIMME AUS DEM LAUTSPRECHER Der Hund ist gebracht worden.

FEUERBACH Auf der Bühne ist es mir einmal passiert, es ist eine komische Sache, ich lache heute noch darüber: Der Regisseur verlangte, daß ich drei Stufen die Treppe hinaufsteigen sollte, nachdem ich die Szene mit Desdemona absolviert hatte, und mich dort noch einmal umdrehte und wieder zurückging und nach der anderen Seite hinaus. – Was für ein Hund?

DER ASSISTENT Schon gut, schon gut.

FEUERBACH Ich bin aber nicht nur die drei Stufen hinaufgestiegen, sondern die vierte und fünfte, das ganze Treppengerüst hinauf! Sie wissen ja, wo die Treppen im Theater enden, im Nichts! Es ist nur ein Gerüst, eine Scheintreppe. Alle schreien: Bleib stehen! Bleib stehen! Glücklicherweise habe ich mir nicht den Hals gebrochen, als ich runterfiel. *Er lacht heftig.*

DER ASSISTENT Seltsam.

FEUERBACH Wir haben so gelacht, so gelacht! –– Sie gehen weg?

DER ASSISTENT *ist aufgestanden, geht zur Bühne* Wo ist denn jetzt dieser Hund? Es muß sich doch mal jemand um diesen verdammten Köter kümmern!

Niemand vom Bühnenpersonal ist zu sehen.

DER ASSISTENT Wo sind denn die alle?

FEUERBACH Sie können aber nicht einfach hier weggehen!

DER ASSISTENT Bin ich Ihr Wächter?

FEUERBACH *entsetzt* Nein, mein Wächter sind Sie nicht! Um Gottes willen! Nein! Wie kommen Sie denn bloß darauf? Daß ich einen Wächter brauche! Wahrscheinlich wollen Sie zum Herrn Intendanten, zu Herrn Lettau, hinaufgehen und ihm sagen, daß wir hier schon so lange warten. Das brauchen Sie nicht zu tun! Ich bin sehr geduldig! *Er schreit in den Schnürboden hinauf.* Meine Geduld ist grenzenlos! – – – Sie haben doch Mikrophone überall und vermutlich ein Video-Auge, das uns beobachtet. Oder wurde es nach der Probe abgeschaltet, damit Herr Lettau etwas Ruhe hat, was ich ja verstehen kann. Immer Theater, immer Theater! Er wacht auf und denkt: Theater, und möchte doch vielleicht lieber zum Leben gelangen, deshalb stellt er die Anlage ab. Wenn es ganz still ist, das Theater ganz erstorben ist, dann kommt das Leben zurück. *Er schreit hinauf.* Meine Geduld ist grenzenlos! – – Hat er mich gehört?

DER ASSISTENT Glaube ich nicht.

FEUERBACH Wie still es ist! Ich lausche: tintenschwarze Stille. Wie unglaublich still es ist! Ich ziehe meine Schuhe aus, damit man meine Schritte nicht hört. Denn meine Schritte würden stören. Denn meine Schritte würden ja – wenn ich die Schuhe anbehielte – wie Donner dröhnen! *Er hat seine Schuhe ausgezogen, stellt sie nebeneinander an die Rampe. Er macht Schritte, geht auf Strümpfen unhörbar umher.* Man glaubt, nur in der Natur, in der Einsamkeit der Natur erlebt man die tiefste Stille . . . in der Wüste. Ich kenne die Wüste, ich bin durch den tiefen Sand gegangen, der sich bei jedem Schritt wieder um die Knöchel schließt – auch da war ich versucht, immer weiter und weiter zu gehen. Aber diese tiefste Stille gibt es auch im Theater, manchmal sogar in einer ganz unbedeutenden Vorstellung, im Saal sitzen tausend Leute, tausend oder noch mehr, der Schauspieler hat eine Handbewegung gemacht oder einen Satz gesagt, ein Blick, ein Innehalten, und plötzlich ist diese große Stille da – – eine tropfsteinhöhlentiefe, ergreifende Stille. Tausend Leute im dunklen Zuschauerraum. Dieser Augenblick hebt gewissermaßen die Zeit auf. Sitit anima mea Deum, Deum vivum – den lebendigen Gott! – Nun sagen Sie mal, Herr Assisten, erfinden wir unseren Gott da oben nicht selber? – – Wie sind Sie denn zum Theater gekommen?

DER ASSISTENT *hat nicht zugehört* Ich?

9

Ein Hund läuft hinten quer über die Bühne.

FEUERBACH Ich werde Ihnen erzählen, wie ich dazu gekommen bin. Wir warten ja schon über eine Stunde, und wir werden noch länger warten. Ich war sieben Jahre alt. Ich war ein ziemlich einsames Kind. Ich sehe mich mit meiner Tante an kalten Sonntagnachmittagen zum Schützenhaus gehen, nicht etwa zum Schießen, denn das mochte ich nicht. Alle Jungen wollen ja schießen, wollen den Revolver auf jemand richten und losballern! Ich, ich wollte das nie! In diesem Schützenhaus wurde manchmal Theater gespielt, es waren Gastspiele, und an diesem Sonntagnachmittag gab man ein Kinderstück. Ich war außer mir, ich war begeistert, es gab ein blaues, geheimnisvolles Licht, einmal erschien eine Figur, die war sehr groß und ganz golden – ich beneidete alle, die dort oben hin und her gingen und sprachen und lachten, und einer konnte sogar durch die Luft hin und her fliegen! Ich fragte meine Tante, die mir die Eintrittskarte gekauft hatte: Wieviel muß man denn bezahlen, wenn man dort oben sein und sprechen und fliegen darf? Sie lachte und lagte: Nichts, nichts, kleines Dummerchen, nur das Zuschauen kostet! Ich habe ihr das nicht geglaubt. Sie hat sicher nicht so viel Geld, dachte ich. Sie war eine junge Schneiderin, eine von diesen unverheirateten Tanten, die sonntags einen kleinen Neffen abholen und mit ihm zu einer Vergnügungsstätte gehen, um ihm eine Freude zu machen. Das ist ihr Leben, ein anderes haben sie nicht. Vielleicht gab es diese Tanten in Ihrer Kindheit gar nicht mehr, diese lieben, bescheidenen und gelegentlich eigensinnigen Geschöpfe, die auf ihren gewissenhaften Beinen ihren vorbestimmten Weg gehen und ihr Leben lang nie damit rechnen, daß jemand sich nach ihnen umdreht und ihnen wohlgefällig nachsieht. Ja, ich bin dann Schauspieler geworden, und ich habe mit meinem ganzen Leben dafür bezahlt. – – Nun, und Sie?

DER ASSISTENT Per Anhalter.

FEUERBACH Was soll das heißen?

DER ASSISTENT Ja, per Anhalter. Ich stand an der Autobahn und wollte nach Südfrankreich trampen. Da hielt einer an und nahm mich mit, der war Theaterintendant.

FEUERBACH Aha. So.

DER ASSISTENT Ich wußte damals gar nicht, was das ist: ein Intendant.

FEUERBACH So, dem haben Sie wohl gefallen? Aha! Sie sind ja auch rein äußerlich ein attraktiver, junger Mann. Das genügt manchmal. Allerdings nur für eine gewisse Zeit.

Eine junge Frau kommt forsch aus der Kulisse, bleibt stehen, sieht sich um, scheint etwas zu suchen, verschwindet wieder.

10

FEUERBACH Es war mein tragischer Lebensirrtum, daß ich glaubte, im Theater gelten die Schranken und Beschränktheiten des normalen Lebens nicht, man könnte alles, gewissermaßen die ganze Existenz, ins Äußerste, Hellste und Extremste treiben. Aber gerade auf dem Theater heißt es ja: Disziplin halten, Disziplin üben! Man darf ja auf keinen Fall ein unsicherer Kantonist sein, sonst muß ja sofort der Vorhang fallen.

DER ASSISTENT Ja. Allerdings.

FEUERBACH Ich kenne diverse Beispiele, wo das der Fall war. Ich erinnere mich an die Sache mit dem Rosenkranz in Heinrich dem Vierten.

Die hohe, auf Sperrholz gemalte allegorische Figur, die am Portal lehnt, schwankt plötzlich, fällt dicht neben Feuerbach auf den Boden. Die junge Frau ist aus Versehen von hinten dagegen gestoßen.

FEUERBACH *ist in Panik aufgesprungen, schreit die Frau an* Was wollen Sie?

DIE FRAU *ungerührt* Ich bringe den Hund.

DER ASSISTENT Wo denn? Wo ist er denn?

DIE FRAU Momentan ... weiß ich nicht. Ich weiß ja selber nicht, wo ich gelandet bin.

FEUERBACH *pikiert* Auf der Bühne, gnädige Frau!

DIE FRAU Danke. Hier sieht es ja furchtbar aus.

DER ASSISTENT Wo ist denn Ihr Hund?

DIE FRAU Den hab ich ja mitgebracht. Aber er ist verschwunden. Ich hab ihn bloß mal losgemacht. Da hat er geschnüffelt. – Ich glaube auch nicht, daß Sie den Hund brauchen können. Den kann niemand brauchen. Ich auch nicht. Ich habe von einem Kollegen gehört, daß Sie einen Hund suchen. – Der hat mich bisher nur geärgert.

FEUERBACH *pikiert, zum Assistenten* Was muß er denn können, für seine Rolle?

DER ASSISTENT Nichts! Gar nichts!

DIE FRAU Dann wär er vielleicht sogar richtig. Der kann überhaupt nichts.

DER ASSISTENT Er muß nur eins: geduldig sein. Er wird herumgetragen. Jemand trägt ihn während einer Szene über die Bühne und wirft ihn in eine Tonne.

DIE FRAU Ja. Das geht vielleicht. – Das Vieh hat mir nur Unglück gebracht. Erst im Taxi. Da haben sich meine Fahrgäste beschwert, weil er stinkt, besonders bei Regenwetter.

FEUERBACH Würde ich mich auch beschweren.

DER ASSISTENT *ruft* Sucht doch mal den Hund!
Die Bühnenarbeiter, die inzwischen zurückgekommen sind und weiter umbauen, beachten ihn nicht.

FEUERBACH Tiere gehören nicht auf die Bühne.

DIE FRAU Ja.

FEUERBACH Tiere gehören in den Zirkus. Da rauscht eine elegante Dame in die Manege, und es springen ihr ein halbes Dutzend Hunde aus dem Rock . . . stellen Sie sich das vor! Pervers! *Hysterisches Lachen.*

DER ASSISTENT *zu den Bühnenarbeitern* Sucht doch mal auf der Hinterbühne oder irgendwo! *Niemand beachtet ihn. Schließlich läuft er selber zur Hinterbühne, verschwindet dort hinter Kulissenteilen, abgestellten Möbelstücken.*

FEUERBACH *eilt ihm nach, redet weiter auf ihn ein* Ich erinnere mich an die Sache mit dem Rosenkranz in Heinrich dem Vierten . . . *Beide sind nun verschwunden, man hört Feuerbach nur noch undeutlich von weit her.*
Da stand der Prinz am Bett des sterbenden Vaters und ließ einen Rosenkranz durch die Finger gleiten. Schön und gut! Und dann kam er nach vorn, an die Rampe, und dann schnippte er die Perlen des Rosenkranzes mit dem Daumen und mit dem Zeigefinger in das Publikum. So! Das war ein Einfall des Regisseurs, worauf er bestanden hatte. Das tat der Schauspieler also ziemlich lange, und schließlich, wie soll es anders sein, rief jemand aus dem Publikum

herauf: Genug damit! Und einige andere im Publikum brachen darüber in Gelächter aus.

Die Frau, plötzlich allein gelassen, hat sich inzwischen auf der Bühne umgesehen, will das Kulissenstück, das sie beim Hereinkommen umgestürzt hat, mit einem schnellen Griff wieder aufstellen, da bricht es ihr krachend ab. Erschrocken sieht sie das Bruchstück in ihrer Hand an: es ist ein gemalter großer antiker Frauenkopf. Überrascht von dem in diesem Moment plötzlich wieder auf die Bühne stürmenden Assistenten, dem der unaufhörlich redende Feuerbach folgt, verbirgt sie den Sperrholzkopf schnell hinter ihrem Rücken.

FEUERBACH ... Daraufhin hörte Prinz Heinrich auf zu schnippen, sah in die dunkle Publikumshöhle hinunter und fing an zu schreien: Ihr Schweine! Ihr Schweine! Ihr ekelhaften Schweine! Und schrie immer weiter. Da mußte der Vorhang fallen. *Er sieht irritiert zu der Frau hin, die jetzt in sonderbar bedrängter Haltung auf dem Stuhl sitzt, den Sperrholzkopf hinter dem Rücken unter der Jacke versteckt hält.*

DER ASSISTENT Wer war das? Wahrscheinlich Kinski.

FEUERBACH Den Namen des andererseits großartigen Schauspielers nenne ich nicht. Ein katastrophaler Mangel an Diszipli-in bei genialer Begabung! Einerseits verlangt das Publikum den interessanten Schauspieler, die ausgefallenen Persönlichkeiten, und auch der Regisseur, wenn er ehrgeizig ist, will sie benutzen, um seiner Inszenierung das Besondere zu geben. *In großer Aufregung, fast schreiend* Aber das nützt nichts! Das nützt nichts! Die Arbeit erfordert strenge Disziplin! Mancher glaubt, sich darüber hinwegsetzen zu können, auch um sich interessant zu machen, interessanter, als er in Wirklichkeit ist. Ich spreche nicht von Verrückten, ich spreche von Disziplinlosigkeit.

Schweigen. Feuerbach versucht, in Gesten und Bewegungen seine Disziplin zu zeigen.

FEUERBACH Ich möchte Sie etwas fragen, aber ich möchte diese Frage nur leise stellen, wegen der Mikrophone, die vielleicht zuhören, besonders bei Ihrer Antwort. Bei wem wurde noch angefragt für meine Rolle?

DER ASSISTENT Das weiß ich nicht.

FEUERBACH Sie sind doch ständig in der Umgebung von Herrn Lettau, und es ist doch selbstverständlich darüber gesprochen worden, und es wurden Überlegungen angestellt im Hause, die Sie mitbekommen haben, mindestens gerüchteweise.

DER ASSISTENT Ich sage Ihnen doch, ich weiß nichts darüber.

FEUERBACH Gut! In Ordnung! Ich nehme es Ihnen nicht übel, ich finde es korrekt, sogar sympathisch, daß Sie sich loyal verhalten, ich erkenne das an! Aber ... warum blinzeln Sie?

DER ASSISTENT Ich?

FEUERBACH Ach so, entschuldigen Sie, jetzt sehe ich, Sie haben da einen kleinen nervösen Tick am linken Auge. Vorher bemerkte ich das nicht, ich war zu weit entfernt, und das Saallicht ist auch ein wenig trüb. Jetzt, aus der Nähe, dachte ich plötzlich, sie blinzeln mir zu! *Er lacht.* Ein kleiner Defekt ... eine Mouche im Auge ...
Schweigen.

FEUERBACH Thiem? Ein ewiger Jüngling. Leer. Schmerzlos. –– Kohlweiß? Virtuos, äußerlich. –– Billhagen? Begabt, ja, eigenwillig, aber er nuschelt. Schneeberg? Kopfschauspieler. Reiner Kopfschauspieler, und so weiter. Es gibt nur einen einzigen ...

DER ASSISTENT Feuerbach.

FEUERBACH Ich liebe Ihren primitiven Witz nicht. Sie hoffen auf Lacher. Sie hocken in der Kantine mit den drittrangigen Chargenspielern und erwarten, daß man über Ihre Bemerkungen in tosendes Gelächter ausbricht. Aber hier lacht niemand. –– Der große Schauspieler, den ich meine, ist tot. Er hat sich alkoholisch zugrunde gerichtet. Man könnte sagen, sein Charaker war seinem Genie nicht gewachsen. Sein Genie war zu groß. Einen Schauspieler wie ihn gibt es nicht mehr. –– Exhibitionisten, Exzentriker, Schauspieler, die ihre Rolle »ausstellen«, wie man heute sagt. Tatsächlich stellen sie nur ihre eigene eitle Person aus.

DER ASSISTENT Gut! Aber der zweitgenialste ist Feuerbach.

FEUERBACH Sie verstehen mich immer noch nicht, aber ich spreche unbeirrt weiter. Was mich von den Künstlern, die ich schon genannt habe, unterscheidet – immerhin halte ich sie doch für Künstler! –, ist: daß ich eine VISION habe und sie mit äußerster Demut empfange. Ich unterwerfe mich. *Er verneigt sich tief, verharrt in dieser Haltung.*

Inzwischen ist es der Frau gelungen, den abgebrochenen Kopf unbemerkt loszuwerden.

11

FEUERBACH *Demütig zu der Frau, die ratlos, ängstlich auf dem Stuhl sitzt* Wer ist denn Feuerbach? – Wer bin ich? – Ich bin Niemand. Ich bin Null. – Ich bin der Nullmensch. Gestern sprach mich jemand an, als ich in einer Parfümerie einen Dachshaar-Rasierpinsel kaufte – in diesem Punkt bin ich altmodisch, ich hasse das Patente, das allzu schnell Fertige, die Instant-Produkte, die Spraydosen – Guten Tag, Herr Feuerbach. – Wen meinen Sie? – Ich hatte buchstäblich meinen Namen vergessen, beziehungsweise ich hatte ihn nicht vergessen, sondern ich konnte ihn nicht in Zusammenhang mit meiner Person bringen. Und ich muß sagen, ich war sehr froh darüber.

DER ASSISTENT Das ist praktisch. »Mein Name ist Hase . . .« *Lacht.*

FEUERBACH Spotten Sie nur! Verachten Sie mich! Es macht mir nichts aus, wenn Sie mich verspotten oder wenn ein anderer mich verspottet . . . oder sogar das Publikum, was im allgemeinen für den Schauspieler das Schlimmste ist. Er lächelt darüber. Er lacht. Er lacht aus vollem Halse. Sie bespeien ihn, und er ist darüber froh! Sein Kummer ist nur, daß es Menschen gibt, die noch verachteter sind als er. Er möchte derjenige sein, der am meisten verachtet wird.

DER ASSISTENT Wer, »er«?

FEUERBACH Er sitzt vor dem Bahnhof und scharrt die weggeworfenen, faulen Oliven aus dem Rinnstein, um sie in den Mund zu stecken. Er ekelt sich nicht, o nein! Da kommen die hochmütigen, eleganten Offiziere, seine Freunde von früher stoßen ihn mit den Füßen weg: Was will denn der schmutzige Jude da! Sie haben ihn nicht erkannt. Er ist froh darüber. Sie treten ihn mit Füßen, das ist sein Triumph! Denn die Vögel verstehen ihn, die Fische hören ihm zu. Und der Tiger sitzt an seiner Seite und hat seine blutziehende Kralle vergessen.

DER ASSISTENT Wer, »er«?

FEUERBACH *holt eine Streichholzschachtel aus der Tasche und*

188

wirft sie in die Luft Sehen Sie mal, da! Ein kleines, gespren-
keltes, hüpfendes Dingchen! . . . Ach, heruntergefallen . . .
Er hebt die Streichholzschachtel auf. Eine Streichholzschachtel, die ich zufällig in der Tasche hatte, zufällig. Ich
rauche nicht. Sehen Sie, sie ist leer, sie ist leicht. – Ich werfe
sie noch einmal in die Luft. *Er wirft die Streichholzschachtel*
noch einmal in die Luft: Nun fällt sie nicht wieder herunter.
Cara sora, Schwesterchen! Venga! Venga! Sie fliegt! Sie
steigt! *Er läuft auf der Bühne herum, sieht hinauf in den*
Himmel. Sie kommt nicht wieder! Sie fliegt!

DER ASSISTENT Ein guter Trick! Gut!

FEUERBACH Da – jetzt sind es zwei! Kommt, kommt! – Venite
qui! Meine Federbällchen! – Hier, meine Arme, meine
Hände, setzt euch nieder, es sind Zweige! – Kommt, hört
mir zu! Hört, was ich euch sage!

Plötzlich ist ein Schwirren und Flattern zu hören, ein großer
Vogelschwarm, Hunderte von Vögeln umschwirren Feuer-
bach, der selig lächelnd mit ausgebreiteten Armen steht. Die
Frau kniet nieder, deutet mit ausgestrecktem Arm auf das
Wunder. So verharrt sie unbeweglich bis zum Ende der
Szene.

DER ASSISTENT *rennt zur Rampe* Aufhören! Aufhören! Schluß
jetzt!

Die Vögel umschwirren auch ihn, er duckt sich und schlägt
die Arme über den Kopf, um sich zu schützen.

DER ASSISTENT Weg! Weg! Weg!

FEUERBACH Venite! Ich will sprechen mit euch, ihr frechen,
kleinen, lieben Geschöpfe Gottes, meine Brüder, meine
Schwestern. Ich will euch sagen, worin die wahre Glückse-
ligkeit liegt. Da kommt der Bruder Pförtner voll Zorn und
fragt uns: Chi isiete voi? E nnoi diremo: Noi siamo due de
vostri frati, e cholui dirà: voi non dite vero, anzi siete due
ribaldi che andate inghannando il mondo et rubando le li-
mosine de' poveri, andate via! e non ci appria, e ffaràcci
istare di fuori alle neve et all' aqua, cchollo fredde e ccholla
fame, infine alla notte, allora, se nnoi tante ingiurie e tanta
crudeltà e ttanti cchommiati sosterremo pazientemente
sanza turbazioni e sanza mormorazione di lui, e penseremo
umilemente e charitativamente che quello portinaio ver-
acemente ci chonoscha, e cche Dio il faccia parlare cchontra

nnoi: o Fratelli ucelli, ivi é perfetta letizia … E sse nnoi,
pur chostretti dalla fame e dallo freddo e dalla notte, piu
picchieremo e chiameremo e pregheremo per l'amore di
Dio con grande pianto che cci apra e mettaci pur dentro,
quelli piu ischandelazzato dirà: Chostori sono ghaglioffi
importuni, io gli pagherò bene chom' elli sono deghni, e
uscirà fuori chon uno bastone nocchieruto, e piglieràcci
per lo cappucio e getteràcci in terra e in volgeràcci nella
neve e batteràcci a nnodo a nnodo chon quello bastone; se
noi tutte questo chose sosterremo pazientemente e cchon
allegrezza, pensando le pene di Cristo benedetto le quali
noi dobbiamo sostenere per suo amore: o fratelli, mie so-
relle, iscrivi che in questro è perfetta letizia. – Nun singt,
ihr Lieben, singt zum Lobe dessen, der euch schuf.
*Die Vögel flattern zwitschernd davon. Die Frau steht auf,
sitzt wieder auf dem Stuhl wie vorher.*

12

FEUERBACH *zu dem immer noch geduckt dahockenden Assistenten* Da hocken Sie geduckt. Was ist denn los mit Ihnen?

DER ASSISTENT *richtet sich auf, geht an seinen Platz zurück*
Nichts, was denn?

FEUERBACH Das ist Altitalienisch! Aber ich verstehe diese
Sprache gar nicht, ich habe sie nie gelernt! – Das Geheimnis ist: Man muß nämlich den Text gar nicht lernen! Alles
kommt von selbst in den Kopf! –– Text lernen: Nur ein
Speichervorgang, mechanisch. Gehirn.

DER ASSISTENT Sprechen Sie vom Theater, oder wovon sprechen Sie?

FEUERBACH Sie mißtrauen mir.

*Langes, bockiges Schweigen. Schließlich sagt Feuerbach
kleinlaut*

FEUERBACH Möglicherweise war das alles etwas zu spekula-
tiv, entschuldigen Sie. Wir warten schon so lange. Da
spricht man, und da irrt man ab und geht Gedanken nach,
und plötzlich ist das alles verstii-iegen. Ich hätte mir die
Abendzeitung kaufen sollen und mich damit in die Ecke
setzen sollen, da wo ich nicht störe, und Zeitung lesen, bis

ich dran bin. Bis man mich ruft! – – Den Vogelschwarm haben Sie aber doch gesehen?

DER ASSISTENT Nein. – *Zu der Frau* Sie, Frau Angermeier?

DIE FRAU *winkt ab* Ich wart ja bloß. Ich sitz bloß da und warte.

DER ASSISTENT Ja, und, und?

DIE FRAU Ich wart ja bloß, ich möchte mich nicht äußern.

FEUERBACH Der Buchfink. Die Blaumeisen. Der Kreuzschnabel. Die Rauchschwalbe und die Mehlschwalbe. Die Krähe. Die Raben. Den Buntspecht. Die Bachstelze. Den Mauersegler. Die Dohlen. Den Stieglitz. Den Zaunkönig. Die Stare. Kolibris, viele Kolibris, die mich umschwirrten. Den Kiebitz. Den Wiedehopf. Den Spatz. Die Kohlmeise. Die Elster. Die Bergdohlen. Den Mäusebussard. Die Schnepfen. Den nii-iedlichen Zeisig. Die Rohrdommel. Den Dompfaff. Die Amsel. Ja?

DER ASSISTENT Nichts gesehen.

FEUERBACH Der Schweiß läuft mir herunter, über das ganze Gesicht! Kommen Sie her, sehen Sie mal! Bis zur Erschöpfung habe ich mich verausgabt, nur für Sie! Überlegen Sie das mal! Nur für Sie!

DER ASSISTENT Danke.

FEUERBACH Was heißt das, »danke«? – Das meinen Sie wohl ironisch? Ich höre, wie Sie sagen: Danke! – Junger Mann! Die Sterne kreisen und rauschen um Sie herum, fühlen Sie das nicht? Warum stehen Sie nicht auf und werfen die Arme in die Luft?

DER ASSISTENT War das original Feuerbach oder nicht?

FEUERBACH Das habe ich gespielt!

DER ASSISTENT *lauernd* Ach! Und aus welchem Stück ist das?

FEUERBACH Das habe ich in Ulm gespielt.

DER ASSISTENT In Ulm? So?

FEUERBACH Ja, in Ulm, unter der Direktion von Professor Bäumler.

DER ASSISTENT Kenne ich gar nicht.

FEUERBACH Ein sehr gebildeter angenehmer Mann! Ein sehr einfühlsamer, verständnisvoller Direktor!

DER ASSISTENT Merkwürdig. Und wie heißt das Stück?

FEUERBACH Tun Sie doch nicht so, tun Sie doch nicht so!

DER ASSISTENT Ich kenne das Ulmer Theater einigermaßen. Da gibt es keinen Professor Bäumler in der Direktion.

FEUERBACH »Einigermaßen« – das Wort will ich nicht hören! Das ist ein schlaffes Wort! Ein mü-üdes Wort!

DER ASSISTENT Bäumler gibts nicht.

FEUERBACH Er ist eine große, überragende Persönlichkeit, groß in der Schauspielerführung! Es sind Kollegen gekommen – und nicht nur Damen, wie Sie vielleicht annehmen, da ich es Ihnen sage –, sie haben ihm die Hände geküßt und sogar die Füße! Völlig zu Recht! Mir hat er zum Beispiel gesagt: Sie sind ein hochbegabter Schauspieler, Feuerbach, um aber wirklich ins Außerordentliche vorzustoßen, müssen Sie die Konditionen Ihrer Persönlichkeit annehmen, das heißt, was ist denn meine Kondition? Das heißt, daß ich die Sprinkleranlage des Kölner Schauspielhauses – und zwar ohne jede Vorankündigung – in Gang gesetzt habe. Das heißt, der Pförtner, der mich ja seit langem kannte und an dem ich täglich vorbeiging, wußte nichts davon. Die Feuerwehr auch nicht! War nicht verständigt worden. Das heißt, es bestand nicht etwa Brandgefahr! Es gab weder Flammen noch Rauchentwicklung, sondern das Wasser stieg und stieg in der schönen Finsternis, nur das Notlicht war an. Das darf ja nicht ausgehen. Das Wasser stieg und stieg, zuerst im Zuschauerraum und dann auch auf der Bühne. Das wollte ich erreichen, und Professor Bäumler hatte absolutes Verständnis für meine Bemühung.

DER ASSISTENT Wer war denn dieser Professor Bäumler!

FEUERBACH *bockig* Aber ich sagte es doch soeben! Wir haben sehr intensiv miteinander gearbeitet, gerungen, möchte ich sagen, jahrelang! Mit keinem anderen Patienten hat er . . . ich meine nicht Patient . . . habe ich Patient gesagt? Radieren Sie das aus, bitte sehr! Das Wort habe ich nicht gefertigt. Es war schon da. Ich bin zwar als Künstler ein Verfertiger von Wörtern – aber dieses nicht! Ich meine ein anderes Wort, ich suche danach mit aller Kraft meines Geistes. *Er stammelt, findet kein Wort.*

DER ASSISTENT Ich verstehe.

FEUERBACH *tief erschöpft* Entschuldigen Sie bitte.

Langes Schweigen.

13

FEUERBACH Vermutlich haben Sie es schon die ganze Zeit gewußt. Vielleicht nicht am Anfang, nein – sicher nicht. Wie ich zurückgekommen bin und habe die kleine Improvisation mit dem Stuhl gemacht, da waren Sie zwar überrascht, aber nicht irritiert. Meine Virtuosität hat Sie überrascht! Sie haben nicht damit gerechnet. Sie saßen nach einer anstrengenden, möglicherweise sogar schikanösen Probe da und mußten warten, Sie, ich auch, und waren an mir uninteressiert. Ich bin in dieser Hinsicht ganz illusionslos. Ich habe Sie genau beobachtet. Allerdings gelang es mir sehr schnell, Ihr Interesse zu erwecken, Sie sahen und hörten mir sehr aufmerksam zu, wahrscheinlich mit dem Gedanken, das eine oder andere, was Sie fesselnd fanden, im Gedächtnis aufzubewahren und in eine Ihrer zukünftigen Inszenierungen einzubauen. Irritiert, befremdet waren Sie erst, als ich die Sache mit der Treppe erzählte. Nein, ich hätte es nicht erwähnen sollen, ich hätte es auf keinen Fall erwähnen sollen! Ich habe mir eine Blöße gegeben, die ich mir in meiner Situation unter keinen Umständen geben darf. Als Sie weggehen wollten, Herr Assistent, da wollten Sie weggehen, um Herrn Lettau zu entdecken, daß ich ein unsicherer Kantonist bin, daß ich also sieben Jahre in der Anstalt verbracht habe und erst kürzlich entlassen worden bin. Nicht wahr? – Es gelang mir aber, Sie zurückzuhalten, und wir kamen wieder in ein Gespräch, in einen interessanten Austausch von Gedanken. Ich habe das Medikament, das neu entwickelt wurde und erst seit kurzem angewandt wird. Es hebt die psychische Instabilität auf, ich kann mich mit Hilfe dieses Medikaments in der Balance halten. Verstehen Sie? Das ist das Entscheidende.

DER ASSISTENT Ja. Ich verstehe Sie. Ja.

Der Hund taucht wieder auf, er hat einen toten Vogel im Maul.

DIE FRAU *ruft* Da ist er ja!

Sie erschrickt über ihre eigene laute Stimme und geht nun, um den weiterredenden Feuerbach nicht zu stören, so leise und vorsichtig, wie sie nur kann, über die ganze Bühne zu dem Hund, sie versucht, ihn zu locken, und voller Angst,

daß er ihr wieder davonläuft, hält sie ihn schließlich fest. Den
Vogel nimmt sie ihm aus dem Maul, schleudert ihn weg. Weg
mit dem Vogel!

FEUERBACH Oder haben Sie erst dann einen schlimmen Verdacht geschöpft, als ich Ihnen unbedacht erzählte – eigentlich nur, um Sie zu unterhalten –, daß ich den Brotlaib aus
dem Korb genommen habe, so wie der Regisseur es von mir
verlangt hatte, und ihn meinem Partner, dem Staatsmann,
nachwarf, ohne ihn allerdings zu treffen, und daß ich dann
nicht aufgehört habe zu werfen, erst mit den anderen Brot-
laiben, dann mit dem Korb, mit dem Stuhl, mit allen Ge-
genständen, die auf der Bühne waren, in dieser minderwer-
tigen Dekoration, die Herr Müller-Klein für diese Tournee
vorgesehen und zusammengeschustert hatte. Und die Aufregung! Und ich sah die beiden Herren mit den weißen Kit-
teln in der Gasse stehen, nicht etwa der Inspizient, der ja
auch einen Kittel trägt, aber keinen we i ß e n! Er trägt, das
wissen Sie ja, einen schwarzen, damit man ihn während der
Vorstellung nicht sieht. Die weißen Kittel aber, die in der
Tür erscheinen, bedeuten für mich das absolute Ende der
Vorstellung. – Ich habe es Ihnen erzählt und auch auf meine
Weise ein wenig ausgeschmückt, damit Sie mir aufmerksam
zuhörten und nicht etwa davonliefen. Ich mußte ja ständig
reden, ich mußte ja geradezu um mein Leben reden, damit
Sie mich hier auf der Bühne in meinem Leben nicht allein
ließen.

DER ASSISTENT Aber bitte – das h a b e n Sie mir gar nicht erzählt, Herr Feuerbach!

FEUERBACH Sie haben es vergessen! Macht nichts. Es ist sogar
von Vorteil für mich.

DER ASSISTENT Nein, Sie haben es mir n i c h t e r z ä h l t!

FEUERBACH *plötzlich in jämmerlicher Verzweiflung* Ich muß
die Rolle haben! Unter allen Umständen! Es hängt für mich
alles davon ab! Alles! Man kann sie mir nicht einfach ver-
weigern mit der Behauptung, ich sei ein unsicherer Kantonist!

STIMME AUS DEM LAUTSPRECHER Der Hund ist gefunden worden!

DER ASSISTENT *spöttisch* So? Wo denn?

STIMME AUS DEM LAUTSPRECHER Er ist hier. Beim Pförtner.

FEUERBACH *außer sich, mit immer größerer Hysterie* Ich höre: »Beim Pförtner!« Hier steht er doch! Hier! Hier! Hier! Hier! Hier! *Zitternd vor Wut, deutet er mit dem ausgestreckten Zeigefinger auf das Tier, das die Frau erschrocken von sich weg hält* Hier! Hier!

DER ASSISTENT Gehen Sie jetzt bitte, Frau Angermeier.

DIE FRAU Sie können ihn meinetwegen umsonst haben.

DER ASSISTENT Bringen Sie den Köter aus dem Theater.

DIE FRAU Der kostet Sie keinen Pfennig.

DER ASSISTENT Sie kriegen von uns Bescheid. *Er drängt sie hinaus*.

DIE FRAU *zu Feuerbach* Auf Wiedersehen. *Sie zieht den Hund hinter sich her, verschwindet in der Kulisse.*

DER ASSISTENT Es tut mir leid, daß der Hund Sie irritiert hat.

FEUERBACH *schneidend* Da sagen Sie es! Da sagen Sie es! Sie geben es zu!

DER ASSISTENT Ich wußte gar nicht, daß der Hund um diese Zeit bestellt war, das hat wohl der Inspizient veranlaßt.

FEUERBACH So! Auch der Inspizient!

DER ASSISTENT Tut mir leid, Herr Feuerbach. Manchmal kommt eben alles zusammen.

FEUERBACH Schweifen Sie nicht ab! Ich erzwinge den Messerschnitt Ihrer Antwort! Und Sie sehen mir dabei geradeaus ins Auge! Hier! *Er hält ihn auf der Bühne fest.*

DER ASSISTENT Bitte, lassen Sie mich los!

FEUERBACH Sie sind der Assistent, oder sind Sie es nicht? Sind Sie vielleicht ein anderer? Ein Nicht-Anwesender? Unschuldiger?

DER ASSISTENT Ich bin der Assistent, natürlich, ja.

FEUERBACH Aha! Das geben Sie zu! Das protokolliere ich. Und Sie haben einen Auftrag. Sie sollen mich quälen! Und zwar ist die ganze Aktion von oben minutiös geplant! Sie haben diesen Auftrag von oben bekommen und führen ihn sehr gerne aus. Sehr gekonnt, sehr geschickt! Sie sind der Stichwortgeber! Ihre Wörter stechen! Stechende Wörter! Sie sollen mich stechen, und sie stechen mich auch! Stichwörter! Stichwörter! Und zwar in allerhöchstem Auftrag, damit man DA OBEN sieht, wie ich darauf reagiere! Dann horchen Sie, Herr Assistent, auf meine Schmerzensschreie, Sie sprechen selber möglichst wenig damit Sie keinen über-

hören! Stichworte! Jeden meiner Schmerzenslaute regi-
strieren Sie! Sie addieren einen zum anderen, und am
Ende präsentieren Sie die kolossale Rechnung! Zu viele
Schreie, zu viele Schreie: ein unsicherer Kantonist! *Er ent-
deckt den toten Vogel, hebt ihn liebevoll auf, birgt ihn in
seinen Armen, legt ihn vorsichtig zu seinen Sachen in die
Plastiktüte.* Ich spreche mein Urteil über Sie: Sie sind eine
Lakaienseele, ein Vollzugsbeamter! Schuldig!
DER ASSISTENT Herr Feuerbach, ich habe doch den Hund
nicht bestellt!
FEUERBACH Stichwort: Hund! *Immer mehr außer sich.* Beim
Pförtner ist der Hund! So! Ich aber sehe ihn vor mir hier,
vor meinen Augen, diese grämliche Kreatur! Und er sieht
mich an mit seinen gelben Augen! Also ist er hier und
nicht dort also! Wie viele Hunde hat sie denn in diesen
verborgenen Taschen unter ihrem Rock, und wo hat sie sie
denn auf Ihre Anweisung hin deponiert? Wo springt mich
denn der nächste an? Lauert auch schon einer im Zuschauerraum? Ich höre ihn doch schon knurren! Und in der Finsternis dort, zwischen der Sperrholzwand und dem Vorhang ... wenn ich da abgehe nach meinem Auftritt,
schnappt er mich an der ungeschützten Stelle unterhalb
des Hosenaufschlags! Ich werde mir die Hosenbeine zu-
schnüren müssen, um mich vor solchen tückischen An-
schlägen zu schützen, Herr Lakai! Und nach oben zu
schauen wage ich gar nicht, da hechelt es doch schon ...
spitze Zähne und eine hechelnde Zunge, die nach mir
lechzt! Auch der Hund, derselbe, der angeblich beim
Pförtner sitzt!
DER ASSISTENT Hören Sie mir mal zu, Herr Feuerbach ...
FEUERBACH Und diese Frau ... diese Frau aus dem Volke
... Sie glauben doch nicht, daß ich darauf hereinfalle! Es
war selbstverständlich eine Schauspielerin – ganz selbstverständlich! Wie sie hinüberging, hinter meinem Rücken
über die ganze Bühne, hinüber, um den Hund einzufangen
–– diesen einzigen und echten Hund, den sie aber ganz of-
fensichtlich nicht kannte, der nicht i h r eigener Hund war
... ich habe sie zwar nicht gehen sehen, denn ich redete ja
zur gleichen Zeit mit Ihnen, aber, aber, aber ich habe es
gespürt, daß sie eine Schauspielerin ist! Das spürt man,

Herr Lakai! –– O daß man mich so behandelt! O daß man mich so verfolgt! O solche Prüfungen!
Schweigen.

DER ASSISTENT Bekommen Sie denn keine Sozialhilfe?

FEUERBACH O was Sie da sagen! O, das sagen Sie, um mich zu vernichten!

DER ASSISTENT Nein, es ist eine ganz sachliche Frage.

FEUERBACH Lügen Sie nicht! Sie wußten von Anfang an, daß ich die Rolle nicht bekommen soll. Daß Sie nun sagen »Sozialhilfe«, entlarvt Sie! Sie haben mich die ganze Zeit mit Ihren Fragen nur verhöhnt. Das trifft mich! Das tut weh! Das trifft mich tödlich!

DER ASSISTENT Aber Herr Feuerbach, so ist es doch nicht! Sie regen sich so schrecklich auf! Wenn es nach mir ginge, würde ich Ihnen die Rolle ganz bestimmt geben! Aber ich habe nicht zu bestimmen, das wissen Sie ja.

FEUERBACH Sie nicht! Sie nicht!

DER ASSISTENT Ich denke auch, Herr Lettau wird sich für Sie entscheiden.

FEUERBACH Ist es so? *Hochmütig.* Ja! Er kennt mich ja! Zwar aus früheren Jahren, aber er wird sich sicher an mich erinnern. Er hat doch sicher über mich gesprochen mit Ihnen?

DER ASSISTENT Ja.

FEUERBACH Was hat er gesagt?

DER ASSISTENT Er hat Sie sehr gelobt . . . fand Sie sogar genial.

FEUERBACH Meinen Oswald?

DER ASSISTENT Ja, ja.

FEUERBACH Meinen Don Juan?

DER ASSISTENT Ja.

FEUERBACH Meinen so ganz anders als sonst angelegten Gloster?

DER ASSISTENT Ja. Auch.

FEUERBACH Wie konnten Sie nur von der himmlisch-irdischen »Sozialhilfe« sprechen! Das war zynisch von Ihnen. Sie wissen doch, daß es mir nicht um materielle Sicherheit geht, ob ich dahinvegetieren kann oder nicht. Geld habe ich! Ich habe viel Geld in meinen Taschen. Mehr Geld, als Sie jemals in Ihrem Assistentenleben verdient haben! Ich gebe es Ihnen! Ich brauche es nicht! Ich gebe es den Armen! Nehmen Sie alles!

14

*Er zieht seine Jacke aus, sucht in den Taschen der Jacke,
Geld fällt heraus, Hartgeld und Scheine. Er wirft die Jacke
weg. Er stülpt die Hosentaschen nach außen, wieder fällt
Geld heraus.*

DER ASSISTENT *plötzlich kalt* Stecken Sie sofort das Geld ein!
Sie machen sich zum Affen!

FEUERBACH Der Regisseur soll wissen, daß es mir darauf nicht
ankommt . . .

DER ASSISTENT *verliert nun seine Überlegenheit und Lässigkeit,
schreit* Der Regisseur sitzt da oben, er denkt nach, er hängt
in seinem alten Knoll-Sessel und denkt und ißt Rote Bete,
er ißt nur Rote Bete, nichts anderes, tagaus, tagein, Rote
Bete, immer Rote Bete aus einer großen Schüssel, dauernd
hat er dunkelrote Flecken auf dem Hemd und auf dem
Tisch und auf dem Regiebuch und den Papieren mit den
Notizen, überall . . . wie ein blutiger Krieger. Wenn die
Schüssel leer ist, schreit er die Sekretärin an: Wo ist meine
Rote Bete! Nichts als Rote Bete, er lebt spartanisch und
einsam und sagt, er sehnt sich nach seinen Schauspielern!
Aber er kommt nicht, und ich muß mir hier die Ohren zu-
halten, weil ich es nicht mehr aushalte mit Ihnen!

FEUERBACH *leise* Mein Freund . . . mein lieber Freund . . .

DER ASSISTENT Ja, ja, ja.

FEUERBACH *in großer Aufregung* Ich sehe den Perpendikel hin
und her springen . . . ich lösche mich aus, wenn ich die Rolle
nicht bekomme! Ich lösche aus, ich höre auf zu atmen unter
der Plastiktüte. –– Ich habe in Bochum vorgesprochen, in
Düsseldorf, sogar in Münster! Was für Dummköpfe! Sie
sagen, sie brauchen mich nicht. Irgendein Regisseur, der
gar keine Kompetenz hat, den *Sie* nicht kennen und *ich*
nicht, trompetet: er braucht mich nicht. Stellen Sie sich das
einmal vor! So etwas ist mir passiert, und nicht einmal,
sondern oft! Einer von ihnen hat mir sogar gesagt: Geh
durch die Hölle, du Narr! – Hat er gesagt! – In eckigen
Klammern! So sind die Regisseure in der Provinz. Das war
einmal anders. Man wurde anders behandelt. –– Wie lange
warten wir schon? Wir messen jetzt nicht mehr die Zeit. *Er
zerschlägt seine Uhr an der Stuhllehne.* Ich erinnere mich an

Hans . . . Hänschen . . . ich weiß gar nicht, ob er noch lebt.
Aber die Menschen, an die wir denken, leben ja weiter. Ich
saß in der Garderobe, vor meinem Auftritt und auch nach
der Vorstellung, immer war Hans da und sorgte für mich.
Ein freundlicher Mensch mit einer Kinderstimme . . .
Durch einen Gewaltakt hatte er sein Geschlecht verloren.
Ja. Er massierte mir den Nacken, wenn ich Kopfschmerzen
hatte, und wenn ich schlechte Laune hatte, brachte er mir
Tee, und dabei hatte er so einen Spruch . . . warten Sie mal,
wie hieß der doch? »Wo tuts denn weh, trinken wir mal nen
Tee . . .«, so sagte er. Es war natürlich kein Tee, was er mir
da in der Tasse servierte! – So wichtig nahm man das Wohl-
befinden eines Schauspielers, denn alles hing ja von seinem
Auftritt ab. Wenn ich nach Hause ging, war ich ein einödi-
ger Mann, da war ich, das kann ich wohl sagen, der einöde-
ste Mann auf der ganzen schwarzen Erde . . . »Wo tuts denn
weh . . . nehmen Sie ne Tasse Tee . . .«, das ist weiß Gott
kein geistvoller Spruch, nein, sogar ein bißchen albern.
Aber sehen Sie, ich habe ihn dafür geliebt! *Er singt und
murmelt vor sich hin.* Tasse Tee, wo tuts denn weh. Tasse
Tee . . . Herr Assistent! Wo sind Sie denn auf einmal? Ich
sehe Sie gar nicht da unten auf dem Platz, wo Sie vorhin
waren. Ich hatte mich schon daran gewöhnt, daß Sie da sitzen. – – Sind Sie mir nun doch davongelaufen? Und flitzen
Ihren weltlichen Geschäften nach!

DER ASSISTENT *von hinten* Sie möchten bitte anfangen.

FEUERBACH Ah – da hinten! Da bewegen Sie sich . . . da hu-
schen Sie flink durch die Sitzreihe! – – »Hasenohr« . . . Co-
dewort »Hasenohr«!

15

DER ASSISTENT *von der hinteren Sitzreihe* Herr Lettau ist gekommen, und Sie möchten bitte anfangen.

FEUERBACH Guten Tag, Herr Intendant! Ich dachte: Wie
lange muß ich auf Sie warten? Wann erscheinen Sie? Dans
un mois, dans un an . . . die Jahreszeiten wechseln, und immer weiter, die Jahrhunderte zerfallen, so mahlet die Zeit!
Hier stand Venedig, jetzt ist es nicht mehr da. Die Zeit hat
es gefressen, ich habe das Kauen und Knirschen gehört.

Nun hat man das große Tuch aufgehängt, um diesen Sach-
verhalt zu verbergen! Ein Jahrtausend habe ich auf Sie gewartet. Auf diese Weise sind Sie schon fast ein Gott geworden! Ich begrüße Sie! Ein kleiner Fliegenmensch, aber
dennoch eine lebensvolle Kreatur! Schade, Sie haben nicht
gesehen, wie die Vögel sprangen, wie sie um mich herum
gelüftelt sind? Ich gewinne mein Publikum in diesem all-
abendlichen Zweikampf, und zwar ohne die Tricks, die wir
beide kennen. Wir waren ja damals in Hannover zusammen, Herr Intendant. Damals in Hannover, da ging es nicht
um einen Hund! Undenkbar! Das hätte man als unerträgli-
che und daher unzulässige Hundestörung empfunden!
Schweigen.
FEUERBACH Ich weiß, daß Sie sich gut an mich erinnern. Das
habe ich soeben von Ihrem Assistenten bestätigt bekommen, diesem sympathischen jungen Mann, der sicher seinen Weg hinaufgehen wird und höher. Sehr sympathisch!
Wir haben uns, bis Sie erschienen sind, die Zeit sehr angenehm verzettelt und verrieben –– Nun muß ich mich erst
einen Moment sammeln. Auf das Bevorstehende konzen-
trieren.
Schweigen.
FEUERBACH Ich muß auch zuvor mein Jackett wieder anziehen, entschuldigen Sie, daß ich hier so stehe, und das Jak-
kett liegt dort schier unbegreiflicherweise auf dem Boden,
und ich stehe hier auf Strümpfen ... das ist vollkommen
unbeabsichtigt. *Er hebt sein Jackett auf, zieht es an, knöpft
es eng zu.* Ich wünsche mir seit langem, daß wir zusammen
arbeiten.
Schweigen.
FEUERBACH Ach, fatalerweise ist mir ein Knopf abgerissen
und verlorengegangen. Ich war wohl zu hastig. Da ist er.
Ich stecke ihn ein, werde ihn annähen. Das verspreche ich.
Meine Frau hat mich ja verlassen, das wissen Sie sicher, ich
meine: sie ist gestorben. Sie ist gestorben, verdorben ...
Sie lag in ihrem blau-blauen Bett, ein kleiner, kahler, angst-
voller Vogelkopf. Ja.
Schweigen.
FEUERBACH Wenn Sie nicht etwas ganz Spezielles mit mir er-
arbeiten wollen, dann spreche ich den Monolog aus dem

Tasso, den ich zweimal in meinem Leben gespielt habe. *Er spricht nun den Monolog aus »Tasso«, er strengt sich ungeheuer an, nicht wieder – wie vor sieben Jahren – die Nerven zu verlieren, keinen Fehler zu machen, jeden Absturz, jede Abschweifung und jede Unregelmäßigkeit, die ihn entsetzlich bloßstellen, schließlich vernichten würde, zu vermeiden. Er will seinen Text überklar, jedes einzelne Wort überpräzis wiedergeben. Dadurch wird aber sein Vortrag grotesk, über Strecken hin fast unverständlich: der Angstmonolog eines Irrsinnigen.*

FEUERBACH »Ja, gehe nur und gehe sicher weg,
daß du mich überredest, was du willst.«
Er holt sich den Stuhl, er setzt sich auf den Stuhl.
»Ich lerne mich verstellen, denn du bist
ein großer Meister, und ich fasse leicht.
So zwingt das Leben uns, zu scheinen, ja
zu sein wie jene, die wir kühn und stolz
verachten konnten. Deutlich seh ich nun
die ganze Kunst des höfischen Gewebes!
Mich will Antonio von hinnen treiben
und will nicht scheinen, daß er mich vertreibt.
Er spielt den Schonenden, den Klugen, daß
man nur recht krank und ungeschickt mich finde;
bestellet sich zum Vormund, daß er mich
zum Kind erniedrige, den er zum Knecht
nicht zwingen konnte. So umnebelt er
die Stirn des Fürsten und der Fürstin Blick.«
Unterbricht Ja?
»Man soll mich halten, meint er: habe doch
ein schön Verdienst mir die Natur geschenkt;
doch leider habe sie mit manchen Schwächen
die hohe Gabe wieder schlimm begleitet,
mit ungebundnem Stolz, mit übertriebner
Empfindlichkeit und eignem düstern Sinn.
Es sei nicht anders, einmal habe nun
den einen Mann das Schicksal so gebildet;
nun müsse man ihn nehmen, wie er sei,
ihn dulden, tragen und vielleicht an ihm,
was Freude bringen kann, am guten Tage
als unerwarteten Gewinst genießen;

im übrigen, wie er geboren sei,
so müsse man ihn leben, sterben lassen.«
Er unterbricht Wie?
»Erkenn ich noch Alfonsens festen Sinn,
der Feinden trotzt und Freunde treulich schützt?
Erkenn ich ihn, wie er nun mir begegnet?
Ja, wohl erkenn ich ganz mein Unglück nun!
Das ist mein Schicksal, daß nur gegen mich
sich jeglicher verändert, der für andre fest
und treu und sicher bleibt, sich leicht verändert
durch einen Hauch, in einem Augenblick.«
Er unterbricht Bitte?
»Hat nicht die Ankunft dieses Manns allein
mein ganz Geschick zerstört, in einer Stunde?
Nicht dieser das Gebäude meines Glücks
von seinem tiefsten Grund aus umgestürzt?
O muß ich das erfahren, muß ichs heut!
Ja, wie sich alles zu mir drängte, läßt
mich alles nun; wie jeder mich an sich
zu reißen strebte, jeder mich zu fassen,
so stößt mich alles weg und meidet mich.
Und das warum? Und wiegt denn er allein
die Schale meines Werts und aller Liebe
die ich – – –«
Langes Schweigen.

FEUERBACH Sagen Sie doch etwas! – – Bitte, es wäre mir sehr
lieb, wenn ich eine Kritik von Ihnen bekäme. Ich bin geradezu begierig danach, Ihre Kritik zu hören und eventuell
etwas daraus zu lernen. Ich bin nicht wie manche Kollegen,
die es gar nicht ertragen können, wenn man etwas an ihrem
Vortrag auszusetzen und zu verletzen hat. – – Sagen Sie mir
doch – – Herr Intendant!

DER ASSISTENT *von ganz hinten* Bitte Licht im Zuschauerraum!

FEUERBACH Sie können sich doch denken, daß ich neugierig
bin. – – Vielleicht wollen Sie wissen, warum ich diesen Monolog sitzend gespielt habe . . . Ich habe es Ihrem Assistenten schon auseinandergesetzt, daß ich der Ansicht bin, man
sollte einen klassischen Text auf Kaffeehausstühlen sitzend . . .

Es wird hell im Zuschauerraum.

DER ASSISTENT *kommt nach vorn* Herr Lettau ist schon weggegangen.

FEUERBACH Wie bitte?

Schweigen.

FEUERBACH Ach so. – – Ach so.

Schweigen.

FEUERBACH Wenn Herr Lettau weggegangen ist, dann sehe
ich keinen Grund . . . Ja! – Ich meine, dann kann ich ja auch
gehen. *Er steht da. Er lächelt. Er geht still ab.*

DER ASSISTENT *ruft ihm nach* Sie haben Ihre Schuhe vergessen!

Feuerbach kommt aber nicht zurück.

Dunkel.

Korbes

Ein Drama

Personen

KORBES
DIE TOCHTER
BLEICHER
DIE BETZN
ARMIN
SCHINDHELM
SEINE FETTE FRAU
SEINE FETTEN TÖCHTER
EDMUND
BRIEFTRÄGER
DIE FRAU MIT DER EINKAUFSTASCHE
VIER ALTE MÄNNER
NACKTES KIND
DIE TOTE FRAU
DIE BÖSEN KINDER
GLÄUBIGE SEELE
TOCHTER ZION
EVANGELIST
JESUS
DIE JÜNGER JOHANNES, PETRUS, JAKOBUS
DIE UNGLÄUBIGEN
DER GROSSE KOPF

Die Darsteller der Gläubigen Seele, der Tochter Zion, des Evangelisten usw. bewegen sich unter den Personen der Handlung, werden aber von ihnen nicht bemerkt.

Musik: Händel: Brockes-Passion und Psalm Nisi dominus

DER GROSSE KOPF *spricht* Er ist der Gott Er ist das Licht
   Du schreist umsonst Er hört dich nicht
   O Stein der in die Tiefe fällt
   O der von Gott verlaßne Stoff der Welt

1

Die Milliarden Sterne stürzen und kreisen durchs Weltall,
langsam wälzt der blaue Erdball seine Nachtseite dem unge-
heuren Licht zu. Das Haus steht in der Morgenhelle. Der
Kreuzschatten des Fensters kriecht drinnen langsam über die
Wand, zerbricht an der Zimmerdecke, legt sich über das
Hochzeitsbild, löst sich allmählich in der milchigen Hellig-
keit, die nun das ganze Zimmer füllt, auf.
Draußen spielen die Kinder, sie spielen das Himmel-und-
Hölle-Spiel, dann rennen sie davon, und es ist plötzlich ganz
still. Die Frau liegt im Bett mit offenem Mund. Ihre Arme
liegen auf der Decke ausgestreckt, dürre Äste.

KORBES *kommt, sieht hin* Wos machstn du für a Gsicht!

DIE BETZN *kommt dazu, glotzt* Die hört dich doch gar nimmer.

GLÄUBIGE SEELE *singt* Es ging ihr die Seele aus, daß sie sterben
mußte.

KORBES Do seh ich doch wos under der Beddstadd! Die sin da
drunder nei gegrochen und ham sich da drunden versteg-
geld. Und spitzn die Ohrn! Und horchn! Euch kenn ich
doch, ihr Bankerden!
Unter dem Bett drängeln sich fünf Kinder.
Wolln regisdriern, ob a dooda Leich noch a Word zum sagn
hod! Aaner kriechd scho übers Kissn nauf und horchd ihr
ins offene Maul. Geh ner wieder ford, Heiner! Die is dood
für alle Zeiden, die socht ka aanzichs Wördla mehr! Kan
Hauch! – Geh ner haam! Geh zu deiner Dant und soch, dem
Korbes sei Fraa is gstorm! Amen und aus is. Der Korbes
haud euch auf die Köpf, wenn er euch in seim Garten erwischt!
Die Kinder kriechen unter dem Bett heraus und springen

207

fort. Die tote Frau fällt aus dem Bett, liegt auf dem Fußboden.

DIE BETZN *erschrocken* Du bist a schlechter Kerl!

KORBES Warum sochst du denn sowas zu mir!

Sie heben die tote Frau wieder ins Bett und decken sie zu, auch das Gesicht.

2

Korbes schneidet sich Brot ab. Die Betzn will aber auch von dem Brot und von dem Preßsack haben.

KORBES Du host gsocht, du host Angst vor der Doodn in meim Haus, und bleibst trotzdem do.

DIE BETZN Freilich bleib ich da.

KORBES Warum bleibst du denn do, wenn du Angst host?

DIE BETZN Wegen meim Glück bleib ich nicht da. Für mein Glück weiß ich was Schöneres als da bei dir.

KORBES Ich glaab, du willst mei Nächste wern.

DIE BETZN Hast du denn gar keinen besseren Gedanken in deim Kopf, daß du das jetzt sagst. *Sie weint.*

KORBES *Du* bist des, *du* host ja die schlechten Gedanken, *du*! *Die Messerklinge blitzt an ihrem Gesicht vorbei, er schneidet sich den Preßsack auf dem Papier in Streifen.*

DIE BETZN Daß man so schreien kann, wenn eine Tote im Haus ist.

KORBES *schreit* Die hörts ja ned, die is jetzt daubstumm!

DIE BETZN Wie ich einmal im Zoologischen Garten war, da hat der Elefant das Maul so hochgerissen, seinen Rüssel, und hat so furchtbar geschrien wie du.

KORBES Meinetweng, dann bin ich a Elefant für dir.

DIE BETZN Ich bleib ja bloß, bis mein Sohn mich abholt.

KORBES *mürrisch* Den kenn ich ja ned, dein Sohn. Der interessiert mich gorned.

DIE BETZN Das ist sehr schönes Porzellan, auch wenns zweite Wahl ist! Das wird sehr gern gekauft, das hat nur minimale Fehler. Mal einen Punkt in der Glasur, und mal ist der Goldrand unregelmäßig, minimal. Die Leute warten schon immer auf mein Armin, daß er kommt, weil er so gutes Porzellan hat.

KORBES Ich kenn den ja ned. *Er steht auf, will wieder zu der Toten hinaufgehen. Die Betzn nimmt sich das Brot.*

DIE BETZN Er ist ein Fachmann auf seinem Gebiet. Er hat einen Kombi angeschafft. Da hat er mich schon mitgenommen, weil ich mich ja an den Kosten beteiligt habe für den Kombi.
Er hört nicht zu. Er geht hinauf, weiß aber nicht, was er bei der Toten anfangen soll, setzt sich auf den Stuhl und steht wieder auf, geht hinaus, dreht die Dusche auf und hält den Kopf unter den Wasserstrahl. Dann zieht er das naß gewordene Hemd aus.

KORBES *schreit* Elfriede! Ich hob ka Hemd! Ich brauch a Hemd!

DIE BETZN Ich kenn mich doch nicht aus!

KORBES Such, Elfriede! Such!

DIE BETZN Ich bin doch nicht dein Suchhund! Ich kenn mich doch nicht aus!

KORBES Such na! Wennst du was gfunden host, dann bellst!
Die Betzn reißt den Schrank auf, die Fächer.

DIE BETZN Ich weiß doch nicht, wo euer Zeug ist.

KORBES Wo dei Zeuch is, des waaß ich, da brauch ich ned lang suchn – *Er packt die Betzn von hinten.*
Die Betzn kreischt.

KORBES Etzat host sogar gebellt!

DIE BETZN Wart nur, es kommt der Teufel und beißt dir den Schwanz ab.

KORBES Freilich, weil der Teufel, desweng muß ich na ja neis Loch steckn.

DIE BETZN Laß mich los!

KORBES Jetzt hab ich dich scho!

DIE BETZN Horch! Da oben! Ich hab sie wieder gehört, sie hat sich noch einmal bewegt!

KORBES Naa, naa, jetzt beweech ich mich!

DIE BETZN Ach Korbes! Korbes!
Sie wälzen sich. Die leeren Bierflaschen kollern über den Boden.

3
Die Toten wandern

KORBES *schreit* Wos die Leud alles redn! Die songn, daß die
Doodn wandern! Da hädd aaner sei Fraa zerstüggelt, die
wär im Grab wieder zamgewachsn und wär ihm erschienen.
Mei Fraa is under der Erdn und kommt nimmer rauf, do
konn sa lang scharrn.

*Aber dann sitzt sie doch auf dem Schrank und sieht ihm zu,
wie er mit der Elfriede an ihrem Tisch sitzt und sich vom
Schweinebraten herunterschneidet. Da ist ihm schlecht geworden, und vier Tage hat er nichts essen können, hat beim
Schindhelm in der Wirtschaft gesessen und bloß gesoffen.*

KORBES A Schönheid wor die ja nie und wor aa ka schöna
Leich. Wenn die erscheint, sooch ich zu ihr: mach an Kosmetik-Kurs! Der Dood hat scho lang dringsessn in ihr und
hat geklopft, mer hods ja hörn gekönnt, wenns im Zimmer
still war, wies von innen klopft. Mach an Kosmetik-Kurs
und kaaf dir a Berrückn! Wenn jetzt aaner kommt und
socht, gib mir hundert Mark, dann kriegst du die wieder,
dei Fraa, dann soch ich: naa, ich geb dir zwaahundert,
wennst sa behältst. Die Elfriede, die is mir lieber, die hod a
fests Fleisch.

4

*Der alte Kellner Edmund jongliert ein Tablett mit Gläsern.
Das Tablett scheint immer wieder zu fallen, er fängt es immer
wieder auf.*

EDMUND Der schöne Herr Edmund schwebt durch die Räum-
lichkeiten, und alle Herzen fliegen ihm zu . . . Knapp an den
Tischkanten entlang gesegelt und niemand auf den Fuß getreten . . . nichts verschüttet . . . Kunststück!

*Die Tochter Zion kommt ihm entgegen, weicht ihm aus, geht
ihren Weg weiter.*

5

Am Fluß

Korbes und die Betzn laufen am Fluß entlang, beide betrunken. Edmund hinterher.

DIE BETZN Schau, Korbes, das schöne Wasser, wie schön das fließt! Da möchte man am liebsten die Beine reinstellen, daß es einem um die Knöchel schlüpft, das ist wie das Wasser des Lebens.

KORBES Geh neis Wasser, daß du wieder nüchtern werst!

DIE BETZN Du bist der Säufer! Der Schindhelm hat das schon lang gesagt. Du bist ein Alkoholiker.

KORBES Ich bin a Alkoholiker? Du bist ja selber besoffen! Du stinkst ja nach Schnaps, drei Meter geng an Wind! Da sochst du, ich bin a Alkoholiker! Ich dreib dich scho nei!

DIE BETZN Ich geh nicht ins Wasser, bloß weil du das willst!

KORBES Doch, du gehst jetzt da nei!

DIE BETZN Da muß ich ja mein Kleid ausziehn. Ich kann doch nicht mein Kleid ausziehn!

KORBES Tus ner runder! Und dein rosa Panzer dust aa runder!

DIE BETZN Nein, ich laß mich von dir nicht schikanieren! Ich will nicht ins Wasser! Ich kann machen, was ich will, ich bin ja mit dir nicht verheiratet.

KORBES Doch, doch, des machst du! Des soch ich, und des machst du!

DIE BETZN Ich bin immer noch ein freier Mensch!

KORBES Ich bin erscht recht a freier Mensch, gell Edmund!

DIE BETZN Du! Immer hast du den Schleimer dabei!

EDMUND *läuft heran* Ich bin der treue Paladin.

KORBES Wos?

DIE BETZN Der ist dir so lang treu, der wartet so lang bis du elend bist. Das ist dem seine Treue.

KORBES Do host gleich a Bublikum für dein Stribdies, wenn der Edmund dabei is.

DIE BETZN Ich mach keinen Striptease für den, der soll in die Evita-Bar und soll dafür zahlen.

EDMUND Wenn etwas geboten wird, dann zahle ich gerne.

Die Betzn hat jetzt das Kleid schon ausgezogen. Greinend platscht sie mit ihren dicken weißen Beinen im flachen Wasser herum. Korbes wirft Steine, das Wasser spritzt.

DIE BETZN *jammert* Hör doch auf! Hör doch auf!

KORBES *schreit* Bist scho drin? Kalt is aa amol schö!

DIE BETZN *schreit* Hör auf! Ich rutsch ja! *Sie fällt. Er lacht.*

KORBES Blatsch!

Sie versucht, ihren schweren Körper aufzurichten, schwankt, fällt in die tiefe Wasserrinne, schnappt verzweifelt nach Luft.

Tu dich na badn, daß du nüchdern werst!

Edmund biegt sich vor Lachen.

6
Mir wolln so was gar ned

KORBES Ich hab mei Haus und hab mein Delevischn und hab mei Rende. Mir gehts gut.

Der Schwiegersohn Bleicher sitzt, die Pelzmütze auf dem Kopf, am Tisch, schweigt.

DIE TOCHTER Mer waaß bloß ned, wie lang.

KORBES Mir gehts immer gut.

DIE TOCHTER Glaub bloß ned, daß ich mich da länger zu dir hersetzen kann, wenn amal was is. Mit mir kannst ned rechnen, wenn amal was is. Ich hab mein Dienst bei der Trambahn und der Fritz sowieso.

KORBES Dei Fritz! Da hockt dei Fritz mit seiner Belzmützn auf der Bladdn und machts Maul ned auf!

BLEICHER Doch!

DIE TOCHTER Auch wenn der Fritz nichts sagt, bloß weil er höflich ist – der Fritz will das nicht, daß ich immer wieder hergeh. Der erlaubt mirs gar nicht.

KORBES Du brauchst gar ned her, ich hab ja jemand.

DIE TOCHTER Von der reden wir nicht.

KORBES Doch! Von der kann man scho redn! Wenn ich von der Elfriede redn will, dann red ich von der.

DIE TOCHTER Die will ja bloß das Haus, die Betzn. Und das Haus ist von meiner Mutter.

KORBES Bleib na, wo du bist, mit deiner Drambahn.

DIE TOCHTER Ich bin ja bloß wegen der Mama hergekommen, solang die gelebt hat. Weil ich Mitleid gehabt hab mit der.

KORBES Jajajaja. *Er reißt Bleicher die Pelzmütze vom Kopf.*

Jetzt tu amal dein Kaffeewärmer runder bei der Hitzen, ich hab mein Pelz scho lang runder! *Er klatscht sich auf die Glatze.*

DIE TOCHTER Das weiß ja jeder, wie du die behandelt hast. Wie die zu mir ins Bett gekrochen ist vor lauter Ängsten, wenn sie dich hat schrein hörn, die ganze Straß runter hat mer dich schon schrein hörn, wenn du vom Schindhelm seiner Wirtschaft gekommen bist. Der hast du das Leiden ins Fleisch getrieben. Und mich hat er unterm Tisch festgebunden, am Tischbein, mitm Gaaßnstrick.

KORBES Damit ich mei Ruh hab.

DIE TOCHTER Und hockst dich naa, britscherbraad, vor dein Deller und frißt. Und wenn ich mich a weng gerührt hab, hat er mir an Tritt gehm. Die Mudder hat nix sagen dürfn. Ich hab des ned vergessen. Wie ich amal sein Kaffee ausgschüdd hab vor lauter Ängsten, da hat er mei Händ gepackt und hat sie mir auf die Herdbladdn nundergedrückt. Da hab ich noch Glück gehabt, daß ich ned an Schadn hab fürs ganze Lebm.

KORBES Schadn! Du host doch sowieso zwaa linke Händ! Zwaa linke Händ, die stehn nach hindn!

DIE TOCHTER Du bist a Schinder. Der Fritz weiß das auch. Dem hab ich alles erzählt, gell, Fritz? Dem kannst nichts vorspielen. Mir kannst auch nichts vorspielen. Jetzt hab ich ka Angst mehr vor dir, wie früher.

KORBES Dei Mann, des is a Schleimscheißer.

DIE TOCHTER Der is ned wie du!

KORBES Ihr habt ja ned amal Kinder!

DIE TOCHTER Mir wolln so was gar ned.

KORBES Ned amal Kinder hod er dir gemacht! Des bringt der gor ned ferdich. Des konn der gor ned. Schau ner noo! Der is ja viel zu lahm. Den schlog ich aufn Kopf, und dann socht der immer noch nix. Des gfällt dir, daß der nix socht. Mit dem konnst ja alles machen. Mit dem konnst ja Schliddn fahrn, wie du willst.

DIE TOCHTER Der is ned wie du! Bei uns gehts ned so zu wie bei dir!

BLEICHER *sitzt starr* Sei nur ruhig, Hannelore.

DIE TOCHTER Mich siehst du jetzt zum letzten Mal da bei dir. Ich komm nimmer!

Auf der Waage

Gastwirtschaft. Schindhelm, der Wirt, steht auf der Waage.

KORBES *schreit* Du, wenn du da drauf stehst, da konnst ja dei
  eigenes Gewicht ned seng, du hängst ja drüber!

SCHINDHELM *lacht* Hundertsechsundzwanzig Kilo!

KORBES Konnst du ja ned seng, da is ja dei Bauch dazwischn!

DIE TOCHTER Ich hab scho mera! Hundertfünfundzwanzig hab
  ich scho im letztn Winter ghabt.

DIE KLEINE TOCHTER Ich bloß neunzig!

SCHINDHELM *lacht* Ja, du bist mei Dünnste.

KORBES Da lang ich jetzt amal hin, was du für a Fleisch host.

SCHINDHELM Wenn wir alle miteinander am Fleck stehn, die
  Sabine, die Irene, die Eveline, die Vera und mei Eva, alle
  auf einem Haufen und mir täten uns dann wiegen, das Ge-
  samtgewicht, dann sind mir schon so schwer wie a Lokomo-
  tiv!

DIE FRAU *lacht* Im ganzen trägt uns keiner fort! Deshalb bleiben mir auch schön beieinander, damit uns keiner fortträgt.

SCHINDHELM Und wenn einer sein Stachel neidrücken will in
  das Fleisch, da geht er verloren, das merken wir gar nicht.

KORBES Ich wor scho immer a Fliechengewicht und bleibs aa.
  Do brauch ich mich gor ned wieng.

8
Die Finsternis

Morgen. Korbes wacht auf.

KORBES Warum isn so dunkel? Elfriede! – Ich seh nix. Alles
  schworz. Wieviel Uhr isn? Wo isn mei Uhr? *Er tastet nach
  seiner Uhr auf dem Nachttisch, stößt die Lampe runter, die
  zerbricht.* Warum sich ich denn nix? Ich reiß meine Aung
  auf und sich trotzdem nix. *Er schießt mit den Füßen aus
  dem Bett, dabei stößt er den Stuhl um; will den Stuhl aufheben, packt ihn, kriegt aber das Bein zu fassen, reißt es hoch,
  da kippt der Stuhl, die Lehne schlägt federnd auf dem Boden
  auf.* Dich zertridd ich! *Er will ihn zertrümmern, der Stuhl
  läßt sich aber nicht fassen, hält ihm höhnisch die Sitzfläche*

hin. Da will er, um ihn zu bestrafen, mit dem Fuß nach ihm treten, tritt in seiner Wut zweimal ins Leer und fällt, sich drehend, seitwärts gegen die Wand. Die Wand hält ihn. Er schreit. Wos machtn ihr mit mir! Wos isn bassiert! Ich bin ganz schworz, alles is schworz! Ich siech nix! Wo hab ich mich denn verrennt? Is denn des mei Haus? Do springt mir wos ins Gsicht! *Plötzlich sind ihm alle Gegenstände feindlich: Die Kommode schiebt sich in den Weg, die Tür ist weiter vorn als sonst und hat sich halb geöffnet, um ihn mit der Kante zu stoßen, die Scherben der Lampe sind unter seine Füße gesprungen, um ihn zu schneiden, der Bettvorleger flutscht weg, um ihn zu Fall zu bringen. Überall Kanten und Ecken, die ihn bedrohen.* Do stehn ja überall die Ecken raus und rennen spitzich auf mir zu! *Er rennt herum, stößt sich an.* Geh weg! Geh weg! Dich hau ich! Dich hau ich wieder, und ich hau dich noch amol, und wenn du zurückhaust und mir die Hand verbrennst! Die Hand brennt scho! Brennt, wie wenn ich neis Feuer gelangt hädd, direkt in Ofen nei! – Do is doch gor ka Feuer gewesen! – Elfriede! *Er dreht sich, fällt gegen die Wand.* Do is die gladde Wand! Ihr habt mich eingsperrt, do is ka Tür, bloß gladd! – Do is mei Schrank, den hob ich jetzt gfunden! Gott sei Dank, daß du do bist! Jetzt mach ich amol die Dür auf, da kenn ich mich aus, do is mei Zeuch drin! Meina Hosn, meina Anzüch, alles! – Elfriede! *Er will die Schranktür aufreißen, klemmt sich aber die Hand ein, schreit, fällt in seiner Aufregung in den Schrank.* Jetzt steck ich drinna! – Do ersticks mich! Do hob ich ka Luft! – Elfriede! *Er kriecht aus dem Schrank heraus. Läuft aus dem Zimmer. Die Treppe zum Hof hat plötzlich zwei Stufen mehr, so daß sein Fuß unversehens ins Leere fällt und hinter dem Fuß her der ganze schwarz-blinde Körper. Der Abfalleimer hat sich vor die letzte Treppenstufe hingestellt und poltert, als er ihn anstößt, mit Höllenlärm in den Hof. Zwei tückische Kartoffelschalen haben sich auf die Fliesen gelegt, damit er rutscht. Da liegt er, richtet sich aber schnell auf.* Da hod mich aaner umgerissn! Aber ich steh scho wieder! *Da steht er nun verdutzt, mit gesenktem Kopf, wie stoßbereit, wie kampfbereit, um den Angriff der Gegenstände aufzufangen und zurückzuschlagen.*

EVANGELIST *singt*
  Die Pein vermehrte sich mit grausamem Erschüttern
  so daß er kaum vor Schmerzen weinen kunt
  Man sah die schwachen Glieder zittern
  kaum atmete sein trockner Mund
  Das bange Herz fing an so stark zu klopfen
  daß blutger Schweiß in ungezählten Tropfen
  aus seinen Adern drang
  bis er zuletzt bis auf den Tod gequält
  voll Angst zermartert halb entseelt
  gar mit dem Tode rang

TOCHTER ZION *singt*
  Brich mein Herz zerfließ in Tränen
  Jesu Leib zerfließt in Blut
  Hör sein jammervolles Stöhnen
  Schau wie Zung und Lippen lechzen
  Hör sein Weinen Seufzen Sehnen
  Schau wie ängstiglich er tut

KORBES Da hat der Weltball sich rumgewälzt und is auf der
  schwarzn Hälfdn lienggebliem. Da kann ich meine Aung
  aufreißn und siech trotzdem nix.

EVANGELIST *singt*
  Ein Engel aber kam
  von den gestirnten Bühnen
  in diesem Jammer ihm zu dienen
  und stärket ihn
  Drauf ging er wo die Schar
  der müden Jünger war
  und fand sie insgesamt in sanfter Ruh
  drum rief er ihnen ängstlich zu

JESUS *singt*
  Erwachet doch

PETRUS *singt*
  Wer ruft

JOHANNES, JAKOBUS *singen*
  Ja Herr ja

JESUS *singt*
  Erwachet

Könnt ihr in dieser Schreckensnacht
da ich sink in des Todes Rachen
nicht eine Stunde mit mir wachen
Ermuntert euch

JOHANNES, PETRUS, JAKOBUS *singen*
Ja ja

JESUS *singt*
Ach steht doch auf
Der mich verrät ist da

EVANGELIST *singt*
Und eh die Rede noch geendigt war
kam Judas schon hinein
und mit ihm eine große Schar
mit Schwertern und mit Stangen

DIE UNGLÄUBIGEN *singen*
Greift zu, schlagt tot
Doch nein
Ihr müsset ihn lebendig fangen

KORBES Da macht mir der Schindhelm a Krone aus lauter
Wörscht, die setz ich mir auf mein Haupt, und dann kannst
mich anbedn als leidenden Christus, o Haupt voll Blut- und
Leberwörscht, kannst dann singen.

10
Kino

DIE BETZN Mit dir erleb ich ja nix. Was erlebt man denn schon
mit einem Blindn. Ich bin ja ned blind!

KORBES Mit dir erleb ich aa nix! *Er will aber, wenn sie ins Kino
geht, nicht allein in dem Haus bleiben, und so geht er mit.
Korbes und die Betzn im Kino. Sie sehen einen Gangsterfilm.*

KORBES Wos isn jetz? . . . Wos siecht mer denn jetz?
Geräusche: Verfolgungsjagd.

DIE BETZN Ein schönes Schlafzimmer. Und eine schöne Frau
tritt herein.

KORBES Do is doch gor ka Fraa! Ich hör ka Fraa!

DIE BETZN Die kannst du nicht hören, die schweigt. Und sie hat
ein durchsichtiges Nachthemd an, und überall sind Kerzen-
leuchter aufgestellt.

217

KORBES Ha! Durchsichtich! Des sagst du bloß!

DIE BETZN Doch! Jetzt sieht man sie von vorn, da kann man alles sehen. Ganz lang betrachtet sie sich im Spiegel.

KORBES Des is a blöder Film! Des is überhaupt ka Film, wenn die nix reden!

Geräusche: Autofahrt, kreischende Bremsen, Türenschlagen.

DIE BETZN Was erlebt man denn schon mit einem Blinden. Ich bin ja nicht blind und will was erleben.

KORBES Mit dir erleb ich aa nix.

DIE BETZN Jetzt ist überall Licht, überall Kerzenschimmer . . . so schön!

Filmdialog: Männer.

KORBES Wer redtn da?

DIE BETZN Andere Leut in einem Keller.

KORBES Des sin jetzt die Banzerknacker!

DIE BETZN Nein. . . . Der Geliebte von der Frau ist jetzt ins Zimmer getreten . . . Er hat einen Schnurrbart. . . . Das Essen kommt auf einem Tablett: er ißt aber nicht gleich sein Essen, er füttert erst sie. Bissen für Bissen. . . . Was essen die denn da, ich möcht wissen, was die essen . . . das muß Reh sein. Immer wenn er sie füttert, macht sie die Augen zu und lacht und sagt: mmh!

KORBES Hör ich ned!

DIE BETZN Ja, das sieht man aber, daß sie das sagt, weil sie die Lippen spitzt. . . . Sein Essen muß schon ganz kalt sein, das macht ihm aber gar nichts aus, daß alles auf dem Teller liegt, der ist ja so verliebt! . . . Und jetzt geht er im Zimmer herum und bläst alle Kerzen aus bis auf eine . . .

KORBES Karambazamba, ruckzuck!

DIE BETZN Sonst könnte er ja nicht mehr sehen, wie schön sie da auf dem Bett liegt . . . Und er hat seinen seidenen Kimono auch schon angezogen . . . Jetzt steht er aber noch einmal auf und bricht die Blüte von der Calla ab und legt sie auf das Kissen neben ihr schönes Gesicht.

KORBES Des interessiert mich ned.

DIE BETZN Du bist a Egoist, du willst bloß an Harem sehn . . . oder daß alle aufeinandner schießen.

Schüsse.

KORBES Da schießts jetzt!

DIE BETZN Nein, da ist ein Elefant im Zimmer.

KORBES A Elefant kann ned im Zimmer sei.

DIE BETZN Doch!

KORBES A Elefant is a Elefant, und a Schuß is a Schuß. Du bist so blöd! *Er steht auf.* Ich geh jetzt fort, und du gehst mit! *Wieder ein Schuß.*

DIE BETZN Sei doch ruhig, du störst doch die Leut. *Zu den Leuten in der Reihe.* Entschuldigung, mein Bekannter ist erblindet und er muß sich erst noch dran gewöhnen.

KORBES Was geht denn den des an!

Geräusche: Schuß, Schreie.

KORBES *im Rausgehen* Horch! Schuß! Jetz hots aan erwischt! Die ghörn alle erschossn! . . . Wenn sa ner alla erschossn wärn!

11

DIE BETZN *zu Korbes* Jetzt bist du erblindet und bist genauso schlecht, wie du vorher warst.

KORBES *schreit* Ich bin noch lang ned schlecht genug!

DIE BETZN Wenn man erblindet, dann muß man ein anderer Mensch werden. Sonst hätte das ja gar keinen Sinn.

KORBES Daß ich blind bin, des is ja dei Glück. Do konnst mich schikaniern und bescheißn.

DIE BETZN Jetzt sieht man gleich wieder, wie schlecht du bist. Daß du nicht einmal denken willst über dein Schicksal.

KORBES Ich scheiß auf das Schicksal!

DIE BETZN Ja, fürchtest du dich denn vor gar nichts? Jetzt bist du schon blind, und wenn du so weitermachst, kommst du noch in die Hölle.

KORBES *schreit* Bin doch scho drin! Bin doch scho in der Höll! *Die Gläubige Seele geht vorüber.*

12
Der Brief

BRIEFTRÄGER *durchs Küchenfenster* Da ist ein Brief für dich.

KORBES Komm ner rei!

BRIEFTRÄGER Soll ich den Brief aufmachen?

Korbes streckt die Hand aus, der Briefträger gibt ihm den Brief. Korbes reißt ihn an sich.

BRIEFTRÄGER *lauert am Fenster.*

KORBES *nach einiger Zeit* Von wem is denn der Brief?

BRIEFTRÄGER Grad wollt ich weiter.

KORBES Von wem isser denn? *Hält ihm den Brief hin.*

BRIEFTRÄGER *nimmt den Brief nicht, er weiß es schon* Der is von deiner Tochter.

KORBES Dochder? Ich hob ka Dochder.

BRIEFTRÄGER Du hast doch a Tochter in der Stadt. Die Hannelore.

KORBES Ich hob ka Hannelore.

BRIEFTRÄGER Die wird jetzt kommen wolln, wo du blind bist. Das wird drinstehn in dem Brief.

KORBES Die Elfriede ist nein Supermarkt.

BRIEFTRÄGER Wenn sie heimkommt, kann sie dir ja vorlesen, was drinsteht.

KORBES *plötzlich* Les du!

BRIEFTRÄGER *nimmt den Brief, macht ihn auf, liest stumm.*

KORBES Was steht denn da drin?

BRIEFTRÄGER Wart! *Er liest.* Sie schreibt, sie kommt erst, wenn die Elfriede fort ist, eher kommt sie ned. *Er legt den Brief hin.*

KORBES Du lügst ja! Des steht gorned drin! Du liest mir was Falsches vor, du lügst ja bloß, du Lügenhund!

BRIEFTRÄGER Leck mich am Arsch mit deim Brief! *Er geht weg.*

Korbes tastet auf dem Fensterbrett nach dem Brief, eine Tasse fällt auf den Boden, zerbricht. In seiner Wut und Aufregung packt Korbes das Blatt mit beiden Händen, als ob er lesen wollte, zerrt und reißt daran, steckt die Fetzen in die Tasche, ein Fetzen ist auf den Fußboden gefallen, auch das Kuvert.

Die Betzn kommt zurück, findet die Papierfetzen.

DIE BETZN Wer hat dir denn da geschrieben?

KORBES Mir? Mir hod niemand gschriem.

DIE BETZN Das ist doch von deiner Tochter!

KORBES Ich hob ka Dochder.

DIE BETZN Ich weiß schon, die will jetzt kommen.

KORBES *schreit los* Ja, die kommt und schmeißt dich ausm Haus naus und rennt hinter dir nach bis nauf an Wald, bis mer dich nimmer sicht!

DIE BETZN Ein blinder Mann und ist so bös und redet so böses Zeug über die einzige, die ihm hilft! Ich bin ja die einzige, die dir noch hilft!

KORBES Du trägst bloß mei Geld ausm Haus. Wo hostn du mei Geld hingebracht?

DIE BETZN Persil. Fleischwürfel. Eier. Kaffee. Gelbwurst. Die »Bild«. Sechzehn Mark achtzig! – Geizkragen! – Ich geh weg von dir, der Armin braucht mich für sein Geschäft. *Er will sie festhalten. Er erwischt sie nicht, rennt gegen die Türkante, greint, setzt sich hin, hält sich den blutenden Kopf.*

GLÄUBIGE SEELE *singt* Doch will ich nicht verzagen. Ge ... *Bricht ab.*

DIE BETZN Ich bleib höchstens, wenn du mich heiratest.

KORBES Wenn ich ned so a böse Dochder hädd.

DIE BETZN Das hat mit deiner Tochter gar nichts zu tun. Du bist bloß zu geizig.

KORBES Und du willst bloß mei Rendn. Und wenn ich dich heirat, dann sperrst mich nein Hühnerstall, dann bindst mich am Pfosten fest.

DIE BETZN Dich müßte man ja auch festbinden!

KORBES Sichstes, sichstes, jetzt sochst dus selber!

GLÄUBIGE SEELE *singt*
Doch will ich nicht verzagen
gedenken will ich an den Tod
Herr Jesu deine Wunden rot
die werden mich erhalten.

Ich bin der Armin

Armin steht herum, sieht sich taxierend Möbel und Hausrat an.

KORBES Da steht aaner! Wer bist denn du?

ARMIN Ich bin der Armin.

KORBES Wer bist du?

ARMIN Ich bin der Armin, ich mache einen kleinen Besuch bei meiner Mutter.

KORBES Du bist der Sohn von der Elfriede? *Wedelt mit den Händen, um ihn zu verscheuchen.* Dich brauchen mir ned do, geh nur wieder fort!

ARMIN *frech* Du kannst ja gar nichts machen, du siehst mich ja noch nicht mal, wenn ich dableibe.

KORBES Doch! Ich seh dich! Ich hob an Schimmer!

ARMIN Was mach ich jetzt? *Er beißt in die Wurst.*

KORBES Ich seh dich!

DIE BETZN Des sagt der bloß, Armin!

ARMIN Und jetzt? *Er steckt ein Küchenmesser in die Jackentasche.*

KORBES Ich seh dich!

ARMIN Ich schneid der Katze den Schwanz ab. Miau! Miau!

KORBES Des is ned die Katz, des bist bloß du!

ARMIN Miau! Miau!

KORBES Jetzt host dir höchstens selbern Schwanz abgschnitten.

ARMIN *kramt in Schubfächern* Da finde ich ja jede Menge Ansichtskarten!

KORBES Die gehn dich gor nix an! Loss mein Schrank zu!

ARMIN *sieht die Ansichtskarten an* Schön! Paris. – Gran Canaria. – Berchtesgaden. – Nürnberg, Christkindlsmarkt. – Helgoland, Gruß aus Helgoland. – Gardasee, Torbole!

KORBES Des geht dich nix an, tu sa wieder nei.

ARMIN Siehst du doch gar nicht! Brauchst du doch gar nicht mehr! – Altötting!

KORBES Gib her, die is von meiner Erschten.

ARMIN Irrtum! Helgoland! »Grüße aus Helgoland. Edmund.« *Er zerreißt die Karte.*

KORBES Elfriede, horch ner, der zerreißt mei Kartn. Der muß

naus, der Verbrecher. Der holt mei Kartn raus und sucht
das Geld.

DIE BETZN Es ist ja keins da.

KORBES Der Verbrecher!

DIE BETZN Der Armin ist kein Verbrecher, das ist mein geliebter Sohn!

KORBES Du bist ja in dein Sohn verlibbt! Do ekelts mich!

DIE BETZN Und du kennst keine Kindesliebe.

KORBES Höck dich auf na drauf mit deim Arsch! Reiß dir die
Knöpf auf und laß na heud noch an deim Euder nuggeln, bis
er derstiggt, wennst dich drüberwälzt.

DIE BETZN Das sind deine Phantasien!

KORBES Nein, deine sin des!

DIE BETZN Der Armin ist mein einziger Beschützer!
*Armin fegt mit einer Armbewegung alle Töpfe scheppernd
aus dem Fach.*

KORBES Do hots wos zerschebbert!

ARMIN *ironisch* Wie schade.

KORBES Zerschebbern, des konn ich genauso! Do mach ich an
Wettbewerb mit dich, bis du am Boden lichst und dir die
Ohrn blatzn. *Er schmeißt den Tisch um.*

DIE BETZN *klagt und schreit* Mein Armin! Mein Armin! – Der
macht den Fernseher kaputt, Armin!

ARMIN Schon in Sicherheit! *Er trägt den Fernsehapparat weg
und legt ihn in sein Auto.*

DIE BETZN Ach! Wenns bloß friedlich wär in der Welt! Wenn
nur der Atom neihaun tät, und dann wär Ruh!

KORBES Jetzt traut der sich rein zu mir . . . vorher hat er die
ganze Zeit im Versteck gelauert, im Kreis ist der außen rum
gerannt, der räudige Wolf! Hab ihn scho immer heulen
hörn vor der Haustür, aber er hat sich mir nicht vor die
Aung getraut . . . vor meine Aung!

DIE BETZN *zu Armin* Der Doktor hat selber gesagt, der sieht
überhaupt nichts, und es besteht auch keine Hoffnung.

KORBES Ich hob dei Audo ghört, wies nein Hof gfahrn is! Des
will ich ned, daß der in mein Hof neifährt! Ich hol die Bolizei!

DIE BETZN Jaja! Hol nur die Polizei!
*Korbes läuft aus der Küche, er rennt raus in den Hof, stößt
an Armins Auto, haut mit den Fäusten auf das Blech, verletzt*

sich dabei. Die Klappe zum Gepäckraum steht hoch, Korbes
bemerkt es aber nicht. Er tastet sich aus dem Hof, geht auf
die Straße, an den Zäunen entlang.

GLÄUBIGE SEELE *auf dem Hof, singt*
Vanum est vobis – *Bricht ab.*

Gastwirtschaft.

KORBES *stößt die Tür auf, schreit* Schindhelm!
Das dicke Mädchen am Tisch neben der Theke sieht von sei-
nem Schulheft auf, wirft Korbes, ohne etwas zu sagen, einen
trägen Blick zu.
Schindhelm! Is denn kaner da? Schindhelm! Wo bistn du?
Die andere Tochter kommt aus der Küche herein, lehnt sich
über die Theke und sieht zu, wie Korbes sich vorwärtstastet,
die Stühle polternd beiseite stößt.
Schindhelm!
Jetzt ist die Frau da, und noch zwei Kinder kommen zum
Vorschein, und dann erscheint auch der dicke Schindhelm in
der Küchentür.

SCHINDHELM *fröhlich* Was schreistn so, ich mach grad a kalte
Platte für meine sieben Mäuler. *Dabei patscht er seiner Frau*
auf den mächtigen Nacken. Und ich will selber auch was! *Er*
lacht.

KORBES Ich muß delefonieren, ich muß die Bolizei andelefo-
nieren. *Er steuert auf die Theke zu, wo der Apparat neben*
den Gläsern steht.

SCHINDHELM Was brauchst denn du die Polizei?

KORBES Red ned, red ned! Was isn des für a Nummer, die
Bolizei?

SCHINDHELM *gutmütig* Ich kann ja für dich anrufen. *Er rührt*
sich aber dabei nicht von der Tür weg. Alle sehen in schläfri-
ger Ruhe Korbes zu, wie er wütend den Tisch, der ihm im
Weg ist, wegstößt.

KORBES *schreit* Des Audo steht bei mir im Hof. Ich ruf die
Bolizei an.

SCHINDHELM Was für ein Auto?

KORBES Such amal die Nummer raus, Schindhelm! Ich delefo-
nier jetzt!

SCHINDHELM Ich mach das schon für dich. Was soll ich denn sagen, was willst du denn von denen?

KORBES Des Audo muß weg! Des duld ich ned!

SCHINDHELM *wirft seiner Frau einen Blick zu, wählt, hängt gleich wieder ein* Meldet sich keiner.

KORBES Die Bolizei meldet sich immer! Da wähl ich jetzt selber! *Er ist an der Theke angekommen, tastet nach dem Telefon und reißt es herüber zu sich.*

SCHINDHELM Wähl nur!

Schindhelm sagt ihm die Nummer vor und will ihm die Hand auf der Wählscheibe führen. Aber Korbes läßt das nicht zu, dreht allein und redet dabei aufgeregt in den Hörer.

KORBES Ich hob mich ja verletzt an dem Audo! Do hod der sei Audo middn nei in mein Hof gstellt, und ich hob mich verletzt, und des will ich prodokollierd ham, da müssen Sie einschreidn! Und ich will a Schmerzensgeld! Den zeich ich hiermit an! Was? *Schreit ins Telefon, weil er eine Stimme gehört hat.* Nein! – Die Bolizei will ich! *Und wirft den Hörer hin, daß er scheppernd über die Theke rutscht.*

Um ihn zu beruhigen, packt Schindhelm seinen Arm und schiebt ihm ein Glas Bier in die Hand. Er schenkt noch mehr Gläser ein, gibt seiner Frau eins, den Töchtern allen und trinkt sein eigenes Glas aus.

SCHINDHELM Wir probierens dann noch amal, Korbes. Jetzt setz dich erst amal zu uns, wir verzehren jetzt unsere kalte Platte! Zweites Déjeuner! Sogar mit Lachs! Bei uns is es halt immer üppich, anders freuts mich nicht!

KORBES *schimpft* Tu sie nur recht mästen! *Hält dabei Schindhelm sein leergetrunkenes Gals hin.* Wieviel sin denn da?

SCHINDHELM Mei Frau is da, und a paar Kinder. Sagt doch, wer da ist von euch! *Zu den träge herumlehnenden Mädchen.* Sagt doch was!

EIN MÄDCHEN *leise* Die Irene.

Schweigen.

SCHINDHELM Ja, die Irene und die Eveline und die Sabine und die Vera, na weiter, sagt doch dem Korbes, wer ihr seid! Er sieht euch doch nicht!

Korbes hat plötzlich eins von den fetten Mädchen geschnappt und hält mit festem Griff ihren nackten Arm fest. Seine Finger drücken sich ins schwammig weiche Fleisch.

Das ist die Eveline.

Dem Kind kommen die Tränen unter dem schmerzhaften Griff, es wehrt sich aber nicht.

KORBES Immer digger wern die! *Er läßt den Arm los und betastet das Mädchen, befühlt die Hüften, den Bauch. Sie läßt es träge geschehen.* Die wern immer digger, und du mästest die, und die fressen immer mehr, und am Schluß fressen die dich aa noch auf! Nix lassen die übrich! Die nagn dir noch die Knochn ab, und bloß dei Glasaug spucken sie aus, wenn sie dich scho gfressn ham, und alles, was noch übrichbleibt von dir, is a klaans Scheißhäufla!

SCHINDHELM Ich hab gar kein Glasaug!

Alle lachen.

KORBES Wieviel hastn du jetzt im ganzen? Sechs oder siem?

SCHINDHELM Bald sinds acht, wenns nicht Zwilling werden.

KORBES *schreit* Achgoodachgoodachgood! Hat sie scho wieder was drin im Backrohr!

SCHINDHELM *lacht* Na ja, bei meiner Eva weiß man das ja nie so genau, die is doch immer füllig!

KORBES *schreit* Jaja!

SCHINDHELM Ich freu mich über jedes, so bin ich halt, ich bin halt a guter Kerl.

KORBES So dumm wie du bin ich ned!

SCHINDHELM Setz dich nur her! *Schindhelm schiebt ihn auf einen Platz am Tisch, und Korbes ißt, was die Frau ihm zurechtschneidet. Er hat sich beruhigt, die Polizei hat er vergessen.*

15

Im Hof.

KORBES *triumphiert* Des Audo is fort! Den hob ich verjagt aus meim Hof. *Als er aber ins Haus kommt, merkt er, daß Fächer und Schubladen leer sind. Sogar der Salzstreuer, der immer auf dem Tisch steht, ist weg. Alles hat der Armin mitgenommen.*

KORBES *schreit* Der Schrank is leer! Die Fächer sin leer! Elfriede! Mei Zeuch is fort! Der Radio is fort! Der Fernseher is fort! Meine Zinndeller! Drei Stück sin fort! Alle drei fort!

Die Schubladen – leer! Wo is denn mei Besteck, des Messer? – Alles fort! Des Chinesla aufm Büffet is aa fort! Elfriede! Es is überhaupt nix mehr da! *Er steht auf dem Hof
und schreit.* Elfriede!
*Die Tochter Zion, die Gläubige Seele, der Evangelist und die
Ungläubigen sehen zu, wie er um sein Haus außen herum-
stolpert und mit dem Stock die Fensterscheiben zerschlägt.*

16

GLÄUBIGE SEELE *singt* Cum dederit dilectis suis somnium.
Ecce haereditas – *bricht ab*.

17
Die Betzn sagt

DIE BETZN Mein Armin ist kein Krimineller! Ich geh nicht zurück zu dem Korbes. Den Fernseher hat Herr Korbes selber abholen lassen und verkauft, bloß weil er nichts mehr
sieht. Und die andern Sachen hätte er auch noch abholen
lassen. Er sieht ja nichts. Und ich hab dann gar nichts. Grad
sein eigener Stuhl ist noch da, der Stuhl, auf dem er sitzt.
Und ich hab dann nichts, wo ich mich draufsetzen kann. Ich
kann mich grad mal draufsetzen, wenn er in den Garten
rennt und horcht, ob einer die Äpfel runterholt. Ich geh
nicht mehr zurück zu dem Korbes. Er hätte sich schon besser mit uns stellen müssen. Immer so mißtrauisch, von Anfang an. Mir kommt kein Sohn ins Haus, hat er von Anfang
an gesagt. So mißtrauisch . . . Das hat er jetzt davon. Ich bin
ja die Mutter, und der Armin ist mein Sohn.

18
Der Stein

Ganz still ist es den ganzen Tag, tagelang. Einmal stößt Korbes an einen Stein, der neben dem Regenrohr liegt, und den hebt er auf. Was für einen Stein? Ich habe alles geschaffen, sagt Gott, die Erde und das Meer, die Sterne und die Steine. Ich schicke dir einen Stein zur Erinnerung an mich. Korbes behält den Stein in der Hand, als er hineingeht und in der Küche hockt und horcht. Dann hört er die Katze durchs offene Fenster auf die Bank springen. Er horcht mit vorgestrecktem Kopf. So leise ist sie, so leise! Der Blechteller schrammt auf den Fliesen. Sie leckt die Milch, die die Nachbarin ihr hingestellt hat. Da wirft er den Stein, trifft die Katze am Kopf, daß ihr der Schädel zerkracht. Jetzt hör ich dich, lacht er. Er freut sich. Er horcht auf das Schreien, bis sie tot ist.

19
Die Apfelbäume

Er hört die Kinder draußen im Garten rufen und läuft flink mit der Peitsche, die er immer neben sich im Lehnstuhl hat, hinaus. Die Kinder sehen ihn kommen und rennen davon. Sie klettern auf die Apfelbäume. Da sitzen sie im Geäst, mal pfeift der eine, mal der andere. Sonst ist es still in dem Garten mit den Apfelbäumen.

KORBES *schreit* Ihr verfluchten Zicheuner! *Schlägt mit der Peitsche.* Ihr verfluchten Fregger! Ich hör euch! Ich griech euch! Ich fitz euch die Beitschenschnur in die Baa! Die Striema, die brenna euch noch lang!

Die Jungen pfeifen, mal der eine, mal der andere, und bleiben auf den Bäumen sitzen. Korbes aber in seiner blinden Wut rennt mit der Peitsche durch den Garten, schlägt um sich und rennt gegen die Stämme, daß es klingt, wie wenn Holz gegen Holz schlägt, und schlägt wieder und schreit und fällt hin und steht schreiend wieder auf.

DIE UNGLÄUBIGEN *sitzen oben auf der Mauer, singen*
Pfui seht mir doch den neuen König an

Bist du ein solcher Wundermann
so steig herab vom Kreuz
Hilf dir selbst und uns
So wissen wirs gewiß

EVANGELIST *singt*
Und eine dichte Finsternis
die nach der sechsten Stund entstand
kam übers ganze Land

GLÄUBIGE SEELE *singt*
Was Wunder daß der Sonnen Pracht
daß Mond und Sterne nicht mehr funkeln
da eine fahle Todesnacht
der Sonnen Sonne will verdunkeln

20

Korbes. Ein Kind.
Was tut er da? Er hat einen Strick um den Hals hängen, und
mit dem Strick um den Hals tappt er im ganzen Haus herum.
Da fällt er, da steht er wieder auf. Er tastet die Wände ab. Da
hat er den Haken gefunden, an dem immer das große Bild
hing. Aber der Haken lockert sich, als er dran reißt und
ruckt. Er wirft den Strick übers Treppengeländer. Er will
einen großen Nagel in den Türstock schlagen, aber er trifft
den Nagel nicht, in seiner Wut und Aufregung schlägt er ihn
krumm, schlägt er auf seine Fingerknöchel.

KORBES Freß na . . . freß na . . . freß na . . . ich freß mich selber
auf, . . . freß na . . . *Da liegt er mit dem Strick um den Hals im*
Bett und weint.

21

EVANGELIST *singt*
Dies war zur neunten Stund
Und bald hernach
rief Jesus laut und sprach
Eli Lama Asaphtani
Das ist in unsrer Sprach zu fassen

Mein Gott wie hast du mich verlassen
Danach wie ihm bewußt daß alles schon vorbei
rief lechzend er mit lautem Schrei
Mich dürstet

TOCHTER ZION *singt*
Mein Heiland Herr und Fürst
Da Peitsch und Ruten dich zerfleischen
da Dorn und Nagel dich durchbohrt
sagst du ja nicht ein einzig Wort
Jetzt hört man dich zu trinken heischen
so wie ein Hirsch nach Wasser schreit
Wonach mag wohl den Himmelsfürsten
des Lebens Wassers Quelle dürsten
Nach unsrer Seelen Seligkeit

22
Komm

KORBES Schreib hin: Komm! *Er beut sich vor und horcht.* Ich
hör gar ned, wie du schreibst, warum schreibstn du ned?
SCHINDHELMS FRAU Da schreibt mer doch zuerst »Liebe Han-
nelore«.
KORBES Naa, du schreibst: Komm!
SCHINDHELMS FRAU Zuerst kommt die Anrede »Liebe Hanne-
lore«.
KORBES Ich hab ka »liebe Hannelore«. Die muß kommen,
und deshalb schreibst du: Komm!
TOCHTER ZION *singt*
Mein Heiland, Herr und Fürst . . . *Bricht ab.*

23
Aff im Käfig

KORBES Wer lachtn do? *Korbes steht allein in seiner Küche in
seinem leeren Haus. Die Kinder, die am offenen Fenster
schubsen und drängeln, um hereinzusehen, machen jetzt
keinen Mucks mehr.*
Wer is denn do? Bist du der Heiner?

Heiner schüttelt den Kopf, da müssen die andern kichern.
Ich bin der Aff im Käfig, und ihr schaut nei! Ihr seid ja drei
oder vier. Kindervorstellung! Für Kinder und Soldaten!
Habt ihr denn euern Eindridd bezahlt? Sonst mach ich
gleich mei Fenster zu.

JUNGE *platzt raus* Sie ham die Hosn falsch rum an, Herr Korbes!

Alle japsen vor Lachen.

KORBES So? Falsch rum? *Er tastet.* Do is doch der Schlitz! Ihr
brauchd mir ned sagn, was vorn und was hindn is. Des waaß
der Korbes scho noch! *Gekicher* Aber mein Schuh find ich
ned, jetzt socht mir amal, wo do mei Schuh is!

KINDER An Ihrn Fuß, Herr Korbes!

KORBES Naa! Der zweide Schuh!

*Heiner klettert über das Fensterbrett herein, nimmt den
Schuh unterm Stuhl fort und steckt ihn in den Kochtopf auf
dem Herd.*

Host na?

KINDER Der is im Kochtopf! Der kocht! *Sie rennen weg.*

KORBES Hundsgrübbel!

24
Der Engel der Lüste

Parkanlage.
*Eine Frau mit Plastiktüten steht da und sieht zum Spring-
brunnen hin, beobachtet die nackten Kinder, die dort her-
umhüpfen. Korbes und Edmund sitzen auf einer Bank.*

EDMUND *ruft zu der Frau hinüber* Da wenn man jetzt rein-
springen könnte!

Die Frau dreht sich um, glotzt.

In der Hitze! – Mein Nachbar, der sieht nichts mehr, der ist
blind geworden, über Nacht. – Da kann man sich ja noch
freuen, wenn man was sieht.

*Die Frau, neugierig geworden, setzt sich zu den Männern
auf die Bank.*

Warten Sie auf den Bus?

DIE FRAU Nein, ich will mich bloß ein paar Minuten ausruhen.
Sie ißt die ganze Zeit Krapfen aus einer Tüte.

231

EDMUND Und wir sind mit dem Taxi in die Stadt gefahren, wir sind von Zeckendorf. Jedesmal, wenn er zum Augenarzt muß, fährt er mit dem Taxi.

DIE FRAU Das ist aber nobel.

EDMUND Gell, Korbes?

KORBES Wie a Playboy.

EDMUND Das zahlt die Krankenkasse. Da muß immer einer mitfahren, allein sieht er ja nichts.

DIE FRAU Sehen Sie gar nichts? *Sie wedelt mit der Hand vor dem Gesicht von Korbes.*

EDMUND Wenn man alles im Leben schon vorher wüßte!

DIE FRAU Gut, daß man nichts weiß.

EDMUND Ich könnte Sie jetzt küssen, und er merkt nichts.

DIE FRAU Ach herrjeh, na sowas!

KORBES Ich merk alles.

EDMUND Ich kann mich oben auf den Kirchturm stellen, und er merkts nicht.

KORBES Geh ner nauf auf den Durm, daß du runderfällst.

EDMUND Da schwebe ich und bin der Engel der Lüste.

DIE FRAU Ach herrjeh, na sowas!

KORBES Wenn du der Engel bist, dann bin ich der Oberengel.

EDMUND Wissen Sie, was er heute früh gesagt hat: Ich könnt ja Frauen kennenlernen! Nehmen Sie sich vor ihm in acht!

DIE FRAU Hat er denn keine Frau? Und Sie auch nicht?

KORBES *ehe Edmund antworten kann* Zwaamol bin ich Witwer.

EDMUND Jaja, zwei Frauen hat er umgebracht und seine Geliebte ebenfalls.

DIE FRAU Das glaube ich Ihnen nicht.

EDMUND Doch! Der weiß, wie man das macht, der ist ein gelernter Metzger.

KORBES Ja.

EDMUND Sing doch jetzt mal das Lied, Korbes!
Korbes starrt stumm in die Luft.
Jetzt will er nicht. Ich mach gerne Spaß, ich war ja sogar mal beim Varieté. Da war ich Kellner und habe mit dem vollen Tablett jongliert. Da könnte ich Ihnen erzählen und erzählen.

KORBES Der kann gor nix.

EDMUND Ich wollte schon als Kind zum Varieté . . . Varietékünstler . . . Alle Augen sind auf einen gerichtet, jetzt mach ich was, jetzt mach ich was, und mach einen Zauber.

KORBES *singt plötzlich*
Madla trau dem Metzger ned
der is vo Lichtenfels,
der nimmt sei spitzichs Messerla
und sticht dich nei dein Pelz.

DIE FRAU Ach herrjeh!

EDMUND Jetzt hast du der Dame Angst eingejagt, jetzt ist sie ohnmächtig. Ich muß einen Wiederbelebungsversuch machen.

DIE FRAU Nein, nein, das ist nicht nötig.

EDMUND Ach, da liegen Sie auf dem Boden hingestreckt! Ich würde Sie gerne aufheben, Sie umarmen und Sie von Mund zu Mund beatmen.

KORBES *tastet wütend nach der Frau auf der Bank* Da is sie ja noch auf der Bank, die ganze Zeit.
Ein kleines nacktes Mädchen kommt vom Springbrunnen herüber.

DAS NACKTE MÄDCHEN *fragt Korbes* Wieviel Uhr ist es denn? Ist es jetzt drei Uhr?

EDMUND Der sieht ja nichts! Der kann das also nicht wissen.
Das kleine nackte Mädchen starrt den blinden Korbes an, rennt weg.

DIE FRAU *ruft dem Kind nach* Halb drei ist es!

EDMUND Da braucht man sich heutzutage nicht wundern, daß die Frauen vergewaltigt werden, wenn alle nackt herumlaufen.

DIE FRAU Sie ist ja noch ein Kind. Sie ist ja noch nicht entwickelt.

EDMUND Naja! Zwei kleine Hügelchen hat man schon gesehen.

DIE FRAU Man sieht, was man sehen will.

KORBES Ich schneid mir den Hals ab.

TOCHTER ZION *singt*
Heil der Welt dein schmerzlich Leiden
schreckt die Seel und bringt ihr Freuden
du bist ihr . . . *Bricht ab.*

25

Halbdunkler Hausflur. Stille. Hannelore steht abwartend.

KORBES *lauscht* Horch!

Die Tochter gibt keine Antwort.

KORBES Geh fort da draußen! Nix zu holen!

Die Tochter gibt keine Antwort.

KORBES Hallo! – Wer ist denn da im Haus herin?

Stille.

DIE TOCHTER Ich bins, Vadder. Die Hannelore. Ich muß gleich wieder fort. Wo bist denn du?

Rumoren in der Küche. Weinen.

Vadder? *Sie geht entschlossen Richtung Küche und stößt die halboffene Küchentür ganz auf. Im Halbdunkel bewegt sich etwas auf dem Fußboden. Sie knipst das Licht an: wüstes Durcheinander. Ein umgefallener Stuhl. Aufgetaute Würfel von Tiefkühlessen auf dem Tisch, Essensreste auf dem Fußboden. Korbes hockt unter dem Tisch. Ein Fuß steckt noch im Hosenbein, er hat die Hose heruntergerissen. Er hat ein Hemd an. Unterhose. Kotspuren am Boden verschmiert, am Hemd, am Stuhl* Was ist denn los mit dir? Was ist denn das für a Sauerei? Is des a Gstank! Des hält mer ja gar ned aus! *Sie stakt vorsichtig über den verdreckten Boden, reißt das Fenster auf.*

KORBES *greint* Ach Good, ach Good, ach Good, ach Good, ich hab gedacht, ich bin scho gstorm. Ach Good, ach Good, ach Good.

DIE TOCHTER Da hast du dich einfach da auf den Stuhl hingehockt! Du weißt doch, wo des Klo is, dort drüben.

KORBES Hast was zum Essen?

DIE TOCHTER Wenn man so im Dreck sitzt, kann man nicht essen! Jetzt muß erst der Dreck fort und wirst gewaschen.

KORBES Ach Good, ach Good, ach Good . . .

Die Tochter zerrt ihn vom Boden hoch, auf den schmutzigen Stuhl kann sie ihn aber nicht setzen. Da läßt sie ihn los, er fällt wieder auf den Boden. Von der Anstrengung und vom Mitleid überwältigt, kommen ihr die Tränen. So hocken sie eine Weile im Elend beieinander, bis sie sich wieder aufrafft.

Korbes sitzt nackt in der Badewanne. Die Tochter spült ihn mit der Handdusche ab, auch den Kopf.

KORBES Jetzt spritz mich doch ned dauernd auf mein Kopf! *Er schlägt um sich, schlägt der Tochter den Schlauch aus der Hand. Die Tochter kreischt, springt beiseite, die Dusche hüpft herum, das Wasser spritzt ins Bad, gegen die Wand.*

DIE TOCHTER Mach doch allein! Mach doch allein!

KORBES Ich hau alles zamm!

Korbes sitzt sauber und gekämmt auf einem Küchenstuhl.

GLÄUBIGE SEELE *singt*
Vanum est vobis ante lucem surgere:
surgite ostquam sederitis
qui manducatis panem doloris
Cum dederit dilectis suis somnium.

DIE TOCHTER Du bist ja ned der aanzich! Es gibt noch mehr Leud, die blind sind, und die ham kei Tochter. Du mußt hald a weng ruhig sitzenbleiben. Da muß man eine andere Einstellung haben zu seiner Blindheit. Ich find scho jemand, der immer reinschaut und saubermacht, da muß man halt was zahlen.

KORBES Ich hob ka Geld.

DIE TOCHTER Freilich hast du Geld, du hast doch dei Rendn alle Monat.

KORBES Ich hob ka Geld. Meiner Dochder brauch ich nix zahln.

DIE TOCHTER Ich geh ja wieder fort, ich hab ja mei Stellung.

KORBES Bloß weil die mir a weng hilft, brauch ich nix zahln.

DIE TOCHTER Mein Fritz duldet das nicht, daß ich dableib.

KORBES Die Flügel ham sa dir gstutzt.

DIE TOCHTER Du kannst jeden Tag schön im Sessel sitzen und Radio hören, das ist doch schön! Wo ist denn dei Radio?

KORBES Ich muß auf die Bolizei! Die Elfriede hat alles fortgetrong, die und ihr Sohn.

DIE TOCHTER Da könntst du schön in Ruhe die Seniorensendungen hörn, die Glückwünsche von den Angehörigen.

KORBES Von dir ned.

DIE TOCHTER So an bösen Vadder wie ich hab, da kann ich mir höchstens selber gratulieren.

KORBES Ich geh jetzt auf die Bolizei und mach a Anzeich, und dann mach ich an Brozeß, ich mach an Schaubrozeß, daß alle des seng, wie schlecht die sin. Da stell ich mich hin und soch: Ich klage an!

DIE TOCHTER Des machst du nicht!

KORBES Des mach ich.

DIE TOCHTER Schämst denn du dich nicht, daß dann jeder sieht, was wir für a schlechte Familie sind!

KORBES Des hob ich scho immer gsehn, des siech ich aa noch, wenn ich blind bin. Wer redt denn da immer dazwischen?

EVANGELIST *singt* ICH, sagte Gott zu ihm.

KORBES Da is aaner in der Leidung und redt. Hörst na?

DIE TOCHTER Ich hör bloß dich! Du schreist so laut, daß ich sowieso nichts anders hören kann.

KORBES Jetzt hör ich aa kan andern mehr. Ich hab scho gedocht, da steht noch a anderer neem mir.

DIE TOCHTER Wer soll denn da schon sein, zu dir kommt ja keiner außer mir.

KORBES Die soll ihr Straf ham, die Diebin, der müßt mer die Hand abschneiden, der Diebin!

DIE TOCHTER Das geschieht dir recht, daß du an so eine Schlechte gekommen bist. Du hättst ja genauso allein bleiben können.

KORBES Ich geh auf die Bolizei. *Er steht auf, will zur Tür laufen, fällt über den Eimer, liegt im Wasser am Boden.*

DIE TOCHTER *lacht hysterisch* An Schauprozeß und bist übern Putzeimer gefallen!

KORBES *wütend, weil sie immer weiter lacht* Dich sperr ich ein, weil du lachst!

26

TOCHTER ZION *singt*
    Heil der Welt dein schmerzlich Leiden
    schreckt die Seel und bringt ihr Freuden
    du bist ihr in Schmerzen schön
    Durch die Marter die dich drücket
    wird sie ewiglich erquicket
    und ihr graut dich anzusehn

236

EVANGELIST *singt*
  Wie man ihm nun genug
  Verspottung Qual und Schmach hatt angetan
  riß man ihm ab den Purpur den er trug
  und zog ihm drauf sein eigne Kleider an
  und endlich führeten sie ihn
  daß sie ihn kreuzigten zur Schädelstätte hin

27

  Bleicher steht in der Tür.
DIE TOCHTER *zu Bleicher* Was willstn du da?
BLEICHER Pack deinen Koffer.
KORBES Wer sprichtn da?
DIE TOCHTER Der Bleicher.
KORBES Der Bleicher! Der Bleicher! Der mitm Belz auf der
  Bladdn.
BLEICHER Ich hab keinen Pelz.
KORBES Die Hannelore hat jetzt grad ka Zeit für dir.
BLEICHER Ich kann noch warten.
KORBES Jetzt ned und morng ned und überhaupts ned.
DIE TOCHTER Mit was bistn du hergfahrn?
BLEICHER Mit dem neuen Scirocco.
DIE TOCHTER Hastna jetzt?
BLEICHER Draußen steht er.
KORBES Wo gehstn du hin?
DIE TOCHTER Nirgendwo.
BLEICHER Ich zeig ihn dir, komm.
DIE TOCHTER Fährt er denn schön?
BLEICHER Hervorragend!
DIE TOCHTER Da machn wir a Probefahrt, eventuell.
BLEICHER Ja, auf dem Weg zurück in die Stadt.
DIE TOCHTER Des is ja mei Auto genauso, es is ja mei Geld
  auch dabei.
BLEICHER Ja freilich, Hannelore.
DIE TOCHTER Nach Nürnberg, ach ja.
KORBES Nach Nürnberg is die Straß gsperrt. Wegen an Terro-
  rist! Und der bist du!
DIE TOCHTER Da hats mir gefallen. Schön wars da.

237

TOCHTER ZION *singt*

Kann ich durch deine Qual und Sterben
nunmehr das Paradies erwerben
Ist aller Welt Erlösung nah?

KORBES Des konnst zurückverlangen, des Geld.

DIE TOCHTER Du erstickst noch, du verschluckst dei Bosheit und erstickst dran.

KORBES Ich sterb ned. Du kannst so bös sein, wie du willst, ich sterb ned.

DIE TOCHTER Sags ner!

KORBES Und aa, wenn du mir was nein Kaffee host – des waaß ich – daß ich ganz wirr worn bin an halben Tag lang, des macht mir nix.

BLEICHER Jetzt pack deine Sachen, und dann ordnen wir das hier mit deinem Vater, das muß man bloß ordnen.

KORBES So a Fraa, wenn mer hod – der bist du gor ned gwachsn.

BLEICHER Er muß in ein Heim, das machen die Behörden, das Problem kann man lösen.

KORBES Die hod ja sogar a Strickla gspannt unten am Dürstock, vom Dürstock nüber zum Schrank, damits mich umreißt.

BLEICHER Hast du so was tätsächlich gemacht, Hannelore?

DIE TOCHTER Des hätt ich am liebsten!

KORBES Und Reißnägel am Boden vor meim Bedd!

BLEICHER Du mußt hier weg, du kommst mit mir nach Hause.

DIE TOCHTER Aber was anders hab ich gemacht!

KORBES Horch ner, horch ner!

BLEICHER Wie siehst du überhaupt aus! Du mußt zum Friseur, gleich morgen früh, wieder blondieren! Du mußt dich aufforsten lassen!

DIE TOCHTER Ich hab ihn gereizt, hab na gelockt, daß er ins kochende Wasser neigelangt hat und hat sich die Händ verbrüht.

KORBES Horch ner, horch ner!

DIE TOCHTER Die Haut hat in Fetzn ghängt! Zeigs amal dem Bleicher!

Sie nimmt Korbes' Hand, zeigt sie Bleicher, lacht.

BLEICHER Hör auf zu lachen, Hannelore!

DIE TOCHTER Ich lach aber. *Hysterisches Lachen.*

BLEICHER Da braucht man nicht zu lachen, das ist nicht natürlich. Komm doch her, sei vernünftig!

DIE TOCHTER *steht da und lacht* Jetzt siehstes doch, daß ich
daher ghör, daß ich was zum Lachen hab. Gell, Vadder?

KORBES Bös Luder!

DIE TOCHTER Da paß ich ja zu dir! Schau her, wie gut ich zu
dem paß! *Sie stellt sich neben Korbes vor den Bleicher hin.*

KORBES *hält sie fest* Jetzt hob ich dich.

DIE TOCHTER Ja. – ja.

BLEICHER Was soll denn das?

DIE TOCHTER Jetzt hat er mich erwischt. Jetzt haut er mich
gleich.

KORBES Jetzt hob ich dich.

*Ehe Bleicher sie trennen kann, gibt Korbes ihr einen heftigen
Faustschlag, sie fällt hin, bleibt liegen.*

BLEICHER Ich erkenne dich ja gar nicht wieder! Bist denn du
kein Mensch mehr!

DIE TOCHTER Naa. Ich glaub, ich bin ka Mensch mehr.

BLEICHER Hannelore!

DIE TOCHTER Da gibts ka Reddung! Da gibts kanna. Da kannst
machn, was du willst, da gibts ka Reddung.

BLEICHER Das läßt man sich doch nicht gefallen! Eine Frau
läßt sich das doch nicht gefallen! Darum bist du ja weggelaufen, wie du sechzehn warst! Ich versteh dich nicht!

DIE TOCHTER Des kannst du ned verstehn.

BLEICHER Allerdings nicht!

KORBES Geh ner wieder fort!

BLEICHER Sind wir denn nicht mehr verheiratet und haben
eine Wohnung und haben unsere Sachen und all das? Wie
wenn dus vergessen hättest, . . . hör doch, Hannelore! Es ist
doch alles noch da, deine Kleider sind noch da und das
Nachthemd hängt noch am Haken und alles ist noch da, . . .
nur die grüne Handtasche . . . Hör doch, Hannelore! . . . Es
gibt doch einen Lebenssinn, Hannelore! Es hat doch immer
alles geklappt! . . . Und die Monika Strobel fragt ständig
nach dir, du weißt ja, die fragt immer. Ich sag immer:
»bald«. Aber sie fragt so viel, du weißt ja, sie fragt immer
und ich weiß nicht was ich sagen soll außer »bald« . . .
Schreit. Warum muß ich denn hier stehen und die Tür ist
hinter mir!

KORBES Geh hald naus!

BLEICHER Du kannst dich nicht beschweren! – Wir haben
doch ein Leben aufgebaut, uns kann gar nichts passieren!
Unsere ganzen Pläne, Hannelore . . .

DIE TOCHTER *schüttelt den Kopf, zweimal, dreimal, dann wie
unter einem schrecklichen Zwang ununterbrochen hin und
her.*

KORBES Hörst na? Do schnappt er! Er krichd ka Luft mehr!

BLEICHER *schreit aufgeregt* Das ist unakzeptabel! *Er rennt
raus.*

DIE TOCHTER *ruft ihm nach* Des Schlafzimmer kannst ja ver-
kaafn!

28
Jetzt seh ich

Korbes. Die Tochter.

KORBES Jetzt siech ich, daß es an Gott gibt. Weil jetzt mußt do
bei mir bleim für immer. Jetzt bist scho zwaa Monat do.
Jetzt host selber an Strick um dein Hals.

29
An der Mauer

*Drei alte Männer mit weißen Stöcken auf einer Bank. Han-
nelore kommt mit einer Einkaufstasche vorbei.*

EIN ZAHNLOSER MIT DEM STOCK So! Jetzt mußt dableiben, Hannelore! Jetzt is aus! Jetzt kannst nimmer fort!

EIN ANDERER ALTER MANN *grinst* Der blind Vadder! Wenn der
ald Vadder blind is, dann hilft dir nix! Do hilft dir überhaupt nix!

DER DRITTE ALTE MANN MIT DEM STOCK Vanum est vobis ante
lucem surgere.

ERSTER ALTER MANN Horch! Horch! Jetzt pfeift dir der arktische Wind durch dei Miniröggla! *Er pfeift.*

DRITTER ALTER MANN Horch! Der arktische Wind! *Er pfeift,
alle drei pfeifen, machen den Wind nach.*

ZWEITER ALTER MANN *fuchtelt mit seinem Stock* Da springt mei
Stöggla! Da schnabbd mei Stöggla! Ich spring meim Stöggla

hindnnach. Er springt hurtig auf, läuft Hannelore nach,
fuchtelt mit dem Stock. Dann bleibt er stehen, biegt und
bückt sich vor Lachen. Die beiden anderen alten Männer auf
der Bank lachen mit, schütteln sich vor Gelächter.

ERSTER ALTER MANN Er hat sich vor lauter Elend in der Jauchn
ertränken wolln!

ZWEITER ALTER MANN Und du bist schuld!

ERSTER ALTER MANN Du hast bloß im Spiegel deine Schönheit
gefeiert!

Hannelore fällt hin. Die alten Männer stechen die am Boden
Liegende mit ihren Stöcken, stechen in sie hinein wie in einen
verfaulten Tierkadaver.

DRITTER ALTER MANN Ich stech dich! Ich stech dich! Ich stech
dich!

ZWEITER ALTER MANN Ich bohr mei Stöggla durch dir durch!

ERSTER ALTER MANN Ich stech dich nei dei Knie!

ZWEITER ALTER MANN Nei dei Zuckergöschla, daß da still bist!

30

EVANGELIST *singt*
Drauf neiget er sein Haupt

TOCHTER ZION *singt*
Sind meiner Seelen tiefe Wunden
durch deine Wunden nun verbunden
Kann ich durch deine Qual und Sterben
nunmehr das Paradies erwerben

EDMUND *schiebt sich zwischen den Sängern durch* ... hat er
mich angestoßen, von hinten: geh nur weiter, Junge ... und
ich bin weitergegangen auf dem Seil, stellen Sie sich das mal
vor, vierzehn Jahre alt! Geh nur weiter ... Bin aber kein
Artist geworden. Das war mir zu riskant. *Lacht übermäßig.*
Hab gekellnert. Artist für Speisen und Getränke.

GLÄUBIGE SEELE *singt*
Dies sind der Tochter Zion Fragen
Weil Jesus nun nichts kann
vor Schmerzen sagen
so neiget er sein Haupt
und saget stillschweigend ja

TOCHTER ZION *singt*
  O Großmut O erbarmendes Gemüt
EVANGELIST *singt*
  Und er verschied

31

*Der leere Hof liegt im Schatten. Korbes sitzt mit einer Decke
über den Knien auf einem Campingstuhl.*
KORBES Hannelore! – Bist du da?
*Die Tochter steht dicht hinter ihm, sagt nichts. – Er stochert
und schlägt mit dem Stock um sich herum, trifft sie aber
nicht.*
So kalt is! Kommt denn ka Sonne?
DIE TOCHTER Die is fort.
*Der Erdball dreht sich. Sonnenlicht fällt in den Hof. Als der
Sonnenfleck größer wird und Korbes fast erreicht hat, zerrt
die Tochter ihn weiter zurück.* Ich bleib da hockn! *schreit er
und krallt sich mit beiden Händen an seinem Campingstuhl
fest.*
KORBES Da bleib ich und da bin ich! Da bleib ich und da bin
ich! Da bleib ich und da bin ich! Da bleib ich! Da bin ich!
*Schweigend, verbissen, ruckt und reißt die Tochter an dem
Gestell, zerrt den Vater tiefer in den Schatten, während der
leere Hof allmählich ganz in der gleißenden Sonne liegt.*
GROSSER GESANG IM WELTALL Sicut erat in principio, et nunc et
semper et in . . . *Bricht ab.*

Karlos

Ein Drama

Personen

KÖNIG FELIPE
KARLOS
DER GROSSINQUISITOR
JUAN D'AUSTRIA
DER FALSCHE AUSTRIA
EGMONT
YSABEL
DIE FALSCHE YSABEL
KAHLE ANNA
ALBA
DER HALBVERWESTE HEILIGE
DER FRANZÖSISCHE GESANDTE
DER WILDE
DER KOCH
DER NERVÖSE DICHTER
DER BOTE
THEATERTRUPPE DES ANGULO DEL MALO
DIE GREISE, Zwei Mönche des Staatsrats

Ort der Handlung: Spanien im 16. Jahrhundert

Szenenfolge

1. Die Prüfung
2. Ich will wissen, wie weit uns der Schmerz treibt, sagte der Infant Karlos zu der Hure Kahle Anna.
3. Zwei Ärzte öffneten seinen gebrochenen Schädel und betrachteten das Gehirn. Sie konnten aber den Zustand nicht ändern.
4. Das Gelächter
5. Das silbrige Kind
6. Doubles
7. Die Schlacht
8. Kadaver
9. Vergeßlicher Kopf
10. Schon vorher auf Papier geschrieben
11. Monolog
12. Im Labyrinth des Parks
13. Egmont sah aus wie Egmont und redete auch wie Egmont
14. »Deine Verdammnis schläft nicht«.
15. Eine überraschende Mitteilung
16. Frei!
17. Feuersegel
18. Intimitäten
19. Eine schöne Hasenpastete! Ja! Und noch eine zweite! Und eine dritte!

Der bucklige, eigensinnige, phantasiebegabte Infant Karlos, von seinem Vater König Felipe zum Herrn der Welt bestellt, wendet sich immer mehr gegen seinen Vater, verschwört sich gegen ihn mit Juan d'Austria, dem schönen Kriegshelden, mit dem demokratischen Egmont und anderen. Es sind dies aber nur Doubles der wirklichen Personen, sie werden auf Betreiben des Großinquisitors zu Karlos geschickt, um ihn des Verrats zu überführen. So lebt Karlos mehr und mehr in einer unwirklichen Welt. Was ist echt, was ist simuliert? Der Vater sperrt ihn in seinem Zimmer ein, läßt Türen und Fenster zumauern. Hier haust Karlos einsam und frißt sich an einer Wildpastete tot.

1
Die Prüfung

Der Staatsrat ist versammelt: Greise auf Stühlen. Auf einem der Stühle sitzt eine Dogge. Großinquisitor. Alba. König Felipe. Von der Decke herab hängt regungslos, an Händen und Fußknöcheln zusammengebunden, ein großer, dunkler Körper, in seiner Menschengestalt kaum erkennbar: der Wilde. Langes Schweigen.

KARLOS STIMME *von fern* Vater! Vater! Vater! Vater!

DER KÖNIG Wer schreit da?

Die Greise horchen lange.

DER KÖNIG Wo ist Karlos? Schläft er noch?

Schweigen.

DER KÖNIG *unwillig* Es ist schon lange hell. Ich habe schon viele Briefe und Botschaften geschrieben und brauchte dazu keine Lampe.

KARLOS STIMME *näher* Vater!

Die Greise singen einen hohen, langgehaltenen, zittrigen Ton. Karlos rennt herein, dicht gefolgt von einer großen, konturenlosen Schattengestalt mit einem Messer, stolpert, fällt hin: Der Schatten ist verschwunden. Die Greise hören auf zu singen.

DER KÖNIG Du hast lange geschlafen.

KARLOS Der Weg war so weit. Ich bin durch die Korridore gerannt. Ein Mörder rannte mit mir.

DER KÖNIG Hat der Staatsrat einen Mörder gesehen?

Schweigen.

KARLOS *schreit die Greise an* Alte Lügner!

DER KÖNIG Ich, Felipe, König von Spanien und Portugal, König beider Amerika, König der Niederlande, König von Sizilien und Sardinien, König von Neapel und Herzog von Mailand zeige Ihnen heute meinen Sohn, den Infanten Karlos, der, obwohl schwach an körperlichen Kräften und noch ungezügelt in seinen Wünschen und Phantasien, durch seine Geburt, die eine Fügung Gottes, und die Liebe seines Vaters, die Teil der Vaterliebe Gottes zu allen seinen Geschöpfen ist, zum zukünftigen Herrscher über Spanien und alle seine Länder berufen ist. Er wird an diesem Tag fünfzehn Jahre alt. Die ehrwürdige Versammlung, deren Rat und Einwand er später immer hören und sorgfältig bedenken möge, wie ich es tue, soll heute seinen Worten folgen, als ob es Anordnungen und Befehle des Königs wären, damit er, der bisher Verantwortung nicht kennt, begreift, daß jedes Wort des Königs zu einer Tat wird, und daraus lernt: seine Gedanken sind seine Werke.

GROSSINQUISITOR *zu Karlos, der nicht zugehört hat, noch immer beunruhigt durch den Mörder-Schatten* Was befiehlt der Infant?

KARLOS Den Mörder töten!

GROSSINQUISITOR Der Infant sieht noch immer einen Mörder vor seinen Augen. Wie sieht er aus? Kann er ihn beschreiben?

KARLOS *zum Großinquisitor* Wie du!
Schweigen.

DER KÖNIG Entschuldige dich, Karlos.

KARLOS *verbeugt sich vor dem Großinquisitor* Ich entschuldige mich für den Mörder, Vater.

GROSSINQUISITOR Ich bin nicht Ihr Vater.

KARLOS Ach so? Ich dachte, der Älteste hier ist mein Vater.

DER KÖNIG Der König ist dein Vater.

KARLOS Guten Tag, Vater. Ich werde auch König sein, wenn du abdankst.

GROSSINQUISITOR Glauben Sie, daß Sie ein guter König sein werden?

KARLOS Ja. Ich werde sagen: ich bin ein guter König, und Sie alle werden mir antworten: das ist ein guter König!

DER KÖNIG Hier ist der Sitz für den König. Setze dich nieder.

KARLOS Danke, Vater. Hier sitze ich. Das gefällt mir. Ich habe Hunger. Ich möchte eine Hasenpastete.

DER KÖNIG Jemand soll eine Hasenpastete für den Infanten bringen!

KARLOS Ich möchte drei, vier Hasenpasteten!

GROSSINQUISITOR Das ist nicht vernünftig von Ihnen, Infant Karlos.

KARLOS *giftig* Soll das heißen, ich bekomme sie nicht?
Schweigen.

KARLOS *zum Großinquisitor* Pfui, bist du alt! Wie lang deine Fingernägel sind! Die sind dir wohl nach deinem Tod immer weitergewachsen. Solche Fingernägel habe ich noch nie gesehen, weil ich noch nie einen Toten gesehen habe. Sie sind der erste!

DER KÖNIG Du solltest sehen, daß hier die klügsten und bedeutendsten Männer versammelt sind, um mit dir über Fragen der Macht und der Ordnung zu sprechen.

KARLOS *zählt die alten Männer des Staatsrats einzeln ab* Sechzehn und ein Hund.

GROSSINQUISITOR Das ist kein Hund, Infant Karlos.

KARLOS Ich sehe aber einen Hund auf dem Stuhl dort sitzen, beziehungsweise: Das, was ich sehe, sieht aus wie ein Hund.

DER KÖNIG Es ist der Adoptivsohn des Grafen von Altea.

KARLOS Er sieht aber genauso aus wie ein Hund, stinkt auch wie ein Hund. Erklären Sie mir das doch bitte, ihr klügsten und bedeutendsten Herren.

ALBA Der verstorbene Graf von Altea wollte, weil er blind war, nicht ohne seinen Hund gehen, und so hat er ihn adoptiert, denn sein Adoptivsohn kann an den Sitzungen teilnehmen, was dem Hund untersagt ist.

KARLOS Ich begrüße Sie, Nicht-Hund!

GROSSINQUISITOR In principio erat verbum et verbum erat apud deum et deus erat verbum.

KARLOS Wie alt sind Sie?

GROSSINQUISITOR Ich bin in jener Nacht geboren, als der Komet am Himmel erschien, in derselben Nacht wie Jesus Christus.

KARLOS Dann sind Sie sein Zwillingsbruder? Ich kann aber, wenn ich Sie mir ansehe, keine Ähnlichkeit mit dem Mann erkennen, den sie umgebracht und an ein Kreuz gehängt haben. Den habe ich oft betrachtet, er ist mir in vielen Bildern gezeigt worden, schöne Bilder, von denen das Blut auf meine Augen tropfte. Er sah anders aus!

GROSSINQUISITOR Ich bin sein Bruder. Aber ich bin damals nicht beachtet worden.

KARLOS So!

GROSSINQUISITOR Man hat mich in der Herberge liegen lassen, versteckt im Stroh, als meine Eltern mit meinem Bruder nach Ägypten flohen. Sie suchten alle nach ihm, ihm wollten sie huldigen. So hat man mich lange Zeit vergessen.

KARLOS Dein Bruder war sehr schön. Du bist es nicht.

GROSSINQUISITOR Ich habe meinen armen Bruder gesehen, der den Menschen Erlösung gebracht hat und den man gefangennahm. Da wußte ich: ich mußte mächtig sein, damit er schwach bleiben konnte, seine Schwachheit mußte ich beschützen. Ich mußte reich sein, damit er arm bleiben konnte. Ich wohnte im Palast, als mein Bruder am Kreuz hing, und ich wache noch heute, nach 1500 Jahren, über seine Lehre, beschütze sie.

KARLOS Tausendfünfhundert Jahre! – – *Zu dem Hund.* Und wie alt bist du?

Der Greis, der neben dem Hund sitzt, antwortet für den Hund.

GREIS Drei Jahre.

KARLOS Das ist eine kurze Anwesenheit in der Zeit. Da bin ich dreizehn Jahre älter als du. Ich habe dreizehn Jahre Vorsprung. Ich erzähle dir, wie es vor deinem Erscheinen in der Zeit zugegangen ist, Hund: Ich kroch auf allen Vieren auf dem Fußboden herum wie ein Hund, und ich habe meiner Amme in die Brüste gebissen wie ein bissiger Hund: da schrien die Verwandten auf, und die Sache wurde von den Botschaftern an alle Königshöfe der Welt berichtet. Der Infant Karlos ist bissig. Dann hielt man mich verborgen und hat mich eingesperrt wie einen räudigen Hund, niemand sollte mich sehen, und ich sollte auch niemanden sehen. So sind meine Jahre vergangen, bis du zur Welt kamst, Hund.

DER KÖNIG So hündisch, wie sie dir jetzt scheint, war deine Kindheit nicht, Karlos.

KARLOS Wissen Sie etwas darüber, lieber Vater? Haben Sie mich je gesehen? Mir wurde immer gesagt, Sie schreiben Briefe und führen Kriege. So habe ich mir ein Bild von Ihnen gemacht: Ein starker Mann in goldener Rüstung, und einer, der gebückt bei der Kerze sitzt und Zeichen auf lange Blätter schreibt, ohne je aufzublicken.

DER KÖNIG Meine Liebe hat über dich gewacht.

KARLOS Die habe ich nie gesehen, Vater. Aber vielleicht waren Sie hinter dem gestickten Wandschirm versteckt, – ich habe nur die Stickerei darauf gesehen, die Schlacht um Troja, und Ihr Auge in dem Schlitz habe ich nicht gesehen. Oder haben Sie in dem großen Ofen gehockt, in den man vom Korridor aus hineinkriechen kann? Der Ofen, so prächtig wie ein Palast! Ich habe nur immer Zinnen, Türme und Bogen gezählt, von Ihnen, der sie da drin hockten, wußte ich nichts.

DER KÖNIG Du mußt lernen, Karlos.

KARLOS So! Was muß ich denn lernen?

DER KÖNIG Du mußt lernen, daß du zwar der König sein wirst, aber dennoch kein freier Mensch.

KARLOS Wer macht mich unfrei?

DER KÖNIG Gott!

KARLOS Und was befiehlt der mir?

DER KÖNIG Du mußt auf den Rat der versammelten Herren hören.

KARLOS Sind die denn Gott?

DER KÖNIG Nein. Aber du mußt ihren Rat hören.

KARLOS O! Da kommt meine Pastete! Ich esse!

Vier Wildpasteten werden gebracht. Karlos sitzt auf dem Thronsessel und ißt. Die Versammlung der Greise redet schnell, durcheinander.

ERSTER GREIS Das Interesse des Staates ist das höchste Interesse, dem alle anderen Interessen ...

ZWEITER GREIS Der Staat, das heißt ...

ERSTER GREIS Das Interesse des Staates besteht darin, daß ...

DRITTER GREIS Der Konflikt zwischen dem Interesse des Individuums und dem Interesse des Staates ...

VIERTER GREIS Ein dem Staat allein zukommendes Recht ist ...

FÜNFTER GREIS Der irdische Staat, der nicht von ewiger Dauer sein wird, hat ...

SECHSTER GREIS Der zum König erhobene Mann muß vor allem Eigenschaften besitzen, die es ...

SIEBENTER GREIS Der Staat hat ein inneres und hohes Ziel, das darin besteht, daß ...

ACHTER GREIS ... so kommt es darauf an, die gesellschaftlichen Bedürfnisse zu bestimmen ...

NEUNTER GREIS Grundlage des Staates ist das Recht, sein Mittel: die Macht.

ZEHNTER GREIS ... innerhalb bestimmter Grenzen seiner Wirksamkeit ...

ELFTER GREIS Als Herrschaftsordnung hat der Staat die Befugnis und Fähigkeit, den Herrschaftsunterworfenen mit verbindlichen Befehlen, das heißt Gesetzen und Einzelakten, gegenüberzutreten und diese, falls erforderlich, mit Zwang durchzusetzen.

ZWÖLFTER GREIS Wir verstehen den Staat als Herrschaftsgefüge, das die gesellschaftlichen Akte auf einem bestimmten Gebiet in letzter Instanz ordnet.

KARLOS *essend, deutet auf den Wilden im Käfig* Versteht das der Affe da? Ich merke, daß er euch gar nicht zuhört.

SECHSTER GREIS Er versteht unsere Sprache nicht.

KARLOS Sehr schade. Er soll sie sofort lernen! Ich will mich mit ihm unterhalten! Er soll sprechen! Er soll hören!

SECHSTER GREIS Er ist aus den neu entdeckten amerikanischen Ländern herübergebracht worden. Wir lehren ihn unsere Sprache nicht. Er ist ein Demonstrationsobjekt. Er kommt in den Zoo.

KARLOS Das ist aber unmenschlich gedacht, Alter! Wie soll er denn lernen, außer durch Sprechen und Zuhören, daß, auch wenn er gewaltig um sich schlägt und Feuer und Steine speit wie ein ausbrechender Vulkan, Gott sein Herr ist?

SECHSTER GREIS Wir unterrichten ihn nicht. Er soll der fortgeschrittenen und christlichen Menschheit als anthropologisches Beispiel dienen: Der Mensch in seiner ursprünglichen Gestalt. So ist es dem interessierten Betrachter möglich, den Abstand zu ermessen zwischen dem Menschen in seinem ursprünglichen Zustand und der hohen Entwicklungsstufe, auf der wir uns heute mit Gottes Hilfe befinden.

KARLOS *am Käfig* Ein Mensch ... kein Affe? Dann befehle ich Ihnen, daß Sie ihn freilassen.

ERSTER GREIS Dazu raten wir nicht.

KARLOS Sie wollen nicht?

ERSTER GREIS Ja, wir tun es, da Sie es befehlen. Aber es ist unvernünftig.

KARLOS *klatscht ihm eine Pastete ins Gesicht* Schwätzer!

DRITTER GREIS Er könnte großen Schaden anrichten. Er könnte Kindern den Kopf abreißen und Feuerbrand in die Kathedrale werfen.

KARLOS Ja. Ja. Ja. Ja.

NEUNTER GREIS Man wird ihn erschießen müssen, wie man es

mit gefährlichen Bestien tun muß, wenn sie unter die Menschen geraten.

KARLOS Schade. Ich hätte gern so etwas gesehen, was du so schön beschreibst . . . Köpfe abreißen und Feuer, schön! *Die Greise der Versammlung springen empört auf. Mit einer einzigen Handbewegung bringt der König sie zur Ruhe.*

KARLOS *macht die Handbewegung nach* Bei Ihnen kuschen sie! *Er macht die Handbewegung wieder und wieder, um sie einzuüben, stellt sich dazu in Positur usw.* Und wie war der Gesichtsausdruck? So? *Er verzieht das Gesicht.* Oder so? *Verzieht das Gesicht anders.*

DER KÖNIG Der Infant muß noch viel lernen.

Karlos versucht die Körperhaltung des Königs genau nachzuahmen.

KARLOS Ja, oh ja! Viel! Viel! Wie gut, daß Sie noch nicht gestorben sind, dann lägen Sie bloß da wie ein dürres Holz, und ich könnte nichts lernen. *Mimt plötzlich eine starre Leiche.*

ERSTER GREIS Das ist unpassend.

KARLOS *springt auf* Er lebt ja! Er lebt ja! Und ich kann mir ansehen, wie er spricht oder wie er flüstert und mit wem er flüstert, und so mache ich es auch *sieht, wie der König jetzt den Kopf in die aufgestützte Hand legt* . . . wie er den Kopf in die aufgestützte Hand bettet, seufzt und aufsieht *Der König steht auf* . . . wie er aufsteht und durch den Saal schreitet – königlich *Er ahmt den König nach* – Da rennt der Hund fort! Was mache ich falsch?

2

Ich will wissen, wie weit uns der Schmerz treibt,
sagte der Infant Karlos zu der Hure Kahle Anna

Bei der Hure Kahle Anna. Karlos, maskiert, mit Bart. Kahle Anna.

KARLOS Schlag mich!

KAHLE ANNA Die Nummer mach ich nicht.

KARLOS Du weißt doch gar nicht, wer ich bin! Warum hast du da Angst?

KAHLE ANNA Mach ich nicht.

KARLOS Ich geb dir Geld extra. *Gibt ihr Geld.*

KAHLE ANNA Wieviel hast du?

KARLOS Ach, viel, viel. Es segelt aus Mexiko herüber mit den Schiffen, Silber und Gold.

KAHLE ANNA Das hier ist nicht viel. *Sieht sich die kleinen Münzen an.*

KARLOS Du sollst mich schlagen! Einmal nur, wenigstens einmal!

KAHLE ANNA Das hätte dein Vater machen sollen, dann wär' vielleicht was aus dir geworden, und du bräuchtest nicht im Hurenhaus rumzuhängen.

KARLOS Niemand hat mich je geschlagen. Ich darf nicht geschlagen werden, weil ich der Infant bin. Aber ich möchte wissen, wie das ist.

KAHLE ANNA Das tut weh, wenn ich richtig hinlange! Dann schreist du!

KARLOS Ja. Das habe ich oft gehört. Sie schreien, wenn sie geschlagen und gepeitscht werden. *Gibt ihr Münzen.*

KAHLE ANNA Hast du bloß Kleingeld?

KARLOS Wenn mein Diener beim Servieren was verschüttet, dann laß ich ihn auf die Hände schlagen, bis sie blutig sind. Ich könnte ihn auch erdrosseln lassen.

KAHLE ANNA So!

KARLOS Ja. Wenn es mir Spaß macht. Oder die Finger abschneiden.

KAHLE ANNA Dafür knall ich dir eine. *Sie gibt ihm eine Ohrfeige.* So redet man nicht.

KARLOS *reißt wütend vor Schmerz die Maske ab* Ich bin Prinz Karlos, ich rede, wie ich will! Ich bin der Infant von Spanien.

KAHLE ANNA Du bist ein unverschämter, grüner Junge, der sein Maul aufreißt, und du gehst jetzt nach Hause.

KARLOS *gibt mehr Geld* Ich hab noch Geld, hier ist noch was.

KAHLE ANNA *sieht das Geld an, steckt es ein* Danke, Prinz Karlos, oder wie soll ich sagen?

KARLOS Jetzt glaubst du mir plötzlich. Vorher hatte ich den Eindruck, daß du mir nicht glauben würdest.

KAHLE ANNA Ich kann doch nicht gleich jedem Kunden glauben, wenn er reinkommt und sagt: Ich bin der Papst.

KARLOS Kommen denn noch mehr Prinzen, so wie ich?

KAHLE ANNA Jaja, ab und zu kommt einer und sagt, er ist ein
geborener Prinz oder sonst was Besonderes. Einer hat immer gesagt, ich soll ihn titulieren: Herr Erzbischof von
Coellen.

KARLOS Und was machst du mit denen?

KAHLE ANNA Es kommt aufs Honorar an.

KARLOS Ich bin wirklich Karlos! Der Infant von Spanien!

KAHLE ANNA Das wünsch dir mal lieber nicht, der soll ja impotent sein.

KARLOS Wer behauptet so etwas?

KAHLE ANNA Hab ich nur mal so gehört.

KARLOS *zappelt* Sag mir sofort, wer das war! Sag es! Sag es!
Sag es!

KAHLE ANNA Reg dich nicht so auf, Junge. Der soll doch überhaupt ein schielendes Ekel sein. Stimmt ja vielleicht nicht,
ist ja vielleicht nur so ein Gerede von jemandem, der nei-
disch auf den großen Herrn ist.

KARLOS Das will ich nicht hören! Das verbiete ich! Ich verbiete das bei Todesstrafe!

KAHLE ANNA *spöttisch* Ja, ja, ganz recht! Bravo! Verbiete das!

KARLOS Ich ertrage es nicht. Es trifft mich ins Herz. *Er sitzt
und weint.*

KAHLE ANNA Du hast aber sehr schwache Nerven, armer
Junge. Kannst einem ja leid tun.

KARLOS Ich werds beweisen! Aber nicht nur dir, ich werde es
allen beweisen! Ich werde es öffentlich machen!

KAHLE ANNA *geht zum Schein darauf ein* Ein schöner Einfall,
da machst du am besten ein Volksfest draus und zeigst den
Leuten, was du kannst, und kriegst einen großen Applaus.
Volksfest mit Riesenbockwurst!

KARLOS Alle europäischen Botschafter müssen eingeladen
werden! Und dann, wenn meine Potenz bewiesen ist, dann
müssen sie mir die Prinzessin von Valois geben.

KAHLE ANNA Bravo! Recht so! – Wer ist denn das?

KARLOS Ysabel.

KAHLE ANNA Kenne ich nicht. Ist aber ein hübscher Name.

KARLOS Karlos und Ysabel. Karlos und Ysabel. Es wurde
schon verhandelt und ein Vorvertrag gemacht.

KAHLE ANNA *amüsiert* Was du dir alles ausdenkst!

KARLOS Ich bin nicht verrückt.

KAHLE ANNA Nein, nein, Kleiner. Reg dich nicht auf! Hat deine Mama dich einfach losziehen lassen, mitten in der Nacht?

KARLOS Die hab ich umgebracht.

KAHLE ANNA Das auch noch!

KARLOS Ich habe sie auseinandergerissen bei meiner Geburt.

KAHLE ANNA Und hast eine Stiefmutter gekriegt?

KARLOS Ja. Die Königin von Schottland. Die ist auch schon tot.

KAHLE ANNA *lacht* Aha. Königin! Na klar!

KARLOS Ja. Natürlich.

KAHLE ANNA Und die Onkel und die Tanten?

KARLOS Mein Onkel ist doch der deutsche Kaiser. Den habe ich noch nie gesehn.

KAHLE ANNA Schade! Und die Tanten?

KARLOS Die Prinzessin von Portugal und die Königin von Schweden und Norwegen –

KAHLE ANNA *winkt ab, ironisch* Ach so. Und dein Großvater ist vermutlich der Kaiser von China.

KARLOS Nein. Der Kaiser des römischen Reichs. Dem wurde ich vorgezeigt, er hat aber nur einen kurzen Blick auf mich geworfen und hat sich abgewendet. Ich habe ihm mißfallen.

KAHLE ANNA Armes Kerlchen! Nichts als Kaiser und Könige!

KARLOS Ich will wissen, wie weit uns der Schmerz treibt.

KAHLE ANNA Bis zum Tod.

KARLOS Da muß es schön sein. Da will ich hin.

KAHLE ANNA Ach, hör doch, wie die Freude am Leben in die Kehlen der Kanarienvögel gestiegen ist. Da singen sie.

KARLOS Ohrenschmerzen, immerzu! *Hält sich die Ohren zu.*

KAHLE ANNA *ironisch* Na, Prinzchen, da verkleidest du dich und schleichst dich an und spionierst und linst durch die Ritzen und Astlöcher, um mal zu sehen, was die gewöhnliche Menschheit treibt!

KARLOS *schreit* Die Potenzprobe muß ich machen und will es auch.

KAHLE ANNA So ja. Hab ich ja auch Verständnis. Hol ihn mal raus, zeig ihn mir mal, den wahren Prinzen und König.

KARLOS *aufgeregt, will sich ausziehen, zerrt an der Hose, zapplig, immer heftiger, nervöser.*

KARLOS Jajajajaja!

KAHLE ANNA Das kostet aber noch was. *Hilft ihm.* Ist ja wie zugenäht. Oder hast du noch einen anderen Ausgang. Mal sehen. *Sie sucht nach Geld in allen seinen Taschen.* Was zahlst du denn der schönen Frau, die dich in das Geheimnis der Liebe einweiht? Laß mal sehen, was ich finde.

KARLOS Ich habe nichts mehr . . . ich habe kein Geld mehr.

KAHLE ANNA Und wo ist dann der ganze Reichtum von deinen schwimmenden Gold- und Silberschiffen?

KARLOS *kreischend, lachend, kichernd* Ich habe nichts! Ich habe nichts! Du hast schon alles genommen!

KAHLE ANNA *wütend* Du Betrüger! Du verlauster Gauner! Infant von Spanien, und nichts in den Taschen! – Son Infant hat die Taschen voll mit Goldstückchen, das klimpert nur so! – Du, geh nach Hause, zu deiner Mischpoke! *Sie wirft ihn aus der Tür, er fällt die lange Treppe hinunter und bleibt unten wie tot liegen.*

Um einen alten Mann, der sich immerzu kratzt, sind Steine aufgehäuft. Ringsum eine trostlose, einsame Welt. So hat Greco die Mondlandschaften der Seele des Königs gemalt. Die Steine, die am Boden verstreut liegen, schweben lautlos empor und bilden eine immer höhere Mauer um den Mann.

3

Zwei Ärzte öffneten seinen gebrochenen Schädel und betrachteten das Gehirn. Sie konnten aber den Zustand nicht ändern

Karlos liegt schwerkrank, wie tot, auf dem Bett. Seit Tagen ist er bewußtlos. Er muß sterben, wenn nicht ein Wunder geschieht. Der König, der Großinquisitor, Egmont, Alba. Staatsrat.

DER KÖNIG *fällt auf die Knie, betet* Gott, laß ein Wunder geschehen! Laß ein Wunder geschehen! Wenn du ihn am Leben erhältst, wird die Welt im rechten Glauben bleiben.

GROSSINQUISITOR Alle sieben Ärzte, die ihn untersucht und behandelt haben, sind zu der Ansicht gekommen, daß es keine Hoffnung gibt.

DER KÖNIG Laß ein Wunder geschehen! Laß ein Wunder geschehen.

GROSSINQUISITOR Ich habe nach dem Eremiten Fray Diego geschickt, von dem man Wunderheilungen berichtet.

DER KÖNIG Wann kommt er? Heute noch?

GROSSINQUISITOR Es ergab sich eine Schwierigkeit: Er ist vor drei Wochen gestorben.

DER KÖNIG *betet* Laß ein Wunder geschehen. Rette Karlos! Laß ein Wunder geschehen!

GROSSINQUISITOR Die Mönche haben ihn ausgegraben, und sie tragen ihn her.

DER NERVÖSE DICHTER Sie haben ihn ausgegraben! Sie haben ihn unter Geröll und Schutt herausgeholt, und sie fanden den heiligen Leichnam unversehrt!

EGMONT *ungläubig* Unversehrt?

DER NERVÖSE DICHTER Ja! Sein Haar ist weitergewachsen und auch die Nägel an den Fingern und Fußzehen, obwohl er doch schon vor drei Wochen gestorben ist. Ein heiliger Mann und ein Wundertäter. Viele erinnern sich daran, wie er mit dem Knüppel das Wasser aus dem Stein geschlagen hat, und zwar in der trockensten Gegend, im Gebirge, wo die Leute verdurstet waren und herumlagen wie getrocknete Datteln. Großes Jubeln und Bravoschreien: ein Wunder! Er hat gelacht und ist weggegangen. Kurz darauf hat sich die Bevölkerung um die Quelle gestritten, sie haben einander totgeschlagen. Was geht aber den Heiligen das an! So sind eben die Menschen: ohne Verstand! *Er verschluckt sich vor Aufregung.* – Und noch ein Beispiel: Hoch war der Turm der Kirche in Altea! Nach dem Erdbeben hing er schief, die Leute schrien, er wird umfallen, er wird stürzen, wir können nicht mehr über den Platz gehen ohne Todesangst. Der Heilige hat ihn mit zwei Fingern seiner rechten Hand gehalten und geradegestellt, ohne Mühe! Mit der linken Hand konnte er sogar noch die Fliegen verscheuchen. Ein häßlicher Turm, ja, aber was schert sich der Heilige darum, ob es ein protected monument ist oder ein Betonklotz. Er tut seine Wunder, wann immer Gott ihm die Kraft dazu gibt. Was scheren ihn die Kunsthistoriker und die Stadtverwaltung! Was kaputt ist, setzt er wieder zusammen: aus vier Teilen macht er wieder einen Menschen. Der war doch ein Mörder, schrien die Leute, deshalb haben wir ihn geviertteilt! Ruhig, ruhig! Der Mörder selbst hat sich auch beschwert, denn der Heilige hatte ihm die Beine falsch angesetzt. Das rechte war links, das linke war rechts, wie kann man da rennen, wenn die Hunde hinter einem herhetzen? Aber der Heilige ist eben der Heilige und hat eine andere Logik. – Da bringen sie ihn!

Zwei Mönche tragen den halbverwesten Leichnam des Heiligen herein und legen ihn zu Karlos auf das Bett.

MÖNCH Näher an den Infanten! Er muß ihn berühren! Die Körper sollen eng aneinander liegen. Schenkel und Hüfte und Schulter sollen sich berühren! Und Wange an Wange!

GROSSINQUISITOR *streng* Egmont, Sie wenden sich ab?

EGMONT Meine Brille ist beschlagen. Ich kann nicht richtig sehen, ich muß sie säubern.

HÖFLING Er hat sich bewegt!

ANDERER HÖFLING Wer hat sich bewegt?

DER KÖNIG Karlos! Karlos!

HÖFLING *hysterisch* Der Leichnam hat die Hand erhoben und den Infanten gesegnet!

EGMONT Aber seine Hand ist doch abgefault! Er hat keine Hand mehr!

HÖFLING Er hat ihn gesegnet! Wie können Sie da behaupten, er habe keine Hand mehr!

ANDERER HÖFLING Und jetzt spricht er! Was sagt er?

259

ANDERER HÖFLING Er spricht mit Karlos! Er flüstert unaufhörlich.

DER KÖNIG Karlos hört ihn!

DER NERVÖSE DICHTER Er flüstert! Ich höre! Es sind blitzende,
kleine Trompetenstöße. Er flüstert, es sind kleine, flü-
sternde Flämmchen, klickende Steinchen, Knallerbsen, die
in Karlos Ohr explodieren, kleine, duftende Rosenwört-
chen, sie blühen auf, füllen sein Herz, Samtwörtchen, wie
der Sprung einer Katze, raschelnde Distelwörter, glitzernde, springende Regenwörter, Windwörter...

DER KÖNIG Er hört sie! Er hört sie!

EGMONT *zu dem Dichter* Entschuldigen Sie, wie können Sie so
etwas Albernes behaupten! Der Leichnam hat gar keinen
Mund mehr, wie kann er da sprechen? Was ich sehe: der
halbe Kopf und die Unterpartie seines Gesichtes sind eine
schleimige Masse, zwei Zähne, der Gaumen ――― und das
einzige, was sich in dieser Gegend bewegt, sind Maden, die
sich im Gaumen eingenistet haben, und ein paar Fliegen in
den Augenhöhlen...

ALBA Egmont, Sie sind ein Phantast, Sie sehen nur Verwesung!

EIN HÖFLING Er küßt den Infanten! Den Atem gibt er ihm zurück!

DER NERVÖSE DICHTER Oh, du Atem Gottes, der du das Gras
belebst, als Sturm über die Weltmeere schlägst!

DER KÖNIG Ich sehe, daß mein Sohn Karlos die Augen öffnet
und lebt! Lassen Sie die Glocken läuten in Europa und
Amerika! Ein Wunder ist geschehen, Gott hat meinen
Sohn am Leben erhalten! Gott liebt meinen Sohn, und ich
liebe ihn auch!

KARLOS *richtet sich auf* Da hör ich es schreien!

DER KÖNIG Welches Tier denn, lieber Karlos?

KARLOS Es schreit! Es schreit!

GROSSINQUISITOR Er meint die Hure.

KARLOS Die Türen gingen auf und zu, Könige und Bischöfe
und große Herren kamen herein und wurden zu nichts; und
andere, die nichts waren, wie Viehzeug, wurden die großen
Glanznummern. Ein Ort der Verwandlung mit Vorhängen
und Bettlaken und großer Hitze, so daß die Augen heraus-
quollen. – Wo war ich denn?

DER KÖNIG Man hat dich vor dem Haus einer Hure gefunden. Da lagst du mit zerbrochenem Kopf auf dem Pflaster.

KARLOS Da lag ich tot?

DER KÖNIG Wie tot, ja.

KARLOS Ein lächerlicher Zustand!

DER KÖNIG Das Königreich Spanien war darüber in Trauer.

KARLOS Armer Vater! Ihr Armen, die ihr mit trüben Gesichtern um mich versammelt seid! Seid ihr nicht alle tot wie ich und könnt über euern Zustand lachen?

DER KÖNIG Du lebst wieder, Karlos!

KARLOS Und wer hat mich in den schönen Zustand des Todes gebracht?

ALBA Wir suchen den Attentäter. Wir haben alle verhaftet, die in der Nacht bei der Hure waren, und die Hure auch.

KARLOS *fröhlich* Sie heißt Kahle Anna!

ALBA Jemand muß Sie überfallen haben, Prinz Karlos.

KARLOS *faltet fromm die Hände* Ich vergebe dem harten Stein, auf den ich gefallen bin und auf dem mein Kopf zerbrochen ist. Ich vergebe dem räudigen Köter, der mein Blut aufgeleckt hat, ich vergebe den Ärzten, die mein Gehirn betrachtet und mich dann aufgegeben haben. Ich vergebe dem schönen Morgenlicht, das mich in meiner Schwäche beleuchtet, obwohl ich vielleicht lieber im Dunkeln verborgen bliebe. *Er sitzt auf einmal im hellen Licht.*

MÖNCH Es ist nicht das Morgenlicht! Der Geist des Heiligen ist über ihn gekommen! *Singt*
  Sein Flügel hat ihn gestreift
  seine Stimme hat ihn erweckt.

EIN GREIS Wie sanft er spricht!

KARLOS War ich vor meinem plötzlichen Tode anders als ich jetzt bin, lieber Alba?
  Schweigen.

KARLOS Sie schweigen alle. Darüber will mir anscheinend niemand Auskunft geben.

GROSSINQUISITOR Sie hatten manchmal Anfälle von Grausamkeit, Prinz Karlos.

KARLOS Ich erinnere mich nicht. Was tat ich denn?

GROSSINQUISITOR Zum Beispiel haben Sie einen jungen Mann auspeitschen lassen, weil er zufällig lächelte, als Sie an ihm vorübergingen.

261

KARLOS So.

GREIS Die würdigen Herren des Staatsrats haben Sie verspottet.

KARLOS So.

GROSSINQUISITOR Als Kind haben Sie einem Hündchen die Beine abgeschnitten, weil es Ihnen nachlief.

KARLOS So.

GROSSINQUISITOR Als Zwölfjähriger befahlen Sie einmal die Hinrichtung einer Frau, weil sie einen Eimer Wasser ausgoß und dabei fast Ihre Schuhe bespritzt hätte.

KARLOS So.

DER KÖNIG Erschrick nicht, Karlos. Die Frau mußte nicht sterben. Eine Puppe wurde statt dessen geköpft.

GROSSINQUISITOR Die ausländischen Botschafter haben über die Launen des Infanten an ihre Regierungen berichtet. Man hat die Vorkommnisse mit Befremden zur Kenntnis genommen.

KARLOS Ich war auf dem Weg, ein Ungeheuer zu werden, zum Schrecken der zivilisierten Menschheit! Ich wundere mich, ihr Lieben, daß ihr trotzdem Freude zeigt, mich noch am Leben zu sehen.

MÖNCH *singt*
Sein Flügel hat ihn gestreift
seine Stimme hat ihn erweckt.

DER KÖNIG Durch die Wunderkraft des Heiligen wurde deine Seele gerettet.

ALBA Wir führen Ihnen alle Personen vor, die in der Mordnacht bei der Hure waren und bitten Sie, auf den Schuldigen zu deuten.

KARLOS Da sehe ich einen vor mir! Er kam herein und stellte sich auf die Zehenspitzen und behauptete, er sei Prinz Karlos. Sie aber war schlau, sie glaubte ihm nicht. O wie hat sich der Kleine angestrengt, um ihr das zu beweisen!

ALBA Bringt zuerst die Hure herein!
Kahle Anna wird hereingebracht. Sie ist von Mißhandlungen und Folter entstellt.

KARLOS *erfreut* So sah sie aus! Ich erkenne sie wieder! – – O meine Schöne, meine Schöne, meine Allerschönste, schöner als du in meiner Erinnerung ausgesehen hast, als ich tot war!

KAHLE ANNA Das Gesicht haben sie mir zerschnitten ... wer bist denn du? Mit dem linken Auge seh ich nichts ... mit dem rechten auch nicht ... die sind mir zugeschwollen von Faustschlägen ...

KARLOS Er konnte es nicht beweisen. Wie denn? So stand der kleine Krüppel vor der Dame auf seinen Zehenspitzen und wurde nicht größer.

KAHLE ANNA Jetzt schimmert mir das Licht vorm Auge. Was für ne Herrlichkeit in diesem Zimmer.

KARLOS Ich bin Karlos.

KAHLE ANNA Ja, Euer Herrlichkeit. Wenn ich doch gemerkt hätte, daß Sie der Prinz sind ... Habs nicht gerochen, und am Bezahlen auch nicht ... Da hab ich dich ... o wenn ichs bloß nicht getan hätte!

KARLOS Sei still, meine Königin! Hilf meinem armen Kopf, damit ich mich erinnere.

KAHLE ANNA *schreit* Wenn ichs bloß nicht getan hätte!

KARLOS Jammere doch nicht!

KAHLE ANNA Ach die Treppe ... die steile Treppe ...

KARLOS Jetzt fällt es mir ein. Ihr dürft sie nicht beschuldigen. Sie hat mir nichts angetan. Sie hat mich nicht die Treppe hinuntergeworfen. Jetzt fällt es mir ein. Ich bin aus dem Fenster gesprungen. Ja! In die Arme Gottes wollte ich springen.

GROSSINQUISITOR Das war sehr hochmütig von Ihnen, Prinz Karlos.

KAHLE ANNA *schreit* Ja! Ja! Ins Licht ist er gesprungen! Ein Engel! Ich hab den Flügel gesehn! Er hat mit dem Flügel geflattert!

KARLOS Ach, meine Königin, komm her zu mir, ich will dich meinem Vater zeigen!

KAHLE ANNA Muß gar nicht sein, daß Sie mich vorstellen ...

KARLOS Er ist ein alter Mann, und er liebt mich.

KAHLE ANNA Ja, aber ich möchte ihn lieber in Ruhe lassen ...

KARLOS *führt die Widerstrebende zu seinem Vater* Dies ist meine Herzensdame. Behandeln Sie sie bitte gut, lieber Vater. Höflich.

KAHLE ANNA Machen Sie sich keine Mühe ...

KARLOS Ich war in ihrem Palast. Dort hat sie mich empfangen.

KAHLE ANNA *flüstert* Laß mich los, Karlitos, laß mich lieber schnell weggehen ... damit ich hier verschwunden bin.

KARLOS *geht nicht darauf ein* Und dies ist Graf Alba. Ein berühmter Staatsmann.

KAHLE ANNA Kenn ich nicht, will ich gar nicht kennenlernen. Ist mir zu viel Ehre.

KARLOS Diese Herren sind alle versammelt an meinem Auferstehungstag, weil sie um mein Leben besorgt waren. Siehst du, sie begrüßen dich wie eine Königin!

Die Herren des Staatsrats verneigen sich steif.

KAHLE ANNA *versucht Karlos wegzuzerren* Ach schön. Ach nein.

KARLOS Du hast mir deinen Palast gezeigt, der voller Leben war, Kahle Anna. Nun will ich dich durch die Zimmer meines Palastes führen. Sie sind alle leer ... Dreihundert Zimmer ... Wir brauchen dazu viele Tage und Nächte, bis wir müde sind. Dann wollen wir uns hinlegen und Gott loben dafür, daß er uns vereint hat. *Er geht mit der Widerstrebenden ab.*

Einen Augenblick stehen die Greise des Staatsrats, der König, der Großinquisitor, Graf Alba ratlos, starr vor Überraschung. Dann plötzlich rennen sie aufgeregt hin und her, stürzen zu den Fenstern, blicken, deuten in verschiedene Richtungen und reden durcheinander.

EIN GREIS *ruft* Dort laufen sie über die Galerie!

EIN ANDERER *ruft* Dort stehen sie im Park! Er plückt ihr eine Orange!

EIN ANDERER *ruft* Dort sehe ich ihn! Er trägt die Hure die Treppe runter!

EIN ANDERER *ruft* Nein! Sie trägt ihn!

EIN ANDERER *ruft* Im Spiegelsaal! Da sehe ich sie hundertfach!

EIN ANDERER *ruft* Hundertfach verschwinden!

EIN ANDERER *ruft* In der Grotte! Beim Wasserfall!

EIN ANDERER *ruft* Da! Im türkischen Salon trinken sie Mokka!

EIN ANDERER *ruft* Hinter dem Fenstervorhang sind sie verschwunden!

EIN ANDERER *ruft* In der Schatzkammer! Sie wühlt in den Perlen!

EIN ANDERER *ruft* Dort unten sitzen sie die ganze Zeit auf der Marmorbank bei der Fontäne.

EGMONT *bei dem halbverwesten Heiligen, preßt sich ein Tuch vors Gesicht* Was für ein unerträglicher Gestank von Verwesung und Abfall weht von dem Kadaver her!

MÖNCH Das Zehenknöchelchen! Ich hab es ihm abgebrochen. *Er zeigt es vor.* Darüber werden wir eine Kathedrale errichten zur Erinnerung an das Wunder!

*

Karlos geht in sich gekehrt wie ein frommer Büßer. Der verweste Heilige hüpft um ihn herum, schubst ihn ab und zu in eine andere Richtung. Karlos stolpert, bleibt aber gelassen und fromm. Er steckt jedem der Greise ein Stück Kuchen in den Mund. Sie kauen.

*

4
Das Gelächter

Der Staatsrat. Karlos.

KARLOS Meine Herren Greise, ich bin aus Fleisch und Blut. Fassen Sie mich einmal an! *Er läßt sich betasten.* Das ist meine Zunge! *Er streckt ihnen die Zunge heraus.* Das ist meine Hand. *Er stößt einen der Greise mit der Faust. Schreit.* Schwachköpfe! – Habt ihr gehört, das ist meine Stimme! Und so werde ich vor meinen Vater, den König, treten mit genauen gezirkelten Schritten und mich verbeugen wie eine Puppe.

König Felipe kommt.

Guten Morgen, lieber Vater. Haben Sie gut geschlafen mit der Gicht in Ihren Knochen? Haben Sie schon Ihre Korrespondenz erledigt, zu zwei Dritteln oder schon die ganze? –– Sie erkundigen sich gar nicht nach meiner Herzensdame? War sie nicht nach Ihrem Geschmack? Ich habe sie in den Puff zurückgebracht und sie wurde dort festlich empfangen. Ein schönes Andenken habe ich ihr mitgegeben: ich habe sie geschwängert. Ich bin sehr neugierig auf das

Kind. Ich werde ein guter Vater sein, ich werde das Kind loben und ermuntern, auch wenn es ein Frosch wäre, würde ich es ermuntern zu seinen Sprüngen, ihm Worte der Zuneigung ins grüne Ohr sagen. Mit ihm sprechen, sogar in der Sprache der Frösche, wenn es sein muß.

DER KÖNIG Ich dachte, deine Rückkehr ins Leben hätte dich geläutert. Du warst so freundlich geworden.

KARLOS Ja, Vater. Güte ist ein angenehmes Gefühl. Mir war so wohl, als mir der fromme Honig durch die Adern floß.

EIN GREIS Es wurde sogar schon gesagt, daß Sie eine Art Heiliger geworden seien.

KARLOS Wie schön! Wie gern hätte ich alle frommen Erwartungen erfüllt, durch Handauflegen, mit meinem schielenden Blick. Da hörte ich aber das höhnische Gekicher. Ich habe mir die Ohren zugehalten, aber ich hörte es trotzdem.

DER KÖNIG Hier in meinem Haus hat sich niemand über dein frommes Tun lustig gemacht!

KARLOS *hysterisch* ER hat gekichert! ER!

DER KÖNIG Du bist krank, Karlos. Es muß ein Nervenfieber sein! Holt doch den Arzt!

KARLOS Der verweste Leichnam wars, er hat mir nicht geglaubt! So heilig wollte ich sein wie er, und er hat mich ausgelacht! Er hat erst aufgehört, über mich zu lachen, als ich wieder in meiner alten Natur war. Ich schlug einen rothaarigen Juden tot. Seitdem höre ich das Gekicher nicht mehr.

DER KÖNIG O was hat Gott mit dir vor, Karlos, um mich zu prüfen!

Der Arzt kommt.

KARLOS Quakorax, quakorax!

DER ARZT Es ist ein der medizinischen Fachwelt bekanntes Phänomen, daß Patienten, die aus einem todähnlichen Zustand erwachen, in seltenen Fällen Kenntnisse aufweisen oder eine Sprache gebrauchen, die sie vor diesem Zustand nicht erlernt haben.

KARLOS Wo ist denn die kleine Französin, Vater, die Sie mir versprochen haben? Prüfen Sie sie, ob sie würdig ist, mit mir verheiratet zu werden! Ich bin zeugungsfähig. Und das ist das Wichtigste.

ALBA Die Prinzessin Ysabel von Valois ist auf dem Weg nach Spanien.

KARLOS Eine weite, gefährliche Reise! Hoffentlich wird sie gut bewacht, damit sie nicht Räubern in die Hände fällt, das wertvolle Kind!

ALBA Sie ist die Tochter von Katharina von Medici, und wir wünschen, daß durch die Verbindung beider Häuser Frankreich sich enger an Spanien anschließt.

KARLOS Ich bin ganz geil darauf.

ALBA Die katholischen Länder müssen eine geschlossene Phalanx bilden gegen England und gegen die Ketzerei in den uns anvertrauten Niederlanden.

KARLOS Nicht Sie! Den Affen, den Sie eingesperrt haben, mache ich in Zukunft zu meinem Berater, er spricht nicht! – Nicht Sie! Wir würden Konflikte haben, die wir mit Worten nicht beseitigen können. Sie wollen Blut sehen, ich auch. Ein Kluger das Blut eines Verrückten. *Er sticht sich mit dem Messer.* Da fließt es. Ich müßte Sie dafür bestrafen.

GROSSINQUISITOR Der König befiehlt dir zu schweigen.

KARLOS Ich sehe aber gar nicht, daß er den Mund aufreißt. Öffnen Sie doch bitte den Mund, mein königlicher Vater! Befehlen Sie mir zu schweigen, wenn Sie wollen, daß ich schweige. Oder besser noch, öffnen Sie den Mund und unterhalten Sie sich mit mir, wir haben doch ein paar interessante Themen: zum Beispiel das sexuelle Problem, die kleine Valois im Besonderen, die ich heiraten soll, oder die zweckmäßigsten Methoden zur Beseitigung Andersdenkender, oder die Liebe Gottes ganz allgemein – das wäre doch ein ergiebiges Thema für uns. Machen Sie nur den Mund auf! Nutzen Sie doch die Gelegenheit zu einem amüsanten Gespräch, ehe Sie mich beseitigen.
Der König steht starr.
Ach, Sie öffnen den Mund nicht, weil sonst die Fliegen herausschwirren würden, die Ihnen da drin um die faulen Zähne kriechen.
Der König steht starr.

GROSSINQUISITOR Sie haben sich tatsächlich verändert, Prinz Karlos. Diesen Humor hat man vorher an Ihnen nicht bemerkt! Wie komisch! Wie erheiternd! *Er lacht, der ganze Hofstaat bricht in schallendes Gelächter aus.*

DER NERVÖSE DICHTER Da lacht der Großinquisitor, da bricht der ganze Hofstaat in Gelächter aus, da lacht die Stadt Ma-

drid, ganz Europa kreischt vor Lachen, Lachstürme rasen über den Ozean hin bis an die Küsten unserer amerikanischen Kolonien. – Nur der König lacht nicht.
Karlos läuft fort.

5
Das silbrige Kind

Die kleine Prinzessin Ysabel von Valois, das silbrige Kind, steht auf dem Tisch. Die Greise des Staatsrats sehen ihr unter den Rock. Der König ist versteckt hinter einem Paravent, beobachtet die Szene. Der französische Gesandte. Karlos.

GREIS Wie weit erstreckt sich das spanische Weltreich?

YSABEL Bis es dunkel wird. Dann ist es verschwunden.

ANDERER GREIS Wie alt sind Sie, Prinzessin Ysabel?

YSABEL Das weiß ich nicht. *Zum französischen Gesandten.* Wie alt bin ich?

DER GESANDTE Treize, ma princesse.

YSABEL Dreizehn. – Und wie alt sind Sie?

GREIS Die Prinzessin soll nicht fragen, sondern Antworten geben.

YSABEL In Ihrem Bart kriecht ein Käfer!

ANDERER GREIS Was ist die Aufgabe der Königin?

YSABEL Der Ball springt, die Prinzessin springt nicht.

ANDERER GREIS Wem müssen Sie gehorchen, Prinzessin?

YSABEL Ja.

ANDERER GREIS Was tun Sie, wenn Sie am Morgen erwachen?

YSABEL Beten. Und Kakao.

DER GESANDTE So hat sie es gelernt. Nach dem Morgengebet eine Tasse Kakao.

ANDERER GREIS Können Sie vor Gott und vor uns Ihre Jungfräulichkeit beweisen?

YSABEL *zum französischen Gesandten* Was ist das?

DER GESANDTE Diese Frage ist die Antwort.

YSABEL Ich komme in das Paradies, wenn ich jetzt gestorben bin.

Karlos bricht in Gelächter aus.

YSABEL *ärgerlich* Ich mache keine Fehler!

ANDERER GREIS Fürchten Sie den Tod?

YSABEL Jetzt ist er fort.

DER GREIS Wen meinen Sie, Prinzessin?

YSABEL Der Käfer ist fort, er ist in den Kragen gekrochen.

KARLOS *lacht* Ich heirate die Prinzessin!

ANDERER GREIS Lieben Sie Musik?
Schweigen.

DER GESANDTE Machen Sie den Mund auf, Prinzessin!
Schweigen.

DIE GREISE Den Mund auf! Den Mund auf!
Ysabel öffnet den Mund weit. Der französische Gesandte gibt ihr einen Stoß. Ysabel singt eine lange Koloratur.

DER GESANDTE Ein sehr wohlklingendes Organ!

YSABEL Ich kann nicht singen.

KARLOS Ich habe Sie aber singen hören, Prinzessin!

YSABEL *streckt den Arm aus zu Karlos hin* Der Herr ist taub!

ANDERER GREIS Was ist die schlimmste Sünde?

YSABEL Die Zunge zeigen.

ANDERER GREIS Was ist die schönste Stadt?

YSABEL Gebaut ist fad. Kaputt ist lustig.
Der französische Gesandte gibt ihr einen Stoß.

YSABEL *schnell, wie auswendig gelernt* Madrid und alle spanischen Städte in Europa und Amerika.

KARLOS Unsere Städt! Wir werden schöne bucklige, schielende Kinder zeugen, um sie zu bevölkern.
Der König kommt hinter dem Paravent hervor, gibt Alba ein Zeichen.

ALBA Sie irren, Prinz Karlos. Der König wird Ysabel heiraten.

✳

Aus einer Tür kommen nacheinander sieben adlige Herren und Würdenträger. Sie vermeiden es, in den Raum zu treten, sie pressen sich mit Rücken, Armen und Kopf gegen die Wand und schieben sich dabei langsam weiter.

✳

269

6

Doubles

Im Palast. König Felipe. Der Großinquisitor wird eingekleidet. Ysabel auf einem Stühlchen, liest.

GROSSINQUISITOR Hören Sie die Glocken, König! Das Dröhnen
– es ist, als würden schwarze, eiserne Kugeln auf die Stadt
herunterfallen ... Und die Stimmen ... Einzelne Schreie stechen heraus ... das dumpfe, malmende Geräusch der Erwartung ... Es sind doppelt so viele Menschen heute in der Stadt
wie sonst. Wenn ich hinaustrete ... die Plaza Major ... ein
überwältigender Anblick. Die Chöre ... ein großes allegorisches Schauspiel wird aufgeführt. *Zum Diener.* Wie heißt es?

DER DIENER Das Auto sacramental de la Cortes de la Muerte.
Die Truppe des Angulo el Malo führt es auf.

GROSSINQUISITOR Eine Auftragsarbeit.

DER DIENER Der Autor heißt ...

GROSSINQUISITOR Kunst muß engagiert sein, muß der großen
Sache dienen. – Was mich schmerzt, König, ist dies: die
Betroffenen zeigen keine Einsicht. Sie sitzen da mit starren
Gesichtern unter ihren Kapuzen, auf die ihr Todesurteil geschrieben ist. Leere, starre Gesichter! Unter den 2000, die
ich verbrenne, vielleicht drei, die in ihrer letzten Stunde zur
Einsicht kommen. *Schreit.* Von zweitausend – drei! – – –
Dichter sind wichtig, König, man muß sie fördern. Theaterstücke, die den Kampf, den wir um die Seelen führen, zeigen, und in denen Gott, Satan und der Glaube auftreten.
– – – Sie sind nervös, König?

DER KÖNIG Ich denke an Karlos, der mich nicht liebt.

GROSSINQUISITOR Konspiriert er? Mit wem hat er Umgang?
Wissen Sie es?

DER KÖNIG Er schleicht hinter dem niederländischen Gesandten Egmont her, schneidet Gesichter, um Egmont auf sich
aufmerksam zu machen, schickt ihm Pralinen.

GROSSINQUISITOR Hat er mit ihm gesprochen?

DER KÖNIG Ich habe es bisher verhindern können.

GROSSINQUISITOR Er soll mit ihm sprechen!

DER KÖNIG Dann wird er gegen mich konspirieren.

GROSSINQUISITOR Ich meine es so: Er soll mit Egmont sprechen, der aber nicht Egmont ist.

DER KÖNIG Egmont ...

GROSSINQUISITOR Sein wässriger, hellblauer Blick ... ein anderer soll diesen wässrigen, hellblauen Blick haben. Der leichte Sprachfehler – Haben Sie gehört, wie er »Fisch« ausspricht? »Fich«, statt »Fisch«.

DER KÖNIG Ich habe mit Egmont nie über Fische gesprochen.

GROSSINQUISITOR Aber ich! Aber ich! Wir haben über Petrus, den Menschenfischer gesprochen. Den falschen Egmont lassen wir »Fich« sagen! Und »Individium«, anstelle von »Individuum«. Das Wort kommt dauernd in seinen Reden vor, so oft wie bei uns »Gott«.

DER KÖNIG Leider.

GROSSINQUISITOR Und Egmonts Gangart! Das muß ein anderer lernen, jede Geste bis ins Detail. Dazu ein guter Maskenbildner ... ein Schneider ... Und eine gute Beobachtungsgabe ... Da geht der falsche Egmont und ist vom echten nicht mehr zu unterscheiden! Ich gerate ins Schwärmen. Was für eine wunderbare Aufgabe für einen jungen, künstlerisch begabten Menschen! Dann mag Karlos konspirieren und Pläne schmieden, es beschäftigt ihn, es schadet nicht, im Gegenteil, wir erfahren alles rechtzeitig. – Sie zweifeln?

DER KÖNIG Mit einem falschen Egmont könnte man ihn wohl täuschen, er kennt ihn ja nur vom Ansehen aus der Ferne. Aber es gibt andere, die ich fürchten muß. Don Juan ist sein liebster Freund, Arm in Arm sah ich sie durch die Gärten von Aranjuez gehen, aber ich konnte nicht erfahren, was sie miteinander flüsterten.

GROSSINQUISITOR Der hübsche, junge Mann.

DER KÖNIG Ich habe ihn in die Schlacht geschickt.

GROSSINQUISITOR Siegt er? Verliert er?

DER KÖNIG Ich fürchte Juan d'Austria, er ist so jung.

GROSSINQUISITOR Mit ihm ist's noch viel leichter als mit Egmont! Wir finden ein Dutzend, die ihm völlig ähnlich sind, hübsche, junge, leere Gesichter, alle ihm gleich! Lassen Sie Karlos seine Verrätereien mit einem falschen Austria aushecken, den wir ihm schicken. Lassen Sie Vatermord und Gotteslästerung in seine Ohren flüstern, wir erfahren alles. Auch andere ganz gewöhnliche Personen aus seiner Umgebung könnte man austauschen. Den Vorleser ... die Lakaien.

271

DER KÖNIG Wie er um meine junge, lebensgierige Frau Ysabel
herumschleicht!

YSABEL *hat das gehört, eifrig* Ja! Er macht mir immer Zeichen!

GROSSINQUISITOR So? Was für Zeichen?

YSABEL *kneift ein Auge zu* So.

GROSSINQUISITOR Vielleicht hatte er nur ein Stäubchen im
Auge?

YSABEL Es ärgert mich, daß Sie das sagen!

DER KÖNIG Obszöne Gesten hat er nicht gemacht?

YSABEL O ja! O ja!

GROSSINQUISITOR Welcher Art?

YSABEL Wenn ich Ihnen das vorführe . . .!

DER KÖNIG O meine holde Königin Ysabel!

YSABEL Danke. – – – Bestrafe ihn doch!

GROSSINQUISITOR Was Sie da sagen! Sie kleine strenge Heilige!

YSABEL Wenn er nach mir züngelt, klebe ihm den Mund zu!
Wenn er an meiner Tür horcht, gieße ihm heißes Wachs ins
Ohr! Wenn er wieder an meinen Kleidern schnüffelt, schlage
ihm die Nase ab!

GROSSINQUISITOR Sie sind wirklich streng!

YSABEL Und sein Zwinkerauge – reiß es raus!

GROSSINQUISITOR *spöttisch* Na, na!

YSABEL Ich bitte dich, lieber König, laß es mich selber tun! Ich
will ihn zwicken und zwacken!

DER KÖNIG *beunruhigt* Wie du lachst!

GROSSINQUISITOR Wie das Hälschen klopft! – Beunruhigen Sie
sich nicht, König! Wir schicken ihm eine andere Ysabel. Wir
finden ein Double.

YSABEL Wie sehe ich denn aus? Wie bin ich denn?

GROSSINQUISITOR Sehen Sie mal den kleinen Vogel da! Schießt
herein, hat nicht gesehen, daß eine Glasscheibe seinen Himmel teilt. Da liegt er, tot.

YSABEL Ich will ihn haben. *Sie hebt ihn auf.*

DER KÖNIG Ein falscher Austria . . . und auch die Königin . . .
Aber ich! Ich bleibe doch sein Vater! Hier bin ich doch wirk-
lich! Dies sind meine Arme! Da ist meine Krone! Da ist mein
Kopf!

GROSSINQUISITOR Es gibt keine Realität außer Gott.

YSABEL *mit dem Vogel beschäftigt* Die roten Federn . . . Ich
sammle schöne tote Vögel. Ich habe schon elf.

272

GROSSINQUISITOR Mir kommt gerade eine sonderbare Idee, König. *Er lacht.* Ich weiß gar nicht, ob ich sie Ihnen mitteilen soll. *Lacht.* Plötzlich nämlich kam mir der Gedanke, daß es auch Gott nicht gibt. Dann wäre ich der Statthalter ... für einen leeren Himmel!
Der König faltet die Hände, betet.
GROSSINQUISITOR Das können wir den Gläubigen nicht zumuten! *Er geht hinaus auf den Balkon. Man hört das Brausen der Menge. Glockenläuten. Scheiterhaufen werden angezündet.*

∗

Weiß man es? Da huscht Ysabel vorüber. Da biegt sich ein Busch auseinander und Karlos läuft schnell weg. Da steht Karlos lauernd, wartend. Da wird ein Spiegel vor das Fenster gehalten, damit man jemand kommen sehen kann. Da wechselt Ysabel ihr Kleid. Da späht Karlos durch die Gardine. Da ist Ysabel nackt. Da laufen sie aufeinander zu. Da sind sie beide verschwunden. Da sitzt Kahle Anna auf einer Mülltone und biegt sich vor Lachen.

∗

7
Die Schlacht

Arbeitszimmer des Königs. Der König am Schreibpult, kontrolliert Rechnungen.
KARLOS *reißt die Tür auf, schreit* Er hat die Türken besiegt!
AUSTRIA *stürmt herein* Die Türken sind geschlagen!
DER KÖNIG *ohne aufzusehen* Ich weiß es schon. – Hier sind schon die Rechnungen.
AUSTRIA Ich war es! Ich war es! Ich!
KARLOS Er war es! Er war es! Er!
DER KÖNIG *kühl* Held von Lepanto.
AUSTRIA *enthusiastisch* Im September brach die ganze Flotte der Heiligen Liga von Messina auf. Das war ein Risiko, we-

273

gen der drohenden Stürme. Ich wollte aber den Sultan zur Entscheidung zwingen! Ich habe Recht behalten! Ich habe die Zweifelnden und Ängstlichen überzeugt! Die feindliche Flotte kam aus ihrem sicheren Versteck und stellte sich uns auf hoher See. Im Morgengrauen entdeckten wir sie.

DER KÖNIG Bin ich der erste, Austria, dem du das berichtest?

KARLOS Mir hat er schon alles erzählt!

DER KÖNIG Dann muß Karlos ja nicht ein zweites Mal zuhören!

Auf einen Wink wird Karlos ein Tuch über den Kopf geworfen.

KARLOS *schreit unter dem Tuch* Mein Freund! Mein liebster Freund Austria!

Der zappelnde Karlos wird gepackt und hinausgeschafft.

DER KÖNIG Weißt du, was uns eine Galeere kostet? Da liegen die Rechnungen. Sehr teuer!

AUSTRIA *setzt seinen Bericht fort, zunächst noch irritiert und stockend, dann redet er sich wieder in Feuer* Und während sich die Flotte zum Angriff formiert, auf jedem Schiff letzte Vorbereitung getroffen wird, lasse ich mich auf einer kleinen, schnellen Fregatte an den Schiffen entlangfahren und rufe den Mannschaften oben zu: Kinder, zum Tode sind wir fertig und bereit!

DER KÖNIG ein schönes Wort . . .

AUSTRIA Ja! – Plötzlich wußte ich das Richtige zu sagen! Die Worte kamen mir von selbst auf die Lippen! Ich habe noch mehr gesagt: »Streitet im Namen des Herren! Laßt den Feind nicht fragen: Wo blieb euer Gott?«, schrie ich zu den Schiffen hinauf! Es war fantastisch! Ich fühlte, daß ich allen ins Herz sprechen konnte! Sie knieten nieder, und ihr Herzschlag war meiner! Spanier, Venezianer, Genuesen, Deutsche – ich spürte den Herzschlag der ganzen Christenheit in meinem Herzen! Und dann die Schlacht! Acht Galeeren voraus unter Juan de Cordona. Dann das Zentrum: ich! Sechsundzwanzig Galeeren und El Real, mein Schiff mit der blauseidenen Fahne der Heiligen Liga am Mast. Und drüben die Flagge Allahs! Ali Paschas Admiralsschiff schoß auf uns zu, rammte uns, der gewaltige, eisenbeschlagene Steven bohrte sich uns in die Flanke! Die beiden Schiffe bäumten sich riesig auf, ich schrie über das Krachen des

Balkenwerks, über das tosend hereinbrechende Wasser, über den Geschützlärm und Todesschreie hinweg schrie ich *Vor Aufregung bringt er das Wort nicht heraus* . . .

DER KÖNIG *kühl* Was hast du geschrien?

AUSTRIA Ich weiß die Worte nicht mehr. Es war in der äußersten Todesgefahr, und ich war glücklich.

DER KÖNIG Die Schlacht drohte doch da, wie ich hörte, verloren zu gehen.

AUSTRIA Unser Schiff sank aber nicht! Wir kämpften, um uns herum tobte jetzt die Schlacht! Zweihundert Galeeren von uns, gewaltige Galeeren, und die kleinen, flinken Fregatten dazwischen! Schreie, Kampf und Tod, und der Gekreuzigte über uns!

DER KÖNIG Ein großer Tag für dich.

AUSTRIA Ja! Und für Spanien! Für die Christenheit!

DER KÖNIG Karlos soll über den Sieg geweint haben.

AUSTRIA *irritiert* Karlos?

DER KÖNIG Oh, du wundervoller, junger Held, du europäische Berühmtheit! Wie wirst du an den Fürstenhöfen betrachtet und bewundert werden! Die funkelnden Augen der Damen, wenn du erzählst! Selbst wenn andere, vielleicht weniger feurig, weniger die Empfindungen als die Fakten berücksichtigend, davon erzählen, werden die Damen verliebt aufseufzen, dir ihr Bild schicken! Und vermutlich sind schon die ersten Flugschriften gedruckt über den Helden von Lepanto!

AUSTRIA Ja, gewiß! – Nun kam Ali Paschas Schiff wieder, schob sich an unsere Breitseite heran und riß die Ruder weg. Sie warfen die Enterbrücken, sie kamen herüber! Nun mit dem Degen! Die Türken fielen wie taumelnde Fliegen. Wir stachen sie nieder, warfen die Leichen, die Zerhauenen und Verstümmelten über Bord ins rot schäumende Wasser.

DER KÖNIG Karlos lacht, Karlos weint – erklär mir das!

AUSTRIA Er lacht über den Sieg! Er weint, weil er nicht dabei war!

DER KÖNIG Du mußt beten, Austria! Du mußt büßen und fasten!

AUSTRIA Wir feiern doch den Sieg der spanischen Krone, die Rettung des Abendlandes!

DER KÖNIG Ich höre dich immerzu sagen, daß es schön und

faszinierend war, zu kämpfen und dem Tod nah zu sein, daß das Schreckliche dich wunderbar belebt hat!

AUSTRIA Ja! Gott war mir nah, weil so viele Menschen starben, Gläubige und Heiden!

DER KÖNIG Büße!

AUSTRIA Für den Sieg muß ich doch nicht Buße tun!

DER KÖNIG Dafür, daß du die höllische Schönheit der Schlachten liebst! Ich höre das aus deinen Beschreibungen heraus!

AUSTRIA Ich erlebe alles noch einmal, wenn ich es beschreibe!

DER KÖNIG Sprich nicht mehr mit Karlos!

AUSTRIA *fällt ihm zu Füßen* Karlos liebt dich doch, er liebt dich, er liebt dich!

DER KÖNIG Steh auf!

AUSTRIA Ich weiß nicht, wen du fragst und wer dir über Karlos Auskunft gibt, aber ich bin sein Freund, ich kenne ihn! Ich kenne ihn besser, als sogar sein Vater ihn kennt. Er liebt dich, König!

DER KÖNIG Er spricht gehässig und abfällig über mich.

AUSTRIA Er liebt dich!

DER KÖNIG Er hat einer hölzernen Puppe, die eine Königskrone trug, die Augen mit dem Messer herausgeschnitten.

AUSTRIA Er liebt dich!

DER KÖNIG Er hat ein Buch herumgezeigt mit leeren Seiten, und auf das Titelblatt hat er geschrieben: »Des Königs große Gedanken«.

AUSTRIA Er liebt dich!

DER KÖNIG Er erschreckt die Königin mit Frechheiten, er geht mit seiner Hure durch die Säle und nennt sie »mein Schweinchen Ysabel«.

AUSTRIA Er liebt dich! Ich laufe sofort und hole ihn zurück, damit er sich dir zu Füßen wirft.

DER KÖNIG Nein, du bleibst hier, Sieger von Lepanto!
Auf seinen Wink kommen zwei Bewaffnete herein und halten Austria fest.

AUSTRIA Läßt du mich verhaften?

DER KÖNIG Du sollst nicht zu Karlos gehen.

AUSTRIA Und mein Sieg? Ich bringe dir die Siegesnachricht, und du läßt mich verhaften?

DER KÖNIG Von Lepanto wird ein Gemälde angefertigt. Du stehst auf dem Flaggschiff. Du wirst deutlich zu sehen sein.

8

Kadaver

Kabinett des Königs. Der König liegt klagend und schreiend auf dem großen blutigen Pferdekadaver. Ohne ihn zu beachten, läuft Ysabel zickzack in dem engen Raum hin und her, immer schneller, schließlich wie rasend, springt gegen die Wände, fällt, springt wieder. Dabei plappert sie die ganze Zeit vor sich hin. – Der nervöse Dichter fingert in losen Manuskriptseiten. Er setzt an zu sprechen, hört wieder auf, beginnt dann, während der König klagt und schreit, mit ruhiger Stimme vorzulesen.

DER NERVÖSE DICHTER »Im ersten Morgenlicht erhob sich der König, um in die Wüste zu reiten. Niemand durfte ihn begleiten. Die Landschaft flog unter ihm dahin, aber die sanft geschwungene Linie des Horizonts blieb unbewegt. Gott hatte sie mit sicherer Hand gezogen, um das Gestein vom Himmel zu trennen. Er zog den Strich immer länger, je weiter, je weiter der König ritt.«

DER KÖNIG *schreit* Meine Fußgelenke sind abgeknickt! Die Sehnen zerschnitten! O meine schnellen Hufe! Die Knie zerbrochen!

YSABEL *ist hingefallen, steht wieder auf . . .* commençait à disparaître . . . disparu. *Sie rennt.*

DER KÖNIG Die Nüstern aufgeschlitzt! O meine Lippen! Die Zähne mit dem Stiefel aus dem Kiefer gestoßen! Das Messer fuhr mir in den Hals bis auf das Rückgrat! Die Kraft der unzerstörbar schönen Rückenlinie ist dahin!

YSABEL *ist hingefallen, steht wieder auf . . .* disparu doucement . . . *Rennt.*

DER KÖNIG Das Auge, o mein Auge! Des Mörders Bildnis war auf seinen Grund gemalt und wurde zerquetscht! Mein Auge! O mein Auge!

YSABEL *ist hingefallen, steht wieder auf . . .* il restait seulement le sourire . . . *Sie rennt.*

DER KÖNIG Zerfetzt, zerrissen und zerfetzt der schöne Leib! Gedärm und Blut brach heraus! Fällt in das Zimmer, füllt es mit Gestank! Da liege ich in meinem Kot!

YSABEL *ist hingefallen, steht wieder auf . . .* est ce que vous avez déjà vu une chose pareille ça . . . *Sie rennt.*

DER KÖNIG Du kannst nicht schreien, die Zunge ist dir aus dem Schlund gerissen!

YSABEL *ist hingefallen, springt wieder auf* ... un sourire ans chat ... *Sie rennt.*

DER KÖNIG Ich bin es, der deine Schreie ausstößt!

DER NERVÖSE DICHTER *hat wieder angefangen mit ruhiger Stimme zu lesen* »Im ersten Morgenlicht erhob sich der König, um in die Wüste zu reiten. Niemand durfte ihn begleiten. Die Landschaft flog unter ihm dahin, aber die sanft geschwungene Linie des Horizonts blieb unbewegt. Gott hatte sie mit sicherer Hand gezogen, um das Gestein vom Himmel zu trennen. Er zog den Strich immer länger, je weiter, je weiter der König ritt.«

9
Vergeßlicher Kopf

Salon. Karlos, der falsche Austria.

KARLOS So schön warst du nicht, als ich dich das letztemal sah! Was ist es, daß du mir heute noch schöner erscheinst als sonst?

DER FALSCHE AUSTRIA Ich bin immer derselbe. Es muß an dir liegen, Karlos.

KARLOS Die Nackenlinie – so schön! Zieh deine Jacke aus! Ich helfe dir. Leg sie dahin. Nun sehe ich, wie deine Brust atmet, – so schön! Geh doch bitte zum Fenster und mach den Laden zu.

DER FALSCHE AUSTRIA Den Laden zu?

KARLOS Ja, damit uns niemand beobachtet. Die Spione Felipes sitzen draußen in den Bäumen und spähen mit Ferngläsern herein. Sie lauern darauf, ein Foto zu machen, um dem König den Beweis zu liefern, daß wir uns heimlich treffen.

DER FALSCHE AUSTRIA Ein Liebespaar.

KARLOS Siehst du jemand da draußen?

DER FALSCHE AUSTRIA *sieht hinaus* Niemand.

KARLOS Ich wollte dir nur zusehen, wie du durch das Zimmer gehst und wie du dich aus dem Fenster lehnst, – sehr, sehr schön, schöner als jemals!

DER FALSCHE AUSTRIA Das muß an dir liegen!

KARLOS Ja, an meinem Haß auf meinen Vater! Je mehr ich ihn hasse, um so mehr liebe ich dich! Um so schöner erscheinst du mir, mein Engel! Seit du das letztemal hier warst, ist mein Haß auf ihn noch gewachsen, das ist wahr. – Was ist das für ein lautes, quälendes Geräusch? Jemand nagelt die Fenster zu!

DER FALSCHE AUSTRIA Ich höre nichts.

KARLOS Jetzt ist es weg. Hast du den König gesehen?

DER FALSCHE AUSTRIA Ja. Gestern.

KARLOS Wie war er?

DER FALSCHE AUSTRIA *vorsichtig* Weder fröhlich noch traurig. Wie immer.

KARLOS *schreit* Ich habe sein Pferd erstochen!

DER FALSCHE AUSTRIA Welches?

KARLOS Sein Lieblingspferd. Ich habe einen von den Pferdeburschen beschwätzt, daß er es mir zeigt. Ein schwarzer, tänzelnder Araber. Ich habe mich in den Stall einschließen lassen über Nacht. Und dann das Messer in seinen Hals! Ich war rot von dem Blutstrahl, er schoß mir in den Mund, ich wäre fast erstickt, aber es war herrlich, ich war außer mir! Als der Strahl schwächer wurde, habe ich in seinen Körper gestochen, an vielen Stellen, in der Hoffnung, eine neue springende, heiße Quelle zu finden für meinen gierigen Mund. – Er hat nicht geweint?

DER FALSCHE AUSTRIA Der König weint nicht über ein Pferd.

KARLOS Und über seinen Sohn Karlos? Was meinst du, mein Engel?

DER FALSCHE AUSTRIA Ja. Über seinen Sohn hat er schon einmal geweint.

KARLOS Mehr Tränen! Mehr Tränen! Er soll sich in Tränen auflösen wie eine Schnecke im Salz!

DER FALSCHE AUSTRIA *lacht* Die Formulierung muß ich mir merken!

KARLOS Ich möchte so gern mit dir im Bett liegen und von der zukünftigen Welt träumen. Wir haben doch schon davon geträumt, wie unser Weltkönigreich sein soll!

DER FALSCHE AUSTRIA Wie denn?

KARLOS Du weißt es doch!

DER FALSCHE AUSTRIA *unsicher* Ja –

KARLOS Ich der König! Das war erst gestern, da waren wir

noch Kinder. – Erinnerst du dich, wie wir uns das erstemal sahen? Neun Jahre alt. Wir saßen auf der Tribüne während dem großen Autodafé auf der Plaza Mayor. – Wie soll unser Königreich sein, erinnere mich! Dir habe ich doch alles erzählt und schöne Formulierungen gefunden. Wie also?

DER FALSCHE AUSTRIA Du sagtest – was sagtest du?

KARLOS Friedlich und schön?

DER FALSCHE AUSTRIA *erleichtert* Friedlich und schön, ja.

KARLOS *plötzlich mißtrauisch, lauernd* Ist das dein Ernst? Du machst einen Witz. Du bist doch der berühmte Feldherr! Der Sieger von Lepanto! Du liebst doch das Schlachten und Brennen und Ersäufen! Das hat dich doch über die Menge armseliger Höflinge hinaufgehoben und in der Welt berühmt gemacht! Mein Engel! Friedlich – Davon kann doch der Kriegsheld Austria nicht schwärmen!

DER FALSCHE AUSTRIA Bei Lepanto kämpfte ich gegen die Feinde der Christenheit.

KARLOS Für Felipe! – Erinnere mich doch an unsere schöne Zukunft! Hilf mir, es fällt mir so schwer! Der Haß auf meinen Vater sitzt mir, ein Tumor, im Gehirn, ich habe nur kurze, schrille Gedanken dazwischen! – Heute nacht habe ich eine schöne Liste angefertigt, Austria, schön geschrieben. Kalligraphisch schön. Willst du sie sehen? Es ist eine Liste von allen Personen, denen ich den Tod wünsche, und obenan steht mein Vater.

DER FALSCHE AUSTRIA Wer sind die anderen?

KARLOS Hundert Personen.

DER FALSCHE AUSTRIA Interessant. Gib mir das Papier.

KARLOS So gierig? Willst du sie warnen? Ich habe sie verurteilt, sie werden hingerichtet.

DER FALSCHE AUSTRIA Du hast Fieber!

KARLOS Mein Vater – und dann die anderen!

DER FALSCHE AUSTRIA Wer sind die anderen?

KARLOS Rate!

DER FALSCHE AUSTRIA Der Herzog Alba?

KARLOS Ja.

DER FALSCHE AUSTRIA Der Eboli?

KARLOS Du bist findig.

DER FALSCHE AUSTRIA Albuquerque?

KARLOS Ja.

DER FALSCHE AUSTRIA Der Großinquisitor?

KARLOS Der nicht! Den fürchtet der König!

DER FALSCHE AUSTRIA Aber muß er denn nicht weg?

KARLOS Ja. Ich sperre ihn in einen eisernen Käfig, wie mein Vater den Affen. Die Leute sollen das Monstrum betrachten und ihren Kindern zeigen, damit die später ihren Enkeln bezeugen können: Es gab ihn wirklich, und er hatte den Umriß eines Menschenkörpers, sah aus wie ein Mensch und war doch ein Ungeheuer.

DER FALSCHE AUSTRIA Wer noch?

KARLOS Pantoje de la Cruz. Er hat meinen Vater gemalt.

DER FALSCHE AUSTRIA Er sieht häßlich aus auf dem Bild. Der König hat sich darüber geärgert, es soll gar nicht aufgehängt werden.

KARLOS Noch schlimmer! Häßlich, aber großartig gemalt, also ein wirkliches Kunstwerk! Die Qualität dieser Arbeit macht die Epoche Felipes groß. Siglo de Oro! – Pantoje de la Cruz muß sterben.

DER FALSCHE AUSTRIA Ich verstehe.

KARLOS Und Lope.

DER FALSCHE AUSTRIA Der flinke Dichter, was hat er dir getan?

KARLOS Sein neues Stück hat dem König gefallen.

DER FALSCHE AUSTRIA Egmont?

KARLOS Wie kommst du darauf? Mit Egmont verschwören wir uns!

DER FALSCHE AUSTRIA Du hast ihn heimlich getroffen?

KARLOS Noch nicht.

DER FALSCHE AUSTRIA Wann?

KARLOS Frag nicht, frag nicht!

DER FALSCHE AUSTRIA Traust du mir denn nicht, Karlos?

KARLOS Die Liste begeistert mich, ich muß sie alle nennen, ein herrliches Autodafé!

DER FALSCHE AUSTRIA Ysabel?

KARLOS Alle, die um ihn sind und mit ihm reden, bis hinunter zum Optiker, der seine Brille putzt, und zum Stallknecht, der ihm die Steigbügel hält, damit er nicht ausrutscht.

DER FALSCHE AUSTRIA Ysabel?

KARLOS Nein, sie quält ihn.

DER FALSCHE AUSTRIA Es macht nicht den Eindruck, und die

ausländischen Botschafter, die jeden Schritt und jede Miene von ihm beobachten, berichten ihren Regierungen ständig, es sei eine intakte Ehe.

KARLOS Ich weiß, daß sie ihn quält.

DER FALSCHE AUSTRIA Woher weißt du das?

KARLOS Frag nicht!

DER FALSCHE AUSTRIA Hast du eine geheime Informationsquelle, die ich nicht kenne? Wer ist denn dein Informant?

KARLOS Ich brauche niemand zu bestechen. Ich weiß es von ihr.

DER FALSCHE AUSTRIA Wie ist denn das möglich? Du triffst sie doch nur bei offiziellen Anlässen, und da kann man höchstens einen Blick und ein paar Höflichkeiten wechseln.

KARLOS Auch kleine Zettel.

DER FALSCHE AUSTRIA Was schreibt sie dir da?

KARLOS Die Uhrzeit und den Ort unserer Verabredungen.

DER FALSCHE AUSTRIA Das ist nicht wahr!

KARLOS Ach, nun bist du eifersüchtig, mein Engel.

DER FALSCHE AUSTRIA Nein, besorgt! Es ist lebensgefährlich! Der König läßt sie ständig überwachen! Wo trefft ihr euch denn?

KARLOS Sie ist listig und flink, wie eine Ratte! Sie findet immerzu Gelegenheiten. Wir liegen im Stroh bei den Pferden, es gibt so viele Bodenkammern und Treppenwinkel, wo wir uns beschnuppern und bespringen, zwei geile kleine Hunde. Das macht mich toll. – Schockiert es dich?

DER FALSCHE AUSTRIA Ich bin nun doch . . . etwas eifersüchtig.

KARLOS Verfluchte Lust am Schwätzen, – ich hätte es dir nicht sagen sollen. Es ist zu intim.

DER FALSCHE AUSTRIA Und Austria?

KARLOS Du glaubst, daß du auch auf meiner Liste stehen könntest? Wie sonderbar. Warum?

DER FALSCHE AUSTRIA Weil ich mit dem König über dich gesprochen habe.

KARLOS Und hast ihm unsere Geheimnisse verraten!

DER FALSCHE AUSTRIA *mit gespielter Empörung* Das traust du mir zu? Du kennst mich doch!

KARLOS Du könntest dich verändert haben – Sieger von Lepanto!

DER FALSCHE AUSTRIA Nein. Nein.

KARLOS Wenn du dich aber doch verändert hättest, würdest du dir alle Mühe geben, das zu verbergen, nicht wahr? – Du siehst blaß aus. Bist du erschrocken?

DER FALSCHE AUSTRIA Das macht die Zimmerluft, ich war doch in Arrest. Ich habe dem König gesagt: Karlos ist gut.

KARLOS Also hast du doch ein Verbrechen begangen, denn du hast meinen Vater beruhigt! Er kann jetzt traumlos schlafen.

DER FALSCHE AUSTRIA Nein, es hat ihn bestürzt. Er hat mich ja deswegen einsperren lassen, ich durfte mein Zimmer nicht verlassen, ich sollte dich nicht treffen. Er wittert sofort eine Verschwörung, wenn ihm jemand sagt, du bist gut.

KARLOS Das war ein schlauer Trick von dir.

DER FALSCHE AUSTRIA Ich bin aus dem Fenster gesprungen und zu dir geeilt.

KARLOS Also streiche ich dich wieder von der Liste, mein Engel. Mein Vater hat dich immer geliebt, mich hat er nicht geliebt. Ich sehe noch die Flammen des Autodafé, die brennenden Ungläubigen und Philosophen. Ich schrie und wurde von meiner Amme weggebracht.

DER FALSCHE AUSTRIA Ich konnte es aushalten.

KARLOS Ich schrie, weil mich die Flammen entzückt haben. Die brennenden Hüte und Gesichter!

DER FALSCHE AUSTRIA Es war gerecht, deshalb habe ich es ausgehalten.

KARLOS Es hätten noch mehr brennen müssen, das hätte ich noch schöner gefunden, Ketzer und Gläubige, alle.

DER FALSCHE AUSTRIA Warum siehst du mich so an?

KARLOS Ich sollte dich hassen, weil er dich liebt. Aber ich tus nicht. Ich liege mit dir im Bett, und mein Auge malt die Umrisse unserer Utopie an den Plafond. Wie soll es sein?

DER FALSCHE AUSTRIA Du sagtest –

KARLOS Erinnere dich – – –

DER FALSCHE AUSTRIA *schmiegt sich an* Du bist mir so nah. Du hältst mich so fest.

KARLOS Sag es! Ich bin so vergeßlich.

DER FALSCHE AUSTRIA Friedlich und schön.

KARLOS Umarme mich, mein Engel. Friedlich und schön ist der Tod. *Er umarmt ihn und ersticht ihn mit einer langen*

Nadel. Er schleift den Leichnam des falschen Austria vor die Tür.

Karlos kommt zurück.

DER VERWESTE HEILIGE *hockt in der Ecke, kichert* Ich habe dir zugesehen.

KARLOS Ich bin ein Killer!

Der verweste Heilige klatscht in die Hände.

Du applaudierst mir? Es hat dir gefallen?

DER VERWESTE HEILIGE Kikeriki!

KARLOS Stinkender Leichnam! *Er wirft den Stuhl nach ihm.*

Der verweste Heilige ist verschwunden. Karlos sieht sich suchend um, geht aus der Tür.

KARLOS *kommt mit dem abgeschnittenen Kopf des falschen Austria zurück* Ein schöner Körper, herrlich! Wölbe doch deine schöne Brust! Mach deine Tanzschritte, Kopf! Mach die geschmeidigen Schritte zur Freude der Damen, bewege die schönen Schenkel, daß deine Muskeln sich bewegen unter dem Seidenstoff wie lüsterne Schlangen! Hebe den Arm, Kopf! Mach die Siegergeste, mit der du die Schlacht gewinnst! Umarme mich, Kopf! Lege die Arme um meine Schultern, presse mich an dein Herz, Kopf! Wiege mich, daß ich mit dir zusammen den süßen Traum der Freundschaft träume! Zeig mir deinen Schwanz, Kopf! Ich sehe dir zu, wie er schwillt. Der Glücksbringer! Ich bewundere ihn! Sehe ihn mit Freude, – mit Andacht! Kopf, du sprichst nicht! Liebst du denn deinen Körper nicht mehr? Ich liebe ihn noch! Auf die Müllkippe, vergeßlicher Kopf! *Er wirft den abgeschlagenen Kopf fort und säubert sich die Hände.* Glitschige Finger!

✳

Zwei Männer mit spitzen Hüten sitzen nebeneinander auf Stühlen. Sie brennen. Die Stühle brennen, ein Buch brennt, eine Standuhr brennt. Ein kleines Kind betrachtet die Szene und zündet sich selber an.

✳

Schon vorher auf Papier geschrieben

Abstellkammer im Palast. Hinter zerbrochenen Möbeln, Paravents, Gerümpel, einem ausrangierten Flügelaltar und beschädigten Statuen sind der König, die schwangere Ysabel, der Großinquisitor und andere Würdenträger versteckt. Die falsche Ysabel kommt mit einem Buch, setzt sich auf ein bereitgestelltes Sofa, wartet, ernst.

KARLOS *kommt* Die Königin hat mich an diesen versteckten Ort bestellt. Niemand äugt, niemand horcht. Sehr passend für eine Liebesszene. Wie fangen wir an?

DIE FALSCHE YSABEL So nicht!

KARLOS Wie dann?

DIE FALSCHE YSABEL Ecoute, mon petit: Es gehen Gerüchte um, daß wir uns heimlich treffen –

KARLOS *heuchlerisch* Um Gottes Willen!

DIE FALSCHE YSABEL – und daß wir eine Liaison miteinander haben –

KARLOS Unbegreiflich! – Verklagt uns der Vogel in der Luft? Schreit die Libelle »Unzucht«? Der Regenwurm »Mord«?

DIE FALSCHE YSABEL Aber man spricht trotzdem davon!

KARLOS Wo ich doch der Abgewiesene bin! – Weiß man Details?

DIE FALSCHE YSABEL Man sagt, wir hätten uns sogar im Pferdestall getroffen.

KARLOS Im Stroh? Das sticht!

DIE FALSCHE YSABEL Ja, im Stroh bei den Pferden!

KARLOS Wie ordinär!

DIE FALSCHE YSABEL Ein andermal hätten wir nackt in einem Gebüsch gelegen.

KARLOS So? Und wo waren die Kleider hingekommen? Hatten wir sie uns von den Leibern abgerissen, als wir atemlos aufeinander zuliefen, weil wir es nicht erwarten konnten, miteinander nackt zu sein? Und hatten wir sie in den Teich geworfen, weil wir nach dem Liebesakt sie nie wieder anziehen wollten?

DIE FALSCHE YSABEL *schlägt nach ihm* Du kleiner Lümmel!

KARLOS Was wissen die Leute noch?

DIE FALSCHE YSABEL Es wurde sogar gesagt, wir hätten es getrieben wie kleine, geile Hündchen!

KARLOS Eine häßliche Formulierung! Geschmacklos! Wer kann das gesagt haben? Ich denke nach. Ich weiß es nicht. Ich bin wütend.

DIE FALSCHE YSABEL Ich auch! Du mußt doch wissen, wo diese Gerüchte herkommen!

KARLOS Alles, was Sie da sagen, haben Sie vorher auf Papier geschrieben. Lassen Sie doch mal sehen!

DIE FALSCHE YSABEL Nein, nein.

KARLOS Meine Antworten auch schon? – Steht da: »Ich liebe dich, Ysabel«?

DIE FALSCHE YSABEL Unverschämt!

KARLOS Der einzige Mensch, dem ich davon geschwärmt habe, wie schön wir es miteinander treiben könnten, diesen einzigen habe ich gezwungen zu schweigen.

DIE FALSCHE YSABEL *spöttisch* Ach! »Gezwungen zu schweigen«.

KARLOS Ich habe ihn getötet!

DIE FALSCHE YSABEL Abgemurkst? Wann denn?

KARLOS Meinen Freund Austria.

DIE FALSCHE YSABEL Du lügst, du lügst, ich habe ihn gerade erst Tennis spielen sehen.

KARLOS Ich kanns dir beweisen. Ich habe seinen Kopf im Blumentopf versteckt. Erde drüber.

DIE FALSCHE YSABEL *spöttisch* Und der Rest?

KARLOS Das ganze Haus ist doch voll mit Kadavern!

DIE FALSCHE YSABEL Das Gerücht über unsere Liaison verbreitet sich im ganzen Palast! Ich sehe, wenn ich in ein Zimmer komme, wie die Leute die Hand vor den Mund halten und flüstern. Sogar in der Kirche, bei der Morgenmesse.

KARLOS Anstatt zu beten!

DIE FALSCHE YSABEL Da kniete ich mit Felipe.

KARLOS Wie schrecklich! Hat mein Vater schon davon gehört? Was sagt er zu der Ferkelei?

DIE FALSCHE YSABEL Er ist ja ein wenig schwerhörig.

KARLOS Senil! Senil! – Aber seine Spitzel schreien es ihm doch direkt in den Gehörgang!

DIE FALSCHE YSABEL Nein, bisher niemand.

KARLOS Herrlich! Dann werden wir noch kühner sein, Ysabel. *Er faßt nach ihr.*

DIE FALSCHE YSABEL *schlägt ihn* Und wenn ich es ihm sage?
Dann bist du verloren.

KARLOS Sehr schön, aber du auch! Wir verbrennen gemeinsam.

DIE FALSCHE YSABEL Das glaube ich nicht. Er vertraut mir, wir
führen eine gute Ehe.

KARLOS Ach ja, ja, ich vergesse es immer!

DIE FALSCHE YSABEL Ehe, das heißt, daß zwei Menschen aneinander wachsen und reifen. »Biologische und psychologische Grundlage der Ehe ist die Sexualität, die sich mit gei-
stigen und seelischen Motiven zur Liebe erweitert. Durch
das Kind wird die Ehe zur Familie.«

KARLOS Bravo!

DIE FALSCHE YSABEL Du verstehst das nicht, du bist nur ein
unverschämter, verdorbener, kleiner Junge.

KARLOS Warum haben Sie mich denn hierher bestellt, verehrte Mama?

DIE FALSCHE YSABEL Ich will dich zurechtweisen.

KARLOS Schlagen Sie mir auf die Hände. *Hält seine Hände
hin.* Oder ins Gesicht. *Nähert sich ihr ganz schnell und
schließt die Augen.*
Ysabel kichert in ihrem Versteck.

KARLOS Du lachst über mich!

DIE FALSCHE YSABEL *nervös* Nein, nein.

KARLOS Sie haben mich hierher bestellt, damit ich Ihnen ein
schönes Kind mache!
Wieder kichert Ysabel in ihrem Versteck.

DIE FALSCHE YSABEL *aus dem Konzept gebracht* Ich bin doch
schon schwanger von meinem Ehegatten, dem König.
*Ysabel kichert wieder in ihrem Versteck, bis ihr der König
den Mund zuhält.*

KARLOS *reißt ihr das Kissen unterm Kleid heraus* Kann nicht
sein, kann nicht sein! Der König ist alt und impotent!
Die falsche Ysabel ängstlich.

KARLOS *schreit* Felipe ist alt und impotent!

DIE FALSCHE YSABEL Gar nicht wahr! Gar nicht wahr!

KARLOS Du bis für mich nach Madrid geholt worden!

DIE FALSCHE YSABEL Aber dein Vater hat mich wegge-
schnappt.

KARLOS Er wird bald sterben, und ich bin der zukünftige König! Jeder Mensch hat von der glanzvollen Potenzprobe gehört, der ich mich feierlich unterzogen habe. Viele ausgewählte Persönlichkeiten haben zugesehen, und die Botschafter Europas, die ich geladen hatte, haben darüber ausführlich an ihre Regierungen berichtet.

DIE FALSCHE YSABEL Ich hab's nicht gesehen.

KARLOS Den dabei gewonnenen Samen trage ich in einem hübschen, blauen Kristallfläschchen immer bei mir. Wir können Prinzen und Könige zeugen bis in das nächste Jahrtausend.

DIE FALSCHE YSABEL Ich will nicht.

KARLOS Geiles Luder, du hast mich nur hierher bestellt, um erotische Gespräche zu führen und dich daran aufzugeilen! Ich möchte dich endlich nackt sehen. Zieh doch mal dein Kleid aus! *Er fummelt an ihrem Kleid gewaltsam herum.* So viele Knöpfe! – Ich reiß es dir ab! *Er zerreißt das Kleid.* Ich reiße das Königreich mittendurch!
Die falsche Ysabel flieht. Karlos steht mit dem zerrissenen Kleid, sieht ihr nach.

GROSSINQUISITOR *kommt zum Vorschein* Wird das eine neue Jacke, Prinz Karlos? Ein schöner Brokat!

11
Monolog

KARLOS Der Lakai, der die Karaffe bringt und sie mir auf den Tisch stellt, immer in die Mitte, stellt sie seit neuestem an den Rand. Und der mich nach morgendlichem Gruß und Kniefall immer ankleidet, beginnt dies seit einiger Zeit mit dem linken Strumpf statt mit dem rechten. Er hat die Abfolge vergessen. Und der Flötenspieler, dem ich neulich befahl: dasselbe Stück wie gestern!, spielte zögernd ein ganz anderes. Kannte er es nicht mehr? Und der Vorleser, der sonst so pedantisch die letzte Zeile des Vortags wiederholt, ehe er weiterliest, fing eine halbe Seite vorher an; als ich ihn darauf hinwies, war er verwirrt, ängstlich. Sonderbar! – – Auch die Katze kommt mir heute kleiner vor als sonst.

12

Im Labyrinth des Parks

*Der echte Austria in Tränen. Karlos kommt, sieht Austria
auf der Bank, erschrickt, läuft weg. Austria hat ihn nicht
bemerkt. Karlos kommt wieder, nähert sich Austria.*

KARLOS *vorsichtig* Wer bist du denn?

AUSTRIA Ich dachte, hier finde ich dich.

KARLOS *verwirrt, mißtrauisch* Du siehst aus wie mein schöner,
toter Freund Austria. Und du hast auch die Stimme wie
mein toter Freund Austria. Du weinst ja! Weinst du über
ihn, oder weinst du über mich?

AUSTRIA Über mich.

KARLOS Soso. – Wo warst du gestern? Wo warst du vorgestern? Und wo warst du vor drei Tagen?

AUSTRIA Ich war in meinem Zimmer.

KARLOS Soso. Und konntest nicht heraus?

AUSTRIA Ich saß auf einem Stuhl mitten im leeren Zimmer
und beklagte den Sieger von Lepanto.

KARLOS O! Warum denn das?

AUSTRIA Eingesperrt zerflossen mir Nacht und Tag,
niemand hörte mich rufen. Ertrunken
bin ich, langsam sinkend seh ich
mit offenen Augen, wie ALLES sinkt:
zerstückte Leiber, vom Küraß, der sie
geschützt hat, hinabgezogen, Heiden
und Christen ineinander verkrallt, verschlungen
vom blutfarbenen Wasser; die schwarzen
Rümpfe von Schiffen, geborstene
Kanonen, Schwerter ziellos, von keiner
Hand mehr geführt; Haken, die nichts
mehr entern, Anker, jetzt haltlos, Ruder,
an denen die toten Ruderer in ihren
Ketten hängen, trudeln hinab; Fahnen
langsam und schwer; Takelagen,
die lichterloh brannten und nun
gelöscht sind für alle Zeit; ich seh
die Madonna, die hoch oben im Mast war,
hinuntersinken in schwarze Tiefen, wo
die Schiffe antiker Schlachten

im Dunkel aufgetürmt liegen, Todesgebirge.
Kraken, Schlangen und dem furchtsamen
Menschenauge seit Jahrtausenden
verborgene Ungeheuer kriechen darüber hin
auf der Suche nach Fleisch. Der König
nahm mir den Sieg!

KARLOS Laß mich deinen Kopf anfassen. *Er betastet Austrias Kopf, zuerst sehr vorsichtig, zögernd, dann fester, er biegt ihn, dreht ihn, drückt ihn nach hinten, so daß Austria fast von der Bank fällt.*

AUSTRIA Willst du mich umbringen, Karlos? Dann tu es!

KARLOS *erschrickt, läßt ihn schnell los* Sag das nicht!

AUSTRIA Ich bin so betrübt, daß ich sterben möchte.

KARLOS Doch nicht durch meine Hand! Ich liebe dich, Austria, und ich bin so froh, daß ich dich sehe! Bitte, sage mir, findest du mich verändert?

AUSTRIA Nein.

KARLOS Erkennst du mich denn wieder?

AUSTRIA Jaja. Warum denn nicht?

KARLOS Auch meine Stimme?

AUSTRIA Du sprichst wie immer.

KARLOS Aber du schienst mir verändert, als ich mit dir redete.

AUSTRIA Jetzt?

KARLOS Nein, vor drei Tagen.

AUSTRIA Da saß ich doch allein in meinem Zimmer!

KARLOS Ich will dir ein schreckliches Geheimnis verraten! Sind wir belauscht? *Er reißt die Büsche auseinander.* Die Vögel sitzen unter den Blättern und lauschen. Die Würmer am Boden richten sich auf, und die Orchideen öffnen ihre lauschenden Ohren! – Komm beiseite! Du bist der einzige Mensch, dem ich es anvertrauen kann. Ich habe nämlich entdeckt, daß ich – bist du mein Freund?

AUSTRIA Warum zweifelst du?

KARLOS Nein, nein, ich zweifle jetzt nicht mehr. Ich glaube meinem Herzen mehr als meinen Augen. Denn was meine Augen gesehen haben, war schrecklich. Sie sahen deinen Kopf –

AUSTRIA Ja, meinen Kopf . . .

KARLOS Ich habe entdeckt, daß ich verrückt bin! Merkt man das nicht?

AUSTRIA Du bist Karlos, wie ich dich schon immer kenne.

KARLOS Wenn es jemand dem König verrät, sperrt er mich in
einen Käfig und zeigt mich den ausländischen Gästen vor.
»Mein Sohn ist irrsinnig! Mein Sohn ist irrsinnig! Arme
Welt, wenn er zur Herrschaft käme!«

AUSTRIA Beruhige dich doch!

KARLOS Es war so schrecklich! Ich sah mich deinen Kopf in
der Hand halten, und ich sprach mit deinem Kopf, aber
dein Körper lag blutig vor meiner Tür.

AUSTRIA Ich bin doch hier!

KARLOS Ich zeige dir den Blumentopf, in dem dein Kopf –
nein! Du bist hier und lebst! Mein Gehirn hat dieses Schau-
erstück entworfen und mir vorgespielt! *Steht auf und will
weggehen.* Ich will es nicht hören.

KARLOS *hält ihn fest* Ich bitte dich, bleib hier! Glaub mir, daß
ich jetzt ganz bei Verstand bin: Ich sehe dich und berühre
dich, ich fasse deine Hand und ich weiß, es ist Austrias
Freundeshand, ich zweifle nicht. Es ist die Hand, die mich
ins Freie zieht. Ich habe mit Egmont noch nicht gesprochen, aber ich habe ihn gestern wissen lassen, daß ich ihn
heimlich treffen will. Ich werde König der Niederlande.
Wir schütten das Meer zu und machen das Land größer. Ich
muß eine neue Gangart lernen und eine andere Sprechweise. Keine Floskeln ... keine Wörter aus Wörtern ...
aus unseren Taten sollen Wörter entstehen in einer neuen
Sprache. Besorge ein Schiff, Austria, Freund! Du wirst
mein Admiral und hast eine Flotte von schnellen Schiffen,
die die schwarzen spanischen Särge in den Meeresgrund
bohren. Mein Siegeradmiral! *Umarmt ihn.* Was hat der König gesagt?

AUSTRIA Worüber?

KARLOS Das fragst du!

AUSTRIA Er hat ... keinen Verdacht.

KARLOS Seltsam.

AUSTRIA Im Moment beschäftigt ihn hauptsächlich der engli-
sche Ärger und die Conquista... Schreibt Briefe ... Theo-
logische Dispute darüber, ob man den Affen taufen läßt.

KARLOS Er muß doch deinen Leichnam gesehen haben, wie er
vor der Tür lag?

Austria schweigt erschrocken.

KARLOS Du siehst so erschrocken aus. Bist du ängstlich, Austria?

AUSTRIA Noch nie in meinem Leben.

KARLOS Dann besorg das Schiff. Ich muß das Schiff haben.

✳

SPION Der Prinz verfaßt ein Pamphlet über die ständigen Reisen des Königs. Vom Escorial nach Toledo, von Toledo nach Aranjuez, von Aranjuez nach Madrid, von Madrid zum Escorial. Immer im Kreis herum. Es sei, sagt er, der neurotische Bewegungszwang eines Eingesperrten.

✳

13
Egmont sah aus wie Egmont und redete auch wie Egmont

Karlos Zimmer. Karlos. Egmont. Egmont steht ruhig in der Mitte des Zimmers und sieht zu, wie Karlos aufgeregt hin und herrennt, die Türen und die Fenster verschließt, den Kamin verhängt. Endlich beruhigt sich Karlos, wendet sich Egmont zu.

KARLOS Egmont, ist der Mensch das Ziel der Schöpfung?

EGMONT Ja, Prinz Karlos.

KARLOS Und innerhalb der Gattung war es das ehrgeizigste Ziel der Schöpfung, mich hervorzubringen!

EGMONT Nein, Prinz Karlos.

KARLOS Eine freche Antwort.

EGMONT Sie sind nicht frei.

KARLOS Ich bin nicht frei von meinem tyrannischen Vater, meinst du!

EGMONT Ja, Prinz Karlos. Wie die Niederlande.

KARLOS Ich könnte mir auch andere Ziele der Schöpfung vorstellen: Daß sie aus Explosionen und Chaos und Schwärze einen schönen, blauen, schimmernden Ball entstehen ließ, der ruhig in der unendlichen Harmonie des Weltalls schwebt, herrlich von oben anzusehen. Und darauf hätte sich leider in letzter Zeit ein grauer Schorf gebildet, der sich immer mehr ausbreitet, eine Krätze, eine ekelerregende Hautkrankheit: – die Menschheit!

EGMONT So denke ich nicht.

KARLOS Sie haben nicht recht! Man kann zwar sagen, ich bin nicht frei, weil mein Vater auf dem Thron sitzt und mit seinen Soldaten und seinen Briefen seinen Willen über Europa und Amerika ausbreitet, während ich wie ein zappelnder Narr danebenstehe, meiner Mutter Königin die Füßchen küsse und dann in den Stall renne, um meines großen Vaters Pferd totzustechen – – –

EGMONT Davon habe ich gehört –

KARLOS Mit dreißig Stichen! Ziemlich blutig! Was redet man in den Niederlanden darüber? Hat man das vielleicht schon als ein Zeichen gesehen? Hat man, als man das hörte, vielleicht schon daran gedacht, mit dem Attentäter in Verbindung zu treten und mit ihm eine Verschwörung gegen den König anzuzetteln?

EGMONT Ein Pferd ist bloß ein Pferd, Prinz Karlos.

KARLOS *giftig* Es war sein Lieblingspferd! – – – Ich bin nicht der Narr, für den Sie mich ansehen, Egmont! Ich bin der Gott meiner Entscheidungen!

EGMONT Das glaube ich schwerlich –

KARLOS *läuft herum, stolpert* Meine Waden sind zu dünn. Aber das läßt sich ausgleichen.

EGMONT Flandern wird Ihnen huldigen als dem legitimen Regenten. Will dies der König nicht zulassen, so wird das freie Volk von Flandern zu den Waffen greifen, um sie zu verteidigen.

KARLOS Wenn Sie mich zu häßlich finden, um mich zu bewundern, dann bewundern Sie doch den Gott in mir – ich bin der Gott meiner Entscheidungen, es gibt keinen anderen! Ich allein befinde darüber, ob es gut oder böse ist, was ich tue. Ich sehe keinen Teufel und keinen Engel, außer denen, die ich aus dem Kopf brüte und vor mich hinstelle.

EGMONT Das möchte ich mir notieren. *Er schreibt in sein Notizbuch.*

KARLOS So einen König brauchen Sie in Ihrem Land! Nicht einen, der auf den Großinquisitor horcht, damit er ihm die Befehle Gottes mitteilt.

Egmont sieht Karlos schweigend an.

KARLOS Sie antworten mir nicht. Wir haben gemeinsame Interessen, deshalb treffen wir uns hier, wo niemand uns zuhört. *Er horcht an den Türen.*

EGMONT Wir haben einen gemeinsamen Feind, Prinz Karlos, aber nicht ein gemeinsames Ziel. Darüber muß ich noch nachdenken.

KARLOS Felipe! Felipe! Felipe!

EGMONT Sie regen sich übermäßig auf, das ist nicht günstig für Sie.

KARLOS *sachlich* Sie haben recht. Meine Nerven sind überreizt. Ich habe Pläne im Kopf, Fäden gespannt, die Verschwörung entworfen in allen Details – ich möchte handeln. – Kennen Sie Juan d'Austria?

EGMONT Nicht persönlich. Nur seinen berühmten Namen.

KARLOS Stellen Sie sich vor: Ich hatte seinen Kopf in einem Blumentopf versteckt und Erde darübergekrümelt. Aber dann war der Topf verschwunden.

Egmont sieht Karlos befremdet an.

KARLOS Ich sehe Ihren irritierten Blick. Keine Sorge! Er ist mein allerliebster Freund. Wir können ihm vertrauen.

EGMONT Die Oppositionellen haben einen gemeinsamen Entwurf über die Zukunft der Niederlande noch nicht gemacht.

KARLOS Wie ruhig! Wie sachlich Sie sind!

EGMONT Das konkrete politische Ziel erfordert Sachlichkeit.

KARLOS Das bewundere ich! ––– Hatten Sie sich eine andere Vorstellung von mir gemacht? Nun sind Sie irritiert? Sie wollen mich nicht haben? Sie finden mich häßlich.

EGMONT Ich sehe nicht, ob Sie häßlich oder schön sind. Darauf kommt es nicht an.

KARLOS Austria ist sehr schön!

EGMONT Es kommt uns auf die Legitimation an. Wir wollen die Veränderung der politischen und gesellschaftlichen Verhältnisse in unserem Land, die erforderliche Legitimation wäre im Verständigungsfalle durch die Person des Infanten gegeben.

KARLOS Ich der König!

EGMONT Ja, aber –––

KARLOS Sie müssen viele Bilder von mir ausstellen, damit

das Volk mich vor Augen hat. Es müssen schöne Bilder sein –

EGMONT Ihre Person sollte gefallen, Prinz Karlos, aber...

KARLOS Und Theaterstücke, in denen ich vorkomme! Ein stolzer, junger Prinz, der seinen verhaßten Vater tötet. Allegorische Darstellungen meines Königtums: Kraft, Schönheit, Klugheit...

EGMONT Gerechtigkeit.

KARLOS Die ist langweilig. Eine protestantische Erfindung. Gott ist nicht gerecht, das sehen Sie an mir. Aber wenn die Leute die unbedingt brauchen... Es gibt ein sehr schönes Gemälde von mir, kennen Sie es?

EGMONT Nein.

KARLOS Gelb und schwarz. Gelbes Wams. Der Gürtelriemen ist so gelegt, daß mein Geschlechtsteil besonders hervortritt, um auf meine Potenz hinzuweisen.

EGMONT Man wird nicht fragen: ist er schön, sondern: dient er den Interessen des Landes? Schützt er die Interessen der Geschäftsleute, garantiert er die Handelsfreiheit, will er Gleichheit und soziale Gerechtigkeit für alle, für jedes Individium, nicht nur für ein paar privilegierte Familien? Sind seine Worte wie seine Taten? Stellt er seine eigenen Wünsche zurück zugunsten der Wünsche aller? Will er den Fortschritt? Das wird man ihn fragen, Prinz Karlos, und man wird sorgfältig prüfen, ob sein Bild diesen Fragen standhält. Dann wird man ihn und sein Abbild schön finden.

KARLOS Schon gut. Schon gut. Wichtig ist nur: Sie wollen meinem Vater die fetten Niederlande aus den Klauen reißen.

EGMONT Ja. Das will ich.

KARLOS Geben Sie mir Ihre Hand.

Egmont hält ihm die Hand hin. Karlos beißt ihm plötzlich den Finger ab. Egmont bleibt starr, beherrscht.

Ihr Finger! Ich wollte sehen, ob Sie aus Fleisch und Blut sind. Ich irre mich in der letzten Zeit manchmal. Da sehen Sie mich an mit Ihren Gänseaugen! Tut es nicht weh?

EGMONT Ja. Es schmerzt.

KARLOS Wie ich Sie bewundere, Egmont! Das Schiff, das mich in Ihr Land bringt, ist schon bereit. Austria hat alles

veranlaßt. Ich muß nur unbeobachtet nach Barcelona gelangen. Dort liegt es. *Reißt alle Fenster und Türen auf, rennt
weg.*

EGMONT *allein, schreit auf* Verdammter Finger! Verfluchter
Schmerz!

14
»Deine Verdammnis schläft nicht«

*Vor der Stadt. Karlos schleppt seinen Koffer. Die Theater-
truppe des Angulo del Malo auf dem Weg nach Barcelona:
Gott, Satan, Engel, Schlange, Tod, der Theaterdirektor.*

GOTT Na, du buckliger Zwerg, wohin rennst du denn?

ENGEL Allerkostbarste Gangart!

THEATERDIREKTOR Haben wir denselben Weg?

ENGEL Von der Plaza Mayor direkt nach Barcelona, wo wir
schon plakatiert sind.

ANDERER ENGEL Und hatten noch gar nicht die Zeit uns umzu-
ziehen.

KARLOS Wer sind Sie?

GOTT Kennst du mich nicht? Ich bin Gott.

SATAN Er kennt wohl eher m i c h!

SCHLANGE Komm mal näher, komm mal näher!

GOTT Arbeitest du immer mit dem Buckel? Nimm ihn doch
mal ab!

SATAN Ich zieh dir mal das Gesicht gerade. Dann kannst du
sogar den jugendlichen Helden spielen.

KARLOS *kreischt* Ich bin kein Schauspieler! Laßt mich los! Ich
bin der Infant von Spanien!

SATAN Ich bin der Satan!

ENGEL Ich bin der Erzengel Gabriel!

SCHLANGE Ich bin die Schlange!

THEATERDIREKTOR Ich bin der Theaterdirektor Angulo del
Malo. An mich mußt du dich wenden. Wir suchen noch
einen Komiker, unser alter hat Zungenkrebs.

ENGEL *sieht in die Ferne* Da kommt ein Bote mit einer Nachricht!

Auftritt des Boten.

GOTT Warum hetzt er denn so?

DER BOTE *übergibt Karlos einen Brief* Von der Königin in geheimer Mission.

KARLOS *liest den Brief* »Komm zu deiner Ysabel, die dich liebt« – – – Sie liebt mich! Sie will mich – – – *Er läuft eilig davon, läßt sein Gepäck stehen.*

Eine Hand reicht durch eine geheime Tapetentür den Greisen des Staatsrats einen Brief hin. Die Königin schreibt an ihre Mutter Katharina von Medici. Sie lassen das Blatt von Hand zu Hand gehen, lesen flüsternd, murmelnd, lüstern immer wieder die Zeile: Je suis la plus heureuse femme du monde. Der Raum summt und vibriert von dieser Zeile. Je vous assure, Madame, que je suis la plus heureuse femme du monde.

15
Eine überraschende Mitteilung

König Felipe, Ysabel, Karlos.

YSABEL Guten Abend, liebes Söhnchen, lieber Kleiner! Weinst du?

KARLOS Ja. Ich weine.

YSABEL Hat dich der Vater auf die Finger geschlagen, weil du nicht artig warst?

KARLOS Ich bin sehr artig, Mama.

YSABEL Du hast deiner Mama noch nicht die Hände geküßt.

KARLOS Verzeihung, Mama, mein Mund ist klebrig. Ich darf Sie nicht küssen.

YSABEL Ich werde dein Mündchen abwischen, komm!

KARLOS Nein, nein, nein, das geht nicht, Mama, das bringt meinen Vater in Wut! Das hat er verboten. Und ich will ihm ja gehorchen.

YSABEL Hören Sie nur, König, wie gehorsam Ihr lieber Sohn ist!

KARLOS Ich tuc alles, alles!

YSABEL Hören Sie, König, er tut alles, damit Sie ihn lieben.

DER KÖNIG Ich kann in der Nacht nicht schlafen, weil ich ihn liebe.

KARLOS Wen? – Liegen Sie dann nicht mit Mama im Bett, Vater?

YSABEL *klatscht in die Hände* Oh ja! Oh ja! Oh ja!

KARLOS Mit der unersättlichen Liebeskünstlerin! Macht sie es denn auch auf französisch?

YSABEL Wir denken beide an dich.

KARLOS Ich danke Ihnen, Mama. Richten Sie meinem Vater aus, daß ich ihm ebenfalls danke.

YSABEL Hören Sie nur, König, er dankt Ihnen!

KARLOS Meine Tränen sind jetzt getrocknet.

YSABEL Ach, mein dummes, kleines Kerlchen!

DER KÖNIG War Egmont bei dir?

KARLOS Ein schöner Nachtgedanke! Wie kam er Ihnen geflogen?

DER KÖNIG Man hat darüber gesprochen, Karlos, und ich habe es gehört.

KARLOS So lagen Sie in Ihrem Bett mit dem Ohr an der Wand! Was hat meine Mama in dieser Zeit gemacht?

YSABEL Mein liebes Söhnchen!

KARLOS Nun gut! Egmont hat mich besucht.

DER KÖNIG Wie hat er denn ausgesehen?

KARLOS Wie er immer aussieht.

DER KÖNIG Man kann sich ja täuschen, Karlos.

KARLOS Ich habe mich in Egmont nicht getäuscht.

DER KÖNIG Was habt ihr gemacht?

KARLOS Wir sind im Zimmer auf und ab gegangen. Einmal ist er stehengeblieben, einmal bin ich stehengeblieben, dann wieder er, dann ich – und das noch mehrere Male.

DER KÖNIG Worüber habt ihr geredet?

KARLOS Er war sehr schweigsam, und ich war auch schweigsam. Ich glaube, wir haben hauptsächlich gedacht und gegrübelt.

DER KÖNIG Man hat euch reden hören!

KARLOS Ach! Hat man Worte gehört? So müssen uns Wörter entschlüpft sein wie im Traum. Was waren es denn für Wörter? Ich kann mich nicht erinnern. Es müssen belanglose Wörter gewesen sein, die man sich nicht merkt: Wörter wie »infolgedessen«, »unbedingt«, »ordnungshalber«, »keinesfalls«, »agréable«, »wohlüberlegt«. Und was zwischen diesen Wörtern vorgefallen ist, kann ich nicht sagen. Wissen Sie es?

DER KÖNIG »Die Niederlande«.

KARLOS Ein langweiliges, demokratisch-flaches Land.

YSABEL Darin sind aber schöne spanische Städte!

KARLOS Das können Sie nicht wissen, Mama! Sie haben in Ihrem Leben nur eine einzige Reise gemacht, hierher, in den Escorial, und Sie werden wahrscheinlich auch keine andere mehr machen. Ihre zierlichen Füße sind dafür nicht geeignet.

YSABEL Aber, mein Kleiner, wie kannst du das beurteilen?

KARLOS Ich bin ein Kenner, Mama! Das wissen Sie doch! Ich bitte Sie, mir zu erlauben, Ihre Schuhe aufzuknüpfen, Ihr Füßchen zu entblößen und der Welt zu beweisen, was die Königin für einen zierlichen nackten Fuß hat. *Er kniet nieder, um ihr die Schuhe auszuziehen. Ysabel stößt ihn mit dem Fuß weg.*

YSABEL Méchant!

KARLOS *jammert* Meine Mama hat mich getreten, und mein Vater wirft mir vor, daß ich konspiriere!

DER KÖNIG Im Gegenteil, Karlos! Ich will dich loben. Wie klug war es von dir, daß du Egmont nicht hast weggehen lassen aus deinem Zimmer!

KARLOS Ja. Er ist lange geblieben. Aber schließlich ist er doch gegangen, noch bei Helligkeit.

DER KÖNIG Ja. Mit den Füßen nach vorn.

KARLOS Was meinen Sie?

DER KÖNIG Du hast energisch gehandelt und mir einen großen Dienst getan.

KARLOS Ich?

DER KÖNIG Und du hast einen staatsmännischen Blick bewiesen, den ich, das muß ich gestehen, von dir nicht erwartet hatte.

YSABEL Was hat der Kleine denn angestellt?

DER KÖNIG Er hat Egmont zu sich gelockt und erstochen.

KARLOS Ich? Ich?

YSABEL Wie grausam!

DER KÖNIG *zu Ysabel* Es mußte sein. Er hat das erkannt und gehandelt.

YSABEL Wie hast du das denn angestellt, mein Söhnchen?

DER KÖNIG *zu Ysabel* Mit einer langen Nadel. Es gab fast keine Spuren, nirgends Blut auf dem Boden oder an den Möbeln. Keine Spur von einem Kampf.

YSABEL *zu Karlos* Egmont hat dich angegriffen?

DER KÖNIG *zu Ysabel* Nein, nein! Er war sehr geschickt. Er hat Egmont von hinten erstochen, als der sich umwandte, um eine Bemerkung in sein Notizbuch einzutragen. Die feine Nadel drang von hinten unter dem Schulterblatt ins Herz. So starb er lautlos.

KARLOS Was sagen Sie da, Vater?

DER KÖNIG *zieht Egmonts Notizbuch aus der Tasche* Das hat man mir gebracht zum Beweis.

YSABEL Ein kostbares Büchlein!

DER KÖNIG *blättert in dem Notizbuch* Darin hatte Egmont notiert: »Ich bin der Gott meiner Entscheidungen.«

KARLOS *erkennt sein eigenes Zitat, stammelt* »Ich bin der Gott...«

DER KÖNIG Hier steht es, hier steht es in Egmonts Schrift! Du hast recht, Karlos, wer dieses sagt, der hat das Recht verwirkt, in meinem Land zu leben.

YSABEL *lächelt* Ach, jetzt bist du ganz verwirrt! Ich glaube, du verlierst noch eines Tages den Verstand, Söhnchen.

16
Frei!

Karlos am Käfig des Wilden. Nacht.

KARLOS Es ist so finster! Ich seh dich nicht! Aber du bist doch da, ich höre dich keuchen! Du kauerst sprungbereit! Wenn die eisernen Stäbe deinen Körper nicht pressen würden, dann stündest du gewaltig auf und würdest Verwüstung um dich herum verbreiten. Warte, ich schließ deinen Käfig auf, Affe! Du tötest, um zu töten und brennst aus Gier nach der Flamme! Komm, anfänglicher Mensch! Brenne und töte, ehe dir Gedanken kommen, die deine Taten zu Verbrechen machen! ––– König, das heißt dir nichts. Man hat dich die Sprache nicht gelehrt, die Wörter der Unterscheidung: Affe, Mensch, König, oder GOTT, von dem es heißt, daß er allmächtig ist. Nichts ist für dich benannt. – Denkst du: »ICH«? Nein, du denkst nicht. Du kennst den Zweifel nicht, du grübelst nicht darüber nach, ob du lebst oder ob du zwar deinen Schatten siehst, aber bist selber nicht. Es ängstigt dich nicht, daß die Sterne herunterfallen und der schwarze Himmel am Ende erloschen und leer ist wie dein Herz. – Nach dir, schwarzes Ungeheuer, habe ich mich gesehnt. Komm raus! Komm raus! Ich nehm dir die Stricke ab! – Befrei deine Arme, um damit den Brand in den Escorial zu schleudern! *Er gibt dem befreiten Wilden die Fackel in die Hand und stößt ihn fort.* Dort, der Pulverturm! Wirf die Fackel hinein! Ich geh nicht mit dir, dort oben stehe ich am Fenster und sehe hinunter.

17
Feuersegel

Im Zimmer von Karlos. Nacht. Karlos steht am Fenster.

DER VERWESTE HEILIGE Worauf wartest du denn?

KARLOS Ich warte darauf, daß es plötzlich taghell wird.

DER VERWESTE HEILIGE Morgen früh wird es hell. Es wird jeden Morgen hell mit dem Hahnenschrei. Da müssen meine Hühner gefüttert werden.

KARLOS Jetzt! Jetzt!

DER VERWESTE HEILIGE Du rollst die Sonne auch nicht schneller hoch, bloß weil du der Sohn von Spanien bist.

KARLOS Wirst schon sehen. Stell dich hier neben mich!

DER VERWESTE HEILIGE *springt neben Karlos ans Fenster* Eine stille, schöne Nacht!

KARLOS Ich höre Explosionen, Schüsse, Schreie, seh helle, weiße Blitze.

DER VERWESTE HEILIGE Ach du Armer!

KARLOS *stößt den verwesten Heiligen* Stinkender, verwester, schleimiger Leichnam!

DER VERWESTE HEILIGE Ich verzeih dir.

KARLOS Ich faß dich an und habe nur Schleim in der Hand, weil ich dich angefaßt habe. Ekelhaft! Mich ekelt!

DER VERWESTE HEILIGE *kichert* Und doch hast du stillgehalten, als ich neben dir im Bett lag! Ein schwaches Federchen! Die

301

Seele war schon fort. Da habe ich sie wieder eingefangen. Ich habe dich gerettet. Ich habe dich gekitzelt und du hast gezappelt und warst wieder lebendig. Alle haben deswegen Gott gelobt!

KARLOS *höhnisch* Mein Vater hat Gott gelobt!

DER VERWESTE HEILIGE Der auch. Alle.

KARLOS *sieht aus dem Fenster* Jetzt wird es gleich hell. Sieh mal, da blitzt es auf! Und gleich schlagen Flammen hoch. Ein heller weißer Blitz, und die Mauern bersten, und die Kuppeln fallen herunter, und Detonationen erschüttern den Himmel.

DER VERWESTE HEILIGE Du Armer! Es ist ganz still! Das Feuerwerk ist bloß in deinem Kopf. Immer bist du krank, immer wieder packt das Fieber deinen armen kleinen Körper und schüttelt ihn. Du zitterst! Deine Haut ist mit Pusteln übersät, überall, wie von tausend Vulkänchen. Rot mit Eiterspitzen! Das tut dir so weh!

KARLOS Ich bin schön und stark! Das große Feuer kommt! Da schlägt das Feuersegel hoch im Wind und treibt mein Schiff aufs offene Meer.

DER VERWESTE HEILIGE Du Armer!

KARLOS Weshalb mußtest du mich denn damals ins Leben zurückbringen.

DER VERWESTE HEILIGE Das weiß ich nicht.

KARLOS Drück dich nicht herum! Sag es mir!

DER VERWESTE HEILIGE *singt* Alles, alles geschieht zur Ehre Gottes!

KARLOS Du drückst dich vor der Antwort!

DER VERWESTE HEILIGE Gott weiß es!

KARLOS Ich sag es dir, warum: Damit das spanische Königreich durch mich zugrunde geht. Ich habe Lunten an die Pulvertürme gelegt, und Feuer in die Sakristeien! Gleich hörst du den großen Knall!

DER VERWESTE HEILIGE Du Armer!

KARLOS Da ist schon der Feuerschein! Da brennt schon die Fackel!

DER VERWESTE HEILIGE Ich muß zu meinen Hühnern. *Er verschwindet.*

KARLOS Bist du aus dem Fenster gehüpft? *Er beugt sich hinaus.*

302

Die Türen schlagen auf. Es erscheint der König mit Gefolge,
um Karlos zu verhaften.

KARLOS *dreht sich zu ihnen um, kreischt in ekstatischer Aufre-*
gung Kommen Sie rasch! Treten Sie alle an die Fenster,
gleich erfolgt die große Detonation! Aus Feuer, Explosion
und Chaos wird die blaue Kugel, wieder menschenlos, in
die Harmonie des Weltalls schweben!

DER KÖNIG Karlos!

KARLOS Ich lebte von meines Vaters Gnaden, jetzt nicht
mehr. Mein Vater wird in Pension gehen, darüber werden
einige weinen und sehr viele fröhlich sein. Ich bin es auch.

DER KÖNIG Du irrst dich, du sprichst mit dem König, nicht mit
deinem Vater.

KARLOS Mein lieber Nicht-Vater, ich bin dein Nicht-Sohn!

DER KÖNIG *zu einem Schreiber* Protokolliere das!

KARLOS Oh, ich habe das Feuerzähnchen schon gesehen! Es
fraß sich flink über den Paradeplatz zum Pulvermagazin. –
Schnell! Schnell, ehe alles vorbei ist!

DER KÖNIG Wer zündet denn die Lunte?

KARLOS Ich, lieber Nicht-Vater! Dein Nicht-Sohn zündet sie!

DER KÖNIG Du bist doch hier, vor unseren Augen!

KARLOS Ich zünde sie in mancherlei Gestalt. Eine von diesen
ist ein roter Feuermeister, einer, den Sie nicht zu der
menschlichen Gattung zählen, weil er nicht unsere Sprache
spricht.

DER KÖNIG Meinst du – den?
Der Wilde wird hereingebracht.

KARLOS Ja, das ist er! Er kann Ihnen aber keine Auskunft geben, deshalb muß ich für ihn antworten, wenn Sie ihn aus-
fragen.

ZWEI MÖNCHE *singen* Er hat eine Lunte gelegt, ahiii
er hat sie gezündet. Aber
vor dem Bild der Mutter,
der Heiligen Madonna,
wurde die Flamme still,
und ein Strahlenkranz
wand sich, ahiii, um das heilige Bild
Kyrie Eleyson.

KARLOS Ihr Lügner! Es ist euer Glück, daß euer Gefangener
nicht sprechen kann, er würde euch Lügen strafen!

ERSTER MÖNCH *zum Wilden* Sprich, du gewonnene Seele,
wer ist der König?

DER WILDE Felipe.

ZWEITER MÖNCH Und wer, gewonnene Seele, ahiii
ist dein Gott und wer
deines Königs Gott?

DER WILDE Gott.

KARLOS *schreit entsetzt* Ich habe ihm die Zunge herausgeschnitten!

DER KÖNIG *zu dem Schreiber* Protokolliere das! Er behauptet,
er hat ihm die Zunge herausgeschnitten, aber wir hören, er
spricht.

DIE MÖNCHE *singen*
Da sprach der Stein: es werde Licht
Die Stimme ist das Weltgericht
Die Stimme bricht die Gräber auf
Die Sonn steht still in ihrem Lauf
O Stimm die ohne Zunge spricht
O Stimme Himmel Erd und Licht
Kyrie Eleyson.

KARLOS *entdeckt Juan d'Austria* O, mein lieber Freund Austria ist auch mitgekommen! Da stehst du lächelnd neben
meinem Vater! So springt die Wunde zurück in die Nadel
und die Wörter zurück in den Mund.
*Die Mönche haben den Wilden auf einen Stuhl gesetzt und
gefesselt. Sie tragen ihn hinaus. Lärm. Die Handwerker fangen an, die Fenster und den Kamin und die Türen mit Brettern zuzunageln.*

KARLOS *plötzlicher Zusammenbruch und Angst* Vater ... Vater! Was tun diese Männer hier? – Hört auf! – Hört auf mit
Hämmern! Ich habe solche Kopfschmerzen. Vater! Sie na-
geln die Türen zu. Sie vermauern die Fenster! Vater! Verbieten Sie das – bitte! Vater – bitte!

DER KÖNIG Die Stimme ähnelt meinem Sohn. Wer redet da?

KARLOS *flehend, kriecht am Boden* Vater – bitte –! Vater! Vater!

GROSSINQUISITOR Ein Verrückter schreit.
*Der König und sein Gefolge verlassen den Raum. Das Häm-
mern wird lauter.*

18

Intimitäten

Das Zimmer von Karlos. Zugemauerte Türen und Fenster-
öffnungen. Ysabel, silbrig gekleidet, wie ein schönes Insekt,
kommt durch die Wand. Sie trägt vorsichtig eine Schatulle,
öffnet sie, hält sie zur Ansicht hin. Die Kahle Anna hockt
plötzlich da. Sie hat Schwären und Wunden am Körper und
im Gesicht.

KAHLE ANNA Ich bin schwanger, siehst du?

YSABEL *betrachtet sie interessiert* Wo denn?

KAHLE ANNA Ich würge und würge.

YSABEL Ich habe alle meine Kinder ohne Anstrengung geboren. Sie sind aus der Spalte herausgerutscht. Ich habe es
kaum gemerkt. Sie fielen klimpernd auf die Steine. Ich
habe sie dann aufgelesen und ins Etui gesteckt. Da liegen
sie aufgereiht in den Mulden der rotgerafften Seide. Mit
der kleinen Pinzette hole ich sie heraus, wenn ich sie betrachten will. *Zeigt sie ihr.* Karlos, Karlos . . . Karlos . . .
Karlos . . .

KAHLE ANNA Alle heißen Karlos!

YSABEL Wie können sie sonst heißen!

KAHLE ANNA Karlos.

YSABEL Jetzt ist kein Platz mehr im Etui. Mehr kann ich ihm
nicht gebären.

KAHLE ANNA Ich würge, ich ersticke, es steigt mir die Brust
herauf, steckt mir im Hals. Es wird mich ersticken, ich
kann nicht gebären.

YSABEL Mach deinen Mund auf. *Sieht ihr in den Mund.* Da
seh ich ein Glotzauge! Eine Kröte. Das Kind ist eine
Kröte.

KAHLE ANNA Ach, ich ersticke! Es will heraus seit Wochen!
Es wollte an so vielen Stellen schon heraus, aber nur die
Haut ist aufgeplatzt, es kommt nicht heraus.

YSABEL Es kommt nicht zwischen den Kiefern durch. Die
Zähne halten es auf. Ich muß dir die Zähne ausbrechen.

KAHLE ANNA Ach ja, ach ja, brich mir doch die Zähne aus!
Ysabel bricht ihr die Zähne aus.

KAHLE ANNA Es geht nicht. Es geht nicht. Es ist wieder hin-
eingerutscht.

YSABEL *höhnisch* Karlos! Setz deine Krone auf!

KAHLE ANNA Das dürfen Sie nicht sagen! Wenn Sie der König hört!

YSABEL Das macht nichts, wenn er mich hört.

DER KÖNIG *steht plötzlich vor der Wand. Dunkle Brille. Er setzt sich hin, ohne auf die Frauen zu achten, und fängt an zu schreiben* »Obwohl dieser Entschluß sehr schwer wiegt und die Maßnahme gegen ihn überaus streng ist, so werdet ihr doch anerkennen, in Anbetracht dessen, was ihr gesehen habt und was ihr wißt, wie sehr begründet und berechtigt ich gehandelt habe . . .«

YSABEL Soll ich dir ein Geheimnis verraten?

KAHLE ANNA Nein, nein, bloß kein Geheimnis!

YSABEL Mein Mann, der König Felipe . . .

KAHLE ANNA Nein, nein, nein!

YSABEL Der König ist schon lange tot!

KAHLE ANNA Er sieht uns!

YSABEL Er sieht nichts. Das kann ich dir vorführen. *Sie nimmt Felipe die Brille ab. Er hat keine Augen.* Er schreibt nicht. *Sie nimmt Felipe die Feder ab, stößt ihn, Felipe fällt um, eine gestürzte Statue.*

KAHLE ANNA Karlos! Karlos! Jetzt lassen sie dich frei!

YSABEL Da ist aber doch etwas geschrieben. *Sie liest.*

KAHLE ANNA Ich kann ja nicht lesen.

YSABEL Da steht: Er muß noch hundert Jahre in Haft bleiben.

KAHLE ANNA Das steht doch gar nicht da!

Sie streiten um das Papier, verschwinden in der Wand.

19

Eine schöne Hasenpastete! Ja! Und noch eine zweite!
Und eine dritte!

Im zugemauerten Zimmer von Karlos.

DER KOCH *kommt strahlend durch ein niedriges Tapetentürchen herein* Die Hasenpastete, Prinz Karlos.

KARLOS Wer bist du?

DER KOCH Der Koch, Prinz Karlos.

KARLOS Wie groß ist deine Küche?

DER KOCH Fast so groß wie Ihr Zimmer, Prinz Karlos.

KARLOS Und wenn du deine Sache gemacht hast, gehst du
    nach Hause?

DER KOCH Nein, Prinz Karlos.

KARLOS Nicht?

DER KOCH Nein, in meiner Küche schlafe ich auch. Ich darf
    nachts dort bleiben. Man hat es mir gestattet.

KARLOS Eingesperrt!

DER KOCH Nein, o nein, Prinz Karlos! Es ist ein Privileg.

KARLOS Vom König?

DER KOCH Meine Hasenpastete ist die edelste in ganz Mittel-
    europa.

KARLOS Sagt der König?

DER KOCH O mein über alles verehrter Prinz Karlos. *Kniet nie-
    der.*
    Karlos fängt an zu essen, der Koch sieht ihm begeistert zu.

DER KOCH Der König ißt nie Pastete.

KARLOS Ach ja, mein Vater sitzt auf seinem Thron und kaut
    angefeuchtete Brotrinden. – Hat deine Küche ein Fenster,
    zum Hinaussehen?

DER KOCH Nein, oh nein, Prinz Karlos, wozu denn hinausse-
    hen? Ich muß mich konzentrieren, ich will die Welt nicht
    sehen.

KARLOS Ich kann hinaussehen. Da ist ein kleines Loch in der
    Mauer, sieh mal! Wenn ich da hinabsehe – da unten sehe ich
    meine Vorväter, versteinerte Könige auf ihren Gräbern.

DER KOCH Mein Fenster ist ganz hoch oben, so daß ich nur den
    Himmel sehe.

KARLOS Du hast keine Väter?

DER KOCH Man hat mich als Kind gefunden, auf einer Treppe.

KARLOS *ißt, schlingt die Pastete in großen Brocken hinunter,
    trinkt Eiswasser* Die Welt ist sehr, sehr groß!

DER KOCH Weiß nicht. Ich verlasse meine Küche nie.

KARLOS Jetzt hast du sie aber verlassen, Lügner! *Er schlägt
    ihn.*

DER KOCH *kniet hin* O mein Prinz, mein verehrter Prinz Kar-
    los.
    Karlos schlingt die Pastete.

DER KOCH Ich wollte sehen, wie Sie meine Pastete essen. Es ist
    die vierte, die Sie heute verlangt haben, wie freue ich mich!

KARLOS Kann sein, ich brauche noch eine fünfte.

DER KOCH O mein über alles verehrter Prinz Karlos.

KARLOS Ich habe seit einem Jahr keinen Menschen mehr gesehen. Das macht ruhig, ruhig.

DER KOCH *ergriffen* Meine fünfte Pastete!

KARLOS Und Eiswasser! *Er trinkt exzessiv.*

DER KOCH Einen schöneren Sieg kann ein Künstler nicht haben!

KARLOS *schlägt ihn* Wer spricht von Sieg! Wen besiegst du
denn, Mehlkopf!

DER KOCH Oh, meine nichtige Person! Nicht ich! Nicht ich!

KARLOS Hundert Schiffe hinunter in den Grund des Ozeans
gebohrt, Städte abgebrannt, Länder verpestet mit Leichen-
gestank, den, der die ganze Welt im Kopf hat, in ein Zimmer einmauern, – das sind Siege!

DER KOCH Nicht ich, nicht ich, nicht ich!

Karlos frißt und schlingt die Pastete.

DER KOCH *steht wieder auf, vorsichtig* Ich stehe hier in aller
Bescheidenheit gebückt und sehe Sie essen, Prinz Karlos.
Beobachte, wie Sie essen. Wie Sie den Mund öffnen und
schlucken und kauen und das geschmeidige Pastetenfleisch
gegen den Gaumen drücken, daß es sich auflöst und zer-
schmilzt und die Mundhöhle immer wieder mit seinem
Aroma füllt und die Zungenspitze den Trüffelbröckchen
nachspürt.

KARLOS Und Eiswasser. *Er trinkt exzessiv.*

DER KOCH »Besiegt«, wie Sie es verstehen, wollte ich nicht
sagen. Ich meine: betört! Und von überirdischem Entzük-
ken glänzen Ihre Augen! Das zu sehen, davon träumte ich
über meinen Töpfen bei der Komposition von Konsistenz
und Aroma. Ich eile und bringe Ihnen die fünfte.

KARLOS Nicht nötig. *Er erbricht sich, wälzt sich, er stirbt.*

DER KOCH *sieht hin* Mit dem Messer, mit Gift, mit dem Strick –
meinetwegen! Aber sich an meinen Pasteten totzufressen –
Gemeinheit! *Er trampelt wütend auf ihm herum.*

Fernando Krapp hat mir diesen Brief geschrieben

Ein Versuch über die Wahrheit

Personen

FERNANDO KRAPP
JULIA
DER GRAF
DER VATER
IRRENÄRZTE

Frei nach der Erzählung
»Nada menos que todo un hombre«
von Miguel de Unamuno

1

Julia. Der Vater.

JULIA Fernando Krapp hat mir diesen Brief geschrieben.
   Sie streckt ihrem Vater den Brief hin.

DER VATER *tut erstaunt* So?

JULIA Lies ihn!

DER VATER Was hast du ihm denn geantwortet?

JULIA *ungeduldig* Lies ihn!

DER VATER Er ist ein sehr begehrter Mann, es wird überall von
   ihm geredet, seitdem er mit diesem Riesenvermögen aus
   Amerika gekommen ist. Manche junge Mädchenblüte
   wäre froh, einen Brief von ihm zu bekommen, – jede!

JULIA Lies!

DER VATER Ach, der Brief ist doch an dich gerichtet, es genügt,
   wenn du mir sagst, was drinsteht. Du hast ihn ja schon gelesen.

JULIA Er ist kurz.

DER VATER Er macht keine Umschweife, er ist ein sehr energi-
   scher Mann. Das kann ich schon an der Schrift sehen.

JULIA *liest vor* »Wertes Fräulein …«

DER VATER »Wertes Fräulein«, schreibt er? Ohne Umschweife, ohne Floskel.

JULIA *liest vor* »Man hat mir gesagt, Sie seien die schönste
   Frau in der Stadt, in der ich mich seit kurzer Zeit niederge-
   lassen habe. Ich habe Sie mir angesehen, als Sie mit Ihrem
   Vater im Park spazierengingen.«

DER VATER Ach, hat er uns da gesehen?

JULIA *liest vor* »Es ist richtig. Sie sind die Schönste. Ich werde
   Sie heiraten. Fernando Krapp.«

DER VATER Er geht forsch auf sein Ziel los. Ein fester Charakter.

JULIA Wie lange waren wir am Samstag im Park?

DER VATER Oh, ich weiß es nicht mehr.

JULIA Ich wollte nach Hause, aber ich mußte noch zweimal
   die Allee auf und ab gehen – du wolltest es!

DER VATER Frische Luft ist doch gesund. Du hockst zuviel zu
   Hause, liest und hängst deinen Phantasien nach.

JULIA Du hast alles mit ihm abgemacht!
   Sie wirft ihm den Brief ins Gesicht.

DER VATER Bitte, Julia, mein Schätzchen, sage mir, was hast du ihm geantwortet?

JULIA Ha!

DER VATER Ich glaube nicht, daß du ihm »Ha« geantwortet hast. Ich weiß doch, daß du eine sehr gewandte, phantasievolle Briefschreiberin bist!

JULIA Ich sage dir, was ich Fernando Krapp geschrieben habe: »Mein Herr, ich entnehme Ihrem Brief, daß Sie mich meinem Vater abgekauft haben. Wieviel hat er verlangt für jedes Pfund von meinem Fleisch? Welchen Preis also pro Kilo Lebendgewicht? Und waren Sie gleich mit dem geforderten Preis einverstanden oder haben Sie versucht, ihn herunterzuhandeln? Ich sehe vor mir, wie sich das Gesicht meines Vaters ängstlich zusammenzieht, wie seine Lippe zittert, und rollt nicht sogar eine Träne über seine blaugeäderte Backe? Nur weil Sie zögern, den verlangten Preis zu zahlen! Aber Sie wissen, daß Sie den armen Mann in der Hand haben, er ist so verschuldet, daß er die Ware um jeden Preis verkaufen muß.«

DER VATER *jammernd* Du machst nur Spaß, du machst nur Spaß, Julia!

JULIA »Oder haben Sie ein zufälliges Lächeln von mir aufgefangen, als Sie mich beobachtet haben, und das war Ihnen ein paar Tausender zusätzlich wert, die haben Sie noch freiwillig draufgelegt? Ich versichere Ihnen, mein Herr, ich habe regelmäßige Zähne und hübsche Ohrläppchen, ganz zu schweigen von anderen Dingen, die die Schicklichkeit verbietet, unverhüllt herzuzeigen. Wenn Sie aber im Haus meines Vaters, des Verkäufers, erscheinen, mögen Sie die Ware besichtigen, ehe Sie die endgültige Summe in den Vertrag setzen.«

DER VATER *entsetzt* Julia!

JULIA Ist das nicht in deinem Sinne geschrieben, Vater? Ich dachte es.

DER VATER Du bist grausam, machst dich lustig über meine blaugeäderten Backen … So nah bin ich am Tod, ja, am Tod, aus Sorge um dich!

JULIA Jammere nicht! Sonst kriege ich Kopfweh! Und schwarze Augenringe – das mindert womöglich die Kaufsumme.

DER VATER Du armes Kind, du mußt doch einsehen, wie ge-
fährdet du bist, wenn ich mich nicht um deine Zukunft
kümmere! Du bist zwar schön wie ein Gedanke Gottes, ja,
so schön bist du, aber in deinem Kopf hast du sonderbare
Gedanken, daß ich mich ängstige. Die Leute stößt du vor
den Kopf mit deinen bizarren Einfällen!

JULIA Einfälle?

DER VATER Welche Frau beantwortet den Heiratsantrag eines
so reichen und angesehenen Mannes mit solchen Frechheiten. Ich muß mich anstrengen, die Sache wieder in Ordnung zu bringen.

JULIA Mußt du nicht.

DER VATER Bizarre Einfälle! Einen armen Studenten, der
nichts hat und nichts ist, den du kaum kennst, den forderst
du einfach auf: Entführe mich! Das nenne ich bizarr. Und
er, er sagt in seinem Schrecken: ja, gut, das mache ich! Aber
wovon sollen wir dann leben? Und du? Was sagst du darauf?

JULIA Na, was denn?

DER VATER »Wir bringen uns gemeinsam um«, hast du gesagt.

JULIA Das kannst du gar nicht wissen!

DER VATER Ich weiß es. Jeder weiß es. Er hat es jedem erzählt,
der arme, verwirrte Junge. Die ganze Stadt weiß es. Und er
ist ja auch nicht wiedergekommen! Er hat sich gedacht:
Sterben will ich nicht.

JULIA Ein dummer Schwätzer!

DER VATER Hör mal, wer will denn sterben, Schätzchen? Niemand will sterben, auch ich nicht. Man will sein Glück machen, hofft auf ein Schnäppchen. Sieh doch deinen alten
Vater an! Er lacht, gibt die Hoffnung nicht auf, obwohl er,
gelinde gesagt, nicht liquide ist, momentan!
Schnippt mit den Fingern, grinst.

JULIA Hör mit dem Schnippen auf!

DER VATER Tatsächlich, ich schnippe! Eine dumme Ange-
wohnheit von mir. – Wenn Fernando Krapp womöglich ab-
springt, weil du ihm diesen unverschämten Brief geschrieben hast! Dann hänge ich mich auf!
Er geht weg.

2

Julia. Fernando Krapp.

FERNANDO KRAPP *kommt* Sie haben mir einen Brief geschrieben, er hat mir sehr gefallen!

JULIA Das sollte er nicht.

FERNANDO KRAPP Ich sehe aus diesem Brief, daß wir uns gut verstehen werden.

JULIA I h r Brief hat mir aber nicht gefallen.

FERNANDO KRAPP Es ist allgemein bekannt, daß Fernando Krapp alles erreicht, was er sich vornimmt. Sie sind die schönste Frau der Stadt und wahrscheinlich des ganzen Landes. Ich will Sie heiraten. Hier bin ich.

Julia sitzt lange stumm und bewegungslos.

FERNANDO KRAPP *Ihr Schweigen scheint ihn zu beunruhigen. Nach einiger Zeit geht er zu ihr hin, betrachtet sie. Sachlich* Ist dir nicht gut?

JULIA Doch ... es ist alles in Ordnung.

FERNANDO KRAPP Aber du zitterst, sehe ich.

JULIA Es ist kalt ... es ist ziemlich kalt hier.

FERNANDO KRAPP Du irrst dich, es ist warm.

JULIA Tatsächlich?

FERNANDO KRAPP Aus Angst zitterst du!

JULIA Wovor denn Angst!

FERNANDO KRAPP Vor mir.

JULIA Warum muß ich denn Angst vor Ihnen haben? Nein, bestimmt nicht!

FERNANDO KRAPP Doch, du hast Angst vor mir.

Julia bricht in Tränen aus.

FERNANDO KRAPP *sieht ihr ruhig zu. Nach einiger Zeit* Bin ich denn ein Ungeheuer? Nimm mal die Hände vom Gesicht! Sieh mich an! – Nur meine Feinde fürchten mich.

JULIA Ich werde verkauft!

FERNANDO KRAPP So? Wer sagt das?

JULIA Ich sage es! – Was bleibt denn meinem armen Vater übrig – er ist bankrott und muß ins Gefängnis. Aber ehe die Polizei ihn abholt, ehe er sich mit Handschellen durch das Spalier der Neugierigen zerren läßt, ehe das mit ihm passiert, hängt er sich auf. Das weiß ich.

FERNANDO KRAPP Alles nicht nötig.

JULIA Sie mit Ihrem vielen Geld, zeigen Sie es nur überall her, Ihr Geld! Machen Sie die Brieftasche auf, schwenken Sie die Scheine, werfen Sie sie vom Balkon auf die Leute, daß sie sich alle danach bücken und am Boden kriechen, um noch einen aus dem Dreck zu klauben!

FERNANDO KRAPP Dein Vater war bester Laune. Ich habe alles geregelt, alles bezahlt.

JULIA Alles bezahlt?

FERNANDO KRAPP Ja. Wieviel war es denn? Ich habe die Summe vergessen.

JULIA So, Sie haben uns bereits aufgekauft, wir leben jetzt schon von Ihrem Geld? So?

Sie reißt sich das Halstuch ab.

Dieses Tuch, das mir mein Vater gestern mitbrachte, das ist also schon von Ihrem Geld bezahlt? – Und die Schuhe? – Auch die Schuhe!

Sie zieht ihre Schuhe aus, wirft sie Fernando Krapp an den Kopf.

FERNANDO KRAPP Ich sehe jetzt, Julia, du hast sehr hübsche Füße.

JULIA Nie kriegen Sie mich! Nie, nie! Nur wenn ich tot bin!

FERNANDO KRAPP Aber du liebst mich, Julia. Jetzt schon liebst du mich! Deshalb wirst du mich heiraten.

JULIA Gekauft! Eingekauft!

FERNANDO KRAPP Du denkst, ich habe das Geld und du bist die Ware.

JULIA *schreit* Ja, ja!

FERNANDO KRAPP Ich habe deinem Vater keine Bedingungen gestellt, als ich ihm das Geld gab. Keine Forderungen. – Du willst mich nicht lieben? Aber das ist unmöglich! Mich nicht lieben, das ist unmöglich!

Langes Schweigen. Julia weint. Schweigen.

JULIA *leise* Machen Sie mit mir, was Sie wollen.

FERNANDO KRAPP Was meinst du damit? Was sagst du da?

JULIA Ich weiß nicht ... ich weiß nicht, was ich sage.

FERNANDO KRAPP Was heißt das: ich soll mit dir machen, was ich will?

JULIA Es heißt ... ich weiß nicht ...

FERNANDO KRAPP Ich will mir nicht eine Nutte kaufen – »gekauft« – Unsinn! – Es ist eine Liebesheirat! Du liebst mich, deshalb weinst du! Du fängst an, es zu begreifen.

JULIA Sie heiratet ihn.

3

Julia. Fernando Krapp.

JULIA Was bist du für ein Mann?

FERNANDO KRAPP Wie soll ich sein? Ich bin ich, Fernando Krapp.

JULIA Immer sagst du das. Nie sprichst du über deine Vergangenheit. Nichts weiß ich über deine Eltern.

FERNANDO KRAPP Ich habe keine Eltern. Meine Familie beginnt mit mir. Ich habe mich selber gemacht.

JULIA Sieh mal meine Hände an.

FERNANDO KRAPP Schmale, elegante Finger.

JULIA Die habe ich von meiner Mutter.

FERNANDO KRAPP Unversehens können sie sich manchmal zu kleinen, harten, wütenden Fäusten zusammenziehen. Das amüsiert mich.

JULIA Ja, es stimmt, wenn ich über etwas nachdenke, mache ich eine Faust.

FERNANDO KRAPP Und ehe du in mein Zimmer trittst, klopfst du nicht, wie andere, mit dem Fingerknöchel an, sondern du klimperst mit den Fingernägeln auf dem Holz.

JULIA Wie meine Großmutter! Die hat es so gemacht. Und die schöne Nase habe ich von meinem Vater.

FERNANDO KRAPP Das interessiert mich nicht. Sie ist schön, sie ist einmalig.

JULIA Die Phantasie habe ich von meiner Mutter. Die Lust am Phantasieren liegt in ihrer Familie. Von einer Tante wird erzählt, daß sie niemals den Fuß über die Schwelle ihres Hauses gesetzt hat und immer sagte: warum soll ich denn hinausgehen, ich kann mir alles im Kopf vorstellen, das ist viel interessanter. – Und von wem hast denn du deine Nase, Fernando, und das Kinn mit der Kerbe, das mir so gut gefällt?

FERNANDO KRAPP Das gefällt dir!

JULIA Erinnerst du dich gar nicht an deine Kindheit?

316

FERNANDO KRAPP Kindheit interessiert mich nicht. Ich bin, wie ich sein will.

Schweigen.

JULIA *vorsichtig* Ich möchte dich doch noch etwas fragen, Fernando. Aber ich habe nicht den Mut dazu.

FERNANDO KRAPP Warum denn nicht? Ich werde dich nicht auffressen. Ich war noch nie beleidigt, was immer du gesagt hast. Das weißt du doch!

JULIA Ich beklage mich ja nicht.

FERNANDO KRAPP Das fehlt noch, daß du dich beklagst!

JULIA Nein, ich beklage mich bestimmt nicht, aber …

FERNANDO KRAPP Los, dann frage, und Schluß damit!

JULIA Ich frage lieber nicht …

FERNANDO KRAPP Frage! Ich will, daß du fragst!

JULIA Also, dann frage ich: Stimmt es, daß du schon einmal verheiratet warst?

FERNANDO KRAPP *runzelt die Stirn* Ja.

JULIA Und deine erste Frau?

FERNANDO KRAPP Sie ist seit Jahren tot. Ich war Witwer, als ich dich heiratete. *mißtrauisch* Man hat dir wohl etwas erzählt?

JULIA Nein, aber … ach, nichts.

FERNANDO KRAPP Man hat dir etwas erzählt – sag doch!

JULIA Nun ja – ich habe etwas Bestimmtes gehört.

FERNANDO KRAPP Und du hast es geglaubt?

JULIA Nein, geglaubt habe ich es nicht.

FERNANDO KRAPP Natürlich nicht! Das durftest du nicht! Das konntest du nicht!

JULIA Nein, bestimmt nicht, ich habe es nicht geglaubt.

FERNANDO KRAPP Das ist ganz natürlich! Wer mich so liebt und so ganz mein ist wie du, kann diese dicke Lüge nicht glauben.

JULIA Ja, ich liebe dich! – Ich wünsche mir nur eins.

FERNANDO KRAPP Wünsche dir alles!

JULIA Ach – wenn du das doch ein einziges Mal auch zu m i r sagen würdest!

FERNANDO KRAPP »Mein Herzchen, mein Schätzchen, meine Süße, Liebling …« – ich soll so etwas sagen? So überflüssige, alberne Worte? Das kommt im Roman vor, ich weiß schon, daß du gern Bücher gelesen hast.

JULIA Die lese ich immer noch gern.

FERNANDO KRAPP Lies nur, lies nur! Soviel du Lust hast! Ich
lasse einen Pavillon bauen, hinten im Garten bei den Ro-
senhecken. Ich bringe dir alle Bücher dorthin, die seit
Adam und Eva geschrieben worden sind.

JULIA Wie schön!

FERNANDO KRAPP Je weniger man davon spricht, daß man sich
liebt, um so besser.

JULIA Ach, Fernando.

FERNANDO KRAPP Was hat man dir erzählt? Daß ich in Mexiko
verheiratet war, in meiner Jugend?

JULIA Wie sah sie aus?

FERNANDO KRAPP Mit einer sehr reichen Frau, die älter war als
ich, mit einer ältlichen Millionärin. Ja?

JULIA Ja.

FERNANDO KRAPP Und man hat dir gesagt, ich habe sie gezwungen, ihr Testament aufzusetzen und mich als ihren
Universalerben zu bestimmen, und dann hätte ich sie umgebracht. Hat man so etwas gesagt?

JULIA Du hättest sie im Bett erstickt. Mit deinem Hut, hat
man sogar gesagt.

FERNANDO KRAPP Und du hast es geglaubt?

JULIA Nein, bestimmt nicht!

FERNANDO KRAPP Mit meinem Hut! Mit meinem Hut!
Er schwenkt seinen Hut.

JULIA Ich kann mir nicht vorstellen, daß du jemals deine Frau
umbringen könntest.

FERNANDO KRAPP Ich sehe, du hast mehr Verstand, als ich
dachte. Warum hätte ich meine Frau töten sollen, eine Sache, die mir gehört?

JULIA *spricht emotionslos nach* »Warum hätte ich meine Frau
töten sollen, eine Sache, die mir gehört.«

FERNANDO KRAPP Bist du ein Papagei? Warum sprichst du mir
nach, was ich sage?

JULIA Ich weiß es nicht.

FERNANDO KRAPP Warum hätte ich das machen sollen, ihr
Geld hatte ich doch schon und ihre Kupferminen hatte ich
auch schon. Warum also die eigene Frau umbringen? Das
wäre völlig unnötig gewesen.

JULIA Und doch werden Frauen von ihren Männern umgebracht.

318

FERNANDO KRAPP Mag sein, mag sein. Was geht mich das an.

JULIA Aus Eifersucht zum Beispiel. Oder aus Rache, weil die Frau einen Liebhaber hat.

FERNANDO KRAPP Dummköpfe sind eifersüchtig, impotente aufgeregte Narren, die haben auch Grund dazu! Aber ich … ich weiß nicht, was das ist: Eifersucht. Ein Gefühl … muß ein merkwürdiges Gefühl sein … ich weiß nicht, was man da fühlt. Mich betrügt meine Frau nicht, meine erste Frau hat es nicht gekonnt und du auch nicht, und keine!

JULIA Sprich nicht so, laß uns über etwas anderes reden …

FERNANDO KRAPP Warum denn?

JULIA Es tut mir weh, wenn du so mit mir redest. Es ist mir, wie wenn du mich verdächtigen würdest. Das bedrückt mich.

FERNANDO KRAPP Das Thema belustigt mich eher.

JULIA Als ob es mir jemals auch nur im Traum eingefallen wäre, dich zu betrügen!

FERNANDO KRAPP Aber das weiß ich doch, das sage ich ja!

JULIA Niemals!

FERNANDO KRAPP Es ist gar nicht möglich, ich weiß das. Du kannst mich nicht betrügen. – Die erste Frau starb dann. Ich brauchte sie nicht zu töten. Nun weißt du alles, Julia.

JULIA Ja.

Schweigen

FERNANDO KRAPP Du hast nervöse Stimmungen.

JULIA Es geht mir gut.

FERNANDO KRAPP Deine Augenlider sind geschwollen, zeig mal!

JULIA Fernando …

FERNANDO KRAPP Jetzt, wie ich dich ansehe, hast du deine Augen geschlossen. Denkst du noch immer an die dumme Geschichte? Ich habe dir alles erklärt, und du hast alles verstanden.

JULIA Ich bin schwanger.

FERNANDO KRAPP Ja – ich habe es erwartet. Jetzt habe ich den Erben, ich werde aus meinem Sohn einen Mann machen wie ich.

JULIA Wir wissen nicht, ob es ein Sohn ist oder eine Tochter.

FERNANDO KRAPP Es ist ein Sohn, ich weiß es.

JULIA Wenn es ein Mädchen ist?

FERNANDO KRAPP Nein, es ist ein Sohn!

JULIA Sie bekamen das Kind. Es war ein Sohn.

FERNANDO KRAPP Was für ein herrliches Kind hast du mir geschenkt!

JULIA Warum küßt du dein Kind nicht? Du hast ihm so große Geschenke bei seiner Geburt gemacht und Geld verteilt unter die Leute, und mich hast du beschenkt, daß ich glaubte, du freust dich sehr über deinen Sohn, und nun willst du ihn nie in die Arme nehmen und küssen.

FERNANDO KRAPP Die Küsserei und das Getue ist den Kindern nur lästig. Ich warte, bis er mich verstehen kann, wenn ich mit ihm spreche. Viel habe ich ihm dann zu sagen.

JULIA Ich spreche die ganze Zeit mit ihm, mit meinen Händen und mit meinen Küssen.

4

Julia. Fernando Krapp.

FERNANDO KRAPP War dieser Graf wieder da?

JULIA Dieser Graf? Welchen Graf meinst du denn?

FERNANDO KRAPP Na, dieser da, der neuerdings kommt. Einer von diesen unnützen Herumschwätzern. Schwätzt herum, ist aber noch nicht mal imstande, sein Familienpalais zu reparieren. Das Dach fällt ein, die Fensterläden hängen herunter, das pompöse Portal ist mit Stacheldraht versperrt, er muß durch die Hintertür rein und raus. Ich hab's mir angesehen, es wurde mir auch schon angeboten, auf Abbruch.

JULIA Ja, »dieser« war hier.

FERNANDO KRAPP Wenn es dir Spaß macht, immerzu. Dann ist er wenigstens nicht ganz unnütz, dieser Hampelmann.

JULIA *pikiert* Er ist jedenfalls sehr höflich und liebenswürdig.

FERNANDO KRAPP Höflich, aber ein Hampelmann.

JULIA Und er ist sehr gebildet. Schreibt auch.

FERNANDO KRAPP Meinetwegen gebildet, aber ein Hampelmann.

JULIA Er hat schon Gedichte geschrieben.

FERNANDO KRAPP Gedichte. – Das paßt!

JULIA Und man kann sich wunderbar mit ihm unterhalten, er kennt sich in der Literatur sehr gut aus und auch sonst.

FERNANDO KRAPP Um so besser, wenn er dich amüsiert –

JULIA Amüsieren ist nicht das richtige Wort. Er ist sehr unglücklich.

FERNANDO KRAPP Ach, er macht sich ein bißchen interessant – er leidet! Hat er nicht schon ein Gedicht über seine Leiden verfaßt und dir heimlich zugesteckt? Unter die Kaffeetasse geschoben? So wenige Menschen verstehen seinen Schmerz, er muß getröstet werden, man muß Verständnis haben.

JULIA Ja, er ist sehr sensibel.

FERNANDO KRAPP Sehr! Tröste ihn, sprich mit ihm über seine interessanten psychologischen Probleme.

JULIA Du siehst ihn falsch. Er ist wirklich ein besonderer Mensch. Und seine geheime Wunde ist, daß seine Frau ihn hintergeht.

FERNANDO KRAPP Na, »geheim«! Das weiß doch jeder! Das ist die Nummer, mit der er überall hausieren geht, weil er hofft, damit bei den Damen anzukommen.

JULIA Ich kann nicht verstehen, daß eine Frau ihrem Mann so etwas antut, ihn öffentlich blamiert.

FERNANDO KRAPP Ich verstehe es sehr gut! Weil er ein Hampelmann ist! Wahrscheinlich hat sie ihn nur wegen des Grafentitels geheiratet und langweilt sich jetzt mit ihm zu Tode. Mit mir könnte das eine Frau nicht machen.

JULIA *nach einem Zögern* Und wenn sie es so machte? Wie ginge das weiter?

FERNANDO KRAPP Dummheiten! Ich bin doch kein Fortsetzungsroman! Dummheiten! Unser Leben ist kein Phantasiegebilde, über das du mit diesem Grafen interessante Gespräche führen kannst, es ist ganz normal. Und wenn du denkst, daß du mich eifersüchtig machst, dann irrst du dich! Mit solchen Spielen zu kommen! Mir! Amüsiere dich meinetwegen mit diesem Hampelmann! Es hat nichts zu bedeuten!

JULIA *beiseite* Macht er sich wirklich gar keine Gedanken darüber, daß der Graf so oft zu mir kommt, daß wir im Pavillon sitzen, ganze Nachmittage, und miteinander plaudern? Er

321

ist so gleichgültig? Liebt er mich? Liebt er mich nicht? Die Frage peinigt mich.

zu Fernando Krapp Wir sind morgen bei ihm eingeladen.

FERNANDO KRAPP Was soll ich dort?

JULIA Zum Tee. – Willst du nicht mitkommen?

FERNANDO KRAPP Teestunde! Nein. Ich trinke Tee nur, wenn ich Bauchschmerzen habe. Geh nur allein, tröste den Grafen. Wahrscheinlich ist die Gräfin mit ihrem Kerl, mit dem, der gerade an der Reihe ist, auch dabei. Eine moderne Ehe! Interessant! Geh nur!

5

Julia. Der Graf.

DER GRAF *bekümmert* Es ist wie in einer banalen Posse. Madame hat ein Hemdchen an, nur ein Hemdchen, und geht zwischen Schlafzimmer und Salon hin und her, hüpft geradezu. Und trällert. Warum trällerst du denn unaufhörlich? Ich trällere, weil ich allein bin und die Sonne durchs Fenster scheint. Zwei Teller, zwei Gläser. Für wen? Für dich! Eine frische Melone. Aber ein Stück ist schon abgebissen. Ach ja! Wie komisch! Da höre ich halberstickes Niesen. War das wirklich im Schrank? Als ob ich die Krawatte wechseln wollte, öffne ich den Schrank. Niemand da. Soll ich unter dem Bett nachsehen? Soll ich mich so weit erniedrigen und an dieser Posse teilnehmen? Mit einem Ruck die Portiere zurückreißen, um in ein dummes, grinsendes Männergesicht zu sehen, ein mir unbekanntes, oder ist es vielleicht mein bester Freund, oder der Postbote oder der Tennislehrer? Ich könnte den Liebhaber aus dem Fenster werfen und sie auf die Straße treiben. Sie erhofft sich das, sie liebt den Skandal, die Aufregung, das Geschrei. Aber ich sage nichts, ich fliehe. Ich tauge nicht für eine ordinäre Posse.

JULIA Wie sind Sie nur in dieses Unglück hineingeraten!

DER GRAF Warum ich diese Frau geheiratet habe, wollen Sie fragen?

JULIA Ja, warum?

DER GRAF Verurteilen Sie mich!

JULIA Sie war sicher sehr attraktiv?

DER GRAF Ja, und sie ist es noch. Darauf kam es mir aber nicht an. Sie war vollkommen unverbildet, das gefiel mir. Ein Naturwesen! Sie wußte nichts, und ich dachte, ich könnte ihr alles von Grund auf beibringen. Ich glaubte, ich könnte sie erwecken, ihren Geist bilden und ihre Seele empfindlich machen. Ich stellte mir vor, ich könnte ihr gewissermaßen Leben einhauchen, Interessen in ihr wecken, von denen sie vorher nichts ahnte, ihr Herz erwärmen für die Wunder der Musik, die Schönheit der Sprache, vielleicht sogar der Philosophie. Das glaubte ich wirklich!

JULIA Pygmalion!

DER GRAF Bis ich entdeckt habe: ihre schöne Naivität war nur Stumpfheit, ihre Heiterkeit war Operettentralala.

JULIA Sie tun mir leid, lieber Graf.

DER GRAF Ich, der ich unter Banalität so sehr leide!

JULIA Eine so schreckliche Täuschung.

DER GRAF Meine Seele ist zu Tode erschöpft. Aber ich beklage mich nicht, ich habe kein Recht dazu. Ich hätte wissen müssen, daß es Menschen gibt, die, selber unempfindlich, ihre eigene Gefühllosigkeit wohl als Mangel empfinden und deshalb das Bedürfnis, vielleicht sogar Lust daran haben, andere zu quälen, um an deren Schmerz ihr kaltes Herz zu wärmen.

JULIA Ach lieber Graf, wie klug Sie alles durchschauen.

DER GRAF Der Lebensschmerz schenkt Einsichten und Erkenntnisse, die dem selbstzufrieden Glücklichen verschlossen sind. Lesen Sie Leopardi, lesen Sie Dichter, die heute unter uns leben und leiden – alle große Poesie schöpft aus einem schmerzlichen Lebensgefühl, aus der Trauer.

JULIA *unvermittelt* Bin ich unglücklich?

DER GRAF Daß Sie mich das fragen, Julia!

JULIA Ach, es ist mir nur so durch den Kopf gegangen, vergessen Sie es.

DER GRAF Ich k a n n meine Gedanken gar nicht von Ihnen abwenden.

JULIA Was denken Sie denn da alles?

DER GRAF Manchmal stelle ich mir vor, wir hätten uns kennengelernt, ehe ich mich an diese banale Person gebunden habe, die mir das Leben zur Hölle macht, und ehe Sie …

JULIA Das können Sie nicht vergleichen!

DER GRAF Und doch glaube ich … aber es ist besser, ich schweige darüber.

JULIA Sagen Sie es doch! Nun haben Sie mich einmal neugierig gemacht.

DER GRAF Wenn wir uns damals gesehen und miteinander gesprochen hätten, dann …

JULIA Sie wollen sagen, ich hätte mich dann in Sie verliebt?

DER GRAF Zweifellos!

JULIA Wie eitel die Männer sind!

DER GRAF Ich bin nicht eitel.

JULIA Alle halten sich für unwiderstehlich.

DER GRAF Oh nein.

JULIA Sie haben es doch eben selbst gesagt.

DER GRAF Ich meine es ganz anders.

JULIA Wie anders? Sagen Sie doch!

DER GRAF Nicht i c h – meine Liebe wäre unwiderstehlich gewesen. Meine Liebe!

JULIA Oh, das ist ja eine regelrechte Liebeserklärung, Graf! Sie vergessen, daß ich eine verheiratete Frau bin und verliebt in meinen Mann.

DER GRAF Sie sagen es zwar, aber …

JULIA Zweifeln Sie daran? Es ist aber so! Er ist ein herrlicher Mann! Voller Energie und Leben! Wenn die Tür aufgeht und er steht da, denke ich: er ist das Leben selbst, und ich muß mich ihm in die Arme werfen.

DER GRAF Und er?

JULIA Wie »und er«? So ist er!

DER GRAF Ich weiß doch … ich habe gehört …

JULIA Daß er mich nicht liebt? Von wem haben Sie so etwas gehört?

DER GRAF Von Ihnen!

JULIA Ich habe niemals mit Ihnen über meinen Mann gesprochen!

DER GRAF Sie haben es mit Ihren Augen gesagt, mit dem Senken Ihres Kopfes, mit einer Handbewegung, mit dem Klang Ihrer Stimme, und mit Ihrem Schweigen.

324

JULIA Ach, Sie wollen sagen, ich hätte Sie aufgefordert, mir Liebeserklärungen zu machen? Es war das letzte Mal, daß Sie unser Haus betreten haben!

DER GRAF Um Gottes willen, Julia!

JULIA Das letzte Mal, habe ich gesagt!

DER GRAF Wenn ich nur im Nebenzimmer sein kann! Im Dunkeln meinetwegen, ich höre Ihre Schritte im Salon, und Ihre Stimme höre ich vielleicht, ich schließe die Augen, und hinter meinen geschlossenen Lidern sehe ich Ihr Gesicht, das mir zulächelt.

JULIA Im Nebenzimmer und im Dunkeln?

DER GRAF Nur Ihre Nähe! – Was ich eben gesagt habe und was Sie vielleicht erschreckt hat ...

JULIA Nicht »vielleicht«! Es h a t mich erschreckt!

DER GRAF Sie hielten mein Bekenntnis für eitle Selbstüberschätzung!

JULIA Ja. Allerdings.

DER GRAF Furchtbarer Irrtum! Wer bin ich denn? Ein machtloser Schwärmer, nichts weiter. Der alte Name ... Nun gut. Aber was ist das schon? Adel und Familie, das ist kein Verdienst. Eine gewisse Bildung ... nun ja, das sollte selbstverständlich sein, so selbstverständlich wie angenehme Manieren. Eine besondere Sensibilität für das Künstlerische – daß ich die Vollkommenheit einer Linie, eines Klanges, einer Farbnuance geradezu physisch empfinden kann? Zwei Zeilen aus einem Lorca-Gedicht, und es passiert mir, daß ich in Tränen ausbreche, ich kann mich dagegen nicht wehren. Aber das ist natürlich kein Grund für Überheblichkeit. Das ist Stigma. Das macht mich nur einsam. Sehen Sie mich doch an, Julia, nur einen Blick!

JULIA Nein.

DER GRAF Sehen Sie da vor sich denn einen einmalig schönen Mann? Lächerlich, das zu glauben! Ich sehe mich im Spiegel und entdecke schon die Schatten der Melancholie, Anzeichen geheimer Zerstörung, die die ehemals ebenmäßigen Züge verändern. Ich erkenne den kleinen Zug von Verbitterung um meinen Mund, den ich gerade noch vor den Blicken anderer verbergen kann. Mein Lächeln ist schmerzhaft. Nichts an mir ist wert, von Ihnen geliebt zu werden, und Sie hätten recht, Ihr Auge von mir abzuwenden, so wie Sie es jetzt tun, wenn es das wäre, was Sie für mich gewinnen soll.

JULIA Ich weiß nicht, wovon Sie sprechen.

DER GRAF Von meiner Liebe rede ich, unaufhörlich rede ich von meiner Liebe, von meiner tollkühnen, wahnsinnigen Liebe zu Ihnen. Diese Liebe ist mein Geschenk an Sie, nicht meine unerhebliche Person.

JULIA *hält sich die Ohren zu, flüstert* Gift ... Gift!

DER GRAF Viele sind unfähig zu lieben. Sie fordern Liebe. Als ob es ein Recht gäbe auf unbegrenzte Liebe und Treue. Ein Mann nimmt sich eine berühmte Schönheit und führt sie vor: Seht meine schöne Frau, seht meine Tigerin! Und führt sie an der Kette vor. Seht, sie gehört mir! Seht, wie sie mir gehorcht! Aber deshalb liebt er die Tigerin nicht etwa, es gefällt ihm nur, sie zu besitzen.

JULIA Ich will es nicht hören ...

DER GRAF Wie gut du mir zuhörst ... wie du mir deine Seele öffnest! Ich dringe in dich ein, in deine Seele dringe ich ein.

JULIA Lassen Sie mich in Ruhe! Wenn er jetzt plötzlich zur Tür hereinkommt ...

DER GRAF Er kommt nicht! Es liegt ihm nichts an dir! Er läßt uns allein, weil er dich nicht liebt.

JULIA Er hat großes Vertrauen zu mir.

DER GRAF Zu sich selber hat er großes Vertrauen! Er glaubt, weil er alles an sich gerafft hat, weil er so viel Geld gemacht hat – ich will nicht wissen, wie! – denkt er gar nicht, daß ihm etwas verlorengehen könnte, was er einmal besitzt. Er hat keine Phantasie dafür, was in der Seele einer Frau vorgeht. Und mich verachtet er wahrscheinlich.

JULIA Ja! Er verachtet Sie!

DER GRAF Ich wußte es. Aber er verachtet auch dich!

JULIA Wollen Sie mich mit Ihren Reden töten?

DER GRAF Er, er wird dich töten ... Und du bist nicht die erste, die er umgebracht hat.

JULIA Das ist infam von Ihnen! Sie lügen! Oh, wie Sie lügen! Mein Mann hat diese Frau nicht getötet! – Gehen Sie endlich!

DER GRAF Der Gedanke ist dir schmerzlich, ich habe dich erschreckt!

JULIA Gehen Sie!

DER GRAF Ich verstehe, daß du jetzt allein sein willst. Du wirst
nachdenken und mich zurückrufen. Ich lasse dich nicht im
Stich.

6

Julia. Fernando Krapp.

FERNANDO KRAPP *kommt* Stell dir vor, was heute passiert ist!

JULIA Wo denn?

FERNANDO KRAPP Ich muß es dir erzählen, damit du auch deinen Spaß hast.

JULIA *beunruhigt* Ich höre dir zu.

FERNANDO KRAPP Weißt du, was ein Duell ist?

JULIA Selbstverständlich weiß ich das.

FERNANDO KRAPP Ein Duell, heutzutage! Nervöse Kerlchen
auf einer Waldlichtung im Nebel und »wählen Sie die
Waffe« und das ganze Brimborium! Das ist nichts für
mich!

JULIA *erschrocken* Willst du dich duellieren?

FERNANDO KRAPP Bist du erschrocken?

JULIA Ja – sag doch!

FERNANDO KRAPP Du brauchst keine Angst zu haben! Nicht
wahr, du kennst mich doch?

JULIA Ich weiß nicht, ob ich dich kenne oder nicht kenne.

FERNANDO KRAPP Oh, ein Orakelspruch! – Keine Angst, mit
mir macht man nicht so einen Unsinn: ein Duell! Ich soll
mich duellieren? Fernando Krapp? Ich habe die Burschen
natürlich weggejagt. »Schickt mir die Rechnung und die
Sache ist erledigt!«

JULIA Was für eine Rechnung denn?

FERNANDO KRAPP Die Arztrechnung und meinetwegen
Schmerzensgeld, und was er will.

JULIA Wer will?

FERNANDO KRAPP Aber wenn er unbedingt ein Duell haben
will, dann soll er kommen. Dann mache ich das mit Ohrfeigen und Fußtritten.

JULIA Wer war es denn?

FERNANDO KRAPP Es war dieser … ach, jetzt habe ich seinen

Namen vergessen, ich habe mir noch nicht mal den Namen gemerkt von dem feinen Herrn.

JULIA Aber wie ist denn der Streit entstanden?

FERNANDO KRAPP Er hat einen Witz erzählt.

JULIA Einen Streit über einen Witz? Das kann ich mir bei dir nicht vorstellen.

FERNANDO KRAPP Es war ja auch kein Streit. Er hat seinen Witz erzählt, und ich habe ihm das Glas auf den Kopf gehauen.

JULIA Ja ... war er verletzt?

FERNANDO KRAPP Es sprang ein bißchen Blut, gerade genug für ein Taschentuch.

JULIA Ach, wie schrecklich! Hat er dich denn so beleidigt?

FERNANDO KRAPP Der Witz! Der Witz!
lacht.

JULIA Erkläre mir doch, ich verstehe die ganze Geschichte nicht.

FERNANDO KRAPP Er erzählte einen Witz ... irgend so einen Witz über einen Ehemann, der nach Hause kommt, und da findet er im Schlafzimmer ... so ähnlich. Jedenfalls liegt seine Frau mit einem Mann im Bett und der Ehemann merkt es nicht. Und dann höre ich sagen: Wie Fernando Krapp! – Er sagt, du betrügst mich.

JULIA Ach! Das hat dich natürlich wütend gemacht.

FERNANDO KRAPP Kennst du mich wütend? Hast du schon einmal erlebt, daß ich außer Fassung gerate?

JULIA Nein, nie, wenn du mit mir zusammen bist. Aber in diesem Fall wäre es doch ganz natürlich, wenn du dich aufgeregt hättest.

FERNANDO KRAPP Ach, es wird so viel geredet.

JULIA Immerhin hast du ihn ja geschlagen, meinetwegen.

FERNANDO KRAPP Deinetwegen? Das wäre ja lächerlich! M e i n e t wegen! Sein Lächeln hat mir nicht gefallen, dieses dünne Lächeln mag ich nicht, bei dem man nicht mal die Zähne sieht.

JULIA Es sollte mich ja glücklich machen, daß du dir meiner so sicher bist.

FERNANDO KRAPP Aber ja! Mache dir keine Sorgen!

JULIA Aber ...

328

FERNANDO KRAPP Kein »aber« – die Frau von Fernando Krapp
 i s t glücklich!

JULIA Ja.

FERNANDO KRAPP Die Leute sagen mir, ich soll dem Grafen
 verbieten, mein Haus zu betreten. Was für ein Unsinn!
 Wenn der Hampelmann dich doch unterhält, wenn er seine
 zierlichen Sprünge macht! Was i c h von ihm halte, spielt
 keine Rolle. Ich weiß, daß meine Frau vergnügt ist und sich
 nicht langweilt, wenn ich meinen Geschäften nachgehe.
 Ein Schoßhündchen! Wirft man das aus dem Fenster? Es
 könnte jemandem auf den Kopf fallen! – Aber ganz im
 Ernst: Du würdest den Grafen ja selbst rausschmeißen,
 wenn er dir gefährlich würde, das heißt, wenn du anfingst,
 dich für ihn zu interessieren. Daß d u ihm gefällst, ist
 selbstverständlich, du gefällst ja allen.

JULIA Ich habe ihm schon einmal das Haus verboten, Fernando.

FERNANDO KRAPP So?

Er stutzt einen Moment.

JULIA Ja. Aber er kam wieder.

FERNANDO KRAPP Na also! Das ist ein gutes Zeichen!

JULIA Wir sehen uns jetzt wieder sehr oft, ein paarmal in der
 Woche. – *plötzlich heftig* D u mußt diesen Mann wegschik-
 ken, Fernando!

FERNANDO KRAPP Diesen Mann? – »Mann«?

JULIA Du mußt ihm dein Haus verbieten! Denn wenn ich
 mich doch für ihn »interessieren« würde, wie du das
 nennst ...

FERNANDO KRAPP Ach Julia, du willst mich eifersüchtig machen! Das hast du dir so ausgedacht, du lebst in einer romantischen Welt, und das verwirrt dir den Kopf! Ich
 glaube, du solltest ein paar Wochen aufs Land, weg von der
 Stadt, das tut dir gut. Frische Luft! Und wenn du dich lang-
 weilst, lassen wir den Hampelmann kommen, warum denn
 nicht? Wir fahren morgen.

DER GRAF Sie reisten am nächsten Tag aufs Land.

7

Julia. Fernando Krapp.

JULIA Was soll ich denn hier den ganzen Tag machen? Soll ich stundenlang auf die Kühe starren, die da draußen im Gras zwischen den Steinbrocken stehen? Und auf die Hunde, die knurrend an ihrer Kette zerren? Ich höre das Klirren noch, wenn ich nachts mit offenen Augen im Bett liege, nicht schlafen kann. Und die Mägde kreischen den ganzen Tag, mal im Haus, mal bei den Ställen, mal drüben am Wasser, wo sie die Wäsche schlagen. Sie kreischen, wenn einer von den Knechten vorbeikommt! Sie haben Stimmen wie aus Metall, häßlich! Ich fürchte mich, wenn Alfonso, der Halbidiot, hinter mir herrennt und immerzu grinsend seinen Hut zieht.

FERNANDO KRAPP Deine Nerven sind sehr angegriffen, Julia.

JULIA Wenn ich wenigstens Bücher hätte oder ein paar Zeitschriften! Ich soll mich mit der Realität beschäftigen, sagst du. Was ich sehe, langweilt mich und stößt mich ab. Wenn ich wenigstens ein Buch hätte! Warum habe ich bloß nicht ein paar mitgenommen!

FERNANDO KRAPP Habe ich es dir verboten? Du warst einverstanden mit meinem Vorschlag, daß wir uns hier auf dem Land ein wenig zurückziehen.

JULIA Weil ich wußte, daß du es so wolltest.

FERNANDO KRAPP Ich verbiete dir doch nichts! Habe ich dir jemals etwas verboten? Ich bin kein Tyrann. Ich verbiete nichts, und ich verlange nichts von dir.

JULIA Ja. Du verlangst nicht mal, daß ich dich liebe!

FERNANDO KRAPP Aber Julia! Liebe kann man nicht verlangen! Es gibt Männer, die fordern sie von ihren Frauen, und die Frauen gehen auch auf die Forderung ein. Sie spielen ihren Männern das ganze alberne Theater vor, das man herkömmlicherweise von einer liebenden Frau erwartet: Ein süßer Ton in der Stimme, ein tiefer Blick, endlose und immer wiederholte Beschreibungen von Gefühlen, mal sind sie angeblich schwächer – aber doch nicht ganz verschwunden – manchmal brechen sie angeblich plötzlich hervor, Seufzer, Geflüster, Schwindel! Und ihre Männer

glauben es auch noch. Schwindel! – Man kann Liebe nicht
verlangen.

JULIA Aber glaubst du, daß ich dich liebe?

FERNANDO KRAPP Nicht »ich glaube es«, – es ist so!

JULIA Es ist so ... es ist so ...

FERNANDO KRAPP Du hast mich damals gesehen. Ich habe
mich gezeigt wie ich bin, von Anfang an. Du weißt, was ich
bin und wer ich bin. Und deshalb liebst du mich. Es kann
gar nicht anders sein ... Spitzfindigkeiten über dieses
Thema kannst du besser mit deinem Seelenfreund begrü-
beln – nicht mit mir. Laß ihn ruhig kommen.
Schweigen.

JULIA Glaubst du, ich hätte nicht bemerkt, daß du –
zögert

FERNANDO KRAPP Nun?

JULIA Du gehst manchmal nachts zu einer von den Kuhmäg-
den. Zu der dicken! Simona heißt sie! Du hast mit ihr ein
Verhältnis angefangen. Das weiß ich!

FERNANDO KRAPP Ich gab mir auch keine Mühe, es zu verberge. Unwichtig!

JULIA Im Pferdestall, hinter der Speisekammertür, in der Be-
senkammer ...

FERNANDO KRAPP Toll!

JULIA Wie schrecklich primitiv das ist!

FERNANDO KRAPP Primitiv, ja! Ich bin selber auf dem Misthau-
fen aufgewachsen, vergiß das nicht. Ich habe eine Schwäche dafür. Ein einfaches, sinnliches Tier, schmutzig meinetwegen, ja, schmutzig, das gefällt mir gerade! Ich werfe sie in
den Bach, mitsamt den Kleidern, und schrubbe sie ab, und
sie legt ihre nassen, dicken Arme um mich und zieht mich
ins Wasser, und sie schreit vor Freude, daß es mir fast die
Ohren zerreißt.

JULIA So, das gefällt dir.

FERNANDO KRAPP Ja, aber was machst du denn für ein
Gesicht? Was hat denn das mit dir zu tun? Erkläre
mir!

JULIA Vielleicht ist das schön, ich versuche, mir das vorzustel-
len. Vielleicht könnte ich auch versuchen, so zu sein wie
dein wildes Tier.

FERNANDO KRAPP Du, Julia? Du doch nicht! Du mußt sein wie

du bist! Du bist schön, du bist anmutig, du bist vollkommen!

JULIA Und du bist ein Lügner! Es klingt wie eine Liebeserklärung, aber in Wirklichkeit ist es eine Beschimpfung.

FERNANDO KRAPP Ach, deine überreizten Nerven! Ich dachte schon, es wäre besser geworden.

JULIA Ein Mann kann alles, glaubst du, ein Mann kann betrügen …

FERNANDO KRAPP Wer betrügt denn?

JULIA *schreit* Du!

FERNANDO KRAPP Julia! Du siehst alles gleich wie in einem Roman. Es ist aber das einfache, normale Leben. Mir liegt doch gar nichts an dem Pummel, auch wenn sie mir gerade gefällt, vielleicht morgen noch, übermorgen nicht mehr.

JULIA Ach, s o denkst du!

FERNANDO KRAPP Und sie denkt genauso wie ich. Sie will ihren Spaß haben mit mir. – Ich bin immer noch dein Mann, Julia.

JULIA Das soll heißen, ich bin immer noch deine Frau.

FERNANDO KRAPP Jetzt wirst du endlich vernünftig.

JULIA Deine Vernunft steckt mich an, Fernando.

FERNANDO KRAPP Simona hat ja nur Vorteile von mir. Ich zahle für alles, und mit der Mitgift kriegt sie einen guten Mann. Wenn sie ihm ein Kind mit in die Ehe bringt, kann er sich nur freuen, bei so einem Vater! Ein Mann wie ich!

JULIA Schweig! Sei still, schweig!

FERNANDO KRAPP Schade, deine Neurasthenie ist nicht so leicht zu heilen. Wir müssen darauf achten, daß sie nicht schlimmer wird.

JULIA Du bist kein Mann, Fernando, du bist kein Mann!

FERNANDO KRAPP *spöttisch* Na hör mal, wie kommst du denn darauf?

JULIA Nein, du bist kein Mann.

FERNANDO KRAPP Was du für Einfälle hast! Und warum bin ich kein Mann?

JULIA Das sage ich dir später mal.

FERNANDO KRAPP Gut. Sage es mir später, oder sage es gar nicht. Behalte es in deinem romantischen Köpfchen.

JULIA Ich schweige.

Schweigen.

FERNANDO KRAPP Sag's mir lieber.

JULIA Ich weiß, daß du mich nicht liebst.

FERNANDO KRAPP Ach, geht es wieder los damit! Lieben und Nichtlieben, dieses Gerede! Das ist was für deinen Seelenfreund, laß mich damit in Ruhe.

JULIA Du brauchst nichts zu sagen, ich weiß es auch so – aus allem, wie du bist.

FERNANDO KRAPP *spöttisch* Soll ich dir Rosen bringen?

JULIA Ach, Rosen! Der ganze Garten ist voll davon! – Du duldest, daß der Graf jederzeit bei uns ein- und ausgeht.

FERNANDO KRAPP D u bist doch damit einverstanden, darauf kommt es an.

JULIA Ja, ich bin einverstanden! Ja! Ja! Ja!

FERNANDO KRAPP Du regst dich schon wieder auf.

JULIA Warum soll ich nicht einverstanden sein? Er ist mein Geliebter! – Hörst du! Du hast ganz richtig verstanden, er ist mein Geliebter! Ich tu's mit ihm, verstehst du? Nicht so primitiv wie du mit Simona, aber ich sage dir, er ist ein sehr raffinierter Liebhaber!

Fernando Krapp schweigt.

JULIA Fernando!

FERNANDO KRAPP Ja.

JULIA Du hast mir doch den Pavillon gebaut.

FERNANDO KRAPP Ja.

JULIA Der Diwan mit der indischen Seidendecke steht da! – Die Jalousie haben wir natürlich heruntergelassen.

Fernando Krapp schweigt.

JULIA Fernando!

FERNANDO KRAPP Ja.

JULIA Ja, ja, ja, ja – das ist alles? Du tötest mich nicht? Du erstickst mich nicht mit deinem Hut wie die andere? Die aus Mexiko?

Schweigen.

Fernando Krapp bricht plötzlich in ein riesiges Gelächter aus.

JULIA *schreit* Hör auf!

FERNANDO KRAPP *hört sofort auf, spricht sehr ruhig* Weder ist es richtig, daß ich meine erste Frau getötet habe, noch ist es richtig, daß der Hampelmann dein Liebhaber ist, dich auch je nur mit einer Fingerspitze berührt hat. Du belugst mich,

333

um mich in Wut zu bringen. Du willst einen Othello aus mir machen. Bin ich aber nicht, Julia! Werde ich niemals sein! Wenn du weiterhin von solchen Phantasien bedrängt wirst und dich immer weniger dagegen wehren kannst, muß ich mir ernste Sorgen machen. Es kommt noch so weit, daß man dich in ein Irrenhaus sperren muß.

JULIA Du bist ein Feigling!

FERNANDO KRAPP Mein Haus ist kein Theater! Wir spielen kein Theaterstück!

JULIA *schreit* Feigling! Feigling! Feigling!
Sie weint.
Fernando Krapp geht ab.

DER GRAF Eine Woche später rief Fernando Krapp seine Frau in sein Arbeitszimmer. Es waren zwei Herren da. Auch Graf Bordavela hatte er teuflischerweise hinbestellt.

8

Julia. Fernando Krapp. Der Graf. Zwei Irrenärzte.

FERNANDO KRAPP Du kennst diese beiden Herren nicht, Julia. Es ist Professor Enrique Alvarez und Professor Doktor Hermannstetter, beide sind Psychiater – Irrenärzte. Koryphäen auf ihrem Gebiet. Professor Alvarez ist Chef der psychiatrischen Abteilung einer der Krankenanstalten, die von meiner Fernando-Krapp-Stiftung finanziert werden. Ich bin stolz darauf, daß sie die modernsten und wissenschaftlich fortschrittlichsten Kliniken des Landes sind.

JULIA *zu dem Grafen* Was machst du denn hier, Juan?

DER GRAF Ich bin gebeten worden, hierher zu kommen.

FERNANDO KRAPP Diese beiden Herren werden dich untersuchen und in Behandlung nehmen. Du bist nicht ganz richtig im Kopf, deshalb mußte ich dies veranlassen. In deinen lichten Momenten, Julia, wirst du das einsehen.

JULIA *zum Grafen* Sonst haben wir uns immer woanders getroffen, Juan, dies ist kein hübscher Ort für ein Rendezvous.

DER GRAF Es beschämt mich.
Er sieht zu Boden.

334

JULIA Warum guckst du weg? Sieh mich doch an, Juan! Ich bin es – Julia!

DER GRAF Ich erkenne Sie wohl, gnädige Frau.

JULIA Du sprichst doch sonst nicht so förmlich mit mir!

FERNANDO KRAPP *zu den Ärzten* Sie sehen, meine Herren, sie hat noch immer diese fixe Idee im Kopf stecken. Es fing ganz unmerklich an, aber ihr Zustand wurde allmählich schlimmer, so daß mit ihr gar nicht mehr zu reden war. Ich, der Ehemann, konnte nicht mehr vernünftig mit ihr reden! Sie behauptet und versteift sich immer mehr darauf, daß dieser Herr hier – na, wie soll ich sagen?

JULIA Ja, er ist mein Liebhaber! Es ist richtig, ich gebe es zu! Wenn es nicht so ist, soll e r es sagen!

FERNANDO KRAPP Sie hören, Herr Graf, was meine Frau behauptet. Helfen Sie der Armen, indem Sie die Wahrheit sagen. Die Fachärzte müssen sich ein Bild machen. Ich muß Sie ganz direkt fragen: Haben Sie jemals intime Beziehungen zu meiner Frau gehabt?

DER GRAF Aber nein! Nein! Um Gottes willen!

FERNANDO KRAPP Sehen Sie, meine Herren!

JULIA Was sagst du da? Du streitest alles ab?

DER GRAF Ich erinnere mich nicht, jemals …

JULIA Du leugnest, was an den Nachmittagen im Pavillon vorgefallen ist? Die langen Nachmittage bis zur Abenddämmerung … Da lagen wir eng umschlungen auf dem Diwan. Nackt. Und wie du einmal nachts zurückkamst, weil du es nicht aushieltest und ich auch nicht, und du bis zum Morgen bliebst, bis zur letzten Minute, als Fernando von der Reise zurückkehrte und unten im Treppenhaus schon nach mir rief, während du über die Veranda geflüchtet bist. Ein Knopf war dir abgerissen, in der Hast! Von der Hose!

DER GRAF Gnädige Frau …

JULIA Fernando hat ihn gefunden!

FERNANDO KRAPP Ich habe einen Knopf gefunden? Sehen Sie, meine Herren …

DER GRAF Mäßigen Sie sich, gnädige Frau! Kommen Sie zu sich! Bitte!

JULIA Du siehst mich so entsetzt an, als ob du gar nicht wüßtest, wovon ich spreche!

335

DER GRAF Beruhigen Sie sich, bitte!

JULIA Lüge ich denn?

DER GRAF Lügen ... ist das falsche Wort.

FERNANDO KRAPP Dein Zustand ist leider so, daß ...

DER GRAF Ja, so ist es!

FERNANDO KRAPP ... ist leider so, daß du Wirklichkeit und Einbildung nicht auseinanderhalten kannst. So meinten Sie das doch, Graf?

DER GRAF Ihre Frau tut mir so leid – was für ein Unglück! Wenn ich ihr nur helfen könnte!

FERNANDO KRAPP Jammern Sie nicht! Die beiden Doktoren werden ihr helfen, dafür habe ich sie herbestellt. Man kann sich auf sie verlassen.

JULIA Guten Tag, Herr Professor Alvarez, guten Tag, Herr Doktor Hermannstetter! Eigenartigerweise bemerke ich Sie jetzt erst! Wie schön, daß Sie mir helfen wollen!

FERNANDO KRAPP *klatscht in die Hände* Bravo!

JULIA Aber Sie können mir nicht helfen. –
zum Grafen Nur noch eine Frage, Juan! Ich täusche mich doch nicht, daß du immer wieder und dann sehr oft in unser Haus gekommen bist?

DER GRAF Nein, da täuschen Sie sich nicht, gnädige Frau.

JULIA Worüber haben wir denn immer geredet? – Laß mich nachdenken. Wir sahen eine Katze an der Mauer springen und haben darüber geredet, ob Tiere, insbesondere Katzen, eine Seele haben, die dann ja auch unsterblich wäre wie die menschliche Seele – darüber haben wir geredet und dann bei verschiedenen Philosophen nachgeschlagen, die Bücherregale durchwühlt ... Zu einem Resultat sind wir, glaube ich, nicht gekommen, oder habe ich das vergessen?

FERNANDO KRAPP Über eine Katze, ja! Das klingt glaubwürdig.

JULIA Und auch über das Leben nach dem Tod ... Und habe ich nicht gesagt, mir ist manchmal, als ob ich schon gestorben wäre?

FERNANDO KRAPP Ach was, hier sitzt du doch, ganz lebendig, Julia! Die Frau des Fernando Krapp.

JULIA *deutet zum Grafen* Und dieser da?

FERNANDO KRAPP Graf, nun sagen Sie ihr, warum Sie regelmä-
ßig in unser Haus gekommen sind.

DER GRAF Selbstverständlich aus Freundschaft für Sie, Herr
Krapp.

JULIA Wie, ihr seid Freunde?

FERNANDO KRAPP Ich habe sein Palais, den verrotteten alten
Kasten, vor dem Verfall gerettet, das meint er, nicht
wahr?

DER GRAF Ja.

FERNANDO KRAPP Meine Frau hat mich drum gebeten, sonst
hätte ich es wohl nicht gemacht.

DER GRAF Selbstverständlich kam ich auch als Bewunderer
der gnädigen Frau, mit der ich gelegentlich Konversation
machen durfte. Undenkbar, daß ein Bordavela das Vertrauen eines Freundes mißbraucht, um ihn zu betrügen, eines so großzügigen Freundes!

FERNANDO KRAPP Wie i c h ? Das wollen Sie sagen?

DER GRAF Ja, wie Sie.

FERNANDO KRAPP Was? Sie bilden sich ein, ich habe mit Ihrer
Ehrenhaftigkeit gerechnet? Ich müßte mich auf Ihre Moral
verlassen? Darauf wäre ich angewiesen? Die ist mir vollkommen egal! Die existiert für mich nicht! Sie drehen Ihre
Moral, wie Sie wollen, Sie drehen sie mal so und mal so, wie
gerade der Wind weht! So sind Sie! Das weiß ich doch, so
sind alle, die nur aus dem Kopf leben und behaupten, sie
sind die Inhaber der Weisheit der Welt. Sie könnten von
mir aus der gerissenste Gauner sein, ein toller Bursche,
nicht die Jammerseele, die ich vor mir sehe – und doch würden Sie mich nicht reinlegen. Fernando Krapp kann man
nicht betrügen. Haben Sie mich verstanden? Wollten Sie
das sagen?

DER GRAF Ja ... so ähnlich wollte ich es sagen.

FERNANDO KRAPP So ähnlich oder genau das?

DER GRAF Ja, das.

JULIA *schreit los* Und ich bin die Verrückte, ja? Mich sperrt
man ins Irrenhaus, weil du Angst hast, die Wahrheit zu sagen, du Feigling! Er hat dich gekauft! Da sehe ich dich am
Boden herumkriechen, die Zunge hängt dir heraus und
tropft – eine riesige, gierige Zunge! Kriech hin zu ihm, die
Zunge will ja seine Füße lecken, so gierig zittert sie! Er

wird seine Schuhe schon gleich ausziehen und dir seine schmutzigen Füße hinhalten, die Füße, mit denen er im Stallmist gestanden hat! Leck sie ihm ab! Leck sie ihm ab!

FERNANDO KRAPP *zu den Ärzten* Sie werden Ihre Diagnose schon gestellt haben, meine Herren. Helfen Sie ihr, beginnen Sie mit der Behandlung, tun Sie, was Sie können!

9

Julia. Zwei Irrenärzte.

ERSTER ARZT Eine entsetzliche Tragödie! Was machen wir denn da, Herr Professor Alvarez?

ZWEITER ARZT Tja, Herr Doktor Hermannstetter!

ERSTER ARZT Mit »tja« kommen wir leider nicht weiter, Herr Professor Alvarez.

ZWEITER ARZT Welche Therapie schlagen Sie vor?

ERSTER ARZT Und Sie?

ZWEITER ARZT Dachten Sie, eine Schocktherapie wäre in diesem Fall angebracht?

ERSTER ARZT *ironisch* Tja!

ZWEITER ARZT Damit sollten wir vorsichtig sein, zumindest nicht gleich damit anfangen. Oder medikamentös?

ERSTER ARZT Nur ruhigstellen zunächst, das wäre mein Vorschlag.

ZWEITER ARZT Das brauchen wir nicht, die Patientin ist ganz ruhig! *zu Julia* Verehrte, gnädige Frau!
Julia rührt sich nicht.

ERSTER ARZT Sie hört uns nicht.

ZWEITER ARZT Erschöpft nach dieser Aufregung, was ja gewissermaßen normal ist.

ERSTER ARZT Völlig!

ZWEITER ARZT *zu Julia* Gnädige Frau!
Julia reagiert nicht.

ERSTER ARZT Ich habe den Eindruck, Herr Professor Alvarez, wir kommen in diesem Fall zu der gleichen Meinung.

ZWEITER ARZT Und die wäre?

ERSTER ARZT Das muß ich Ihnen nicht sagen.

ZWEITER ARZT Nein. Ich verstehe Sie schon richtig. Wenn die

Person nun aber nicht krank ist, dürfen wir sie dann in Verwahrung halten?

ERSTER ARZT *ironisch* Tja.

ZWEITER ARZT Ich muß Ihnen sagen, da wehrt sich etwas in mir, damit komme ich innerlich nicht zurecht!

ERSTER ARZT Wir werden es aber müssen.

ZWEITER ARZT Foltern Sie mich nicht damit!

ERSTER ARZT I c h foltere Sie? Wie kommen Sie denn darauf? Ich?

ZWEITER ARZT Es ist schrecklich!

ERSTER ARZT Ja. Aber wenn wir sie aus der Klinik entlassen, sagen, sie ist gar nicht krank?

ZWEITER ARZT Schrecklich.

ERSTER ARZT Dann bringt der Ehemann sie um und diesen Bordavela auch.

ZWEITER ARZT Ja. Andererseits: Ich habe ein ärztliches Gewissen!

ERSTER ARZT Sie müssen einsehen, daß wir in diesem Falle ein schlimmeres Verbrechen verhindern.

JULIA Sie sind kein Arzt!

ERSTER ARZT Phantastisch! Hören Sie, Herr Professor Alvarez, »ich bin kein Arzt!«

ZWEITER ARZT Phantastisch! Die Verantwortung wäre uns ja damit genommen.

JULIA Du bist Othello!

ERSTER ARZT Ich bin Othello?

JULIA Ich singe dir was ins Ohr. *Sie singt* »Das Mägdlein saß singend am Weidenbaum früh«. – Das mußt du doch kennen? Es ist nicht meine Erfindung.

ERSTER ARZT *zum zweiten Arzt* Hören Sie, hören Sie nur!

JULIA Entschuldigen Sie, ich irre mich! Ich bin wirklich nicht ganz richtig im Kopf. Das zeigt sich ja gerade darin, daß ich Sie für einen Neger gehalten habe! Oh Julia, Julia! Mach deine Augen auf!

Der erste Arzt hat sich zu Julia umgedreht, es ist Fernando Krapp. Er dreht sich wieder weg.

ZWEITER ARZT Eigentlich müßten wir doch feststellen, daß Fernando Krapp der Verrückte ist! Und wir müßten das laut, mit aller Entschiedenheit sagen!

JULIA Ich widerspreche! Er ist viel raffinierter als Othello!

Othello ist ein dumpfes Tier, in der entscheidenden Szene stellt sich das heraus, nicht wahr, Juan? – Jetzt schweigst du. Du verleugnest mich. Wir haben doch immer schön miteinander geplaudert im Pavillon! Über psychologische Probleme mit Konjunktivsätzen. Fernando hat sich ganz anders gerächt als Othello! Bin ich denn tot? Er hat mich nicht erstickt – eine Sache, die ihm gehört, würde er niemals beschädigen! Und dich hat er auch nicht umgebracht, Juan, ich sehe dich doch vor mir! Bitte, Herr Professor Alvarez – oder täusche ich mich schon wieder! Zeige dich, du Feigling! Feigling! Feigling!

Der zweite Arzt dreht sich um: es ist der Graf.

ZWEITER ARZT *Graf* Julia! – Meine Verzweiflung ist so groß, Julia! ... Ich habe versucht, ihr Ausdruck zu verleihen, in Form einer ... ich möchte es Elegie nennen. Der Schmerz, der mir die schwarzen, schweren Bilder eingibt, hindert mich doch zugleich daran, sie auf Papier zu bannen ... Ich bin fast zu traurig für Worte, alles ist Schmerz – ich fürchte zu erstarren! Du kennst meine unselige Disposition zu katatonischen Zuständen, Julia ... geliebte Julia – wer versteht mich denn noch, wenn ich dich verliere, nur du ...

JULIA Du Verräter! Du hast mich preisgegeben! Du bist schuld, daß ich hier eingesperrt worden bin – *schreit* Im Irrenhaus!

ZWEITER ARZT *Graf* Ach, arme Julia, armes Ich!

ERSTER ARZT Wenn wir Sie länger hierbehalten, Herr Professor Alvarez, wird sie vielleicht wirklich krank.

JULIA Herr Professor Alvarez, ich bin zu einer Erkenntnis gekommen und muß sie Ihnen unbedingt mitteilen: diese mexikanische Frau ...

ZWEITER ARZT Wen meinen Sie?

JULIA Tun Sie doch nicht ahnungslos! Sie haben doch selbst alle Protokolle angelegt und mir vorgelesen! Ich meine die erste Frau meines Mannes in Mexiko. Es ist mir jetzt klargeworden, daß er sie nicht gewaltsam getötet hat, er brauchte sie nicht gewaltsam zu töten! – Ich bin im Zustand des Erwachens. Er brachte sie so weit, daß sie von selber starb.

ERSTER ARZT Aha!

JULIA Lieben Sie mich, Herr Professor Alvarez?

340

ERSTER ARZT Wie bitte?

JULIA Alle lieben mich wegen meiner Schönheit. Ich sage Ihnen jetzt, warum ich meinen Mann liebe, warum ich Fernando Krapp liebe. Laufen Sie nicht weg!

Die beiden Ärzte laufen weg.

JULIA Mit welcher Intelligenz hat er diesen Grafen Bordavela dahin gebracht, daß er sich vor mir in seiner ganzen Erbärmlichkeit zeigen mußte! Ich war blind, ich habe mich selber blind gemacht! Aber e r ! Er hat mich gerettet. Er hat alles gewußt, alles gesehen und hat seinen teuflischen Plan gemacht. Sagten Sie »teuflisch«, Julia? Ja, so habe ich gesagt, da oben steht das Wort ja noch in der Luft! Ein teuflischer Engel hat mich vor dem Abgrund gerettet. Darum liebe ich ihn! Ich liebe ihn!

10

Julia. Fernando Krapp.
Fernando Krapp kommt.

JULIA Fernando, verzeih mir!

Sie fällt hin.

FERNANDO KRAPP Was soll ich dir verzeihen?

JULIA Ich bin plötzlich hingefallen. Ich bin so schwach, ich bin so lange krank gewesen.

FERNANDO KRAPP Nein, nein – bleib nicht da liegen. Es ist alles gut.

Er hebt sie auf.

JULIA Verzeih mir!

FERNANDO KRAPP Ich habe schon von den Ärzten der Anstalt gehört, daß du von deinem psychotischen Zustand befreit bist.

JULIA Ich war so verrückt! So verrückt! Und was habe ich in meiner Verrücktheit gelogen! Alles nur, um dich eifersüchtig zu machen! Nur deswegen! Glaubst du mir das?

FERNANDO KRAPP *mit äußerster Kälte* Du hast mich einmal gefragt, ob es wahr ist, daß ich meine erste Frau umgebracht habe. Ich habe dich dann gefragt, ob du das glauben könntest. Was hast du mir damals geantwortet?

JULIA Ich habe gesagt: nein, ich glaube es nicht, ich könnte es niemals glauben.

FERNANDO KRAPP So sage ich dir heute: So, wie du nicht an diesen Mord geglaubt hast, so wenig habe ich jemals an die Geschichte mit dem Grafen geglaubt.

11

Der Graf.

DER GRAF *liest einen Brief* »... wie Sie vermutlich erfahren haben, Graf Bordavela, ist meine Frau vollkommen geheilt aus dem Irrenhaus entlassen worden. Sie wünscht Sie zu sprechen. Kommen Sie übermorgen, Donnerstag, zu uns, damit wir die Sache zum Abschluß bringen können. Meine Frau bittet Sie, ich bestehe auf Ihrem Erscheinen. Ich bin sicher, daß Sie kommen werden. Sie können sich denken, daß Ihr Nichterscheinen die unangenehmsten Folgen haben kann. Sie kennen mich. Fernando Krapp.«

12

Julia. Fernando Krapp. Der Graf.

FERNANDO KRAPP Bring doch du uns den Tee herein, Julia! Schicke das Mädchen ruhig weg und auch den Butler, sie können heute freimachen. Den ganzen Abend.

DER GRAF Tee?

FERNANDO KRAPP Nein, nein, keine Angst! Ich habe keine Magenbeschwerden, ich bin ganz gesund. Sie lieben doch Teestunden, deshalb Tee! – Sitzen Sie bequem? Sie können ruhig auf dem Diwan Platz nehmen. Julia hat sicher nichts dagegen, Sie auf ihrer schönen indischen Decke zu sehen?

JULIA Nein, gar nicht.

DER GRAF Ich sitze sehr gut hier, danke.

Schweigen.

FERNANDO KRAPP Was für eine angenehme Stille! Nur dieses merkwürdige, zarte Geräusch ... ach, Ihre Tasse klirrt auf dem Unterteller!

342

Der Graf stellt schnell seine Tasse ab.

FERNANDO KRAPP Mein Gehör ist besonders empfindlich, entschuldigen Sie. Ich wollte Sie damit nicht in Verlegenheit bringen.

DER GRAF Aber wieso denn Verlegenheit, nein, nein!

FERNANDO KRAPP Oh ja! Sie sind ein Geistesmensch, und mich halten Sie für einen groben Kerl – das macht gar nichts. Julia, du hast nur unserem Grafen Tee eingegossen, warum nicht gleich mir? Gieß mir ein, ich will zuerst einen Schluck nehmen, damit der Herr Graf sieht, man kann in meinem Haus alles, was angeboten wird, ohne Angst genießen.

JULIA Ich weiß doch, Sie nehmen Zucker!

Sie wirft dem Grafen Zucker in den Tee.

FERNANDO KRAPP Ich lese ja keine Romane, Belletristik und so weiter, nur gelegentlich Zeitungen, Revolverblätter. Da liest man, was im Leben so vorkommt, nicht wahr?

DER GRAF Ich weiß nicht. Ich kann darüber nicht …

FERNANDO KRAPP *zu Julia, fröhlich* Da zieht sich sein Gesicht zusammen! Da kann er mir nicht frohen Herzens zustimmen, der Geistesmensch! – Da liest man manchmal von unglaublichen Verbrechen, man wundert sich über die Menschheit. Selbst ich wundere mich, obwohl ich doch die Menschen zu kennen glaube, als Geschäftsmann. Mir kann man doch nichts mehr vormachen, Herr Graf.

DER GRAF Nein, sicher nicht.

FERNANDO KRAPP Sie halten mich doch auch für einen Menschen, der zu allem fähig ist!

DER GRAF Es gibt Grenzen … es gibt Grenzen …

FERNANDO KRAPP Käuflich sind doch alle Menschen, oder etwa nicht?

DER GRAF Das … will ich nicht hoffen.

FERNANDO KRAPP Die einen haben den Geist, die anderen das Geld.

JULIA Künstlern muß man einiges nachsehen.

FERNANDO KRAPP Wer redet denn hier von Künstlern? Ach ja, Sie dichten ja zum Zeitvertreib!

DER GRAF Ich versuche, mich manchmal … auszudrücken.

FERNANDO KRAPP Das mache ich doch auch! Ich sage, was ich will.

DER GRAF Ich meine, in Versen … in freien Rhythmen.

FERNANDO KRAPP Machen Sie ruhig weiter! Wenn Sie genügend beieinander haben, lasse ich es mal drucken.

DER GRAF Das wäre ... eine Ehre für mich.

FERNANDO KRAPP Ach was – Ehre! Unsinn, Ehre! Sie haben doch niemand, der das Zeug druckt!

DER GRAF Man hat ein gewisses Interesse gezeigt ... ein Verlag ...

FERNANDO KRAPP Um so besser! Dann kaufe ich das Zeug auf, und wir stopfen es ... wie viele Exemplare sind es denn? – in Julias Pavillon. Sehr gut! – Na? Glücklich?

DER GRAF Ich bedanke mich für Ihr Interesse.

FERNANDO KRAPP Kriminalromane sollten Sie schreiben! Mordgeschichten! Die könnten Sie besser verkaufen.

DER GRAF Das ist leider nicht mein Genre.

FERNANDO KRAPP Stellen Sie sich vor, neulich habe ich über einen Ehemann gelesen, der dem Liebhaber seiner Frau zuerst die Gurgel durchgeschnitten hat, den geistsprühenden Kopf vollständig abgetrennt vom Körper.

DER GRAF Ein Psychopath offenbar ...

FERNANDO KRAPP Wie man's nimmt. Er hat den Körper dann zerstückelt, in kleine Würfel geschnitten und den Hühnern verfüttert. Nur den Kopf hat man gefunden.

DER GRAF Gräßlich!

FERNANDO KRAPP Er hatte nämlich eine Hühnerfarm. – Und noch eine Geschichte, womit ich Sie allerdings nicht langweilen will ...

FERNANDO KRAPP Julia war beeindruckt! Sie liest diese Berichte in den Revolverblättern sonst nicht, das ist auch gut so. Sie soll sich mit schönen Dingen beschäftigen. Mordversuch am Ehemann, es kam alles heraus. Das Ehepaar hat sich aber versöhnt, und sie haben den Liebhaber, ihren Friseur, zum Teufel gejagt. Pointe: Der hat sich aufgehängt.

DER GRAF Herr Krapp ... ich möchte ...

FERNANDO KRAPP Ich langweile Sie! Oder werden Sie unruhig, weil Sie immer noch nicht wissen, warum wir Sie hierhergebeten haben? – Julia!

JULIA Ich habe meinen Mann gebeten, Sie hierherzubestellen, weil ich Sie um Verzeihung bitten muß für die schwere Beleidigung, die ich Ihnen zugefügt habe.

DER GRAF Aber Julia, ich weiß nicht, was Sie meinen! Sie haben mich niemals gekränkt!

FERNANDO KRAPP Unmöglich, Graf Bordavela, daß Sie sich
über die Situation nicht im klaren sind, ein Geistesmensch
wie Sie!

JULIA Doch, ich habe Sie in eine entsetzliche Situation gebracht. Das tut mir sehr leid.

DER GRAF Sie verwirren mich … ich weiß wirklich nicht …

FERNANDO KRAPP *unterbricht ihn* Vorsicht!

Der Graf, erschrocken, weiß nicht, was er sagen soll.

JULIA Sie sind so höflich und so taktvoll und wollen mich
schonen.

FERNANDO KRAPP Sie müssen doch begreifen, daß ein Mensch,
der einem anderen Schaden zugefügt hat und sich deshalb
schuldig fühlt, um Vergebung bitten will.

DER GRAF Natürlich, Herr Krapp, aber welchen Schaden?
Welches Unrecht ist mir denn geschehen?

JULIA Ich war allerdings krank – mein Gehirn! Deshalb hoffe
ich auf Nachsicht.

DER GRAF Bitte quälen Sie sich nicht, Julia.

JULIA Nein, ich will sprechen. Ich will all meinen Mut zusam-
mennehmen, alles aussprechen und nichts beschönigen,
um mich dann, wenn ich Ihre Verzeihung erlangt habe,
wirklich frei zu fühlen.

FERNANDO KRAPP *schroff* Hören Sie endlich zu!

JULIA In meiner Verrücktheit habe ich behauptet, Sie hätten
mir nachgestellt, hätten mir heimlich Anträge gemacht,
heiße Beteuerungen ins Ohr geflüstert, und es sei Ihnen gelungen, meine Gefühle immer mehr zu erhitzen.

DER GRAF Das haben Sie gesagt, Julia?

FERNANDO KRAPP Ja. Mir! Sehen Sie, jetzt erschrecken Sie
doch!

JULIA Und schließlich hätte ich nachgegeben. Ach, in welchem Zustand war ich, vollkommen verrückt! Wie konnte
ich so etwas sagen!

DER GRAF Ach, es tut mir leid.

FERNANDO KRAPP Ja, es ist wirklich sehr peinlich für sie.

JULIA Noch mehr habe ich gesagt! Wir hätten die schamlose-
sten Dinge getan, sogar hier auf diesem Diwan! Nicht nur
einmal, viele Male, immer wieder. Manchmal seien Sie

345

nachts gekommen, wenn mein Mann verreist war. Wie schrecklich, daß ich all das behauptet und Sie in eine so schlimme Situation gebracht habe! Es saß so fest in meinem Kopf. Es tut mir leid, daß Sie sich gefallen lassen mußten, in Gegenwart der Ärzte nach unserem angeblichen Verhältnis befragt zu werden. Das muß ein abscheulicher Moment für Sie gewesen sein. Und doch! – Verzeihen Sie mir, wenn Sie können, bitte!
Schweigen.

FERNANDO KRAPP Akzeptieren Sie diese Entschuldigung?

DER GRAF Ich muß gestehen ...

FERNANDO KRAPP Ja oder nein?

DER GRAF Ja – ich verzeihe ihr. Ich verzeihe Ihnen beiden.

FERNANDO KRAPP *grob* Achten Sie darauf, was Sie sagen! M i r haben Sie nichts zu verzeihen.

DER GRAF Nein. Das ist wahr.

FERNANDO KRAPP Sie sind so aufgeregt, beruhigen Sie sich doch! Nun ist alles im reinen. – Siehst du, Julia, es war gut so.
zu dem Grafen Es entspricht nicht meinem gradlinigen Charakter, unliebsame Dinge zu vertuschen.

JULIA Ich bin so glücklich, Fernando.

FERNANDO KRAPP Sollten Sie sich jedoch dazu verleiten lassen, die Sache anders darzustellen, Herr Graf ...

DER GRAF Bestimmt nicht!

FERNANDO KRAPP Man weiß nicht. Sie treiben sich ja überall herum und reden ... Vielleicht in »freien Rhythmen« ... Das rate ich Ihnen nicht. Sie kennen mich.

JULIA Ach, das offene Fenster, da höre ich die Vögel in der Hecke zwitschern!

DER GRAF Ich glaube ... ich bin nun hier überflüssig ...
will gehen.

FERNANDO KRAPP Halt! Ich möchte Sie noch bitten, Graf Bordavela, kommen Sie wieder, und sooft Sie wollen! Auch dann, wenn ich nicht zu Hause bin, das soll Sie nicht stören. Es würde einen sehr schlechten Eindruck machen und zu Gerüchten Anlaß geben, wenn wir die Beziehung plötzlich abbrächen. Nicht wahr, Julia?

JULIA Ja, Fernando.

FERNANDO KRAPP Wahrscheinlich habt ihr einander noch et-

was zu sagen … unter vier Augen – was ihr nicht aussprechen wollt, solange ich da bin. Ich verlasse euch.
Er geht ab.

13

Julia. Der Graf.
Julia und der Graf sitzen schweigend da. Der Graf sieht be-
sorgt nach der Tür.

JULIA Blicken Sie nicht immer nach der Tür!

DER GRAF *flüstert* Ob er horcht?

JULIA Sie brauchen nicht zu flüstern.

DER GRAF Mir blieb momentan die Stimme weg.

JULIA Fernando Krapp lauert doch nicht hinter der Tür und
horcht, was wir uns sagen!

DER GRAF Nun, nach allem, was vorgefallen ist …

JULIA Wirklich, Juan, Sie brauchen sich nicht zu beunruhigen.

DER GRAF Ich mich nicht beunruhigen? Julia! Ich weiß nicht
mehr, wer ich bin! Wenn Sie nicht hier säßen und zu mir sagen würden: Juan – mich ansprechen würden: Juan!, mit
diesem Namen, den ich kenne, den ich mit einer Person
verbinde, Juan Graf Bordavela – eine Person, die ich zu
kennen glaubte – ich wüßte nicht …
Julia lächelt.

DER GRAF Ich habe eine Erinnerung an diese Person. Nicht,
daß ich sie besonders bewundert oder in a l l e n ihren Cha-
rakterzügen geschätzt hätte, das nicht! Aber sie war mir
doch nicht ekelhaft. Aber jetzt, Julia – ich bin mir ekelhaft,
ich ekle mich vor mir! *Er weint.* Sie sehen doch, was aus mir
geworden ist, aus diesem Menschen, den Sie geliebt haben.
Julia schweigt.

DER GRAF Mich überwältigt die Trauer.

JULIA Nein, Juan.

DER GRAF Sie haben noch Hoffnung? Können Sie nach diesem Schauspiel von Häßlichkeit und Lüge und Verleum-
dung noch glauben, daß wir zu uns selbst zurückfänden?
Daß unsere reinen Empfindungen einmal wieder lebendig
werden? Nach dieser grauenhaften Szene!

347

JULIA Welche Szene denn, Juan!

DER GRAF Ich sehe mich da stehen, erbärmlich und wehrlos, die beiden Ärzte als Zeugen, die ja genau verstanden haben, was gespielt wurde, wie ich gezwungen wurde, Sie zu verleugnen – diese grauenhafte Szene, wo ich so tief gedemütigt wurde – und Sie auch.

JULIA Armer Juan!

DER GRAF Ich dachte, wir könnten uns nie wieder vor die Augen treten.

JULIA Das dachten Sie?

DER GRAF Wie ungeheuer stark Sie sind, wie stark!

JULIA Ja. Durch meine Liebe.

DER GRAF Sie – schenken mir das Leben zurück! Die Hoffnung! Alles!

JULIA Wie war ich dumm! Und nun endlich verstehe ich alles, die Irrtümer, die Verwirrung ist von mir abgefallen.

DER GRAF Wenn er aber doch hinter der Tür zuhörte! Daß Sie, Julia, Sie mich um Verzeihung bitten mußten!

JULIA Es war mir ganz selbstverständlich.

DER GRAF Julia – jetzt verstehe ich dich nicht.

JULIA Es war doch ganz in Ihrem Sinn, denke ich? Sie haben damals bekannt, daß die ganze Liebesaffäre eine Täuschung von mir war, und ich habe mich nun endlich dafür entschuldigt. Sie hatten recht, Sie brauchen sich nicht zu beunruhigen.

DER GRAF Aber Julia! Wollen Sie denn auch jetzt, wo wir allein sind und niemand uns zur Unwahrheit zwingt, ableugnen, daß Sie meine Gefühle kannten, daß Sie sie erwidert haben, daß Sie meine Geliebte waren?

JULIA Bitte hören Sie auf damit.

DER GRAF Aber ich weiß es doch! Ich weiß es doch!

JULIA Es scheint Ihnen so, mein lieber Juan. Das macht Sie verrückt.

Sie lacht.

Der Graf rennt weg.

FERNANDO KRAPP Fernando Krapp war der Sieger. Selbstverständlich. Sie liebte ihn mit aller Kraft ihres Herzens. Dann kam der Tod und nahm sie. Er nahm zuerst ihre Schönheit. Dann ihren Mut. Dann ihren Atem.

14

Julia. Fernando Krapp.

FERNANDO KRAPP Du hast das Haarkämmchen aus der Hand fallen lassen.

JULIA *flüstert* Ach, ich hab's gar nicht gemerkt.

FERNANDO KRAPP Es ist ja auch nur ein leichtes Ding, biegt sich schon, wenn ich hinfasse.

JULIA *flüstert* Gib's mir.

FERNANDO KRAPP Steht mir auch! Ich kann damit meine Stirnlocke bändigen.

JULIA *flüstert* Ja.

FERNANDO KRAPP Du lachst nicht. – Ich kann auch noch Gesichter dazu schneiden! – Alter Affe … sieh doch! Oder: ein Löwe brüllt …! Mir fallen nur Tiere ein. Es gäbe doch Grimassen von Menschen genug! Denk nur an den grinsenden Alfonso, vor dem du dich immer fürchtest! Doktor Hermannstetter hat mir von einem Verrückten erzählt, der durch die Straße lief und alle Mienen, jeden Gesichtsausdruck, den er sah, aufnahm und sich einprägte – zwanghaft! Dann versteckte er sich im dunklen Hausflur und machte sie alle hastig nach, um sie loszuwerden, wie einer der ein verdorbenes Essen wieder auskotzt. Stell dir das bloß vor! – Hier hast du dein Kämmchen.

JULIA *flüstert* Ich kann es nicht leiden, wenn mir das Haar ins Gesicht fällt.

FERNANDO KRAPP Du sollst einen anderen haben, mit Brillanten besetzt.

JULIA *flüstert* Ich sterbe, Fernando.

FERNANDO KRAPP Nein, nein, nein! – Rede keinen Unsinn! Du weißt, ich kann sowas nicht leiden.

JULIA *flüstert* Sieh mir nur ins Gesicht.

FERNANDO KRAPP *schreit* Du stirbst nicht! Das kann nicht sein! Du gehörst mir! Ich gebe dich nicht her! Keinem geb ich dich! Auch nicht dem Tod, dem verdammten Gauner!

JULIA *flüstert* O wie du mich liebst! Sag es! Sag es!

FERNANDO KRAPP Du weißt es doch!

JULIA *flüstert* Nie hast du es ausgesprochen, nicht ein einziges Mal! Vielleicht gibt es mir die Lebenskraft zurück.

FERNANDO KRAPP Da brachen auf einmal die Bande von seinem Herzen, und er redete zum ersten Mal über seine Liebe zu Julia, er konnte nicht aufhören, er weinte dabei, schrie und schluchzte. Er packte ihren schwachen, verlöschenden Körper, preßte ihn an sich. Er legte sich zu ihr auf das Bett und wiederholte immerzu: Nimm mein Leben! Nimm mein Leben! Nimm mein Blut! Ich lasse dich nicht dem Tod!

JULIA *flüstert* Du weinst. Aber ich bin glücklich.

FERNANDO KRAPP So starb sie. Nach Tagen hat man die Tür aufgebrochen, man fand Fernando mit Julia. Die tote Frau muß er aus dem Bett gehoben und fast bis zur Tür getragen haben. Dort ist er mit ihr hingefallen. Erst dann hat er sich die Adern aufgeschnitten. So ist er gestorben, ohne sie aus den Armen zu lassen.

Herr Paul

Im Jahre 1686, am 8. Juni, erblickten zwei Edelleute auf dem Wege nach Chur in der Schweiz an einem Busch ein kleines Kind liegen, das in Linnen eingewickelt war. Der eine hatte Mitleid, hieß seinen Diener absteigen und das Kind aufheben, damit man es ins nächste Dorf mitnehmen und Sorge für es tragen könnte. Als dieser abgestiegen war, das Kind angefaßt hatte und aufheben wollte, war er es nicht vermögend. Die zwei Edelleute verwunderten sich hierüber und befahlen dem anderen Diener, auch abzusitzen und zu helfen. Aber beide mit gesamter Hand waren nicht so mächtig, es nur von der Stelle zu rücken.

Brüder Grimm, Das schwere Kind

Personen

HERR PAUL
LUISE, seine Schwester
HELM
LILO
SCHWARZBECK
ANITA

Ort: Das heruntergekommene Gebäude einer kleinen, alten Seifenfabrik. Ein Teil der Fabrikationsräume wird seit vielen Jahren provisorisch als Wohnung benutzt. Ein paar schöne alte Möbelstücke, die aber stark lädiert sind. Ein zerschlissenes, pompöses Ledersofa, auf dem Klavier ein Elektrokocher. Von einem Schwungrad, oben an der Backsteinwand, grau von altem Seifenstaub, baumelt der gerissene Transmissionsriemen herab.

1

Paul hat sich träge auf dem großen Sofa ausgestreckt, er
scheint es ungern zu verlassen. Auf dem Fußboden liegen
verschiedene Gegenstände, die er gebraucht hat und die sich,
wie seinen schlaffen Händen entglitten, um sein Lager
herum angesammelt haben: Kaffeetassen, ein umgekipptes
Glas, mehrere aufgeschlagene Bücher, zerknüllte Zeitungs-
seiten, ein Löffel, ein großes Brotmesser, ein aufgerissener
Karton, Kleidungsstücke, Socken. Paul erzählt. Seine wei-
ßen, weichen Hände, die aussehen, wie wenn sie in seinem
Leben noch nie etwas angefaßt hätten, flattern dabei in selt-
sam eleganten, lebhaften Gesten.

PAUL … halt, halt, halt, bleibt stehen, schreie ich, hört mal auf
mit dem Gerenne bergab! Ich will ein paar Worte mit euch
tauschen, Spanisch oder Esperanto, wir können uns doch
begrüßen wie Menschen, und wenn wir uns auf eine Sprache nicht einigen können, dann eben in der Zeichenspra-
che, mit zehn Fingern, mit Fingerspiel, Augenrollen und
Kopfwackeln. Das ist schließlich eine universelle Sprache
der Menschheit. – Sie aber hören nicht auf mich. Sie rennen weiter. Ich seh die schwarzen Beine flitzen unter den
glitzernden Eisbrocken! Da kommt ein Großer mit vier
Beinen, und dann saust mal ein ganz Kleiner vorbei mit
kurzen Kinderbeinen. Und noch einer und andere! Ich
hätte euch eine Stärkung zu bieten gehabt, eine schöne
dicke Knackwurst aus Westfalen, ich bin doch ein guter
Mensch! Ich bin ja schon fast ein Vorbild für andere, weniger gute. Nur ein bißchen verfressen bin ich. Und trotzdem
biete ich die Knackwurst an! – Nee, die rennen weiter, wollen sich auf ein Gespräch nicht einlassen, die Kanaker!
Rennen und rennen hinunter in die fruchtbaren, grün
leuchtenden Täler von Ecuador! In das irdische Paradies,
wo alles wächst und wuchert. Bis ihr dort unten seid, sind
eure kostbaren Eisbrocken schon weggeschmolzen! Zum
Totlachen! Rennt so schnell ihr wollt! Da oben hackt ihr sie
aus dem Gletscher und wenn ihr unten ankommt – nicht
größer als ein Entenei! Wenn ihr mit dem Händler noch
lang um den Preis streitet, habt ihr am Ende bloß noch
nasse Finger!

Helm ist aufgetaucht, man weiß nicht, wie er hereingekommen ist: ein junger Mann, der sich bemüht, energisch und optimistisch zu wirken. Ohne Paul besondere Beachtung zu schenken, sieht er sich in dem Raum um, wie jemand, der sich über die Beschaffenheit seines Eigentums informieren möchte.

PAUL Da fragt sich doch einer, der bei Verstand ist, ob das der Mühe wert war … fragt man sich doch …

LUISES STIMME *von draußen* Mit wem sprichst du denn? Ich höre dich immerzu sprechen, es ist doch niemand da!

PAUL Jetzt schweige ich.

LUISES STIMME Du redest wie die Bäume rauschen.

PAUL *mit einem Blick auf Helm* Schon habe ich einen, der mir zuhört!

LUISES STIMME Ich finde und finde meine Brosche nicht!

PAUL *zu Helm* Hören Sie mir zu?

HELM *lacht unverschämt* Ob ich Ihnen zuhöre?

PAUL Ist auch egal.

HELM Sie wissen, wer ich bin?

LUISES STIMME Einmal möchte ich die schöne alte Brosche anstecken, und dann finde ich sie nicht in dem Durcheinander!

PAUL *zu Helm* Sie stehen da im Zimmer und messen mit den Augen die Quadratmeter nach Länge und Breite.

HELM *lacht unverschämt* Sieht das so aus?

PAUL Und unsere Luft atmen Sie.

HELM Leider. Sie riecht nicht gut. *Lacht unverschämt.*

PAUL Wir benutzen kein Deodorant.

HELM Wie tote Katze. – Und die Fenster sind zugenagelt.

PAUL Nicht alle.

LUISES STIMME Jetzt habe ich die Brosche!

2

Luise taucht auf: eine graue, zierliche, ältliche Person. Sie trägt ein etwas aus der Mode gekommenes, festliches Kleid, das ihr zu groß ist, nicht richtig paßt. Sie hat es wohl geschenkt bekommen.

LUISE Und da bin ich!

HELM Guten Abend.

LUISE Wie sind Sie denn so mir nichts dir nichts hereingekommen?

HELM Zuerst habe ich ein paarmal geklingelt.

LUISE Hast du etwas gehört, Paul?

PAUL Die Klingel geht doch nicht.

LUISE Das ist eine Schande!

HELM Dann bin ich einfach rein und die Treppe rauf ...

LUISE Wann kommt schon mal ein Besuch zu uns!

HELM Ich habe ja den Brief geschrieben.

LUISE Sie lachen so nett. Und sind noch so jung.

HELM Ja. Was hatten Sie denn erwartet?

LUISE Paul, sieh doch mal, ob die Brosche richtig sitzt.

HELM Ich habe den Brief geschickt, den haben Sie doch bekommen!

LUISE *hat noch ein abgeschabtes Pelzcape umgelegt* Ach, wie
schade, ich muß grade heute abend in die Oper! Ich habe
eine Karte geschenkt bekommen. Von unserer früheren
Schneiderin. Der Schwiegersohn ist in der Oper beschäftigt. Für mich ist das immer ein ganz großes Erlebnis, können Sie sich ja vorstellen! Ich kann mich jetzt leider gar
nicht um Sie kümmern.

HELM Ist auch nicht nötig. Ich bin nur ganz kurz hier. *Zu Paul.*
Wo haben Sie denn nun meinen Brief? Ich will nur eben
Ihre Unterschrift, dann bin ich schon wieder weg.

PAUL Jaja.

LUISE Was denn für ein Brief, Paul?

Paul winkt müde ab.

LUISE Ach, wissen Sie, Paul macht doch Briefe gar nicht mehr
auf! Seit Jahren nicht mehr. – Ich schon! Paul lacht mich
dann immer aus. Er sagt, ich warte noch aufs große Glück.
Sie kichert. Warte ich ja auch!

HELM Er wirft die Post einfach weg?

PAUL Ich werfe nie Post weg!

LUISE *droht ihm schelmisch* Paul! Paul!

PAUL Lohnt sich nicht. – Man läßt sie einfach liegen. Es
kommt etwas dazu, das bleibt auch liegen. Es sammelt sich
etwas an, es wird ein kleiner Haufen, es wird ein größerer
Haufen. Und dann rutscht er mal vom Tisch. Man tritt ein
paarmal drauf beim Hin- und Hergehen. Dann schiebt mal

jemand das Papier beiseite, es wird was drauf gestellt ... allmählich ist es eben weg.

LUISE Sehen Sie!

HELM Aber in diesem Fall muß ich Sie wirklich bitten –

LUISE Paul, sieh doch mal nach, mach ihm die Freude!

HELM Es ist eine Terminsache. Es ist wegen des Gebäudes.
Ich bin nämlich der Erbe. Habe ich Ihnen doch alles geschrieben.

PAUL Tja.

LUISE Da mische ich mich mal lieber gar nicht ein. Wenn es
sich um Geschäftliches handelt, muß das immer mein Bruder machen! – Ach, nun ist es höchste Zeit! – Hoffentlich
gelingt Ihnen alles, was Sie Großes vorhaben, ich wünsche
es Ihnen so sehr. *Sie geht, ruft zurück.* In dem blauen Topf
sind noch Nudeln, Paul. Schling sie aber nicht wieder kalt
runter!

3

PAUL Nun betrachten Sie die Gegenstände. – Da sind die Nudeln. – Da ist der Nudelkocher. Da, auf dem Klavier. *Ohne
sich von der Stelle zu rühren.* Darf ich Ihnen anbieten?

HELM Bloß nicht. *Winkt ab.*

PAUL Ist auch besser so. Man kann kalte Nudeln schwer auf-
teilen, die kleben so. Mit dem Messer durchschneiden ist
unkultiviert.

Paul steht von seinem Sofa auf, geht zum Nudeltopf.

PAUL Man muß sie mit den Händen auseinanderziehen und
das klebrige Geflecht entwirren. *Faßt in die Nudeln.*

HELM *wehrt ab* Danke, danke!

Paul stopft sich die kalten Nudeln in den Mund.

HELM Ich könnte mich kurz nochmal vorstellen.

PAUL Es lohnt sich nicht, die Nudeln warm zu machen.

HELM Ich kann Ihnen gerne erklären, wie ich unten ins Haus
gekommen bin, nämlich so: Es hat sich im Nachlaß der
alten Dame, der ich die Erbschaft verdanke, ein Schlüssel
gefunden. Das Haus wird ja vielleicht noch stehen, dachte
ich, aber ob so ein alter Schlüssel noch paßt, so ein großes
eisernes Ding? – Paßte!

PAUL *verschlingt die letzten Nudeln* Nun ist es zu spät, falls Sie doch noch welche wollten!

HELM Einen Kocher stellt man nicht aufs Klavier. Der Kocher auf dem Klavier – so was!

PAUL Luise spielt noch hin und wieder, mal den Flohwalzer, mal was anderes.

HELM Luise ist Ihre Schwester, nicht?

PAUL Ja, die Affenforscherin.

HELM Sie wohnen mit Ihrer Schwester allein hier oben? Das Rückgebäude hat sechs Räume.

PAUL Könnte sein.

HELM Es ist so.

PAUL Den hinteren Raum haben wir nie benutzt.

HELM So.

PAUL Er hatte keine Atmosphäre. Und in zwei regnets rein, die haben wir nach und nach aufgegeben.

HELM Aufgegeben?

PAUL Wer will denn dieses ständige Geräusch ertragen, wenn die Tropfen in die aufgestellten Eimer knallen! Vier Eimer haben wir aufgestellt! Hauptsächlich um die Sessel herum! Der Teppich war mit der Zeit so durchnäßt, daß eine Nebelschicht über dem Boden stand! Und dauernd Kurzschluß! Da saßen wir in mondloser Nacht im schottischen Hochmoor! – Und von Küche kann gar keine Rede sein! Was gibt es heute für herrliche Küchen, sagt meine Schwester, die Affenforscherin.

HELM Richtig. – Ich möchte gleich mal durch die Räume gehen.

PAUL Das ist ja leider nicht möglich, Jüngling!

HELM Ich will mich orientieren und muß den Zutritt verlangen.

PAUL Ja, das können Sie verlangen, selbstverständlich.

HELM Dann gehen wir.

PAUL Ich war lange nicht mehr da drin.

HELM Das ist doch kein Argument.

PAUL Jahrelang nicht!

HELM Keine Angst, ich komme schon rein.

PAUL Energisch sind Sie ja, das ist wichtig.

HELM Ich will Ihnen mal kurz erklären, was ich hier vorhabe. Ich nehme an, das interessiert Sie.

PAUL Ja.

HELM Ich werde das gänzlich heruntergekommene Gebäude sanieren, alles tipptopp. Sie wissen ja, was das bedeutet.

PAUL Jaja.

HELM Das heißt nämlich 800 000 Mark investieren, Minimum. Und zwar, weil ich das Geld allein nicht aufbringe, mit einem Kompagnon. Er will sich das Gebäude natürlich gründlich ansehen, ehe er sein Geld reinsteckt.

PAUL Ja.

HELM Na, also. Er weiß, was sein Geld wert ist, er hat es ja erst mal verdienen müssen.

PAUL Ja.

HELM Zuerst muß das Haus vermessen und ein Plan erstellt werden, alte Pläne sind nicht gefunden worden.

PAUL Da machen Sie sich aber große Mühe.

HELM Ja, das haben wir vor.

PAUL Das erwarten wir gar nicht von Ihnen.

HELM Herr Schwarzbeck kommt auch noch vorbei.

PAUL Ist ja erstaunlich, daß Sie so Großes für uns tun wollen.

HELM Ich glaube, Sie mißverstehen mich. Ich will hier einen Betrieb einrichten. Hier!

PAUL Wie gut!

HELM Ohne diverse Umbauten geht das nicht ab.

PAUL So.

HELM Ich habe gar keine andere Wahl. Ich brauche die Räume.

PAUL So.

Schweigen.

HELM Sehen Sie sich doch mal um in dieser Stadt. Gucken Sie am Friedrich-Engels-Ring, was da geplant wird! Was da Neues entsteht! Ganz moderne Betriebe! Oder wenn Sie in die Höfe sehen und durch die Fenster in all die kleinen Fabriken, wie sie da sitzen im Neonlicht, an den Maschinen, und in weißen Arbeitsmänteln an Labortischen stehen! Und sind Sie mal neuerdings durch die Nützenberger Straße gegangen? Wie da bei Schabert alle paar Minuten ein vollbeladener Transporter aus der Toreinfahrt kommt und wegflitzt! Und die Fassaden sind weiß gestrichen, überall wird aufgestockt und ausgebaut. Das sieht man überall,

360

in der ganzen Stadt! Da wollen wir doch nicht als Schand-
fleck übrigbleiben!

PAUL Ich gehe nie in die Stadt.

HELM *einen Augenblick verdutzt, dann* Aber Sie wissen doch,
was sich überall tut. Man läuft ja ständig mit zurückgelegtem Kopf durch die Straßen, weil sich da oben überall
Kräne drehen und Gerüste in den Himmel wachsen.
Paul brummelt.

HELM Da habe ich gar keine Wahl – es sei denn, ich lasse dieses Gebäude weiterbröckeln, bis der ganze Krempel zu-
sammenbricht, und verkaufe auf Abbruch. Das widerstrebt
mir. Ist mir zu passiv, schlicht gesagt. – Und vielleicht ist es
auch ein Gefühl von Verpflichtung oder Traditionsbewußt-
sein, der Großvater … *Bricht ab.*
*Paul hat seine Tasse leer getrunken, steht auf, trägt sie zum
Herd, um sich neuen Tee einzugießen. Dabei fällt ihm die
Untertasse, die an der Tasse klebte, auf den Boden und zerbricht. Helm bückt sich nach den Scherben. Paul bleibt stehen, winkt ab.*

HELM Das ist schade. *Sieht auf die Scherben*. Sieht aus wie
Wedgewood. *Sieht nochmal prüfend hin*. Ist sogar Wedgewood!

PAUL *brummt* Wedgewood … Wedgewood … *Gießt sich Tee
in die Tasse.*

HELM *mit den Scherben in der Hand* Naja. – Den ersten
Schritt habe ich schon gemacht, die Erbschaft angenom-
men. Und das hat natürlich den zweiten ganz automatisch
zur Folge. Den zweiten und den dritten und den vierten.

PAUL Was braucht man denn überhaupt einen Unterteller!
Man braucht strenggenommen gar keinen Unterteller!

HELM Es steht ja immer noch »Comptoir« an der Tür zum
ehemaligen Büro. Ich habe es unter Staub und Rost entzif-
fert, mit dem Finger das C nachgefahren.

PAUL Eierfarben. Das war der Anfang.

HELM Was rede ich denn! Sie wissen wahrscheinlich viel mehr
über meinen Großvater als ich. Sie haben ja früher da oben
im Vorderhaus gesessen, seit Menschengedenken, und haben heruntergesehen, was da unten gewühlt und gekrab-
belt wurde.
Paul brummelt.

HELM Ich würde sehr gern später einmal Genaueres von Ihnen darüber erfahren, das ist ja sozusagen die Geschichte der Firma.

PAUL Ja, wenn ich Ihnen das erzähle …

Schweigen.

HELM Ja?

PAUL Da werden Sie Augen machen, Jüngling! Da gehen Ihnen gewaltig die Augen auf, wie wenn Sie in das ewige Feuer blicken würden.

HELM Ich denke mir, es ist für Sie und vor allem für Ihre Schwester eine erfreuliche Sache, wieder in das Vorderhaus zu ziehen, wirklich ein Vorteil.

PAUL Erst hockte er hinten im Schuppen, da hat er seine Tüten gefüllt … und dann das Bleichsoda … Wie er dann die Seife gekocht hat, da hatte er schon den roten Backsteinklotz am Fluß gemietet. Und dann die Gebäude nebenan, und dann auf einen Schlag alles! Auf einen Schlag! Aus der Konkursmasse erworben … auch das Vorderhaus, alles!

HELM Ja. Und von da an war es eine richtige Fabrik.

PAUL Ein sehr tüchtiger Mann!

HELM Ja. Das habe ich ja alles nicht erlebt.

PAUL Schaffen Sie das erst mal, Jüngling!

HELM Was mich betrifft, keine Sorge.

PAUL Gut.

HELM Und mit Herrn Schwarzbeck zusammen, der sein Geld und seine Erfahrung in den Betrieb einbringt – sichere Sache! Ganz andere Branche!

PAUL Da kam er eines Tages die Treppe heraufgestiegen, gegen Mittag, er hatte sich angezogen, wie wenn er zur Kirche wollte, er hatte sogar Handschuhe angezogen. Und an dem großen Eßtisch saß er meinem Vater gegenüber. Meine Mutter hatte meinen Vater da hingesetzt, er war ja schon blind, und ist rausgegangen, und wir standen alle im Flur und horchten … Mein Vater saß da wie ein Ladestock und sagte kein Wort … kein Wort sagte er! Nur seine beiden Hände tasteten auf der Tischdecke herum. Ihr Großvater sagte: Herr Paul, ich habe heute morgen alle Ihre Gebäude gekauft.

HELM *überrascht* Ach! Das gehörte vorher alles Ihnen?

PAUL *imitiert die Stimme des Großvaters* »Herr Paul, ich habe heute morgen alle Ihre Gebäude gekauft.« Er hatte eine Fistelstimme.

Schweigen.

HELM Das ist mir nie erzählt worden.

PAUL »Herr Paul, ich habe heute …«

HELM Das wußte ich nicht.

PAUL Ja, so war es.

Schweigen.

HELM *betreten* Nun denken Sie vielleicht – *Wieder ganz energisch.* Herr Paul, ich muß doch selbstverständlich über mein Eigentum verfügen können … das müssen Sie doch einsehen!

PAUL Ja, ja.

HELM Nachdem ich mich entschlossen habe … es war ja zunächst das Eigentum meiner Tante, wissen Sie ja … und jahrzehntelang Stillstand.

PAUL Was haben Sie denn bisher gemacht?

HELM Sie meinen … ehe ich mich entschlossen habe … Da habe ich studiert. *Lacht.* Und dachte manchmal, es könnte möglicherweise auch gar nichts aus mir werden.

PAUL Aha! Da haben Sie wahrscheinlich sich selber gesucht in diesen Jahren. Da waren Sie mit einem Schritt schon auf dem Wege, der geradewegs in den Abgrund führt, Jüngling.

HELM Es macht mich ganz nervös, wenn Sie immer Jüngling zu mir sagen!

PAUL Ich sage es von jetzt an nicht mehr.

Schweigen.

HELM Was Sie aber eben von meinem Großvater gesagt haben, das beschäftigt mich noch. Dazu möchte ich Sie etwas fragen, nämlich: Wie es denn möglich war, daß Sie das gesehen haben, wie Ihr Vater und mein Großvater am Tisch saßen. Sie waren doch gar nicht dabei. Sie waren doch im Flur.

PAUL Wir haben es alle gesehen.

HELM Wie denn?

PAUL Wie denn! Wie denn! Durchs Schlüsselloch!

HELM Die ganze Familie am Schlüsselloch!

PAUL Ja!

Schweigen.

363

HELM Eine dumme Sache.

PAUL Was denn?

HELM Daß Ihre Familie und meine auf eine so ungute Weise verbunden sind, daß der Aufstieg meines Großvaters mit dem Unglück Ihrer Familie gewissermaßen erkauft wurde. – Wenn das so stimmt ...

PAUL Sie wollen mir kündigen.

HELM Ich möchte ...

PAUL Sie können mir aber nicht kündigen.

HELM Ich möchte Ihnen vorschlagen ...

PAUL In meinen Berliner Jahren, in dem Haus, in dem ich wohnte ... die Frau hatte einen Liebhaber ins Haus genommen ... obwohl sie schon fünfundsechzig war ... Da sollte ich ausziehen. So gingen zwei Jahre dahin, und darüber ist sie gestorben, aus Ärger. Und er, was sollte er machen? Er ist ebenfalls gestorben. Und ich bin geblieben ...

HELM *wütend* Da sehe ich ja meinen Brief liegen! Und geöffnet ist er auch!

PAUL Tatsächlich!

HELM Eben haben Sie doch behauptet, Sie hätten von mir keinen Brief bekommen!

PAUL Ja.

HELM Sie lassen mich alles erklären und wissen schon längst Bescheid, haben den Brief ja gelesen.

PAUL Ach, gelesen oder nicht gelesen ...

HELM *energisch* Ich gehe jetzt mal die Räume ab, was rede ich denn so lange!
Geht ab.

4

PAUL *allein* Da geht er in den Wald ... da verschwindet er im Dickicht ... Wenn er zurückkommt – falls er überhaupt je zurückkommt! – sein Gesicht! Wer sind Sie denn? Waren Sie schon mal auf diesem Terrain? Es sind so viele Jahre vergangen, so viele Jahre, wie ich Finger habe – *Zählt.* – hundert Finger! Und ich liebe jeden einzelnen abgöttisch!
Er schleckt seine zehn Finger liebevoll ab.

5

LILO *ruft draußen* Helm?
> *Geräusch: etwas fällt, Gepolter, Krach. Lilo kommt. Sie ist eine hübsche, junge Person, lebhaft. Sie wirkt tüchtig, aber etwas sprunghaft. Sie spricht manchmal zu laut, platzt manchmal mit ihrer Rede allzu unvermittelt heraus.*

LILO Also hier ist es! *Schimpft.* Gott, seh ich aus! *Sie klopft sich Staub ab. Sie niest.* Ich bin irgendwo mit dem Kopf an was gestoßen … das ist runtergefallen. Und der Boden ist so komisch glitschig.

PAUL Glitschig. Von dem alten Seifenzeug.

LILO Und Sie sind der berühmte Herr Paul.

PAUL Wieso berühmt?

LILO Weil man Sie nie sieht, sagt Helm. *Sie guckt ihn an und lacht.* Jetzt sehe ich Sie aber doch! – Unten hat mir jemand gesagt, gehen Sie nur durch zum Rückgebäude und da die Treppe rauf, – man riechts gleich. Sie stopfen Tiere aus, sagte der.

PAUL Schon lange nicht mehr oder ganz selten.

LILO Schade. – Ich bin wegen Helm hier, wir wollten uns hier treffen.

PAUL Hier ist niemand.

LILO *setzt sich hin* Komisch. Er müßte längst da sein.
> *Schweigen.*

PAUL Wie sieht er denn aus?

LILO *lacht* Ich finde, sehr gut.
> *Schweigen.*
> Komisch, daß ich hier sitze.
> *Schweigen.*
> Und Sie auch.
> *Schweigen.*
> Ich störe Sie nicht, ich habe was zu lesen dabei. *Sie sucht in ihrer Umhängetasche.*

PAUL »Coco ist der größte Gauner.«

LILO Wie bitte?

PAUL Das konnte zu seinen Lebzeiten ein Rabe sagen, den mir seine Besitzerin brachte.

LILO Sie sprechen ja selber wie ein Rabe.

PAUL Dackel, Perserkatzen, Meerschweinchen, Kanarienvögel brachten mir die Leute, runter bis zur Tanzmaus.

LILO Ach, interessant.

PAUL Und aufwärts über Fuchs, Wolf, Leopard, verblichene Gattin bis zum Staatsoberhaupt.

LILO Na, was Sie mir da erzählen – *lacht* – das ist ja schaurig.

PAUL Lenin.

LILO Das war aber doch ein einmaliger Fall.

PAUL In Rußland war damals ein ungewöhnlich milder Winter. Tauwetter. Und keine Gefrieranlage, wie man das heutzutage überall hat. Obwohl die Zeit drängte, gabs den bekannten Streit: Die Krupskaja wollte ihn nicht ausgestopft haben, aber die Partei – oh, die Partei, die sagte: er gehört der zukünftigen Menschheit. Schließlich waren die meisten Teile nicht mehr zum Vorzeigen, gerade noch der Kopf, Gott sei Dank. Ohne den Originalkopf hätte ja alles keinen Sinn gehabt. Die Hände! – Die Hand, die in der typischen Herrschergeste ausgestreckt von zehntausend Denkmälern her bekannt ist – die Hände hat man von einem sibirischen Postboten genommen. – Was haben Sie denn alles in Ihrer großen Tasche?

LILO Ich? – Ach, bloß ein Sandwich, Apfelsinen und die Thermosflasche mit meinem Spezialtee. Keine tote Katze!
Schweigen.

LILO Ich habe immer ein bißchen Vorrat.
Schweigen.

LILO Ich glaube, ich esse jetzt mein Sandwich. *Sie ißt.* Möchten Sie auch eins? Ich habe noch eins.

PAUL Was ist denn drauf?
Lilo zeigt es ihm. Paul nimmt es und ißt.

LILO Es war eigentlich für Helm. Wenn er aber nun nicht da ist … Er behauptet, es gibt in der ganzen Stadt kein vernünftiges Restaurant.

PAUL Das weiß man nicht.

LILO Sie müssen sich doch hier auskennen.

PAUL Ich gehe nie raus.

LILO Wie ein Höhlentier! – Ich muß immer Menschen sehen. Ich muß durch die Straßen laufen, in Lokale gehen und muß Gesichter sehen. Gesichter sind das Schönste! Ich sammle sie richtig! Wie die alle gucken! Ich möchte sie immer sofort nachmachen.

PAUL Machen Sie mich mal nach!

LILO Sie kann man nicht nachmachen! So jemand wie Sie – ich glaube, das kann ich nicht.

PAUL Da betrachte ich meine Füße, schmal und eher klein, wenig beansprucht, nicht vom Pflastertreten platt und von engen Schuhen krumm und krüpplig – zart, wie ein Hundefüßchen! Aber empfindlich, sonst könnte ich ja mit Ihnen tanzen, oder ich könnte auch alleine tanzen. *Steht auf, macht ein paar Schritte.*

LILO Ach, ein griechischer Volkstanz!

PAUL ... ich habe mich so wenig auf meinen Füßen bewegt, daß sie mir wehtun, wenn ich springe.

6

Helm kommt zurück.

LILO *überrascht* Helm! *Zu Paul* Er ist ja doch da!

PAUL Jaja.

HELM *zu Paul* Das ist meine Freundin Lilo. Wir waren hier verabredet.

LILO Er hat mir gar nicht gesagt, daß du schon die ganze Zeit hier bist.

Paul winkt schläfrig ab.

LILO Ich wußte ja von nichts, ich habe ahnungslos hier rumgehockt und mein Sandwich aufgegessen, und deins habe ich verfüttert. Aber Grießpudding habe ich noch für dich.

HELM Ich mußte die Räume abgehen.

LILO *zu Paul* Wann ziehen Sie denn aus?

HELM *wehrt schnell ab* Das haben wir noch nicht besprochen.

LILO Ich setz mich solang in eine Ecke und tu mir die Sprachkassette rein. *Sie hockt sich hin und kramt in ihrer Umhängetasche nach ihrem Walkman, setzt die Kopfhörer auf. Helm wartet. Dann, als er sieht, daß Lilo nicht mehr aus dem Zimmer zu bringen ist, versucht er, mit Paul wieder das Gespräch aufzunehmen.*

HELM Ich glaube, Herr Paul, wir sollten eine schriftliche Vereinbarung über die Sache machen, den Entwurf kennen Sie ja. Miete zahlen Sie ja so gut wie keine, das hat meine Tante vor Jahrzehnten so vereinbart, anscheinend aus alten Familienrücksichten. Und so soll es auch einstweilen bleiben, wenn Sie dann in das Vorderhaus ziehen.

PAUL *hat nicht zugehört, zu Lilo* Was hören Sie denn da?

HELM Das ist doch auf jeden Fall eine Verbesserung für Sie.
Paul ist überraschend flink durch den Raum hinüber zu Lilo gelaufen.

PAUL *überlaut zu Lilo* Was hören Sie denn da?

LILO Ach, ich lerne bloß was.

HELM Wir kommen sicher zu einer raschen Einigung über den Termin.

LILO Indonesisch.

HELM Ich dachte, in vier bis sechs Wochen, damit wir zügig vorankommen.

LILO Bagaimana keadaan anda?

PAUL Vorsicht, Kopfjäger!

LILO Das heißt: Wie geht es Ihnen?

HELM Übrigens ist der Umbau seit vorgestern genehmigt.

PAUL Mir geht es sehr gut.

LILO Helm findet es ärgerlich, daß ich immer Pläne habe.

HELM *ärgerlich* Lilo!

LILO Ich bin nämlich Krankenschwester von Beruf.

PAUL Kopfjäger und Schlangen!

LILO Ich gehe eine Zeitlang an ein Urwald-Hospital in Borneo.

HELM Vielleicht.

LILO Ich muß immer mal wieder woanders hin. – Die haben nur ein Funkgerät, noch nicht mal ein Telefon.
Schweigen.

PAUL Eine sehr hübsche Person sind Sie. Wenn man Ihnen auf der Straße begegnet, muß man den Hut ziehen. Ich besitze keinen Hut, entschuldigen Sie. Aber ich sehe auch etwas Tragisches in Ihrer Erscheinung. Ich sehe das.

HELM Sie ist eine Komikerin.

LILO *lustig* Hör du nur auf mit deinen Unverschämtheiten!

PAUL Darf ich Sie fragen, ob Sie eine Familie haben?

LILO Nein, die sind alle in Osnabrück. Und außerdem sind sie gestorben.

PAUL Gut! Das ist gut!

LILO *zu Helm* Woher willst du denn wissen, daß ich eine Komikerin bin?

HELM Das merkt man.

LILO Woran denn?

HELM Du sagst etwas – und es ist komisch.

LILO Was sag ich denn?

Helm schweigt.

LILO Sag doch, was sag ich denn?

Helm schweigt.

LILO Vielleicht stimmts ja. Mit den Patienten lache ich, auch wenn sie Krebs haben.

PAUL Sie haben keine Familie, dann haben Sie auch keine Verpflichtungen. Ich auch nicht. Dieser junge Mann aber hat eine schwere Erbschaft übernommen.

LILO Ja, ja, ich weiß schon! *Lustig.* Die sagenhafte Tante und die Fabrik und das Seifenpulver und der tote Großvater mit der Uhr in der Hand!

PAUL *grinst* Und mich!

Paul und Lilo grinsen.

HELM *schreit wütend* Ja!

LILO Jetzt findest du mich gar nicht komisch.

Schweigen.

PAUL Aha! Sie sind empfindlich! Sie wollen rücksichtslos sein, Sie wollen Menschen beiseite räumen, aber … Sie sind empfindlich!

HELM Dort drüben haben Sie eine Schreibmaschine. Wenn sie noch intakt ist und wenn ich sie mal benutzen dürfte, dann könnten wir die Erklärung zusammen abfassen.

PAUL Auch meine Familie ist zugrunde gegangen! Gut so! Nur noch ich! … Luise natürlich auch. – Kann man sich vorstellen, daß man in mich einmal alle Hoffnung gesetzt hat?

HELM Haben Sie ein Blatt Papier, oder zwei vielleicht?

PAUL *zu Lilo* Können Sie sich das vorstellen?

LILO Ich will mich gar nicht einmischen, entschuldigen Sie.

PAUL In mich hatte man alle Hoffnung gesetzt. Zu diesem Zwecke habe ich auch studiert. Ich habe studiert, wie man Wasser in Wein verwandelt, achtzehn Semester Nationalökonomie … Und Anatomie. Deshalb kann ich einen Papagei präparieren oder eine Saatkrähe, wenn das gewünscht wird. Die Verwesung überlisten, den Gestank!

LILO Lernt man sowas in Anatomie?

PAUL *winkt ab* Anatomie … Anatomie … Lenin ist völlig geruchlos. Sonst würde keiner mehr hingehen, und es gäbe längst keinen Kommunismus mehr.

Lilo setzt die Kopfhörer wieder auf.

PAUL Der Philosophie habe ich mich auch eine Zeitlang gewidmet … *Schreit.* Warum leiden Sie, mein Fräulein?

LILO *nimmt die Kopfhörer ab* Wie? Ich leide doch gar nicht!

PAUL Doch, Sie leiden!

LILO Nein. Ich bin ganz gern hier, und daß Helm so verbockt ist manchmal, das kenn ich schon.

PAUL Sie leiden, weil Sie leben wollen. Schopenhauer.

LILO Ach so, ist Schopenhauer nicht ein Philosoph? Da kenne ich mich leider nicht so aus.

HELM *hat die Schreibmaschine auf einer Kommode entdeckt, probiert die Tasten aus* Die Schreibmaschine funktioniert nicht, die muß man erst mal säubern, das e bleibt jedesmal hängen. Ich habe nicht mehr viel Zeit, weil Herr Schwarzbeck kommen will, und da muß ich die Erklärung haben, mit Ihrer Unterschrift.

LILO Ach, der kommt auch noch! Und ich?

PAUL Die Bewohner im Vorderhaus sind gegen mich eingestellt. Alle! Sie reden gehässig über mich. Und die Pisulski hat mir sogar einmal eine tote Katze durchs Fenster geworfen. Seitdem bleibt das Fenster immer zu!

LILO Warum denn?

PAUL Ich bin ein freier Mensch, mein Fräulein, das erbittert sie.

LILO Oder ist es vielleicht wegen der ausgestopften Tiere?

PAUL In Berlin waren das viel mehr. Da hatte ich einen Raum voll mit Tieren, meistens Vögel.

LILO Schade, die hätte ich gern gesehen.

PAUL Ich hatte sogar mal einen Schrumpfkopf zur Reparatur, – wo Sie doch nach Borneo wollen! Der sollte eine Schenkung sein fürs Museum. Ist mir aber mißlungen, er sah nicht mehr lebensecht aus, deshalb hat das Museum ihn dann gar nicht haben wollen. Auch gut.

LILO Ich glaube ja immer alles, das ist manchmal ein Problem.

PAUL Lassen Sie mich suchen! *Er geht eilig nach nebenan.*

7

LILO Ich weiß schon, daß dich Borneo ärgert.
Helm schweigt.

LILO *schreit* Ich weiß schon! Borneo ärgert dich!

HELM Mußtest du dich denn so ausführlich mit Paul unterhalten? Über ausgestopfte Tiere. Schrumpfköpfe!

LILO Mich interessiert das.

HELM Mich nicht.

LILO Ich bin eben so, daß die Leute mir gern was erzählen. – Dir erzählen sie natürlich nichts, du machst immer ein Gesicht, als ob du gar nichts hören wolltest. Du interessierst dich ja auch wirklich nicht für Menschen. Noch nicht mal für mich.

HELM Doch! Für dich interessiere ich mich sehr! *Umarmt sie.*

LILO *zärtlich* Glück gehabt. Du, ich ginge jetzt lieber hier weg … mit dir … ins Hotel zurück.

HELM Ich auch. Aber ich kann doch jetzt nicht, wegen Paul. *Umarmung.*

LILO Ich zieh dich jetzt einfach aus. *Versucht, ihm den Gürtel aufzumachen.*

HELM Bloß nicht.

LILO So gern ginge ich jetzt mit dir weg …

HELM Wenn nachher Herr Schwarzbeck erscheint, dann sei aber bitte seriös.

LILO Oh ja, dann bin ich ganz seriös.

HELM Er ist mein Geldgeber. Wenn der Schwarzbeck mir sein Geld nicht gibt, dann bin ich aufgeschmissen.

LILO Verstehe ich ja, verstehe ich völlig!

HELM Borneo! Borneo! Borneo!

8

Es klopft leise an die Tür.

LILO Hat es nicht geklopft?

HELM Nein.

Schweigen. Es klopft wieder.

LILO Siehst du! Müssen wir da aufmachen?

HELM Sei mal still!

Schweigen. Es klopft.

LILO Herr Paul, es hat geklopft!

Keine Antwort von Paul.

LILO Ich guck mal.

Sie öffnet die Tür. In der Tür steht die dreizehnjährige Anita, stocksteif, mit gesenktem Kopf, offenbar aus dem Bett entwischt, um hierher zu kommen. Sie ist geistig behindert.

LILO *ratlos* Was möchtest du denn?

Anita gibt keine Antwort.

LILO Wen suchst du denn?

Anita antwortet nicht.

LILO *sieht sich fragend nach Helm um* Wer ist das? Vorhin hat sie im Haus auf der Treppe gesessen, als ich da herumging.

HELM Ach ja, das ist die Kleine von der Pisulski aus dem Vorderhaus.

LILO Ist deine Mutter nicht zu Hause?

Anita gibt keine Antwort.

LILO Na, komm mal herein.

Anita kommt herein, bleibt stehen mit gesenktem Kopf.

HELM Nein, es ist besser, du gehst schleunigst wieder nach Hause, sonst wirst du gesucht.

Anita bleibt schweigend mit gesenktem Kopf stehen. Helm macht Lilo ein Zeichen, andeutend, daß Anita schwachsinnig ist.

LILO Du armes Kind! Du armes, gutes Kind! Ich hab was für dich, guck mal. *Sie kramt eine Mandarine aus ihrem Beutel.* Eine Mandarine! Willst du die haben?

Anita bleibt mit gesenktem Kopf, unbewegt.

LILO Schenk ich dir! Magst du die nicht?

Anita steht stumm, schüttelt den Kopf.

LILO Oder warte mal, warte mal, vielleicht finde ich ja noch ein Stück Schokolade! *Sie kramt in dem Beutel, holt einen Schokoladenrest heraus.* Siehst du! Gerade noch ein Stück für mich und eins für dich!

ANITA *steht mit gesenktem Kopf* Hab selber.

LILO Schade. Dann geb ichs meinem Freund, der freut sich. *Sie gibt Helm das Schokoladenstück.*

HELM Hat ihr wahrscheinlich die Mutter eingebläut, daß sie nichts annehmen darf.

LILO *ruft* Herr Paul, kommen Sie denn gar nicht wieder heraus aus Ihrer Höhle?
Paul antwortet nicht.

LILO *zu Anita* Na, setz dich mal da hin. *Deutet auf einen Stuhl. Anita aber steigt auf das Fußbänkchen.*

LILO Du kennst dich wohl hier aus? – Herr Paul ist sicher gleich wieder da. – Bist du denn öfters hier?
Anita schüttelt den Kopf.

HELM Laß sie doch!

LILO Vielleicht kümmern die beiden sich ein bißchen um das arme Kind. Könnte ich mir denken. *Zu Anita.* Kommst du gern hierher?
Anita antwortet nicht.

LILO Kannst du ruhig sagen, ich bin auch gerne hier.
Anita schüttelt den Kopf.

HELM Laß doch!

LILO Gefällt dir der komische Herr Paul?
Anita gibt keine Antwort, guckt feindselig.

LILO Mir hat er schöne Geschichten erzählt, erzählt er dir auch welche?
Anita gibt keine Antwort.

HELM Du siehst doch, es hat keinen Zweck.

LILO Was macht ihr denn zusammen hier?

HELM Ich will damit nichts zu tun haben – Es muß mit der Unterschrift heute klappen! Wenn heute alles klappt, dann, Lilo, dann –

9

PAUL *kommt aus dem Nebenzimmer zurück* Ich finde nichts. Habe auch ganz vergessen, was ich gesucht habe.

LILO Hier, Herr Paul! Sie haben Besuch bekommen.

Anita steht auf, will zu Paul hinlaufen.

PAUL Bleib nur dort, bleib nur dort!

HELM Sollte sie nicht besser nach Hause gehn, Herr Paul?

PAUL *zu Anita* Willst du wieder nach Hause?

Anita schüttelt heftig abwehrend den Kopf.

HELM Ich finde aber, daß sie gehen sollte!

PAUL Sie sehen, sie hat den Kopf geschüttelt. Sie will nicht.

HELM Das kann zu Unannehmlichkeiten führen!

PAUL Sie will nicht.

HELM Ob sie will oder nicht, kann man bei ihrem schwachen Verstand doch nicht ganz für voll nehmen.

Lilo ist inzwischen zu Anita hingegangen, will ihre Hände anfassen, Anita zieht sie aber kräftig weg und hält sie auf den Rücken. Lilo will Anita locken, streckt ihr die Hände hin.

LILO Ich tu dir nichts!

PAUL Auch wenn sie eine Idiotin ist, so kann sie doch sagen: Ich will nicht. Das ist die Würde des Menschen.

Helm sieht Paul erstaunt an.

PAUL *will Anita zu einem Händeklatschspiel verlocken, rhythmisch* Eins ... zwei ... drei ... ach, du kannst das! Noch mal ... eins ... zwei ... drei ... siehst du! ... So! Sie will nicht.

PAUL Ich weiß, warum sie kommt.

HELM Wenn die Pisulski von der Arbeit kommt, und das Kind ist hier gewesen, kriegt es Schläge, habe ich gehört. Sie sperrt die da extra ein, wenn sie weggeht, aber manchmal steigt sie durchs Hoffenster raus.

LILO Davon hast du mir nichts gesagt!

HELM Wahrscheinlich geniert sie sich wegen des Kindes. Deshalb schlägt sie es.

PAUL Ich weiß, warum sie kommt.

LILO *gibt das Klatschspiel auf* Ich würde es ihr bestimmt beibringen!

PAUL Warum kommst du denn immer zu mir? Weil ich deinen Schwachsinn verehre, ich verehre in dir den idealen Menschen. Jawohl. Dir fehlt die hündische Gelehrigkeit, die die übrige Menschheit zu Lakaien macht. Du fällst auf pädagogische Tricks nicht rein! Oh nein, oh nein, dich richtet man nicht ab!

LILO *versteht nichts* Sie übertreiben furchtbar, es gibt viel schlimmere Fälle, ich weiß das.

PAUL Ja! Was macht man mit einem Menschen, der nicht von der Stelle rückt? Er steht da, er geht nicht. Man bittet, man droht, aber er rührt sich nicht. Vielleicht verprügelt man ihn. Vielleicht bringt ihn das in Bewegung. Vielleicht aber nicht. Dann zertrümmert man das Dach, daß es auf ihn herniederregnet. Schließlich reißt man die Wände ein, und der Mensch sitzt im Freien: im Sommer die Sonnenhitze, im Winter die Kälte, und es schneit und schneit. Er bleibt sitzen, wo er sitzt.

HELM Sehen Sie, da hat die eine Unvernunft nur die andere Unvernunft zur Folge, nämlich die der Zerstörung!

PAUL Was macht man da?

Schweigen.

HELM Sie sind so gebildet und haben so große Kenntnisse, die ich bewundere, die hätten Sie mal praktisch anwenden sollen.

PAUL *brummelt abwehrend* Für wen?

HELM Aber Herr Paul, ich könnte mir doch alles mögliche vorstellen, wie Sie mit Ihren Kenntnissen von Nutzen sein könnten!

LILO *zu Helm* Ich glaube, ich gehe jetzt schon mal allein ins Hotel.

PAUL Bleiben Sie!

LILO Ich lasse euch hier sitzen und ihr macht eure Sache.

PAUL Was für eine Sache, wenn ich fragen darf?

HELM Aber hören Sie!

LILO Deswegen ist Helm doch hier!

PAUL Ja. Ja. *Zu Lilo.* Ihr Anblick ist sehr angenehm.

LILO Das ist ja ein sogenanntes Kompliment!

PAUL Immer auf der Suche sind Sie, nach was, das weiß man nicht.

LILO Ich finde schon immer das Richtige, keine Panik!

PAUL Durch alle Kontinente ...

LILO Helm!

HELM Ja, ja, geh nur ins Hotel voraus!

LILO Oder ich bleibe doch lieber.

HELM *verblüfft* Wieso denn das jetzt!

LILO Ach, ich weiß nicht.

PAUL Bis zum Äquator.

LILO Den Äquator hab ich schon mal übersprungen.

PAUL Mit Sonnenschirm.

LILO Nee, das nicht. – Ich erlebe so viel!

PAUL Ich lausche, ich höre zu!

LILO Erzählen kann ich das alles nicht, leider! Ich erlebe viel, aber ich kann es nicht erzählen, ich möchte ja, aber leider kann ich es nicht.

PAUL Heutzutage bringt man doch Fotografien von seinen Abenteuern mit nach Hause.

LILO Da ist bei mir immer das Falsche drauf. Das ist mein Problem.

PAUL Wenn Sie jetzt ein Foto von m i r machen?

LILO Da ist dann bloß das Knie drauf oder der Kocher.

PAUL Genau das Richtige! Das würde schon reichen!

LILO Eben nicht! Das könnte dann ja jeder sein und nicht Sie! *Sie entdeckt den Plattenspieler.* Haben Sie denn auch Platten?

PAUL Sehen Sie nur mal nach!

HELM Lilo, es wäre doch besser, wir träfen uns im Hotel.

LILO Da steht er und schaut!

PAUL Junger Mann ... Jüngling.

LILO Ich bin selbständig und kann machen, was ich will.
Anita ist aus ihrer Teilnahmslosigkeit erwacht, sie ist aufgehüpft, in die Ecke gesprungen, wo in einem großen Karton Platten liegen. Sie zerrt den Karton zu Paul hin wie eine Beute.

PAUL Da wirst du lebendig, mein Ferkelchen! Da kommst du gehopst und lachst!

LILO *geht zu Anita, sucht in dem Karton* La Traviata ... La Bohème ... ist da auch was zum Tanzen dabei? Ach hier! *Sie legt die Platte auf.*

HELM Herr Paul, ich möchte ...

PAUL *unterbricht ihn* Warten Sie, warten Sie. *Deutet auf Anita.*
Die Musik hat angefangen. Anita hockt am Boden, kommt in immer größere Aufregung, lacht und schnauft, wiegt sich heftig vor und zurück, stößt ab und zu Laute aus, wie wenn sie mitsingen wollte, bewegt sich, wie wenn sie sich mit großer Anstrengung aus einer unsichtbaren Umklammerung

befreien wollte. Es dauert ziemlich lang. Alle sehen ihr zu,
Helm mehr und mehr ärgerlich. Schließlich geht er rasch
zum Plattenspieler, schaltet ihn aus.

HELM Lassen Sie doch das Kind in Ruhe!!

LILO Was hast du denn? Sie hat doch die ganze Zeit gelacht!

Anita ist zu Paul gesprungen, sie setzt sich auf seinen Schoß,
Paul schiebt sie weg, streichelt schnell ihren Kopf, ihren Kör-
per. Sie hockt sich neben seinem Sessel hin. Helm ist irri-
tiert.

Schweigen.

LILO Monolog! Ich komme überall zurecht. Keine Panik.
Wenn mir was nicht paßt, geb ichs auf und fange neu an. Ob
es ein Mensch ist oder ne neue Gegend, egal. Zum Beispiel
gebe ich eine Annonce auf, und dann sehe ich mal, was
kommt, irgend etwas kommt immer. So jemand wie ich –
ich bin ja eigentlich gesucht, bin sogar ein Gewinn für jeden – nicht für jeden, aber für einen Morbus Bechterev war
ichs, wie wäre denn der nach Neuseeland gekommen, ohne
mich? Und meine zwölf Irren! Die haben mich allein mit
zwölf Irren losgeschickt, da war ich aber noch in der Klinik,
da war ich noch Schwesternschülerin, noch gar nicht fertig.
Die sollten mal ins Freie, in ne Eisdiele. Ich kriegte für jeden Geld mit. Das schaffen Sie schon, haben die gesagt, Sie
sind ja energisch. Und bloß bei dem einen müssen Sie aufpassen, der probiers immer wieder. Was probiert der denn,
habe ich gefragt. So blöd war ich. Der hatte schon lauter
Narben an den Handgelenken und alles schon versucht.
Und wie der nicht vom Klo wiederkam, bin ich hingegangen. Rein ins Herrenklo, und da liege ich platt auf dem Boden und gucke unter der Kabinentür durch, ob ich seine
Füße sehe, ob sie auf den Fliesen stehen oder ob sie baumeln. – Und die eine Frau knüpft sich dauernd die Schnür-
senkel auf, und ich sie wieder zu, dauernd, mit offenen
Schuhen kommt sie ja nicht von der Stelle. Und ich auf alle
gleichzeitig aufpassen – ächz!

PAUL Ächz?

LILO Son Streß! Lauter Irre. Ist ja gräßlich, könnte ich nie, sagen manche – meine Oma auch. Krankenschwester wäre
nichts für mich, immer Gestank und Elend! Aber du bist ja

gefühlsarm, da fällts dir nicht so schwer, sagt sie zu mir. Stimmt ja vielleicht. Ich werde nicht gleich ohnmächtig. Das ist mein Pluspunkt. Ich seh mich da oben auf der Pyramide stehen, nicht auf ner ägyptischen, das war in Mexiko. Den alten Mister Bloom hatte ich da raufgeschleppt, weil seine Frau das wollte. Sie immer mit der Gruppe voraus, steil hoch in der Gluthitze. Sie war fünfunddreißig Jahre jünger als er. Er war praktisch schon ne Leiche. Schwere Coronarinsuffizienz. Aber sie sagte immer, Georgie will da unbedingt rauf, das ist sein Lebenstraum! Er konnte gar nichts mehr sagen, japste nur und guckte mich immer so an, Georgiedarling, sagte die ständig, und dabei wars ja so, die wollte ihn umbringen. Die ganze Mexikoreise hat sie bloß deswegen mit ihm gemacht. Ich mußte ihn immer aus- und anziehen, lauter bunte Sachen, buntes Hemd, bunte Sokken, bunte Mütze, alles ganz bunt, wie fürn Kinderspielplatz. Er konnte aber kaum noch japsen. Und es ist ihr auch gelungen, wie gewünscht. Wir sind halb oben, da kollabiert er mir. Son Biest von Ehefrau! Aber mir konnte es recht sein, runter hätte ich ihn sowieso nicht mehr gebracht!

PAUL Japste?

LILO War ne Leiche, ehrlich. Knallbunt und ne Leiche! Wenn ich da dran denke! *Lacht.*

PAUL Und dann?

LILO Nichts wie weg! Ich bin ja ein freier Mensch. Ich komme immer durch. Früher hatte ich ja zum Beispiel ne Zeitlang den Hund. Der kriegte immer zuerst sein Fressen, noch vor mir, die besten Brocken. Erst er, dann ich, von dem habe ich ja damals gelebt. Der ist im Fernsehen aufgetreten. Werbung. Sogar im Theater mal! Ich mußte auf der anderen Seite stehen mit der Wurst, und er zweimal über die Bühne. Er kriegte immer Beifall.

PAUL Gehen Sie doch auch zum Theater, werden Sie Künstlerin!

LILO Ich kann alles. Aber ich weiß nicht, als was ich da auftreten soll. Nee, lieber nicht.

PAUL Sie treten auf und rufen: Wenn ich nur meine Unschuld los wäre!

HELM Das ist nicht ihr Problem.

PAUL *achtet gar nicht auf Helm, kommt immer mehr in Fahrt*
»Verdammt noch mal! Verdammt noch mal! Ich werde
meine Unschuld schon loswerden!«
Anita hat ein Kissen mit dem Brotmesser aufgeschlitzt,
wühlt die Federn heraus.

HELM *bemerkt es* Sie macht das Kissen kaputt!

LILO Daß jemand solche Phantasien hat, wenn er mich sieht,
und kennt mich doch gar nicht! *Zu Helm, lustig* Sowas fiele
dir doch nicht ein, wenn du zufällig mal eine Viertelstunde
mit einer Frau redest. Was denkst du denn da, sag doch
mal, was du denkst – ich glaube, so was fällt niemandem
ein!

PAUL Sie steht auf einem Podest. Der Dicke winkt die Zuschauer heran: Treten Sie näher, treten Sie heran! Sie können sie berühren, betasten, befühlen. Stecken Sie den Finger vorne rein, stecken Sie den Finger hinten rein! Machen
Sie mit ihr, was Sie wollen! Sie bleibt unschuldig. Wenn Sie
sie ritzen, fließt kein Blut, wenn Sie sie ins Wasser werfen,
wird sie nicht naß.

LILO Hör mal! Gleich sagt er womöglich, ich soll mich auf den
Tisch stellen und mich ausziehen! So was denken Sie doch!
Ganz schön unverschämt!
Anita wirft Federn in die Luft.

PAUL Ja. Und es schneit!

LILO Nackt trete ich aber leider nicht auf!

PAUL Auf dem Platz ist eine große Hitze, denn die Sonne
knallt auf den Platz. Und weil es so heiß ist, stöhnen alle
laut.

HELM Herr Paul macht sich lustig über dich! Merkst du denn
das nicht?

PAUL *verneigt sich vor Lilo* Ich verehre Sie … auf den Zehen
meines Herzens …

LILO Jetzt steige ich doch mal auf den Tisch.

HELM Ich bin nicht hergekommen, um mir eine idiotische
Floor-Show anzusehen.

LILO Ich weiß auch nicht, warum ich auf einmal so aus-
flippe.

PAUL *zu Helm* Sie haben keine Ahnung von dieser vereh-
rungswürdigen Person.

LILO Ich bin ne ganz starke Nummer! ne ganz starke Nummer

379

bin ich! Ne ganz starke Nummer! Guck mal, Helm, sei doch nicht so stur!

PAUL Weiter geht die Reise! Um den ganzen Erdball. In die heißen Länder und in die kalten Länder. Und am Nordpol schneit es. *Er reißt das Kissen weiter auf und schüttelt die Federn raus.*

LILO Da steht ein stummer Mann und guckt zu!

HELM *wütend* Der guckt nicht mehr lange zu!

PAUL Das ist ein Heiliger mit Heiligenschein am Ganges.

LILO Ja. Zu dem muß sie unbedingt hin. Und zu dem sagt sie: Verdammt nochmal, jetzt ist es langsam die höchste Zeit, mein Leben ist gleich dahin.

PAUL Das sagt sie zwei- oder dreimal und singt dann auch noch: »In einer Nacht am Ganges,
im Mondenschein gelang es.«

LILO Helm!

PAUL Obwohl es dauernd schneite. *Er schüttelt die Federn aus dem Kissen.*

LILO *zu Helm* Aber der Maharadscha guckt nicht mal her. Obwohl ich ihm meine schönen Beine hinhalte.

PAUL Es schneit und schneit.

LILO Verdammt nochmal! Du kannst doch mal gucken! Steppen kann ich auch! *Sie versucht zu steppen.* Der Tisch wackelt!
Der Tisch bricht zusammen, Lilo fällt runter.

PAUL Nichts hält ewig.

LILO So ein schöner Tisch. Mein Fuß tut weh. Aber sonst ist nichts passiert.

PAUL Nun müssen wir nochmal Musik haben! Dann ist mein Ferkelchen wieder vergnügt. *Schüttelt Federn über Anita aus, die auf das Klavier trommelt.*

LILO *untersucht ihren Fuß* Glück gehabt.

HELM *wütend* Ja, ich leg ne Platte auf! Was wollen Sie denn hören? Die da? *Zeigt die Platte, macht sie kaputt.* Da ist noch eine schönere! Ja?

LILO Ach, war das komisch!
Helm zeigt die Platte, macht sie kaputt.

LILO Was ist denn mit d i r los?
Helm, in immer größerer Wut, trampelt auf den Platten herum, wirft den Stuhl neben sich um, kippt die Pfirsich-

büchse aus, der Sirup tropft über den Sessel, er wirft ein Tischchen mit Stapeln von Broschüren und Noten um, eine Vase zerbricht.

HELM Das ist hier eine verdammte Clownsbande! Mit lauter Irren! Die wollen ja, daß alles kaputt geht! Die Chaoten! Die wollen alles in Trümmern sehen! Die haben keine Hemmung vor irgend etwas. Die schlagen einfach rein! Denen ist alles egal! Die hauen alles zu Bruch! Den Tisch! Die Platten! Die Kissen! Das ganze Haus! Bis nichts mehr da ist!

LILO Was ist denn los? Hör auf, Helm! *Sie läuft zu Helm, um ihn vom Zerstören der Schallplatten abzuhalten.* Hör auf! *Gerangel.*

10

Chaos. Lilo, Helm, Paul in unwürdigem Zustand. Schwarzbeck, ein kleiner Mann mit einem Aktenkoffer, steht schon einige Zeit in der Tür. Die anderen bemerken ihn erst jetzt.

LILO *entdeckt Herrn Schwarzbeck* Wer sind Sie denn?

PAUL *großartig* Willkommen, Maharadscha, du wütender Tiger!

SCHWARZBECK Da komme ich ja wohl im richtigen Moment.

PAUL Ein Prinz ist es nicht. Ich sehe seine Schuhe an. Massenware. Ich kannte Prinzen.

HELM *erschrocken* Oh, Herr Schwarzbeck!

PAUL »Ich bin ein Prinz geboren,
ich habe nur mein Portemonnaie verloren.«

HELM Entschuldigen Sie, Herr Schwarzbeck, ist es schon acht?

SCHWARZBECK Viertel nach.

HELM Wie dumm! Da habe ich mich ganz mit der Zeit vertan.

SCHWARZBECK Das Gebäude war ja offen! Ich dachte, ich sehe mich schon mal son bißchen um. – Das sind ja wohl die fraglichen Räume hier. *Zu Paul* Und Sie haben hier bisher gehaust.

PAUL *heiter* Residiert.

HELM *wird es peinlich* Ich glaube, Herr Schwarzbeck, wir gehen erst mal durch die Räume, dabei besprechen wir alles.

LILO Nehmen Sie doch ruhig Platz! *Haut Anita auf die Finger, die immer noch trommelt.* Hör auf!

PAUL *genießt Helms Verlegenheit* Ja, nehmen Sie doch Platz! Besprechen Sie! Besprechen Sie nur alles! Besprechen Sie meinen Fall! *Er läßt sich auf dem Sofa nieder. Lilo fängt an, einen Sessel von zerfledderten Büchern und Zeitschriften freizuräumen, pustet Federn weg.*

LILO *bemüht seriös zu Schwarzbeck* Sehen Sie mal, so viele wertvolle Bücher hat Herr Paul!

PAUL Die brauche ich nicht mehr. Wozu lesen?
Schwarzbeck sieht ihn verständnislos an.

PAUL Lenkt nur ab.

SCHWARZBECK *zu Lilo* Lassen Sie alles an seinem Platz, wir haben nichts zu besprechen.

PAUL Doch! Sie müssen besprechen, wie Sie mein Fleisch auflösen in Nichts. Machen Sie eine Konferenz!

LILO *will seriös sein* Möchten Sie nicht doch Platz nehmen? Ruhen Sie sich ein bißchen aus!

SCHWARZBECK *sieht sie verblüfft an* Wieso das denn? Sehe ich so schlapp aus?

LILO Gar nicht.

HELM Ich habe von allen Unterlagen für sie Kopien gemacht.

SCHWARZBECK Nehme ich dann mit.

LILO *zu Helm* Stell mich doch mal vor, bitte.

SCHWARZBECK Ist nicht nötig. Anblick genügt. Netter Anblick. Laubfrosch!

LILO Ich bin optimistisch, deshalb habe ich immer was Grünes an. Irgendwas. Grün ist die Hoffnung. Mal Schuhe, mal'n Clip, und wenns ein grüner Fingernagel ist – ohne was Grünes geh ich nie aus dem Haus. Ich habe mir auch schon mal Unterwäsche grün gefärbt. Grün muß ich haben.

PAUL Eine hochbegabte Person!

SCHWARZBECK Kann ich mir denken, sieht man.

LILO Ich finde Ihre gemeinsamen Pläne sehr interessant!

SCHWARZBECK Viel isses ja nich, die staubige Klitsche hier, aber immerhin … die Lage.

HELM Immerhin ausbaufähig!

PAUL Ich bin ein freier Mensch, ich besitze nichts, man kann mir nichts nehmen!

Schwarzbeck hat nicht zugehört, ist etwas herumgelaufen, ist bei Anita stehengeblieben.

SCHWARZBECK Du bist die Pisulski!

LILO Kennen Sie sie?

SCHWARZBECK Habe mich doch informiert! Ich bin bestens informiert über die Verhältnisse hier im Hause. *Zu Helm, Paul soll es nicht hören.* Da wäre im Bedarfsfall ein Hebel für uns, eventuell.

LILO *gibt sich die ganze Zeit reputierlich* Ach, die Leute wollen immer Schlechtes reden von anderen.

SCHWARZBECK *stellt sich dumm* So?

LILO *fällt aus der Rolle, platzt heraus* Alles Pornospießer! Zum Kotzen!

SCHWARZBECK *zu Paul* Hören Sie mal, es ist ja ein Segen, daß wir Sie hier rausholen! Der Seifenstaub dringt ja immer noch durch alle Ritzen! Ist schon festgebacken auf dem Mobiliar! Was muß das für ein Krach gewesen sein, früher, wenn unten die Zerkleinerungsmaschine in Gang war! Das ist ja im Grunde genommen eine menschenunwürdige Behausung gewesen.

PAUL So so.

HELM Sehn Sie! Das sage ich auch! Daß er raus muß, ist ja klar. Aber ich bemühe mich schon den ganzen Abend, Herrn Paul klarzumachen, wie vorteilhaft das für ihn ist. Er meint immer noch, er macht einen schlechten Tausch.

SCHWARZBECK *überrascht* Wie? Will nicht?

HELM Na ja –

SCHWARZBECK Er will gar nicht? Ist mir aber neu! Sie haben mir versichert, ab März könnten wir darüber verfügen.

HELM Dabei ist es doch in seinem Interesse.

SCHWARZBECK Ist ja ne Überraschung!

HELM Ja, ich dachte auch, …

SCHWARZBECK Sie dachten, Sie dachten …! *Geht zu Paul hinüber.* Was is denn dat fürn Quatsch. Wenn Sie mal in ner netten ordentlichen Wohnung sind, werden Sie auch 'n ganz anderer Mensch! Passen Sie mal auf!

PAUL Jawohl. Aber daran liegt mir nichts.

SCHWARZBECK Da ist es doch auch viel heller! Da können Sie sich ein Blumenfenster anlegen. Primeln und Hyazinthen! ... Da stehn Sie da und schnuppern Blumenduft. 'N bißken Natur ins Familienleben, da freut sich doch auch Ihre Gattin. Oder sind Sie nicht verheiratet?

PAUL Doch.

SCHWARZBECK Sehen Sie!

HELM *zu Schwarzbeck* Fräulein Luise wohnt noch hier, sie ist aber die Schwester.

SCHWARZBECK Der können Sie doch auch noch mal ein paar bessere Tage gönnen.

PAUL Meine Frau ist eine Intellektuelle.

SCHWARZBECK Um so besser. Die hat bestimmt 'n bißken Natur nötig und den freien Blick auf ne belebte Straße. Hier sieht sie doch gar nichts von der Welt.

LILO *interessiert* Sie haben eine Frau?

PAUL Ja, ich habe sie allerdings lange Zeit nicht gesehen.

LILO Ach, das glaube ich Ihnen nicht! Sie sind überhaupt nicht verheiratet. Sie sind ein Einzelmensch! *Sie sieht Helm fragend an.*

HELM Ich weiß nicht.

SCHWARZBECK *klopft an eine der Wände, zu Helm* Sperrholz und drübertapeziert.

HELM Man kann sie leicht wegnehmen.
Schwarzbeck und Helm gehen weiter die Wand ab, sehen prüfend nach oben usw.

LILO *bei Paul* Wieso »lange nicht gesehen«?

PAUL Gerade während des Hochzeitsessens ist ihr eine Biene unter den Rock gekrochen und hat sie gestochen, und zwar, wie meine Schwester treffend sagt, »an der delikatesten Stelle«. Sie ist nach Hause gelaufen. Ich saß in meiner Wohnung, und sie saß in ihrer Wohnung, und wir haben telefoniert, und sie gab mir die Schuld an allem. Seitdem leben wir getrennt.

LILO Ach!

PAUL Seitdem habe ich allein gelebt.

SCHWARZBECK Ist das ein Gasrohr?

HELM Ich weiß nicht genau. *Wendet sich um.* Herr Paul, ist das ein Gasrohr?

PAUL Es war ursprünglich ein Gasrohr, aber ich glaube, es ist kein Gas mehr drin. Aber Sie können es ja selbst feststellen, es gibt einen Schlüssel, der wurde immer in einem der Fächer verwahrt.

SCHWARZBECK Lassen Sie nur.

PAUL *ohne aufzustehen* Doch, doch! Ich suche!

SCHWARZBECK Nicht nötig!

HELM Vielen Dank, Herr Paul.

LILO Geheiratet und am Hochzeitstag schon auseinander, stell dir das mal vor, Helm!

SCHWARZBECK Die Hochzeitsnacht muß man doch wenigstens mitnehmen, nich, Fräulein? Was ist denn das für ein Kasten da oben?

HELM Ich weiß nicht. Da kommt man ja schwer ran.

LILO *zu Helm* Ich kann hochklettern, wenn du mir ein bißchen hilfst.
Helm hilft Lilo, auf das Vertiko zu klettern. Sie nimmt oben den Kasten ab. Ein Rad mit einem abgerissenen Stück Treibriemen ist zu sehen.

HELM Aha.

SCHWARZBECK Man muß ja über alles Bescheid wissen, nich, wenn man sich irgendwo beteiligen will.
Lilo kommt wieder herunter.

SCHWARZBECK Sie sind ja sehr gelenkig, Fräulein, und sparsam sind Sie auch. Sie haben ja gar keinen Büstenhalter an. Sie sparen wohl Wäsche.

LILO *lacht* Sie sehn aber auch wirklich alles!

SCHWARZBECK Und dabei hab ich nur ein Auge. Das andere ist mir rausgekippt.

LILO Um Gottes willen! Wie d a s denn?

SCHWARZBECK Da habe ich mal 'n Stielauge gemacht. Flutsch – weg! Glauben Sie wohl nich?

LILO Welches ist es denn?

SCHWARZBECK Zeig ich Ihnen mal, Frollein. *Er nimmt seine Brille ab und stößt mit dem Ende des Bügels gegen das Glasauge.*

LILO Da kann ich gar nicht hinsehen.

SCHWARZBECK Aber hören können Sies doch! Tak-tak!
Er stößt noch einmal gegen das Glasauge.

LILO Da tun Sie mir aber leid.

SCHWARZBECK Is dat wahr? Das kann doch nich sein, daß ich

jemand leid tu. Ich tu niemand leid. Da bin ich zu energisch für.

LILO Ich finde Sie gar nicht so energisch, Herr Schwarz-beck.

SCHWARZBECK Kann ich aber werden, Fräulein!

PAUL Hier habe ich den Schlüssel für den Gashahn gefunden.

SCHWARZBECK War gar nich so wichtig. Aber gehn wir mal eben gucken.

HELM Und ich mache solange mal Ihre Erklärung fertig, Herr Paul.

Helm geht mit Lilo zur Schreibmaschine, schreibt. Schwarz-beck und Paul am Gasrohr, Schwarzbeck probiert und schraubt.

PAUL *steht daneben* Sie scheinen ja die treibende Kraft zu sein. Es muß ja einer sein, der schiebt.

SCHWARZBECK Ja, muß wohl.

PAUL Ich habe mich bisher nur mit diesem jungen Mann unterhalten. Ein sehr sympathischer junger Mensch! Sehr! Aber schwache Nerven, haben Sie ja eben gesehen! Nicht belastbar. Schade. Sie sind ja sehr tatkräftig oder scheinen es wenigstens zu sein.

SCHWARZBECK *hat geschraubt, schnuppert* Tot. Kein Gas. *Er schraubt wieder zu.*

PAUL Wenn jemand so tatkräftig ist wie Sie, sehe ich das mit dem größten Respekt.

SCHWARZBECK *sieht Paul an* Wissen Sie, was mir an Ihnen nich gefällt? Daß Se sich Papier in die Zahnlücken stopfen.

PAUL Das mache ich, ja. – Wenn i c h mir einen Partner suchen würde, einen Geschäftspartner … Ich habe ja kein Geschäft … Aber was er mir gesagt hat, klang etwas nebulös. Er hat bis jetzt noch keinen Finger krumm gemacht, hat all die Jahre nur herumgesessen, hat nur »gedacht«, – das hat er mir gesagt. Hat ein bißchen studiert, Ökonomie, das ist alles. Hat studiert, wie man Wasser in Wein verwandelt. Ich kenne das, mit mir war das auch so. Aber so macht man keine Geschäfte, daraus wird nichts, das sehen Sie an mir. Brauchen Sie mich nur anzusehen, dann sehen Sies.

SCHWARZBECK *ruft zu Helm hinüber* Da hören Sie mal, was man von Ihnen hält!

HELM *noch mit Schreiben beschäftigt* Wie? Ich habe nicht zugehört.

SCHWARZBECK *zu Paul* Dann sagen Sie ihm das noch mal, und zwar in beide Ohren, Herr Paul.

PAUL *trällert* Voilà, la vie,
        so ist das Leben,
        dem einen wird's genommen,
        dem anderen wird's gegeben.

HELM Was haben Sie denn über mich gesagt?

SCHWARZBECK *zu Helm* Nun sehn Sie mal, wie Sie hier klarkommen. Ich klettere in der Zwischenzeit mal eben da hoch und sehe nach, ob wir die ganze Decke nicht besser rausreißen. Dann hätten wir hier Platz über zwei Etagen für unsere Anlage. Das hier ist ja nicht m e i n e Sache. *Er klettert die Feuerleiter hinauf, öffnet die Klappe in der Decke und verschwindet dort oben.*

11

PAUL *sieht ihm nach* Da sehe ich noch sein Bein, und jetzt sehe ich nichts mehr. Jetzt haben wir mal einen Moment Ruhe. Ozeanische Ruhe, tiefe ozeanische Ruhe. *Deutet aufs Sofa.* Betten Sie sich! *Räumt das Sofa frei.* Und ziehen Sie Ihre Schuhe aus.

LILO Was will er denn überhaupt da oben?

PAUL Seifenstaub und tote Tauben. *Zu Helm.* Ziehen Sie sie schon aus!

HELM Ich will meine Schuhe nicht ausziehen. Lassen Sie mich. Warum soll ich denn unbedingt meine Schuhe ausziehen, verdammt!

PAUL Ich gehe hier nie in Schuhen umher. Eingezwängte Füße! Verkrüppelung! Sehn Sie sich mal meine Füße an! Den einen Fuß und den anderen Fuß! Die Füße einer Prinzessin. *Zu Lilo.* Lachen Sie nicht. Mein Körper ist schwer, aber meine Füße? Kleine springende Katzen!

HELM Immer wollen Sie mich ablenken. Ich kenne das jetzt. Ich will etwas anfangen mit meinem Leben, und Sie nehmen mir den Platz weg.

PAUL Geschäfte mit Ihrem kurzbeinigen Partner da oben.

Vergrößerung, Erweiterung! Wo soll das hinführen? Immer mehr, immer größer! Ich sage Ihnen, wo das hinführt: in die Katastrophe. Der Großvater hat noch die streunenden Hunde zusammengefangen und Seife daraus gekocht ...

HELM Reden Sie doch keinen Unsinn!

PAUL Alle Hunde in dieser Gegend waren weg, verschwunden! Er hatte Leute dafür angestellt, sie zu fangen. Man hat darüber geredet! Und so geht das weiter, und die Fabrik wird immer größer, und dann werde i c h in den Kessel gesteckt! Ich und ein paar andere. Es gibt Abfall genug. Alles in den Kessel, überall Aufbau. Die sogenannten Tüchtigen werfen die Untüchtigen in den Kessel, das ist produktiv! Und so geht es aufwärts, und alles wird immer besser. Anita? Auch nicht viel wert.

LILO So ist doch Helm gar nicht!

HELM Leute wie Sie werden in k e i n e r Gesellschaft gebraucht. Sie sind ein Schmarotzer, und Ihre Schwester auch!

LILO Glauben Sie ihm kein Wort.

HELM Sie leben nicht!

PAUL Ich lebe nicht?

HELM Nein.

Schweigen.

PAUL Anita, hast du gehört? Dieser junge Herr hat gesagt, ich lebe nicht. Kennst du mich?

Anita nickt.

PAUL Jetzt gebe ich dir die Hand. *Gibt Anita die Hand.* Ich drehe meinen Kopf hin und her – so! Und blase die Backen auf! Und jetzt mache ich einen Sprung! Hast du das gesehen? *Er hebt ihr schnell den Rock von hinten hoch, sie fährt herum.* Siehst du, – ich bin das! Und er sagt, ich lebe nicht! Dann muß ich ja wohl tot sein. *Er fällt plötzlich vor Anita lang auf den Boden hin.*

LILO *zu Helm* Ach, du bist schrecklich. – Herr Paul, stehen Sie doch lieber auf. Bitte!

Paul rührt sich nicht. Schweigen. Paul richtet sich plötzlich auf und schüttelt sich vor Lachen. Anita lacht mit.

PAUL Sehen Sie, das Ferkelchen hat gelacht! Haben Sie es gesehen? Das ist der Beweis, daß ich lebe.

HELM Verdammt nochmal, lassen Sie doch diesen Unfug! Ich
will nur, daß Sie ausziehen, und zwar so bald wie mög-
lich!
Schweigen.
PAUL Gut, ich habe verstanden.
HELM Hoffentlich, ja!
PAUL Ich gehe, ich weiche.
HELM Wann präzise?
PAUL Ich gehe! Ich gehe sofort.
HELM Von sofort ist nicht die Rede.
PAUL Auf der Stelle! Wo sind meine Schuhe?
PAUL *zieht sich die Schuhe an* Es macht mir gar nichts aus! Ich
gehe aus dieser Tür und die Treppe hinunter und über den
Hof und durch die Toreinfahrt auf die Straße. Dazu muß
ich festes Schuhwerk haben. Und Sie stellen hier Ihre Kes-
sel auf. *Kramt seinen Mantel hervor und zieht ihn an.*
LILO Wo wollen Sie denn jetzt auf einmal hin?
Paul hebt die Hände, fragend.
LILO Sie können doch nicht weg! Es regnet doch! – Helm!
HELM Herr Paul, Sie wissen, daß es s o nicht gemeint ist!
PAUL Ich gehe zu Fuß bis zum Bahnhof. Ich werde die Nacht
im Wartesaal verbringen. Bitte, wertes Fräulein, wenn
meine Schwester aus Aida zurückkommt, teilen Sie ihr mit,
daß ich davongegangen bin. Ich sitze im Wartesaal. Wenn
dort geschlossen wird, nach Mitternacht, dann werde ich …
Nein, auf eine der öffentlichen Bänke am Bahnhofsplatz
werde ich mich nicht legen!
LILO Was ist denn bloß auf einmal passiert?
PAUL Nein! Ich nehme mir den Stuhl mit. *Er nimmt einen
Stuhl.*
LILO Sie können doch nicht am Bahnhof bleiben!
PAUL Ich bin ein freier Mensch, ich stelle meinen Stuhl an
eine geschützte Stelle und setze mich darauf.
HELM Aber Herr Paul …
PAUL Bin ich ein freier Mensch? Ja, ich bin ein freier Mensch!
Ich hänge nicht am Besitz! Ich überlasse Ihnen alles! Ich
habe mit meinem bisherigen Leben bewiesen, daß ich nicht
am Besitz hänge. Habe alles weggegeben … bis auf das
Klavier. Das ist Ihnen unverständlich, Jüngling. *Er sieht
Anita, die ängstlich dahockt.* Anita! Du wirst mich nicht

mehr finden. Wenn du klingelst, kommt eine Vorzimmer-
dame und fragt spitz: Was wünschen Sie? Und schlägt dir
auf die hübschen, gierigen Grapschhändchen, die dürfen
dann nicht mehr grapschen! Und nichts mehr mit Zunge
zeigen und Rock lüpfen! Leb wohl, mein Ferkelchen!

LILO Helm, du kannst ihn doch nicht einfach weggehen lassen!

HELM Er soll ja nicht wegrennen, er soll umziehen!

PAUL *zu Anita* Du herrliches Menschenkind! Geh nach
Hause! Geh in dein kaltes Bett und wärme dich!

HELM Jetzt hören Sie mir noch einmal zu, Herr Paul! Hören
Sie doch mal zu, Herr Paul! *Er läuft auf die Tür zu.* Das ist
gegen jede Vernunft und bessere Einsicht, wie Sie sich verhalten. Ich lasse Sie einfach nicht aus der Tür.

PAUL *hebt den Stuhl hoch* Das ist mein Weg, und da gehe ich
hinaus!

HELM Nein, Sie bleiben jetzt!

PAUL Niemand kann mich aufhalten.

HELM Es nützt gar nichts, wenn Sie jetzt gehen! Sie müssen
mir doch –

PAUL *schneidet ihm herrisch das Wort ab* Wer lebt, stört! *Er
geht hinaus, man hört ihn draußen höhnisch rufen.* Wer lebt,
stört!

12

LILO Das ist doch ein alter Mann, und es regnet!

HELM Das ist doch nicht meine Schuld.

LILO Am Bahnhof! So weit kommt er ja gar nicht mit dem
schweren Stuhl.

HELM Dann kann er ihn ja stehenlassen.

LILO Und ich bring dir extra einen Grießpudding mit! *Sie
wirft wütend ihren Beutel auf den Boden und trampelt darauf herum.*

HELM Du kannst das Monster ja zurückholen. Nimm den
Schirm mit, damit er schön trocken bleibt.

LILO *wütend* Das tu ich auch! *Sie läuft aus der Tür.*

390

HELM *steht ratlos herum. Zu Anita, die ihn verängstigt anstarrt*
Nach Haus!

Anita rührt sich nicht.

HELM Was willst du denn überhaupt? Los, geh nach Hause!
Heftig. Du sollst nach Hause gehn!

Anita rührt sich nicht.

HELM Sonst kommt deine Mutter und holt dich. Sonst haut
sie dich. Hörst du? Wie heißt du denn?

ANITA Anita.

HELM *wütend* Ja, weiß ich ja! Weiß ich ja! ... Anita ... Señorita
... *Höhnisch.* Schöne Señorita. Du mußt aber nach Haus!
Du verstehst nichts ... Der Herr Paul ... der kommt gleich
... der macht sein großes Maul auf und verschluckt dich.

SCHWARZBECK *kommt die Treppe herunter* Ich hab mich ein-
gepudert ... Da oben liegen mindestens zehn Zentimeter
Seifenstaub auf den Dachbalken ... und im Dunkeln bin
ich ... päng! Haben Sie nicht gehört? Die Birne hat ge-
dröhnt ... Wo ist denn das faule Stinktier abgeblieben?

HELM Er ist weggegangen.

SCHWARZBECK Aber doch wohl nich für lange? Wäre doch
schade, nich? Und das ulkige Fräulein vom Varieté?

HELM Die ist auch weggegangen.

SCHWARZBECK Donnerwetter. Da gucken wir aber dumm aus
der Wäsche.

HELM Sie will ihn wieder zurückholen.

SCHWARZBECK Na, ist ja nich m e i n e Sache, nich? Ist ja
I h r e Sache, nich? Aber nun sagen Sie mal, wann zieht
der Herr denn nun endgültig aus?

HELM Das weiß ich nicht.

SCHWARZBECK Wie, »weiß ich nich«! Ich hab Sie doch deswegen so schön allein gelassen, damit Sie da mal Klarheit in
das Kuddelmuddel bringen. Klare Verhältnisse! Machen
Sie mich aber nich nervös! Is es denn im nächsten Monat
oder wann?

HELM Ja, – nein. Da ist noch eine Schwierigkeit … er wohnt schon so lange hier in diesem Gebäude …

SCHWARZBECK Weiß ich, und weiter?

HELM … zuerst ja im Vorderhaus, von meinem Großvater her, und jetzt seit Jahren ja nun schon hier hinten. Und da gibt es doch ein gewisses Gewohnheitsrecht … nehme ich an.

SCHWARZBECK Wie steht es denn im Mietvertrag, wenn ich Sie das mal fragen darf.

HELM Mietvertrag hat er keinen.

SCHWARZBECK Hat er nicht? Keinen Mietvertrag? Hat er wirklich nicht?

HELM Nein.

SCHWARZBECK Mann, sind Sie denn geistesgestört und sagen mir das jetzt erst! Ohne Mietvertrag haust der hier in den Fabrikationsräumen!

HELM Wissen Sie … es ist nicht so einfach …

SCHWARZBECK Sehr einfach ist das! Kein Mietvertrag! Mann, Mann, Sie mit Ihrer Zimperlichkeit! – Merk ich ja jetzt allmählich immer mehr! Ist mir bisher gar nicht so aufgefallen … So fängt man doch keine größere Sache an. Wenn Sie erwarten, daß ich mich beteilige und mein Geld in das Unternehmen stecke, – ich habe meine Groschen ja nich auf der Straße gefunden, da habe ich jede einzelne Mark sauer verdient, nee, da muß das Hand und Fuß haben. – Wo ist er denn hin?

HELM Ich weiß es nicht. Zum Bahnhof, sagte er.

SCHWARZBECK Hat er denn nichts gesagt, wann er wieder erscheinen will?

Helm zuckt die Achseln.

SCHWARZBECK Is ja günstig! Da können wir ja inzwischen mal ungestört die Wand da freiräumen. Und die andere auch. Ich möchte doch mal feststellen, wo die Rohre langlaufen, is ja nich unwichtig für den Umbau. *Er versucht, das Klavier zu schieben.* Schieben Sie mal 'n bißken mit. Nur 'n halben Meter, damit man dahinter kommt. *Beide schieben das Klavier.* Donnerwetter, is ja 'n Brocken! *Er öffnet den Klavierdeckel, sieht auf die Tasten, sieht etwas, was ihn anekelt, fährt mit dem Finger über die Tasten, macht den Deckel wieder zu.* Das ist ja sogar 'n altes Pianola. Sagt man doch zu so was? Sehn Sie mal, da ist die Walze, und da unten sind die Extrapedale. Die betätigt man und starrt dabei gemütlich in die Luft, zu den Walzerklängen. – Schieben Sie noch 'n bißken. – Und nebenan, im Salon, denken sie, da ist ein prima Pianist zugange.

HELM Fräulein Luise hat aber immer selber Klavier gespielt und nicht bloß den Flohwalzer, das weiß ich.

SCHWARZBECK Musik ist ja was Schönes. Mal so ne Ouvertüre von Giaccomo Rossini, das höre ich gern. Tun Sie mal den Stecker raus, die Kochplatte fällt uns ja gleich in den Dreck!

Helm zieht den Stecker raus. Er will die Kochplatte woanders hinstellen, nimmt sie, steht mit der Kochplatte in den Händen da, sieht sich um, sieht keinen Platz, stellt sie wieder oben aufs Klavier. Schwarzbeck beobachtet ihn aufmerksam.

HELM *um seine Verlegenheit zu verbergen* Da seh ich, wie das Rohr läuft!

SCHWARZBECK 'n Kocher auf dem Pianola, und die Tasten mit Kartoffelbrei verklebt, das wollen Kulturmenschen sein, nee!

HELM *ärgert sich* Kommt darauf an, wie man das meint ... Kulturmenschen, Herr Schwarzbeck, sind das nach meiner Ansicht durchaus.

SCHWARZBECK Da haben Sie wohl auch noch Sympathie und Verständnis für? Für so ne Art von Leuten? Dann bin ich ja wohl der Banause in Ihren Augen?

HELM Aber nein, Herr Schwarzbeck!

SCHWARZBECK Scheint mir aber fast so.

HELM Bestimmt nicht! Aber von Herrn Paul ist bei uns in der Familie immer so viel die Rede gewesen, da bilden sich in der kindlichen Phantasie so Vorstellungen ...

SCHWARZBECK Auf Paul reimt sich faul – das ist meine Phantasie. – Schieben wir doch noch'n bißken weiter! *Sie schieben.*

HELM Ein großes Riesentier aus der Vorzeit ... ich weiß nicht, ob Sie verstehen, wie ich das meine ... ein imposantes, unbewegliches Riesentier mit offenem Maul ... sowas habe ich mir vorgestellt ... das alles verschlingt.

SCHWARZBECK *bleibt stehen* Riesentier – ist doch nicht das

Thema. Das Thema ist, daß du 'n Arsch bist, 'n Arsch mit Ohren. Das nehme ich auch nicht zurück. Du willst hier nicht der Böse sein – soll der Schwarzbeck kommen und die Leute rausschmeißen, der macht das mit Wonne, der ist nicht so empfindlich – 'n Sturkopp. Solls der nur machen. Und hinterher, wenn alles flutscht, kannst du dir noch 'n gefleechtes Bedauern leisten.

HELM Aber ich habe doch –

SCHWARZBECK Laß man. Schieb lieber! Noch 'n bißken und noch 'n bißken. Nun sind wir so schön im Gange. Schieben wirs doch gleich mal ganz raus, dann haben wir einen Anfang gemacht. Wir sind ja kräftige Leute, nich? Sind wir doch, nich?

HELM *rafft sich auf* Ja, Herr Schwarzbeck. Das sind wir! *Sie schieben und räumen.*
Pause.

15

Helm und Schwarzbeck sind mit Möbelrücken beschäftigt. Man sieht am Zustand des Raumes, daß etwa eine halbe Stunde vergangen ist. Anita in der Ecke schnibbelt mit der Schere in einem Buch herum. Lilo steht da im tropfenden Mantel und mit nassem Haar.

LILO Jetzt hör doch mal zu! Jetzt hör doch mal auf mit Räumen und hör doch mal zu! Er ist durch die Luft geflogen …
Helm hört auf zu schieben.

LILO … sie hat die Bremse quietschen hören, und da hat sie gerade noch gesehen, wie er im hohen Bogen durch die Luft geflogen ist!
Schwarzbeck hört auch auf, nicht so sehr aus Interesse, er kann nur das Möbelstück nicht alleine schieben.

LILO Ihr könnt doch nicht einfach alles umkrempeln hier!

SCHWARZBECK Keine Bange, wir wollen nur was ausmessen.

HELM Hast du ihn denn noch gesehen?

LILO Ein großer, dicker Mann wars. Und alt. Der Aufprall hat ihn durch die Luft geschleudert, und dann lag er auf dem nassen Trottoir und hat sich nicht mehr gerührt.

HELM Um Gottes willen.

LILO Wie ich dazukam, fuhr der Krankenwagen gerade weg. Polizei war da und ein Haufen Leute, eine Frau hat mir alles erzählt.

HELM Weißt du, wo sie ihn hingebracht haben?

LILO Weiß ich nicht. Die Frau hat gesagt, er hätte gar nicht mehr gelebt. Die Sanitäter hätten ihn gleich mit einer Decke zugedeckt.

HELM Wo ist er denn hingebracht worden?

LILO Weiß ich nicht.

HELM Da muß man die Polizei anrufen!

SCHWARZBECK Moment mal! In welcher Straße ist das denn passiert, Fräulein!

LILO In der Münsterstraße, Ecke Ackermannstraße.

SCHWARZBECK Dann war ers nicht.

Lilo und Helm sehen ihn verblüfft an.

SCHWARZBECK *zu Helm* Kommen Sie! *Er will weiterräumen.*

LILO Sicher war er das! Ein großer, dicker Mann und alt!

SCHWARZBECK Münsterstraße is nich zum Bahnhof.

LILO Er kann überall hingegangen sein, ich bin doch auch durch die Münsterstraße gegangen, um ihn zu suchen. So, als ob ich eine Ahnung gehabt hätte …

SCHWARZBECK *zu Helm* Sie zittern ja richtig. Setzen Sie sich mal in den Fauteuil.

HELM Nein, nein, ich kann jetzt nicht sitzen. *Zu Lilo.* Und du siehst mich dauernd an, als ob i c h ihn überfahren hätte.

LILO Er war doch so furchtbar aufgeregt, da ist er wahrscheinlich einfach über die Straße gerannt, vor das Auto. Und dazu noch der Regen.

HELM Aber, was hätte ich denn – ich kann nichts dafür.

LILO Alles wegen diesem Kessel!

Schwarzbeck klopft sich etwas ab, sucht seinen Hut und macht sich daran zu gehen.

SCHWARZBECK *zu Helm* Das Fräulein hat ja ne blühende Phantasie, sie ist ja wohl auch beim Varieté, oder wo sie ist. Aber ich denke mir: Nun ist es genuch, Willy, jetzt gehst du besser. Ich hab mir hier mal alles angesehen, und wenn das auch ein Glasauge ist, mit dem anderen hab ich noch genuch gesehen. Dabei habe ich mir so meine eigenen Gedanken gemacht. Muß ich ja wohl, nich? Jetzt sind S i e dran. Jetzt überlasse ich es mal Ihnen, was Sie fertigbringen bis morgen. Morgen mittag rufen Sie mich an und sagen mir: Herr Schwarzbeck, es ist alles klar. Und dann sag ich: Gut, wir machen den Vertrag, ich steige ein. Bis morgen mittag muß ich das wissen, sonst ist es zu spät. Ich muß mich nämlich auch mal entscheiden, ich meine, ob ich mit Ihnen zusammen, oder ob ich mein Geld anderswo. Muß ich doch überlegen, nich?

HELM Ja, ja. Natürlich.

SCHWARZBECK Sehn Sie doch ein!

HELM Ja. Ja.

SCHWARZBECK Dann bis morgen mittag. Aber zwischen zwölf und eins, vormittags bin ich auf der Baustelle und nachmittags dito. Und wenn nich, dann nich. So. *Er geht.*

16

LILO Dieser Schwarzbeck geht einfach weg – dem ist das ganz egal. Dabei ist es alles wegen ihm!

HELM *ruft erschreckt* Ach, und Luise! Die alte Schraube kommt ja gleich nach Haus!

LILO Wir verschwinden schnell.

HELM Das geht nicht. Sie weiß ja von nichts. Plötzlich ist ihr Bruder verschwunden.

LILO Vielleicht ist er ja nur verletzt.

HELM Meinst du?

LILO Ich suche jetzt ein Telefon und rufe alle Krankenhäuser an!

HELM Mach das! *Erschrickt.* Das ist ja noch schlimmer! Dann krieg ich ihn überhaupt nicht raus. Wenn er Brüche und Verletzungen hat, das dauert dann ewig! Und dann ist es mit dem Schwarzbeck aus.

LILO Der war gar nicht nett. Such dir doch einen anderen.

HELM Nett! Ich finde so leicht keinen anderen, mit dieser Bruchbude.

LILO Naja, wenn Herr Paul aber – ich meine – wenn er nicht mehr da ist –, dann braucht er ja nicht mehr hier zu wohnen. Dann wäre ja alles einfach. Und die Schwester von dem würde sicher lieber woanders hinziehen.

HELM Wie meinst du das?

LILO Naja, ich meine ja nur.

HELM Ich soll mich freuen, wenn er tot ist!

LILO Nicht freuen! Aber wenn er sowieso tot ist –
Helm sieht Lilo an.

LILO Einfacher ist es. Wo er immer ausziehen soll und nur aus
Gehässigkeit nicht ausziehen will. Darum geht es doch den
ganzen Abend.

HELM *sieht Lilo an* Hör lieber auf.

LILO Jetzt findest du mich wohl auch noch zynisch! Ich will dir
nur sagen, daß du nicht verzweifelt sein sollst!
Schweigen.

LILO Ich bin ja nicht schuld! Ich habe ihn ja nicht weggeschickt!

HELM *mit einer Art von Triumph* Ich bin schuld! Du sagst es
jetzt selbst. Ich! Ich!

LILO Jetzt weiß ich nichts mehr. Ich habe mir den Abend ganz
anders vorgestellt.

HELM Ich auch.

LILO Wie denn?
Helm umarmt sie.

LILO Nun vergiß mal alles! Vergiß mal die ganze Welt. Du
kannst doch mal die ganze Welt vergessen! Alles!
Langes Schweigen.

LILO Und nachher telefonieren wir auch und erkundigen
uns.

17

*Die Tür geht leise auf. Paul kommt herein. Er sieht nicht zu
Helm und Lilo hin, die sich umarmt halten. Er bewegt sich
leise, wie ein Schlafwandler, auf den Herd zu. Er stellt den
Wasserkessel auf das Gas. Lilo und Helm bemerken ihn erst
jetzt durch das Geräusch des Kessels. Sie sehen ihm eine
Zeitlang sprachlos zu, wie er am Herd hantiert, – als ob er
eine Geistererscheinung wäre.*

PAUL *knurrt* Sie sind ja immer noch hier.

LILO Er wars nicht! Nun ist ja alles gut. Kannst du froh sein!
Nun ist ja alles in Ordnung, und wir können uns freuen!
Alle drei!

HELM Und Herr Schwarzbeck ist weg.

LILO Ist auch gut! Ist doch wunderbar!

HELM *böse* Es ist sehr ärgerlich, daß Herr Schwarzbeck weg ist ... und unter diesen Umständen!

LILO Ich war doch sehr nett zu ihm!

HELM Mit deiner Unfallkatastrophe bist du ihm auf die Nerven gegangen. Mir auch!

LILO Erst sagst du, ich soll mir Mühe geben. Und dann sagst du, ich falle allen auf die Nerven. Bei dir kennt man sich nie aus. Du suchst nur einen, der schuld ist! Das weiß ich jetzt! – Das machst du immer!

HELM *wütend* Du hast noch nie Verantwortung übernommen. Du machst alles nur aus Neugier! Immer was Neues, immer woanders hin!

LILO *ebenso wütend* Ich helfe den Menschen!

HELM Entschuldige. *Zu Paul, der sich, ohne die beiden zu beachten, aufs Sofa gelegt hat.* Leider mußte ich noch hier bleiben, Herr Paul ... und dieses Klavier ... es ist nicht meine Schuld. Während Sie weg waren, habe ich noch ein längeres Gespräch mit Herrn Schwarzbeck gehabt ... Herr Schwarzbeck hat mir sozusagen ein Ultimatum gestellt, ... ich meine, was die Fabrikationsräume betrifft. Wir müssen uns auf jeden Fall heute abend noch einigen. *Übertrieben, munter, ironisch.* Ich gestehe, ich bin in Ihrer Hand, meine Zukunft hängt von Ihrer sauberen Unterschrift ab. Gut, daß Sie wieder da sind. Ich sah mich schon in Ewigkeit hier sitzen, ohne Ihre Unterschrift, und Sie auf großer Tour.

PAUL *schläfrig* Wie?

HELM *verliert die Fassung, schreit* Hören Sie zu! Ich muß Fakten schaffen!

PAUL Anita, geh nach Haus!

Anita steht zögernd auf.

LILO Du hast ja das ganze Buch zerschnitten, um Gottes willen! Herr Paul!

PAUL *schläfrig* Ja, ja, das macht sie gern.

LILO *sieht die ausgeschnittenen bunten Abbildungen an* Was ist das denn? – Säuferleber ... Karzinom ... Darmtrakt ... Anatomische Abbildungen!

PAUL Ja, ja. Geh nach Hause, Anita.

LILO Vielleicht hat sie Angst vor ihrer Mutter.

Anita rührt sich nicht von der Stelle.

LILO Wann kommt sie denn? Wie lange arbeitet sie denn?
Anita gibt keine Antwort.

HELM *will Lilo weg haben, böse* Geh d u doch mit ihr!

PAUL Die Bilder stecken wir drüben in die Briefkästen ... An-
dachtsbildchen!

18

*Luise kommt zur Tür herein mit dem Stuhl, den Paul mitge-
nommen hatte.*

LUISE *vorwurfsvoll* Unser Stuhl stand auf der Treppe! *Sie
sieht sich fragend um.*

HELM *nachdem niemand antwortet* Ach, guten Abend, Fräulein Luise, nun sind Sie schon zurück, und ich bin immer
noch bei Ihnen ... Ja ... das mit dem Stuhl ... das ist ...

LUISE Ich sah ihn neben der Eisentreppe stehen, als ich eben
noch nachsehen wollte, ob das äußere Fenster zu ist.

LILO *schreit empört zu Paul hinüber* Was? Dann waren Sie
nicht mal auf der Straße?

LUISE Und was ist denn mit unserem Tisch passiert? Und das
Klavier! Und alles klebrig?

LILO *schreit* Dann haben Sie bloß hinter dem Geländer gesessen, die ganze Zeit, und waren nicht mal draußen! Da müssen Sie mich ja sogar gesehen haben, wie ich runtergerannt
bin! In den Regen! Wie verrückt, um Sie zu suchen! Da haben Sie mich richtig reingelegt!

LUISE Warum schreit dieses junge Fräulein meinen Bruder Paul so an? Ich kenne das Fräulein gar nicht, Herr
Helm!

HELM Das ist Lilo Schöps.

LILO *ist zu Pauls Mantel gelaufen und hält ihn hoch* Der Mantel ist gar nicht naß, das sehe ich jetzt erst. Und ich renne
eine Stunde lang im Regen herum, bloß wegen Ihnen! Sie
hätten mich doch zurückrufen können! Sie sitzen da see-
lenruhig und trocken im Dunkeln und machen keinen
Mucks!

LUISE Mein Bruder saß im Dunkeln?
Paul winkt ab.

399

LUISE Aber Paul, was war denn los?
   Paul winkt schläfrig ab. Helm geht zu Lilo, nimmt ihr Pauls
   Mantel ab und hängt ihn an den Haken.
LILO *bockig* Ich laß mich nicht mehr reinlegen!
HELM *zu Lilo* Sei doch mal ruhig! – Ja, Fräulein Luise, der
   Abend ist leider ein bißchen durcheinandergeraten.
LUISE Da sitzt ja auch wieder das schreckliche Kind, die Pi-
   sulski!
HELM Sie kam, und wir wußten nicht ...
LUISE Geh sofort nach Hause! Du hast schon wieder eins von
   den kostbaren Büchern zerschnitten!
   Anita hebt den Arm vors Gesicht, halb Abwehr von Schlä-
   gen, halb Verlegenheit und Weinen.
LUISE Sie zerschneidet noch alle unsere Bücher, vor allem die
   wertvollen anatomischen Bücher! Die Abbildungen sind
   nur für wissenschaftliche Zwecke, die sind nicht für Leute
   ohne Verstand. Sie nimmt sie heimlich mit und wirft sie den
   Leuten in den Briefkasten.
LILO Sie kann nichts dafür. Herr Paul hat ihr selber die
   Schere gegeben.
LUISE Ich weiß nicht, warum Sie hier sind, Sie sind sehr unge-
   zogen!
   Schweigen. Luise zieht ihren Mantel aus, legt ihre Tasche auf
   den Tisch, beruhigt sich nur langsam.
HELM Ich störe Sie nicht mehr lange ... Ja ... Ich hoffe, es war
   schön in der Oper.
LUISE Ja, sehr! *Zu Paul, während sie aufräumt.* Paul, du hattest natürlich recht, Radames, dieser Gast aus Düsseldorf,
   hat geknödelt. Fräulein Möller hat es nicht gemerkt, sie
   hört die Unterschiede gar nicht. *Sie packt aus einem Beutel*
   die Schuhe aus, die sie an der Garderobe gewechselt hat, und
   eine Schallplatte. Ich mache sie auch nicht aufmerksam darauf. – Sie hat mir nun mal die Karte geschenkt, ... sie kriegt
   sie ja auch umsonst, aber naja ...
   Helm wird durch ihre Erzählung daran gehindert, sich er-
   neut wegen seiner Angelegenheit an Paul zu wenden.
LUISE *halb zu Helm, halb zu Paul* Und die Schallplatte hat sie
   mir auch geschenkt, ein Querschnitt durch Aida. Wir haben an dem Verkaufsstand neben der Kasse ein bißchen ge-
   guckt, und da haben wir sie entdeckt. Auf der Platte singt

Peter Anders, und ich sagte ganz spontan: In dieser Besetzung würde ich Aida gerne einmal hören. Da hat sie sie mir geschenkt. Es ist allerdings eine verbilligte Schallplatte. Ich möchte sie am liebsten gleich auflegen, das kannst du dir doch denken. Ich bin ganz gierig darauf! Aber dazu müßte ich ein bißchen mehr Ruhe haben.

HELM Ich brauche Herrn Paul nur noch einen Moment, denn ich glaube, wir sind uns inzwischen einig …

LUISE *will ihn abbringen* Das Fräulein mit der schrillen Stimme ist doch hoffentlich nicht Ihre Braut?

HELM Machen Sie sich darüber keine Gedanken, Fräulein Luise.

LUISE Sie ist ja sehr hübsch, leider ein bißchen unerzogen.

HELM Es war ganz impulsiv von ihr, eben, das sollten Sie nicht übelnehmen, Fräulein Luise.

LUISE Das liegt an der Kinderstube. Sie kann nichts dafür. – *Zu Lilo.* Sie machen sich wohl große Hoffnungen auf ihn.

LILO *platzt wütend heraus* Jetzt sage ich Ihnen mal, worauf ich mir Hoffnungen mache: daß ich Sie bald nicht mehr sehe, Fräulein Luise, »Fräulein!«, »Fräulein!«, wenn ich das schon höre! Was hat denn das noch fürn Sinn, die alten Leute mit ihrem Tütteltattel. Und der Gestank hier – nicht zum Aushalten!

PAUL *ruft herüber* Sie will Schauspielerin werden!

HELM Nein, nein. Sie ist ja Krankenschwester.

PAUL Das war Monolog Nummer zwei: Wut.

HELM *zu Lilo* Geh nicht weg, Lilo!

LILO *zu Helm* Bloß deinetwegen bleibe ich.

LUISE Wenn Paul sagt, Schauspielerin, stimmt es wohl. Er ist ein so guter Psychologe. Kenntnisse, wie er sie auf den verschiedensten Gebieten hat, das findet man nicht ein zweites Mal.

HELM Ja.

LUISE Das ist ganz ungewöhnlich.

LILO Für mich existieren Sie gar nicht!

HELM Schade, daß er sie nicht nutzbringender verwenden kann.

LUISE Nutzbringender? Da steht er doch drüber!

HELM Für andere Menschen nützlich.

LUISE Jeder könnte sich Rat bei ihm holen. Und Sie sind ja auch deswegen gekommen.

HELM Nein, eigentlich nicht.

LILO Für mich existieren Sie gar nicht!

LUISE *hört nicht hin, zu Helm* Mein Bruder hätte j e d e n Beruf ergreifen können. Er hat sich das s e h r lange überlegt, und er hat ja auch lange studiert, die verschiedensten Disziplinen, nicht nur so eng in eine Richtung, und wir hatten damals auch noch die große Fabrik von den Eltern – da hätte er alles machen können! Aber er kam eben immer mehr auf seine philosophischen Gedanken und hat schließlich die Evolutionstheorie entwickelt.

HELM *verblüfft* Evolutionstheorie?

LUISE Nein, ich glaube, das verstehen Sie nicht! Nicht wahr, Paul?

PAUL *der am Einschlafen ist* Wie?

LUISE Jeden Beruf könnte er ausüben.

HELM Welchen?

LUISE Jeden!

HELM Welchen? *Da Luise beleidigt schweigt.* Arzt?

LUISE Arzt! Das ist nichts Besonderes! An einem Arzt kann man doch nichts Besonderes finden!

HELM Immerhin …

LUISE Was ist denn da schon Besonderes! Seit zehn Jahren gehe ich mit meinem Knie zu Doktor Strachmann. Und immer sagt er nur: Das ist konstitutionsbedingt, Fräulein Paul. – Na, und ein Chirurg … Chirurg ist doch manuelle Geschicklichkeit, nichts weiter! Alles andere … *Winkt ab.* Na, Anatomie hat Paul ja aufgegeben, das war ihm zu anspruchslos.
Helm will nicht darauf eingehen, läuft nervös hin und her.

LUISE Die meisten Menschen haben ja e i n e Begabung – wenn überhaupt! Aber Paul kann eben alles.

HELM Irgend etwas muß der Mensch machen!

LUISE Kunstgeschichte?

HELM Ganz egal, was! Ja, im Museum arbeiten!

LUISE Ach, Museum, das ist doch nur wie Archiv!

LILO Das sind ja selbst zwei Museumsstücke.

HELM Irgend etwas! Vom Sofa aufstehen, aus dem Haus gehen! Mal draußen sehen, wie sich die Welt verändert! Sie verändert sich nämlich grade so enorm.

LUISE Das hat Paul eben nicht nötig! Er muß nicht extra hingehen und sich beteiligen! Er muß es nicht mal sehen! Er erzählt und erzählt, und wenn ich ihm zuhörte, all die Jahre, dachte ich immer, er erzählt die Welt, die ganze Welt erzählt er mir!

LILO *zu Helm, nebenbei* Ich klinke mich mal aus. *Steckt die Walkman-Stöpsel in die Ohren.*

LUISE Alles entsteht und entwickelt sich und vergeht und verändert und belebt sich immer neu in seinem Kopf. Herrlich ist das! Schon als Kind hat er das getan! Er saß aufrecht in seinem Bettchen und erzählte, und wir lauschten nebenan an der Wand.

LILO *spricht provozierend laut einen Satz aus ihrer Kassettenlektion nach* Apakah di sini ada dokter. – Ich muß einen Arzt aufsuchen. Saya harus pergi ke dokter? – Gibt es hier einen Arzt? Berapa lama saya harus tinggal? – Wie lange muß ich hier bleiben?

HELM *zu Paul, hat Luise nicht mehr zugehört* Hier, Herr Paul, ist das Schriftstück. *Ist zur Schreibmaschine gegangen und hat das Blatt Papier mit der Einverständniserklärung hastig herausgezogen und hält es Paul vors Gesicht.* Hier, Herr Paul, ist das Schriftstück!

LILO *hat die Kopfhörer kurz abgenommen* Na endlich! *Steckt die Stöpsel wieder ins Ohr.*

PAUL Es ist keine Tinte da.

LUISE Nun sind Sie aber ungeduldig, das kann man Ihnen richtig ansehen. Setzen wollen Sie sich wahrscheinlich gar nicht mehr, ich denke, Sie wollen schon längst gehen.

PAUL Nein, nein, Herr Helm will uns noch nicht verlassen.

LUISE Nein? Ich weiß ja nicht, was ihr beiden miteinander ausgemacht habt. Ich habe ja nicht die allergeringste Ahnung, was in meiner Abwesenheit hier vorgefallen ist. Habt ihr wenigstens die Nudeln gegessen?

PAUL Ja.

LUISE Hoffentlich aufgewärmt und nicht nur kalt runtergeschlungen, wie du das machst, wenn ich nicht aufpasse. *Zu Helm* Er ist so gierig mit dem Essen!

HELM *klopft auf das Blatt* Herr Paul!

PAUL Er will meine Unterschrift haben! Er will, daß ich meine
Unterschrift unter ein wichtiges Dokument setze. Aber die
Tinte ist eingetrocknet, es ist keine Tinte mehr in dem Glas.
Sie sehn es ja selbst: Ich fahre mit der Feder hinein, und es
hängen nur Haare an der Feder. Ich habe auch schon so
lange nichts mehr geschrieben.

HELM Hier, nehmen Sie meinen Füllfederhalter.

LUISE Ich weiß nicht, was du da unterschreiben willst, Paul,
aber du wirst es schon richtig machen.

PAUL Nur meinen Namen.

LUISE Das ist doch nicht etwa wegen der Wohnung, Paul?
Herr Helm, Sie wollen uns doch nicht etwa aus unseren
Räumen vertreiben? Das werden Sie doch nicht tun! Das
geht aber nicht! Ich habe doch damals Paul aus Berlin hierher geholt, damit er eine Bleibe hat.

HELM Sie kriegen im Vorderhaus eine viel bessere.

LUISE Da will ich aber erst gefragt werden!

HELM Fräulein Luise …

LUISE Das kommt nicht in Frage! Das kommt gar nicht in
Frage!

HELM Fräulein Luise … Ihr Bruder und ich …

LUISE Du unterschreibst das nicht, Paul! Also haben Sie sich
sogar mit der Pisulski verbündet! Das hätte ich nicht von
Ihnen erwartet!

PAUL Ich schreibe … ich habe geschrieben! Ich gebe Ihnen
die Feder zurück.

HELM *erleichtert* Vielen Dank, Herr Paul! Es ist so wichtig für
mich! Es hängt für mich – ja, a l l e s hängt für mich davon
ab.

LUISE Paul, wie konntest du denn! – *Packt plötzlich Anita wütend am Arm.* Und du kleines Luder gehst jetzt endlich
nach Haus! *Sie schubst Anita zur Tür.* Und ich sorge dafür,
daß dich deine Mutter einsperrt und du nicht wieder raus-
kommst! *Sie geht mit ihr weg.*

19

PAUL Hab's gefressen! *Er kaut und grinst.*
   Helm hat nicht bemerkt, daß sich Paul den Vertrag in den Mund gestopft hat. Fassungslos sieht er ihn jetzt kauen und schlingen.
HELM Ihre Erklärung ...
PAUL Habe ich mir einverleibt. *Er grinst Helm an.*
   Lilo hat Paul beobachtet, bricht in prustendes Gelächter aus.
HELM *zittert vor Wut, mit ganz veränderter Stimme* Steh auf! Steh auf von meinem Stuhl!
PAUL Hast du auch den Stuhl geerbt? Schade, daß ich darauf sitze und mich wohlfühle. Und sogar noch übern Rand hänge ich mit dem Arsch.
HELM Steh auf!
PAUL Wart mal, ich glaube, ich bin festgewachsen. Wart mal – nee, ich glaube, ich will nicht.
HELM Steh auf!
PAUL Das ist Willenssache, ob ich will oder nicht, ob ich hundertzwanzig Kilo von einer Stelle zur anderen bewege oder nicht.
HELM Wenn ich dich im Ganzen nicht wegkriege, dann kriege ich dich in Stücken weg.
PAUL Fang doch mal an.
HELM Jedes Kilo einzeln.
PAUL Mußt du aber dein Messer nehmen. Oder 'ne Geflügelschere.
LILO Da liegt das Messer.
PAUL Und stechen und säbeln!
HELM *richtet tatsächlich das Messer auf Paul* Elender Popanz! Verwestes Aas – ausgestopfter Popanz!
   Paul winkt schläfrig ab.
HELM Wenn ich da reinsteche, kommt gar kein Blut.
LILO Ja, los, fang an, versuchs mal!
PAUL Jetzt weiß er nicht, wo er anfangen soll.
LILO *zu Paul* Und du wehrst dich gar nicht!
PAUL Nein, da wehre ich mich nicht, da heb ich nicht mal den Arm hoch, nicht mal den kleinen Finger richte ich auf als Mahnung!

LILO Lassen Sie sich nichts gefallen.

PAUL Jetzt verdreht er die Augen nach innen und weiß nicht, was er in seinem Kopf denken soll. *Wirft ihm seinen Pantoffel hin.* Da hast du schon mal den Fuß!
Helm haut den Pantoffel weg.

PAUL Oh, mein Fuß ist ja noch dran, seh ich jetzt. Er wackelt allerdings ein bißchen.

HELM Ich mach dich ... ich mach dich a l l e !

PAUL Schön gesagt, schöner Ausdruck. – Er schwitzt. *Zu Lilo.* Sieh mal, du grüne Hoffnungsbraut! Er tut doch gar nichts, bewegt sich nicht vom Fleck. Und der Schweiß strömt ihm übers Gesicht in den Mund. Da schluckt er. Reiche ihm ein Handtuch!

HELM Ich werds tun, ich werds tun ...

PAUL Bring ihm ein Handtuch, wisch ihm die Stirn, er sieht schon gar nichts mehr vor lauter Schweiß.
Helm macht eine aggressiv-hilflose Bewegung. Lilo lacht.

HELM Lach nicht!

LILO Du machst ja Luftsprünge.

PAUL *wirft seinen anderen Pantoffel hin* Schnapp!

HELM Du Penner, du Schmarotzer, du stinkendes Aas, ich zerhack dich, ich knack dir die Knochen, ich reiß dich in Fetzen, ich hack dich in Stücke, weg, weg mit dir! *Er stürzt sich auf Paul, kippt in rasender Wut den Stuhl um, zerhackt Paul mit dem Beil, wirft die Arme, die Beine, den Kopf in das dunkle Nebenzimmer.*

Lilo kreischt während der ganzen Mordszene, läuft dann davon, man hört sie weiterschreien.

HELM Schrei doch nicht so! *Er setzt sich hin, hält sich die Ohren zu. Dann nimmt er Lappen und Tücher aus dem Schrank, um den Boden und die blutigen Stellen damit zu verdecken.*

20

HELM Warum hat sie denn so furchtbar geschrien? – Ich glaube, sie schreit immer noch. *Horcht.* Ja, immer noch. Diese Ausbrüche ... so theatralisch ... wenn man ihr sagt: Stell dir vor, du bist jetzt Zeuge eines Verkehrsunfalls, und dann legt sie los. Sie macht das so perfekt, daß alle Umste-

henden, Frauen und Männer, Tücher über sie werfen, damit sie bloß still ist. Und wenn sie dann endlich still ist,
dann ist es so still, daß man denkt, so eine Stille hat man
noch nie gehört. Wie in der Wüste Tarr.

21

LUISE *kommt zurück. Vorwurfsvoll* Durchs Klofenster mußte
ich sie wieder mal reinbugsieren. Ich mußte sie auch noch
anfassen und buchstäblich reindrücken, das dicke Ding
durch die enge Öffnung! Ich mit meinen schwachen Kräften! Auf Klingeln hört ja niemand. Die Mutter auf Nacht-
schicht, wie sie das nennt. – Hast du den jungen Mann nun
abgefertigt, Paul? *Sie sieht Helm da stehen.* Ach, Sie sind ja
noch da!
HELM Ja.
LUISE Wo ist mein Bruder Paul? Doch nicht einfach schlafen
gegangen?
HELM Den gibt's nicht mehr.
LUISE *ruft* Paul! *Zu Helm.* Hat er Sie einfach allein gelassen?
Typisch Paul! – Sie haben doch nicht etwa gestritten?
HELM Nein.
LUISE Das kann ich mir auch gar nicht denken. Das liegt nicht
in seiner Natur. Er hat mir mal gesagt, ich bewege mich
nicht, weil ich fürchte, ein Käferlein zu zertreten, deshalb
bleibe ich sitzen. Und ich atme ganz vorsichtig, damit ich
keine Mücke verschlucke. – Denken Sie nur!
HELM Hier fliegen keine Mücken.
LUISE Ja, so ist er! So friedfertig! So bedingungslos friedfertig
wie ein Heiliger! *Sieht sich plötzlich um.* Wie kommt nur
diese Unordnung hier zustande, alles während meiner Abwesenheit! Ich schwelgte vorhin noch so in meinem Opern-
erlebnis, da habe ich den Zustand hier gar nicht so gesehen!
Sülze auf dem Teppich, oder was ist das? Gott, habe ich
mich gerade erschrocken, ich dachte wirklich einen Moment, da läge ein Auge, ein zerquetschtes Auge! Ich hatte
noch einen Rest Sülze reserviert für mein Frühstück! – Haben Sie nun wenigstens Ihre Probleme zu Ende besprechen
können?

407

HELM Ja.

LUISE Er ist so klug, aber praktisch denkt mein Bruder Paul nicht immer. Da mahne ich ihn und muß manchmal selbst die Initiative ergreifen.

HELM Ja.

LUISE Was sind denn nun eigentlich Ihre Pläne?

HELM Jetzt können die weißen Rosse ja losstürmen!

LUISE Wie bitte?

HELM Was habe ich denn gesagt?

LUISE Ich habe nach Ihren Plänen gefragt.

HELM Die Großwäscherei.

LUISE So.

HELM Ich möchte zusammen mit einem Herrn, der das Kapital gibt, sich also am Unternehmen beteiligt, in diesem alten Gebäude einen Wäschereibetrieb einrichten.

LUISE Das wäre ja eine große Umwälzung.

HELM Ja, so kann man das nennen. – Großwäscherei!

LUISE Ich gratuliere Ihnen! Das ist eine herrliche Idee! Was meinte denn Paul dazu?

HELM Er wurde lebhaft.

LUISE Er greift so gern Ideen auf und spinnt sie aus! Großwäscherei – das könnte von ihm stammen!

HELM Es stammt aber von mir und meinem Geldgeber!

LUISE Oh, das liebe Geld!

HELM Geld, Geld! – Ohne Kapital läuft nichts!

LUISE Ist denn genug Platz vorhanden?

HELM Deshalb müssen Sie ja hier raus, Fräulein Luise!

LUISE *energisch* Das wohl nicht! *Ruft.* Paul! Paul, wo bist du denn die ganze Zeit!

HELM Er ist weggegangen.

LUISE »Weggegangen«! Paul und weggegangen!

HELM Zur Tür hinaus!

LUISE Unmöglich! Sie müßten ihn denn auf Ihren Händen weggetragen haben! So viele Jahre wohnen wir hier, und nicht ein einziges Mal ist es mir gelungen, ihn zu überreden. Nicht ein einziges Mal ist er ins Freie gegangen!

HELM Haben Sie einen Spiegel?

LUISE Was ist denn mit Ihnen los? Jetzt bemerke ich erst, daß Sie verstört wirken, weiß wie Papier sind Sie. – Ich muß Paul fragen. *Ruft.* Paul!

HELM Nein. Es ist etwas Schreckliches passiert. Wie soll ich das erklären … verdammt nochmal! Sehen Sie meine zehn Finger?

LUISE Ja. Und?

HELM Sausen sie einzeln durch die Luft oder baumeln sie an meinen Händen?

LUISE *faßt ihn bei den Händen* Kalt sind sie.

HELM Was sage ich dazu? … So still ist es, so totenstill!

LUISE Es ist ja auch schon nach elf. Da ruht alles in tiefstem Frieden.

HELM Nach elf?

LUISE Ja. Um zehn war die Oper aus, und dann haben wir, Frau Möller und ich, noch ein bißchen über das schöne Erlebnis geredet. Waren Sie schon mal in Aida?

HELM Da ist jemand!

LUISE *horcht* Nein. Ausgeschlossen. Zu uns kommt niemand.

HELM Ich höre es ganz genau. *Er packt sie, schüttelt sie.* Ohren auf! Sind Sie schwerhörig?

LUISE Nach elf kommt niemand. Ich kann mich gar nicht daran erinnern, daß jemand so spät zu uns gekommen ist. Überraschend schon gar nicht.

HELM Es ist die Polizei!

LUISE Aber ich bitte Sie!

HELM Ja, eine Polizeistreife!

LUISE Ach, Behörden und Polizei, die wissen gar nicht, ob unser Haus noch da ist. Die müssen doch bloß an der Kreuzung stehen und Verbrecher fangen.

HELM *entsetzt* Das ist im Treppenhaus. Eine Razzia!

LUISE Haben Sie denn was auf dem Kerbholz? Eigentlich kennen wir Sie ja gar nicht!

HELM Es klopft!

LUISE Ja. Jetzt höre ichs auch.

HELM Zum zweiten Mal.

LUISE Sollen wir öffnen?

Sie gehen zur Wohnungstür.

22

Hinter ihnen öffnet sich die Tür zum Nebenzimmer, Paul steht da.

LUISE *entdeckt ihn* Da bist du ja, Paul!
Helm fällt zu Boden.

LUISE Ich dachte mir gleich, du sitzt ganz still da drin und rührst dich nicht, ganz in Gedanken. Aber, ob du willst oder nicht, ich werde dir jetzt mal die Platte vorspielen, die ich mitgebracht habe. Was mich überrascht hat – die Tempi! Ganz andere Tempi als in der Radioaufnahme von den Festspielen, neulich. Schneller, leichter, vielleicht könnte man sagen: italienischer. Das schien mir zuerst oberflächlich, ja, unseriös, mir ganz fremd, aber dann war ich hingerissen. *Sie entdeckt Helm, der ohnmächtig auf dem Fußboden liegt.* Was ist denn mit unserem jungen Mann los? Er liegt auf dem Boden hingestreckt, und seine Augenlider flattern. Sieh mal, Paul! Komm mal her, Paul! Komm mal schnell her!
Paul hat sich auf den Stuhl gesetzt, rührt sich nicht.

LUISE *beugt sich über den liegenden Helm* Ich lege ihm mal vorsichtig mein Taschentuch auf den Mund, ob er noch atmet. – Das ist nun aber doch sehr lästig. Er war schon etwas sonderbar, ehe du kamst.

PAUL *ist sitzen geblieben* Kaltes Wasser.

LUISE Brings mir! Bring mir einen Eimer.

PAUL Kann nicht.

LUISE Du willst nicht.

PAUL Ich kann nicht.

LUISE Du brauchst nur aufzustehen, und es sind vier Schritte zum Wasserhahn.

PAUL Fünf.

LUISE Meinetwegen fünf.

PAUL Sechs.

LUISE Immer dasselbe! Immer dasselbe mit dir! Und ich soll springen.

PAUL Du störst mich.

LUISE Es sieht so abscheulich aus, wenn jemand am Boden liegt und sich nicht bewegt. – Mein Leben mit dir ist oft sehr unerfreulich, Paul. Das muß ich doch mal sagen.

PAUL Na gut.

LUISE Ach, wie mich das ärgert, wenn du sagst: Na gut!

PAUL Na gut.

LUISE Da liegt der junge Mann tot, und ich gehe tatsächlich selber zum Waschbecken und hole das Wasser. So bist du.

PAUL Ja.

Luise will weggehen, wendet sich von Helm ab. Helm hat sich aufgerichtet, sitzt benommen am Boden.

LUISE Ach, und ich kam so beschwingt nach Hause!

PAUL *deutet auf Helm* Da.

HELM *zu Paul, schreit* Sie haben das Papier verschluckt!

PAUL Ja.

LUISE *böse* Unverschämt, mir so einen Schrecken einzujagen! Und nun sitzen Sie da und tun, als ob nichts gewesen wäre!

HELM Was ist denn gewesen?

LUISE Das frage ich Sie!

HELM *deutet auf Paul* Nichts, nichts! Sie sehen ja selbst, daß er seine Glieder beieinander hat.

LUISE So! Wenn es Ihnen nun besser geht, dann helfen Sie mir doch mal, das Klavier wieder an seinen richtigen Platz zu stellen, da, wo die Steckdose ist für die Kochplatte. Ich weiß ja nicht, was hier vorgefallen ist, während ich selig in der Oper saß und Verdi mich in eine ganz andere Welt versetzt hat. Will es auch gar nicht wissen! Aber das Klavier steht an der falschen Stelle. Schieben Sie!

Helm geht gehorsam zum Klavier, will schieben.

LUISE Wenn ich Sie so ansehe, tun Sie mir richtig leid. – Sie haben so schöne große Pläne im Kopf für alle möglichen Unternehmungen, malen sich alles schon ganz herrlich aus und dann scheitern Sie an einer Kleinigkeit, weil Sie an die Kleinigkeit nicht gedacht haben. – Sieh mal, Paul, den grünen Beutel da, der ist nicht von uns. *Sie inspiziert den Beutel, den Lilo zurückgelassen hat.*

HELM Lilos Tasche.

LUISE Gut, daß die laute Dame weg ist. *Kramt weiter in dem Beutel. Nimmt die Thermosflasche, öffnet sie, riecht daran, mißbilligend.* Kann man weggießen. – Aber eine Thermosflasche fehlt uns schon lange. *Wühlt weiter.* Orangen – vermutlich die ohne Kerne, damit man nicht immer spucken muß.

HELM Es gibt keine mehr mit Kernen.

LUISE Paul spuckt immer beim Essen. Ißt und spuckt. Das kann er sich gar nicht abgewöhnen. *Sucht weiter in dem Plastikbeutel.* Zwei Becher Pudding! Oh, mit Himbeersoße! Als ob sie es geahnt hätte, Paul! Grießpudding ist doch Pauls Lieblingsspeise. Mit Zimt hat er ihn noch lieber. Und selber gekocht ist er natürlich viel besser. Vielleicht ist Zimt extra dabei?

HELM Zimt nicht.

LUISE Was machen wir denn nur mit Ihnen, wenn alle Ihre Unternehmen so kläglich scheitern? Wir müssen uns etwas ausdenken. Paul, sag doch mal, du hast doch eine so große Erfahrung! Es gibt doch sicher Berufe, in denen man auf keinen Fall scheitern kann! Wo es gar nicht auf Talent ankommt ... Fremdenführer ... Schlafwagenschaffner – das sind doch oft so schräge Existenzen ... ach, ich weiß es ja auch nicht. Ich habe keine Erfahrung. Gib du doch mal einen Rat, was aus dem jungen Mann werden soll! Du weißt es doch immer. Du bist ein so guter Psychologe. Paul! – Jetzt ist er eingeschlafen. Es war wohl zu viel für ihn. Ich lege jetzt mal die Platte auf.

Helm schiebt allein das Klavier weiter. Luise legt die Schallplatte auf: Aida, eine Arie. Paul schläft.

LUISE *lauscht* Herrlich!

Aufführungs- und Quellenverzeichnis

Eiszeit
Uraufführung: Schauspielhaus Bochum, 15. und 17. 3. 1973, Regie: Peter Zadek
Erstaufführung der Zürcher Neufassung 1990: Schauspielhaus Zürich, 15. 3. 1990, Regie: Tankred Dorst
© der Neufassung Suhrkamp Verlag Frankfurt am Main 1990

Der verbotene Garten
Uraufführung: Stadttheater St. Gallen, 5. 3. 1987, Regie: Jaroslav Gillar
Deutsche Erstaufführung: Theater der Freien Volksbühne Berlin, 11. 2. 1988, Regie: Hans Neuenfels
© Carl Hanser Verlag München 1983

Ich, Feuerbach
Uraufführung: Bayerisches Staatsschauspiel, Residenztheater München, 18. 10. 1986, Regie: Volker Hesse
© Suhrkamp Verlag Frankfurt am Main 1986

Korbes
Uraufführung: Deutsches Schauspielhaus Hamburg, 4. 6. 1988, Regie: Wilfried Minks
© Insel Verlag Frankfurt am Main 1988

Karlos
Uraufführung: Münchner Kammerspiele, 6. 5. 1990, Regie: Dieter Dorn
© Suhrkamp Verlag Frankfurt am Main 1990

Fernando Krapp hat mir diesen Brief geschrieben
Uraufführung: Burgtheater Wien, Akademietheater, 15. 5. 1992, Regie: Wilfried Minks
Deutsche Erstaufführung: Staatstheater Kassel, 26. 6. 1992, Regie: Alexander Brill
© Suhrkamp Verlag Frankfurt am Main 1992

Herr Paul
Uraufführung: Deutsches Schauspielhaus Hamburg, 16. 2.
1994, Regie: Jossi Wieler

Tankred Dorst
im Suhrkamp Verlag und Insel Verlag

Werkausgabe in fünf Bänden. Leinen

Band 1: Deutsche Stücke. Mitarbeit Ursula Ehler. Mit Fotografien
Band 2: Merlin oder Das wüste Land. Mitarbeit Ursula Ehler. Mit einem Nachwort von Peter von Becker
Band 3: Frühe Stücke
Band 4: Politische Stücke
Band 5: Wie im Leben wie im Traum und andere Stücke. Mitarbeit Ursula Ehler

Einzelausgaben

Auf dem Chimborazo. Eine Komödie. Mitarbeit Ursula Ehler. Engl. Broschur

Fernando Krapp hat mir diesen Brief geschrieben. Ein Versuch über die Wahrheit. Mitarbeit Ursula Ehler. Theaterstück nach der Erzählung »Nada meno que todo un hombre« von Miguel de Unamuno. Engl. Broschur

Grindkopf. Libretto für Schauspieler. Mitarbeit Ursula Ehler. Mit farbigen Zeichnungen von Roland Topor. it 929

Ich, Feuerbach. Mitarbeit Ursula Ehler. Broschiert

Karlos. Ein Drama. Mitarbeit Ursula Ehler. Broschiert

Klaras Mutter. Ein fragmentarischer Roman. Mitarbeit Ursula Ehler. Die Fotos in diesem Band stammen von Barbara Baum und Günther Naumann. Engl. Broschur und BS 1031

Korbes. Ein Drama. Mitarbeit Ursula Ehler. Mit farbigen Zeichnungen von Johannes Grützke. it 1114

Merlin oder Das wüste Land. Mitarbeit Ursula Ehler. Mit 7 Zeichnungen. Leinen und st 1076

Der nackte Mann. Mitarbeit Ursula Ehler. Mit farbigen Zeichnungen von Johannes Grützke. it 857

Parzival. Ein Szenarium. Mitarbeit Ursula Ehler. Mit zahlreichen Abbildungen. Engl. Broschur

Die Reise nach Stettin. Mitarbeit Ursula Ehler. st 1934

Stücke 1. Herausgegeben und mit einem Nachwort von Gerhard Mensching. st 437

Stücke 2. Herausgegeben von Gerhard Mensching. Mit einem Nachwort von Günther Rühle. st 438

Toller. es 294

Die Villa. Mitarbeit Ursula Ehler. Engl. Broschur

Tankred Dorst. Herausgegeben von Günther Erken. stm. st 2073